Im Glanz
der Zaren

Im *Glanz* der *Zaren*

Die Romanows, Württemberg und Europa

Landesmuseum
Württemberg

**Wir danken den Förderern
der Großen Landesausstellung**

KULTUR
STIFTUNG · DER
LÄNDER

Impressum
Alle Rechte vorbehalten
©2013 Landesmuseum Württemberg, Stuttgart
und
Süddeutsche
Verlagsgesellschaft
im

Jan Thorbecke Verlag, Ulm

Gesamtherstellung
Süddeutsche Verlagsgesellschaft Ulm
Hergestellt in Deutschland
Gestaltung
lahaye tiedemann gestaltung, Ulm

ISBN Verlagsausgabe   978-3-7995-0505-5
ISBN Museumsausgabe 978-3-929055-73-3

Dieses Buch wurde auf FSC®-zertifiziertem Papier
gedruckt. FSC (Forest Stewardship Council®) ist eine
nicht staatliche, gemeinnützige Organisation, die
sich für eine ökologische und sozial verantwortliche
Nutzung der Wälder unserer Erde einsetzt.

Bibliografische Information der Deutschen Nationalbibliothek
Die Deutsche Nationalbibliothek verzeichnet diese
Publikation in der Deutschen Nationalbibliografie;
detaillierte bibliografische Daten sind im Internet
über http://dnb.d-nb.de abrufbar.

Große Landesausstellung
vom 5. Oktober 2013 bis 23. März 2014

Inhalt

◄ 575 **Königin Olga von Württemberg (Detail)**
Franz Xaver Winterhalter (1805–1873)
Stuttgart, 1865; Öl auf Leinwand
Staatliche Schlösser und Gärten
Baden-Württemberg

Fünf Ehen – fünf Chancen

Grußwort

Die Häuser Romanow und Württemberg waren über eine lange Zeit eng miteinander verbunden: Zwischen 1776 und 1874 prägten fünf Eheschließungen die familiären und politischen Beziehungen. Zwei Prinzessinnen aus Württemberg, Sophie Dorothee und Friederike Charlotte Marie, haben in Sankt Petersburg unter den Namen Maria Fjodorowna und Elena Pawlowna Geschichte geschrieben und drei russische Großfürstinnen als Königin Katharina, Königin Olga und Herzogin Wera in Stuttgart. Diese Frauen sind noch heute im Bewusstsein sowohl der russischen als auch der Stuttgarter Bevölkerung tief verankert.

Die Große Landesausstellung „Im Glanz der Zaren. Die Romanows, Württemberg und Europa", über die ich gemeinsam mit dem russischen Botschafter Wladimir Michailowitsch Grinin gerne die Schirmherrschaft übernommen habe, bereitet dieses besondere Kapitel aus der gemeinsamen Geschichte der beiden Länder auf. Sie zeigt eindrücklich die Entwicklung und gegenseitige Beeinflussung der russischen und der württembergischen Gesellschaft. Insbesondere Zarin Maria Fjodorowna sowie die Königinnen Katharina und Olga waren wegweisend für eine neue Art der Sozialpolitik, die sowohl die Entwicklung der russischen als auch der deutschen Zivilgesellschaft nachhaltig geprägt hat.

Die Landesgirokasse – der heutige Sparkassenverband – und die Universität Hohenheim bilden die beiden prominentesten Institutionen, die auf Initiativen von Königin Katharina zurückgehen. Neben ihrem sozialen Engagement setzten die jeweiligen Herrscherinnen auch Akzente in den Bereichen der Kultur, der Wissenschaft und der Wirtschaft.

Ich freue mich, dass die Große Landesausstellung in einer deutsch-russischen Zusammenarbeit zwischen dem Landesmuseum Württemberg und den zahlreichen russischen Museen entstanden ist. Die russischen Museen und Einrichtungen sind nicht nur Leihgeber. Die Wissenschaftlerinnen und Wissenschaftler der dortigen Häuser waren auch in die Entstehung des Stuttgarter Ausstellungskonzeptes eingebunden. Darüber hinaus treten sie als Autoren in dem vorliegenden Begleitband auf. Die Museen schreiben somit die guten Beziehungen, die zwischen Württemberg und Russland in einem noch nicht von Nationalstaaten geprägten Europa begannen, in einer globalisierten Welt fort.

Der Großen Landesausstellung „Im Glanz der Zaren. Die Romanows, Württemberg und Europa" wünsche ich einen erfolgreichen Verlauf und den Besucherinnen und Besuchern viele interessante Eindrücke.

Winfried Kretschmann
Ministerpräsident des Landes Baden-Württemberg

Grußwort

Es ist mir ein großes Vergnügen, ein Grußwort an die Besucher der russisch-deutschen Ausstellung „Im Glanz der Zaren. Die Romanows, Württemberg und Europa" richten zu dürfen. Es geht dabei nämlich um die Schilderung der glanzvollen und positiven Seiten unserer gemeinsamen Geschichte, die eine wohltuende Wirkung auf unsere heutige Beziehungen haben, worin die Botschaft eine der Hauptaufgaben ihrer Tätigkeit sieht.

Der Anlass zu diesem Projekt ist das 400-jährige Jubiläum des Hauses Romanow. Dieses Jubiläum ist im Mittelpunkt der Aufmerksamkeit sowohl in unserem Land, als auch im Ausland, weil die Romanow-Dynastie eine bedeutende Rolle in der russischen und europäischen Geschichte spielte. Ihre Vertreter hatten drei Jahrhunderte lang dem Vaterland treu gedient. In dieser Zeit wurde Russland zu einer starken Macht, die über ein riesiges Territorium, zahlreiche Bodenschätze, weit verzweigte ausländische Verbindungen sowie über einen starken politischen Einfluss in Europa und weltweit verfügte. Der wichtigste ihrer Schätze war dennoch zu allen Zeiten das russische Volk, aus dem viele herausragende Staatsmänner, Gelehrten und Kunstschaffende hervorgingen. Das wussten die russischen Herrscher der Romanow-Dynastie sehr gut zu schätzen.

Besondere Beziehungen pflegten die Romanows mit den deutschen Herrscherhäusern. Diese „Kreuz-Ehen" waren keineswegs aus eigennützigen Motiven wichtig, sie dienten vielmehr dem Aufbau von guten nachbarschaftlichen politischen und geschäftlichen Beziehungen mit europäischen Mächten.

Einen besonderen Platz unter den russisch-deutschen dynastischen Ehen nimmt Württemberg ein. In die russische Geschichte ist die Prinzessin Friederike Charlotte Marie von Württemberg eingegangen, die zur Großfürstin Elena Pawlowna wurde, bekannten Befürworterin von staatlichen und politischen Reformen Mitte des 19. Jahrhunderts.

Herzlich geliebt und innig anerkannt in ihrer neuen Heimat waren zwei russische Großfürstinnen auf dem württembergischen Thron. Olga Nikolajewna, Tochter des Kaisers Nikolaus I. und Katharina Pawlowna, Tochter des Kaisers Paul, die Gemahlin von Wilhelm I., König von Württemberg.

Wer waren sie? Wie sahen sie aus? Welchen Einfluss hatten sie auf die Politik, das gesellschaftliche Leben, die Kunst? Auf diese Fragen versucht die Ihnen vorgestellte Ausstellung im Landesmuseum Württemberg eine Antwort zu geben. Sie setzt auf harmonische Weise die Erzählung über die tausendjährige Geschichte von Russen und Deutschen fort, die in einigen gemeinsamen historischen Ausstellungen im Rahmen des Programmes des Russlandjahres in Deutschland und des Deutschlandjahres in Russland 2012/2013 angefangen wurde.

Mein Dank gilt den Organisatoren und Sponsoren der Ausstellung für ihre Energie und das ungewöhnliche Engagement, die sie eingebracht haben. Den Besuchern wünsche ich viele aufschlussreiche und erstaunliche Entdeckungen, für die die Kuratoren der Ausstellung gesorgt haben.

319 Pures Gold: Déjeuner der Königin Katharina
Otto Samuel Keibel (1768–1809)
um 1808; Gold
Landesmuseum Württemberg, Stuttgart

Wladimir M. Grinin
Außerordentlicher und Bevollmächtigter Botschafter
der Russischen Föderation in der Bundesrepublik Deutschland

Vorwort

Die engen dynastischen Verbindungen mit Russland im 18. und 19. Jahrhundert spielen in der Geschichte Württembergs eine wichtige Rolle. Ihnen einmal eine große Ausstellung zu widmen, lag schon lange in der Luft. Kleinere Ausstellungen über Königin Katharina, Königin Olga und Herzogin Wera gab es bereits in der Vergangenheit. Und zu allen fünf Frauen, die aus Württemberg nach Sankt Petersburg oder aus Russland nach Stuttgart geheiratet haben, ist bereits eine Reihe von Publikationen erschienen. Doch eine große übergreifende Gesamtschau gab es noch nie. Die lang ersehnte Ausstellung jetzt, im Jahr 2013, stattfinden zu lassen, bot sich an. Vor 400 Jahren bestieg mit Großfürst Michael zum ersten Mal ein Romanow den russischen Zarenthron. Damit betrat diese Dynastie die Bühne der Weltgeschichte.

Die besonderen Beziehungen zu Russland sind ein so zentrales Thema in der Geschichte Württembergs, dass sie sicher zu Recht im Rahmen einer Großen Landesausstellung behandelt werden. Kennzeichnend sind neben dem fruchtbaren Austausch in den Bereichen Kultur, Wissenschaft und Wirtschaft auch die bitteren kriegerischen Auseinandersetzungen. Das Thema ist aber keineswegs nur von lokaler Bedeutung. Es hat vielmehr eine weitere, eine europäische Dimension: Die fünf Frauen, die in der Ausstellung ausführlich vorgestellt werden, gehörten zur europäischen Elite des 18. und 19. Jahrhunderts: Sie waren auf die Aufgaben, die sie neben der Rolle der Mutter und Ehegattin zusätzlich zu übernehmen hatten, dank einer hervorragenden Ausbildung bestens vorbereitet. So brachte Katharina nicht nur vier Kinder in sechs Ehejahren zur Welt, sie war auch stets politisch aktiv. Zunächst unterstützte die Großfürstin ihren Bruder, den Zaren Alexander, in seinem Kampf gegen Napoleon. Dann agierte sie erstaunlich souverän als Sozialpolitikerin an der Seite ihrer beiden Ehegatten, des Prinzen von Oldenburg und später des Königs von Württemberg. Den Russen konnte sie eine Patriotin, den Württembergern eine hoch verehrte Königin sein, eine engagierte Landesmutter im besten Sinne. Ihrem russisch orthodoxen Glauben immer treu geblieben, avancierte sie nach ihrem frühen Tod gleichwohl zur „protestantischen Hausheiligen".

Die außergewöhnlich engen dynastischen Verbindungen mit dem Haus Romanow dokumentieren zu können, gehört seit langem zu den Zielen des Sammlungskonzepts des Landesmuseums Württemberg. Dafür konnten schon zahlreiche Kunstwerke und Kleinodien erworben werden: vor allem Portraits, aber das bezaubernde Nähkästchen, das Maria Fjodorowna aus Stuttgart nach Sankt Petersburg mitnahm, sowie ganz persönliche Dinge von Olga und Wera. Vor diesem Hintergrund hat sich 2006 auch die Gesellschaft zur Förderung des Landesmuseums Württemberg stark engagiert. Sie trug wesentlich zum Ankauf des großartigen Gemäldes der Kronprinzessin Olga von Franz Xaver Winterhalter bei. Inzwischen ist das Bildnis eines der Markenzeichen des Landesmuseums. Mehrere dieser Erwerbungen werden nun im Rahmen der Ausstellung erstmals der Öffentlichkeit präsentiert.

Die Ausstellung bringt für kurze Zeit den Glanz des Zarenhofes in das Alte Schloss. Er geht vor allem von den über 200 Leihgaben aus Moskau und Sankt Petersburg aus, die über Land und Meer nach Stuttgart kamen. Gemälde, Skulpturen, Möbel und Luxusgegenstände aller Art aus dem Moskauer Kreml und den Schlössern um Sankt Petersburg veranschaulichen den märchenhaften Reichtum der Romanows. Besonders glücklich und dankbar ist das Landesmuseum, dass es den Besucherinnen und Besuchern einen Eindruck von der unglaublich prachtvollen Wirkung vermitteln kann, die von der Mitgift einer Zarentochter ausging. 1846, als die russische Großfürstin Olga den württembergischen Kronprinz Karl heiratete, wurde ihre Aussteuer mehrere Tage lang im Alten Schloss präsentiert. Aus Anlass der Ausstellung können nun große Teile dieser Mitgift am selben Ort ein zweites Mal bestaunt werden. Bieten können wir dieses Erlebnis vor allem dank der Unterstützung der russischen Kollegen und zusätzlicher Leihgaben der Kulturstiftung des Hauses Hessen sowie aus Privatbesitz. Das Landesmuseum dankt allen Leihgebern für ihr kollegiales und großzügiges Entgegenkommen.

Mit dieser Präsentation will das Landesmuseum die guten historischen Beziehungen zwischen Russland und Württemberg in der Gegenwart fortschreiben. Deshalb hat es das Ausstellungskonzept und den Begleitband gemeinsam mit den Kollegen aus den russischen Museen und Archiven erarbeitet. Hierfür gab es ein wissenschaftliches Kolloquium, in dem die Ziele der Ausstellung zusammen mit den Partnern festgelegt wurden. Das Ergebnis dieser Kooperation ist nicht nur die Ausstellung selbst, sondern auch die Publikation: 27 russische Kollegen haben daran mitgearbeitet. Ohne ihr Wissen hätte er nicht entstehen können.

Das Land Baden-Württemberg hat mit der Aufnahme des Projektes in die Reihe der Großen Landesausstellungen die hohe Basisfinanzierung gesichert. Ohne die zusätzliche, sehr großzügige Unterstützung der Würth-Gruppe, die das Landesmuseum Württemberg seit vielen Jahren begleitet, sowie der Kulturstiftung der Länder wäre die Realisierung dieses deutsch-russischen Projektes nicht möglich gewesen. Ebenso sei der Sparkassen-Finanzgruppe gedankt, die als Förderer der Mitmach-Ausstellung für Kinder „Märchenhaftes Russland. Das Junge Schloss auf Entdeckungstour" die Kulturvermittlung am Landesmuseum Württemberg tatkräftig unterstützt.

Die Szenografin Valentine Koppenhöfer, Friedrichroda, und ihr Team formten die einzelnen Themen durch eine prägnante Inszenierung zu einer Gesamtkomposition. Für die Mitmach-Ausstellung im Kindermuseum oblag dies Marina von Jacobs, Stuttgart. Beiden Gestalterinnen ist es gelungen, markante Bilder und eindrucksvolle Präsentationen zu schaffen. Der sehr ansprechende Katalog ist dem Grafikbüro lahaye tiedemann gestalten und der Süddeutschen Verlagsgesellschaft zu verdanken.

Die Vorbereitungen bis zur Eröffnung nahmen mehr als drei Jahre in Anspruch. Die fundierte Umsetzung ist dem bewundernswerten Engagement des Ausstellungsteams zu verdanken. Hier stehen an erster Stelle die beiden Kuratoren Dr. Fritz Fischer und Dr. Katharina Küster-Heise. Sie wurden bei der Erstellung des Konzepts sowie zahlreichen anderen Aufgaben bestens unterstützt von Helene Seewald M.A. und Elena Steinemann M.A. Entscheidenden Anteil am Gelingen hatte Georg Schnepper durch eine umfassende Projektsteuerung. Die vielschichtigen Marketingmaßnahmen und die erfolgreiche Pressearbeit betreuten Carmen Fischer M.A. und Dr. Heike Scholz. Den Bereich Drittmittel leitete kompetent Markus Wener M.A. Die hervorragenden Aufnahmen für den Begleitband fotografierte oder bearbeitete Hendrik Zwietasch unter Mitarbeit von Dominik Drasdow. Die Redaktion übernahmen Dr. Maaike van Rijn und Dr. Matthias Ohm, die Bildrecherche Dipl. Museologe Chris Gebel. Die spannende Mitmach-Ausstellung für Kinder kuratierte Dipl. Päd. Christoph Fricker.

Mit großer Umsicht betreuten die Restauratorinnen und Restauratoren unter Leitung von Dipl. Rest. Andrea Funck M.A. die Exponate. Auch allen anderen beteiligten Mitarbeiterinnen und Mitarbeitern des Landesmuseums sei für ihre Arbeit ganz herzlich gedankt. Gemeinsam haben sie Großes geleistet.

Einen wichtigen Beitrag leisteten die Mitglieder des wissenschaftlichen Beirats unter Vorsitz von Prof. Dr. Jan Kusber, Universität Mainz. Das Landesmuseum Württemberg dankt allen, die mit ihren Anregungen, Hinweisen und vielfältigen Unterstützungen dazu beigetragen haben, das Alte Schloss „im Glanz der Zaren" erstrahlen zu lassen.

Prof. Dr. Cornelia Ewigleben
Wissenschaftliche Direktorin des Landesmuseums Württemberg

Gremien

Schirmherrschaft

Winfried Kretschmann, Ministerpräsident des Landes Baden-Württemberg

S.E. Wladimir M. Grinin, Botschafter der Russischen Föderation

Ehrenpatronat

S. K. H. Carl Herzog von Württemberg

I. K. H. Maria Großfürstin von Russland

Kuratorium

Dr. Gebhard Fürst, Bischof von Rottenburg-Stuttgart, Rottenburg a. N.

Dr. Jekaterina Genijewa, Generaldirektorin der Rudomino-Bibliothek für ausländische Literatur, Moskau

S. K. H. Prinz Moritz Landgraf von Hessen, Kronberg (†)

Dr. h.c. Frank Otfried July, Bischof der Evangelischen Landeskirche in Württemberg, Stuttgart

Dr. h.c. Lothar de Maizière, Vorsitzender des deutschen Lenkungsausschusses des Petersburger Dialogs, Berlin

Prof. Dr. Klaus Mangold, Honorarkonsul der Russischen Förderation für Baden-Württemberg, Stuttgart

Prof. Dr. Herrmann Parzinger, Präsident der Stiftung Preußischer Kulturbesitz, Berlin

Prof. Dr. Michail Piotrowski, Direktor der Staatlichen Eremitage, Sankt Petersburg

Dr. Andreas Schockenhoff, MdB, Koordinator der Bundesregierung für die deutsch-russische zwischengesellschaftliche Zusammenarbeit, Berlin

Prof. Dr. h.c. mult. Reinhold Würth, Vorsitzender des Stiftungsaufsichtsrats der Würth-Gruppe, Künzelsau

Leihgeber

Deutschland

Archiv des Hauses Württemberg,
Altshausen

Museum Bad Ems

Staatliche Schlösser und Gärten
Baden-Württemberg, Bruchsal

Sammlung Sander

Kulturstiftung des Hauses Hessen,
Archiv des Hauses Hessen,
Schloss Fasanerie, Eichenzell

Kulturstiftung des Hauses Hessen,
Museum Schloss Fasanerie, Eichenzell

Sammlung Würth, Künzelsau

Herzog von Urach, Schloss Lichtenstein

Ludwigsburg Museum

Staatsarchiv Ludwigsburg

Stiftung Preußische Schlösser und Gärten
Berlin-Brandenburg, Potsdam

Landesarchiv Baden-Württemberg,
Hauptstaatsarchiv Stuttgart

Orthodoxe Gemeinde russischer Tradition
Hl. Fürst Alexander Nevskij, Stuttgart

Staatliches Museum für Naturkunde
Stuttgart

Staatsgalerie Stuttgart

Stadtmuseum Stuttgart

Weraheim Haus für Mutter und Kind,
Stuttgart

Württembergische Landesbibliothek,
Stuttgart

Universitätsbibliothek Stuttgart

Stadtarchiv Stuttgart

Museum der Brotkultur, Ulm

sowie zahlreiche Privatleihgeber

Frankreich

Musée du Château des ducs de
Wurtemberg, Montbéliard

Russland

Staatliches Historisches Museum, Moskau

Staatliches Kulturhistorisches Museum-
Reservat "Moskauer Kreml", Moskau

Staatsarchiv der Russischen Föderation,
Moskau

Staatliches Museum-Reservat "Pawlowsk",
Sankt Petersburg

Staatliches Museum-Reservat "Peterhof",
Sankt Petersburg

Staatliches Museum-Reservat "Zarskoje
Selo", Sankt Petersburg

Staatliches Russisches Museum,
Sankt Petersburg

Russland, die Romanows und Württemberg: Eine historische Einführung

Jan Kusber

Als das Herrscherhaus der Romanows 1913 sein 300-jähriges Thronjubiläum feierte, hatte die Verbindung zwischen den Romanows und dem Haus Württemberg, die sich in fünf Frauengestalten und ihren fünf Ehen manifestierte, ein Ende gefunden. Wera, die Tochter des russischen Großfürsten Konstantin Nikolajewitsch und Ehefrau des Herzogs Eugen von Württemberg, war bereits 1912 gestorben. Sie erlebte die aufwendigen Feierlichkeiten, zu denen alle großen europäischen Häuser ihre Vertreterinnen und Vertreter entsandten, nicht mehr. Wera hatte das Haus Württemberg bei Krönungen und Eheschließungen oft vertreten und so die Verbindung zwischen dem Haus, das den größten Flächenstaat der Welt regierte, und dem Hause Württemberg, das in seinem Königreich als Symbol eines Verfassungsstaates minderer Souveränität im Verband des Deutschen Reiches fungierte, repräsentiert. Sie erlebte nicht mehr, wie Zar Nikolaus II. und seine Gattin Alexandra mit ihrer Familie in Sankt Petersburg, der Hauptstadt des Vielvölkerimperiums, in Moskau, der Krönungsstadt des Reiches, und in Kostroma, aus deren Umgegend die Romanows stammten, sich selbst und die historische Mission ihres Hauses zeigten.

Die Romanows repräsentierten damit am Vorabend des Ersten Weltkrieges eine Form der Herrschaft, die der Autokratie als einzig wahre Staatsform und den nach göttlichem Willen regierenden Zaren der Dynastie Legitimität zubilligte. Diese Feierlichkeiten waren an Glanz und Aufwand kaum zu überbieten, und doch schienen sie schon manchen Zeitgenossen als ein Abgesang: auf die Autokratie in Russland und das Europa der Monarchen insgesamt. König Wilhelm II. von Württemberg jedenfalls ließ sich in sehr viel bescheidenerer Weise feiern, wie es seines Erachtens dem obersten Repräsentanten eines Verfassungsstaates zukam, der kaum

noch Einfluss auf tagesaktuelle Politikgestaltung nahm. Dabei stand vor der ersten Krönung eines Zaren aus dem Hause Romanow im Jahre 1613 eine Wahl. Während die Vertreter des Hauses Württemberg in seinen Linien über Jahrhunderte aus dem Grafenstand zu Herzögen aufstiegen und schließlich 1806 im Windschatten Napoleons die Königswürde erlangten, bestiegen die Romanows den Moskauer Thron fast überraschend. Die Herrschaft Iwan IV. Groznyjs „des Schrecklichen", der sich 1547 zum ersten Zaren von Moskau krönen ließ, stürzte das Land in Terrorherrschaft und Kriege. Als Iwan 1584 starb und auch mit dem Tod des regierungsunfähigen Sohnes Fjodor die alte Dynastie der Rjurikiden erlosch, geriet der Moskauer Staat in eine tiefe Krise, die als „Zeit der Wirren" in die Geschichte einging. Der Dichter Alexander Puschkin und ihm folgend der Komponist Modest Mussorgsky setzten dieser chaotischen Epoche, erfüllt mit Bürgerkriegen, falschen Zaren und ausländischen Interventionen, ein literarisches und musikalisches Denkmal.

Die russische Geschichtsschreibung legte schon immer Wert auf die Feststellung, dass es das Volk gewesen sei, dass dieser existentiellen Krise des Staates ein Ende bereitet habe. Und in der Tat: 1612 befriedete ein landesweites Aufgebot aus Adel, Städtern und teils auch Bauern allmählich das Land, am Beginn des Jahres 1613 kamen vor allem, aber nicht nur Adlige und Städter sowie Vertreter des orthodoxen Klerus zusammen, um einen neuen Autokraten, einen Zaren zu wählen. Alternative Regierungsformen waren nicht vorstellbar. Gewählt wurde der 16-jährige Michail Fjodorowitsch Romanow. Er war ein Kompromisskandidat. Seine Familie gehörte zwar zu den hochadligen Bojaren, die sich bis ins 14. Jahrhundert im Umfeld des in Moskau herrschenden Rurikidenzweiges finden lassen, doch entstammten sie nicht den genealogisch ältesten Familien des Moskauer Reiches. Die Romanows hatten an Einfluss gewonnen, als Ivan IV. im Jahr seiner Zarenkrönung Anastassija Romanowna Zacharina-Jureva heiratete, deren Tod er 1560 sehr betrauerte. Erst in dieser Zeit begann diese Familie der Zacharins den Namen Romanow zu führen. In der Situation der Wahl 1613 existierte also über die Ehe mit Ivan Groznyj eine lockere Verbindung zu den Rjurikiden, die freilich nur ein Grund gewesen sein dürfte.

In der „Zeit der Wirren" waren die relative Bedeutungslosigkeit dieser Familie im Vergleich zu genealogisch älteren Familien sowie die Jugend des Kandidaten ein Kriterium, das ihn für eine Wahl besonders geeignet erscheinen ließ.

Den ersten beiden Romanow-Zaren Michail und Alexej gelang es im 17. Jahrhundert erstaunlich schnell, die Autokratie als Herrschaftsform über das Moskauer Reich zu festigen. Die Feierlichkeiten zum dreihundertsten Thronjubiläum, die 1913 begangen wurden, sollten daher auch als Rückbesinnung auf das Anfangsjahrhundert der Dynastie verstanden werden, in dem nach Auffassung Nikolaus' II. Moskau das Zentrum der orthodoxen Welt war und seine Zaren ihren Willen im Einklang mit dem des Volkes sahen. Nikolaus II. beschwor damit eine Eintracht mit seinen Untertanen, die mehr als brüchig war. Der spätestens nach der Niederlage im Krimkrieg 1855 offensichtlich zu Tage tretende Vertrauensverlust gegenüber der Dynastie trat in der Revolution von 1905 offen zu Tage. Der letzte Zar war nicht bereit, mit der Duma, dem mit den Unruhen ertrotzten Parlament, zusammen zu arbeiten, anders als die württembergischen Monarchen, die, wenn auch schweren Herzens, die Lehre aus den Unruhen der Jahre 1848/49 gezogen hatten. Sicherlich war bei den glanzvollen Feiern zum Thronjubiläum noch nicht abzusehen, wie

nah der Weltkrieg und die Revolutionen waren, die die Dynastie der Romanows vom Thron stürzen und das sowjetische Russland bringen sollten. Die Romanows mochten noch immer glauben, dass sie nicht nur über den größten Flächenstaat der Welt herrschten, sondern auch tatsächlich über eine Weltmacht.

Während die ersten Zaren ihres Hauses auf Konsolidierung setzten, der Autokratie vor allem nach innen Geltung verliehen, aber auch langsam den Aufstieg Russlands als osteuropäische Großmacht einleiteten, waren es eigentlich die Herrscher und Herrscherinnen des 18. Jahrhunderts seit Peter I. (reg. 1682–1725), welche aus dem Moskauer Zarenreich eine Weltmacht, das petrinische Imperium formten. Zu Recht ist in der Geschichtswissenschaft immer wieder gefragt worden, ob man die Rolle der einzelnen Persönlichkeiten, auch wenn sie mit umfassendsten Rechten regiert haben, nicht überhöht, wenn die Geschichte eines Landes durch sie erzählt wird. Für Russland und die Herrschaft der Zaren gilt jedoch, dass der Einfluss der Herrscherinnen und Herrscher im Guten wie im Schlechten kaum zu unterschätzen ist. Die Geschichte der Romanows ist damit nicht deckungsgleich mit der Russlands, aber doch ohne einander nicht zu verstehen. Der Einfluss auf die Gesellschafts- und Sozialordnung, in Wirtschaft und Kultur war groß, und als er im Kontext der Moderne abnahm, waren auch die Tage der Dynastie, die sich 1913 noch einmal selbst feierte, gezählt.

Zwei Personen des 18. Jahrhunderts waren es, die die Geschichte Russlands in besonderem Maße prägten und auch am Beginn jener Entwicklung standen, die das Haus Württemberg in den Fokus des Zarenreiches brachten. Zwar hatten sich bereits im 17. Jahrhundert die Kontakte nach Mittel- und Westeuropa intensiviert, vor allem auch durch die Anwerbung von Experten für

Zur Feier des 300-jährigen Herrschaft
der Romanow-Dynastie
1913; Fotographie
akg-images gmbh, Berlin

das Zarenreich, doch begann erst Peter der Große eine dynastisch orientierte Heiratspolitik zu betreiben, mit der er die Expansion seines Landes nach Westeuropa absichern wollte. Er bereiste nicht nur selbst Teile des Reiches, darüber hinaus England, Holland und Frankreich, er führte auch fast seine ganze Regentschaft über Kriege, die das Baltikum an Russland brachten. Auf ehemals schwedischem Gebiet gründete er 1703 Sankt Petersburg, zunächst als Hafen und Festung, das sich aber bald zur neuen glanzvollen Hauptstadt, zum Fenster nach Europa und Fenster Europas im Zarenreich zugleich entwickelte. Während die Mitglieder der Dynastie bislang im Lande ehelichten, verheiratete er seine Töchter und Nichten nach außerhalb, um seinen Einfluss im Norden des Heiligen Römischen Reiches

deutscher Nation zu sichern. Er gab sie an protestantische Reichsfürsten und prägte damit Muster, die bis zum Ende der Dynastie bleiben sollten. Es waren immer protestantische Fürstenhäuser, die ausgewählt wurden. Damit wurden potentiell auch die Württemberger heiratsfähig.

In der Zeit Peters wurde freilich die Verbindung seiner Tochter mit dem Hause Gottorf bedeutsam. Aus der Ehe von Peters Tochter Katharina mit einem gottorfischen Herzog ging ein Sohn hervor, der als Peter III. kurzzeitig den Thron Russlands besteigen sollte, bevor er nach wenigen Monaten von seiner Frau, der berühmten Katharina II., Prinzessin Sophie Friederike aus dem Hause Anhalt-Zerbst, gestürzt wurde. Dies war für die Geschichte der Dynastie insofern bedeutsam, als man seit 1762 streng genommen eigentlich von einer Dynastie Romanow-Holstein-Gottorf (oder Gottorp) sprechen müsste. Freilich hat dieser Umstand in der russischen Geschichtsschreibung und vor allem im populären Bewusstsein kaum eine Rolle gespielt. Die Zarinnen und Zaren wurden umstandslos als Mitglieder des Hauses betrachtet, vor allem wenn sie zur Größe des Imperiums beitrugen. Peter I. nahm nach seinem Sieg im Großen Nordischen Krieg (1700–1721) den Titel eines „Allrussischen Kaisers" (Wserossijskij Imperator) an, der in den folgenden Jahrzehnten auch von den anderen europäischen Mächten, selbst von den Habsburgern, anerkannt werden musste, auch wenn es in Europa und Russland bei der traditionellen Bezeichnung „Zar" blieb. Peter gelang die erfolgreiche Außensteuerung der polnisch-litauischen Adelsrepublik, im polnisch-russischen Thronfolgekrieg in der Zeit der Kaiserin Anna (reg. 1730–1740) wurde der russische Kandidat, der Wettiner August III. als König durchgesetzt, in der Zeit der bereits erwähnten „großen" Katharina kam es zur Entente Cordiale der drei Schwarzen Adler Preußen, Österreich und Russland auf Kosten des Weißen Adlers Polen: 1772, 1793, 1795 verschwand in den Teilungen Polens ein frühneuzeitliches Großreich Europas von der Landkarte und das Zarenreich expandierte nach Westen. Die Zarin setzte auch die Südexpansion des Imperiums fort. Schon Peter I. hatte nach einem Hafen am Schwarzen Meer gestrebt; Katharinas berühmter Favorit Grigorij Potjomkin annektierte für seine Kaiserin 1783 die Krimhalbinsel. Damit geriet das Zarenreich in eine dauerhafte Gegnerschaft mit dem Osmanischen Reich, die bis auf kurze Perioden bis zum Untergang beider Vielvölkerimperien im beginnenden 20. Jahrhundert anhalten sollte. Im Bayerischen Erbfolgekrieg 1778/79, in dem Österreich und Preußen gegeneinander standen,

vermittelte Katharina. Die Kaiserin leitete hieraus den Anspruch ab, in den Angelegenheiten des Reiches mitzureden, und die mittleren Fürsten des alten Reiches nutzten dies, um sich gegen die Häuser Habsburg und Hohenzollern zu behaupten, indem sie fallweise an Katharina appellierten.

Als Katharina 1772 für ihren Sohn, den 1754 geborenen Thronfolger Paul, eine Braut suchen ließ, setzte sie auf eine eheliche Verbindung mit einer Prinzessin aus einem deutschen Fürstenhaus. Unter den enger ins Auge gefassten Kandidatinnen befand sich auch Sophie Dorothee von Württemberg, die aber zum damaligen Zeitpunkt als noch zu jung erschien. Als Pauls erste Frau nach kurzer Ehe 1776 starb, wurde Sophie Dorothee von Württemberg die Kandidatin der Stunde: Ihre existierende Verlobung wurde gelöst, sie konvertierte vom lutherischen zum orthodoxen Glauben und nahm den Namen Maria Fjodorowna an. Ihre Hochzeit fand am 7. Oktober 1776 in Sankt Petersburg statt. Damit begannen die schon durch die völlig unterschiedliche Bedeutung der beiden Staaten asymmetrischen Beziehungen zwischen Russland und Württemberg.

Katharina hatte ein schwieriges Verhältnis zu beiden Eheleuten. Ihre Schwiegertochter erfüllte freilich die ihr zugedachte Funktion. Maria Fjodorowna brachte im Dezember 1777 den späteren Zaren Alexander (reg. 1801–1825) zur Welt, dessen Erziehung Katharina ebenso selbst übernahm wie die des zweiten Kindes Konstantin. Damit handelte Katharina II. genauso wie einst, als ihr ihr Sohn Paul von der damaligen Kaiserin Elisabeth entzogen wurde. Maria Fjodorowna bekam sechs Töchter und noch zwei weitere Söhne, von denen der vorletzte, Nikolaus, ebenfalls den russischen Thron besteigen sollte. Damit sicherte diese dynastische Verbindung zwischen den Romanows und dem Hause Württemberg die Dynastie

Der Einzug der Alliierten in Paris am
31. März 1814
1. Hälfte 19. Jh.; kolorierte Radierung
Staatliches Historisches Museum,
Moskau

nachhaltig. Politisch hatte Paul kaum Spielräume, sich gegen die glanzvolle Herrschaft seiner Mutter zu positionieren. In seiner Zeit als Thronfolger führte er einen eigenen Hof, in dem Manches gedacht wurde, was als Gegenposition zur aufgeklärten, in den späten Jahren aber zunehmend reaktionären Politik der Mutter wahrgenommen wurde. Als Kaiser wurde seine Politik im Inneren und nach außen als so erratisch verstanden, dass er nach nur knapp fünf Jahren einer Herrschaft, die auf eine Militarisierung von Verwaltung und Gesell-

schaft setzte, mit Wissen seines Sohnes Alexander gewaltsam gestürzt und in Sankt Petersburg ermordet wurde. Wie verhielt sich Maria Fjodorowna zu diesen Vorgängen? Sie trauerte um ihn, sicherte aber auch ihre eigene Position als Kaiserinwitwe, die den Anspruch hatte, in Rang und Einfluss Erste Dame im Staate zu sein. Und in der Tat: Ihr politischer Rat war gefragt, auch wenn Alexander I. und Nikolaus I. ihm nicht immer folgten. Maria Fjodorowna war immer eine Gegnerin Napoleons, obwohl Württemberg ihm die Erhebung zum Königreich verdankte und durch den Reichsdeputationshauptschluss mit der Mediatisierung zahlreicher Territorien auch eine Arrondierung seines Staatsgebietes. Die Krönung des Korsen zum Kaiser 1804 sah sie wie ihr Sohn Alexander auch als einen Anschlag auf die Dignität des Hauses Romanow und seiner Kaiser. Sie war gegen den Frieden von Tilsit 1807, in dem sich Alexander mit Napoleon kurzzeitig verständigte, und sie bestärkte ihren Sohn in seiner Politik im Jahre 1812, als dieser entschied, den Weg für die Grande Armée nach Moskau freizugeben, so dass Napoleon zwar im Herbst symbolträchtig in den Kreml einziehen konnte, ihn aber auch wieder aufgeben musste und mit seinem Rückzug seinen eigenen Untergang einleitete. Es erfüllte Maria mit Stolz, dass Alexander I. zum Befreier Europas wurde und auf dem Wiener Kongress als Herrscher der maßgeblichen Kontinentalmacht galt.

Auch wenn sie sich in zahlreichen Institutionen der sozialen Fürsorge engagierte und auch wenn sie, hier ihrer Schwiegermutter Katharina gar nicht so unähnlich, Aufklärung und Wohlfahrtspolitik miteinander zu kombinieren trachtete, so blieb sie doch überzeugt von dem Gottesgnadentum und der Prädestination der Dynastie. So stützte sie, als im Dezember 1825 die Elite des russischen Adels von der Autokratie im sogenannten Dekabristenaufstand gewaltsam politische Teilhabe forderte, das Vorgehen ihres Sohnes und neuen Zaren Nikolaus, der den ungeschmälerten Erhalt der Autokratie als unverrückbar ansah. Marias politischer Einfluss war jedenfalls bis zu ihrem Tode 1828 immens.

Die Weltsichten der Mutter beeinflussten Nikolaus, den „Gendarmen Europas", sicherlich in seiner Überzeugung, Russland sei ein Bollwerk gegen jedweden revolutionären Einfluss. Dem Individualismus des Westens stellte er Gemeinschaftsvorstellungen der russischen

Gesellschaft entgegen. Die Debatte über den russischen Weg und über sein Verhältnis gegenüber Europa prägte nicht nur sein politisches Handeln bis in die Zeit des Krimkrieges, als er als Anhänger des legitimistischen Prinzips die Monarchien zu einem Zusammengehen gegen die Revolution, wo immer sie sich zeigte, zu bewegen suchte, sie prägte auch die Innenpolitik seiner 30-jährigen Herrschaft. Die Forderungen der Liberalen nach Demokratie und einer Partizipation durch Wahlen waren ihm ein Graus. In diesem Sinne betrachtete er die Entwicklung in Württemberg, wo seine Schwester Katharina für wenige Jahre Königin (1816–1819) gewesen war und wohin er seine Tochter Olga 1846 verheiraten sollte, mit großer Skepsis. Sowohl seine preußischen Verwandten als auch den Witwer seiner Schwester, den württembergischen König Wilhelm I., hielt er zu einem festen Kurs gegen alle Forderungen der Demokraten an. Auf Wunsch Österreichs ließ er 100.000 russische Soldaten 1848/49 in Ungarn intervenieren und die Revolution niederschlagen.

Das Gesellschaftssystem des Zarenreiches, so wie es sich seit dem 16. Jahrhundert herausgebildet hatte, tastete er nicht an. Die Leibeigenschaft als eines seiner Wesensmerkmale, die in der Form einer harten Grundherrschaft den ganzen Raum östlich der Elbe mitgeprägt hatte, erwies sich in Russland zunehmend als ökonomisches Problem und Modernisierungshemmnis. Seit den Tagen Katharinas wurde in aufgeklärten Kreisen über die Menschenunwürdigkeit dieses Systems, das die Bauern dem Willen von Großgrundbesitzern auslieferte und ihnen bis zu sechs Tagen in der Woche Frondienste abverlangte, kritisiert. Als Russland im Krimkrieg eine sein Prestige mindernde Niederlage erlitt und verbündete Monarchien wie Württemberg und

Preußen Nikolaus I. nicht unterstützten, starb er verbittert, aber wohl in dem Wissen, dass das autokratische Regime auch im Zarenreich mittelfristig nicht zu halten war.

Dies war auch Mitgliedern des Kaiserhauses schon länger klar. Der Thronfolger Alexander, der 1855 seinem Vater folgte, sah dies ebenso wie Elena Pawlowna, die württembergische Prinzessin Charlotte, die den jüngsten Bruder von Nikolaus geheiratet hatte und auch nach dessen Tod durch ihren Salon einen erheblichen Einfluss behielt. Dort trafen sich Liberale und aufgeklärte Bürokraten, die sich darin einig waren, dass die Leibeigenschaft aufgehoben werden müsse und dass das Zarenreich konsequent den Weg der Modernisierung von Staat, Gesellschaft und Wirtschaft zu beschreiten habe. Sie waren sich einig, dass auch der Autokrat und Zar angestammte Rechte an sein Volk abgeben müsse, freilich im Konsens.

Nikolaus' Tochter Olga, seit 1864 an der Seite Karls I. Königin des kleinen Württemberg und Schwester des Zaren Alexander, war hingegen durchaus der Meinung, dass es sich lohne, für starke Rechte des Monarchen zu kämpfen, ob gegen die Liberalen im Stuttgarter Landtag oder im fernen Sankt Petersburg. Wohltätigkeit gehörte für sie wie für alle weiblichen Angehörigen der Dynastien Romanow und Württemberg zum Kern ihres Selbstverständnisses. Eine konservativ monarchische Grundhaltung und der Wunsch nach einem fast bürgerlich zu nennenden Lebensstil schlossen einander nicht aus. Diese Kombination war es, die sie aus dem nikolaitischen Russland kannte. Eine aktive Teilhabe breiterer Bevölkerungskreise an der Politik, wie sie ihr Bruder Großfürst Konstantin, dessen Tochter Wera sie adoptieren sollte, im Zuge der Großen Reformen betrieb und der sich (meistens) im Sinne des Zaren mit Reformwider-

Zerstörte Schanze der russischen Artillerie in Sewastopol, September 1855
James Robertson (1813–1888)
1855; Fotografie
akg-images gmbh, Berlin

ständen auseinandersetzte, waren ihre Sache nicht. Freilich akzeptierte sie zunehmend eine repräsentative Rolle in dem sich vergleichsweise schnell selbst modernisierenden süddeutschen Staat, dessen Bewohner sich Teilhabe und ökonomischen Aufstieg sukzessive erarbeiteten. Olga war Königin in einer Zeit, wo es nicht nur um die Frage ging, welche Rechte ein König gegenüber seinem Volk, oder gar von seinem Volk haben solle, sondern es ging um die Souveränität Württembergs. Die Groß- oder Kleindeutsche Frage wurde ebenfalls diskutiert, der Anschluss Württembergs an den Deutschen Bund vollzogen, die Souveränität des Landes beschnitten. Ihre Kontakte nach Russland hatte sie nur wenig für die württembergische Politik eingesetzt. Dabei waren die Voraussetzungen nicht schlecht. Ihr gehörte durchaus das Ohr ihres zaristischen Bruders, und sie pflegte ein ausgesprochen gutes Verhältnis zu dem russischen Kanzler und Außenminister Fürst Alexander Gortschakow, der einige Zeit Gesandter in Stuttgart gewesen war.

Mit Schrecken reagierte Olga auf den Tod ihres Bruders: Revolutionäre hatten ihn 1881 bei einem Sprengstoffattentat am Katharinenkanal in Sankt Petersburg ermordet. Zuvor hatte es seit 1866 mehrere erfolglose Attentate gegeben: Studenten und Gymnasiasten gingen die Reformen, die Alexander II. eingeleitet hatte, nicht weit genug. Die intensiv beratene und dann 1861 in Gang gesetzte Aufhebung der Leibeigenschaft befriedigte eine sich radikalisierende jüngere Generation nicht. Die Öffnung der Hochschulen, die Schaffung unabhängiger Gerichte, die lokale Selbstverwaltung in Stadt und Land empfand sie als halbherzig.

Was viele Konservative im Zarenreich – und auch Olga von Württemberg – beargwöhnten, schien einzutreten: Die Reformen, die unter zwei Begriffen durchgeführt wurden, die uns heute aus der spätsowjetischen Epoche der Geschichte bekannt sind – Glasnost (= Transparenz) und Perestroika (= Umbau des Staates) – erwiesen sich als die Büchse der Pandora: Die Revolutionäre betrachteten den reformerischen Liberalismus der Funktionselite und des Zaren als unzureichend und als Verrat an den mehr als 100 Millionen Untertanen im Zarenreich. Sie forderten den Systemwechsel, ohne eine genaue Vorstellung von den Lebensbedingungen der Menschen zu haben, deren Vertretung sie für sich beanspruchten.

Was nach dem Zarenmord kommen sollte, war den Revolutionären weitgehend selbst nicht klar. Was kam, hatten sie nicht intendiert: Die beiden letzten Romanow-Zaren Alexander III. (reg. 1881–1894) und dessen Sohn Nikolaus II. (reg. 1894–1917) stemmten sich gegen die Zeitläufe. In Russland schritt unterdessen die ökonomische Modernisierung voran, industrielle Zentren entstanden, Teile der schnell wachsenden Landbevölkerung suchten ihr Glück in den städtischen Zentren, vor allen in Moskau und Sankt Petersburg, die zu Millionen-Metropolen anwuchsen. Mit der sozialen und ökonomischen Modernisierung gewann gleichzeitig der Nationalismus nicht nur unter den Russen des Vielvölkerreiches an Boden. Polen, die von jeher nach Unabhängigkeit und der Revision der erwähnten Teilungen ihres Landes strebten, Ukrainer, Weißrussen, Letten, Esten, aber auch die islamischen Untertanen des Vielvölkerreiches konnten sich zunehmend eine staatliche Existenz nach und ohne den Zaren vorstellen. 1894 wies Nikolaus II. jedes Ansinnen auf weitere Reformen als „sinnlose Träume" zurück.

Die erste russische Revolution von 1905, die all diese Bewegungen bündelte und die Wera Konstantinowna im fernen Stuttgart mit einer gewissen Melancholie wahrnahm, brachte die Dynastie fast um den Thron. Doch Zugeständnisse, die die konservativen Parteigänger des Regimes Nikolaus II. abringen konnten, retteten das Haus der Romanows. Die Duma, die im April 1906 als russisches Parlament gewählt wurde, führte die Dynastie gleichsam auf ihren Anfang zurück. Anders aber als 1613, als die Landesversammlung wenig mehr als die Wahl eines neuen Zaren als ihre Aufgabe betrachtete, hatten die Abgeordneten am Beginn des 20. Jahrhunderts weitergehende Vorstellungen ihres Auftrags. Sie forderten das, was der Stuttgarter Landtag bereits lange durfte und der Duma nur unzureichend zugebilligt worden war: die Befugnis zur Gesetzesinitiative und die Hoheit über den Haushalt. Nikolaus, der die erste Sitzungsperiode überhaupt nur widerwillig im Winterpalast eröffnete, versuchte die Duma aufzulösen, wenn sie sich

widerständig zeigte, und das Wahlrecht zu ändern, bis
die Autokratie wieder die Mehrheit bekommen würde,
derer sie bedurfte. Aber all diese Manöver nutzten nichts:
Die Duma jener Zeit, in der die Romanows ihr 300-jähri-
ges Jubiläum auf dem Thron feierten, befand sich in
Opposition zum Zaren. Als der Erste Weltkrieg im August
1914 ausbrach, standen sich einmal mehr auch Württemberger und Russen als Gegner gegenüber. Waren die
württembergischen Soldaten 1812 mit Napoleon gekommen, zogen sie nun mit der deutschen Armee gegen das
Zarenreich. Die letzte direkte dynastische Verbindung
zwischen den beiden Häusern war abgerissen.
Der Weltkrieg brachte aber auch das Ende der beiden
Monarchien. Der Zar entsagte nach der Februarevolution
dem Thron und wurde nach der Oktoberrevolution von
den Bolschewiki in den Ural verschleppt, wo er mit
seiner Familie in Jekaterinburg ermordet wurde. Auch
das Königreich Württemberg hörte auf zu existieren.
In dem Scheideruf des letzten württemberger Königs
Wilhelm II. wurde aber deutlich, dass hier eine ganz
andere Art von Revolution stattgefunden hatte, vom
konstitutionellen Königreich innerhalb des deutschen
Kaiserreiches zum Volksstaat in der Weimarer Republik.
Russland hingegen blieb auch nach dem Systemwechsel Weltmacht, nachdem der Weltkrieg für Millionen
Menschen in einen blutigen Bürgerkrieg gemündet war
und nachdem sich die Bolschewiki um Lenin durchgesetzt hatten.
In der Sowjetzeit war die Geschichte der Dynastie ein
dunkel zu zeichnendes Thema. Heute ist man im Zuge
einer national ausgerichteten russischen Geschichts-
politik in der Ära Putin stolz auf alles, von dem man
meint, es habe Russland groß gemacht. Dazu gehört
selbstverständlich derzeit eine nostalgische Betrach-
tung auch der Zarinnen und Zaren der Romanows.

**Nikolaus II. unter Hausarrest
in Zarskoje Selo**
Frühjahr 1917; Fotografie
Staatsarchiv der Russischen Föderation,
Moskau

Die Europäisierung Russlands: Bündnisse, Diplomatie, Kriege – die Heiratspolitik der Romanows im 18. und 19. Jahrhundert

Claus Scharf

Auf die politische und kulturelle Bedeutung der „Wechselheiraten" des russischen Hofes mit europäischen Fürstenhäusern wies 1802 der berühmte Göttinger Historiker, Publizist und Russlandspezialist August Ludwig Schlözer hin, ein Landeskind aus dem Fürstentum Hohenlohe.

Der politisch engagierte Gelehrte nutzte die Gelegenheit, als er die deutsche Übersetzung eines Handbuchs der Geschichte Russlands herausgab, in Deutschland für ein stärkeres Interesse an Russland zu werben, wenn doch im 18. Jahrhundert schon so viele dynastische Verbindungen des russischen Kaiserhauses mit auswärtigen Herrscherfamilien geknüpft worden seien.[1] Denn angesichts der napoleonischen Vorherrschaft in Deutschland sah er allein das Russische Reich unter Kaiser Alexander I. als ein politisches Gegengewicht. Dabei hob er nicht einmal ausdrücklich hervor, dass die Romanows jede der von ihm errechneten dreizehn „auswärtigen" Ehen mit deutschen Dynastien geschlossen hatten. Als Begründung dafür hätte er auch nur anführen können, dass es nirgends in Europa so viele regierende Adelsfamilien gab wie im Heiligen Römischen Reich deutscher Nation, so dass ihre reichlichen Angebote um die Nachfrage auf dem grenzüberschreitenden Heiratsmarkt konkurrierten. Erst recht ist die Bilanz europäischer Heiraten des Petersburger Hofes aus heutiger Sicht beachtlich: Vom Beginn des 18. Jahrhunderts bis zum Ende des 20. Jahrhunderts kamen 45 solche Ehen zustande, davon 41 deutsche, eine dänische und drei von Nachkommen der Familie Beauharnais, die nach der Heirat von Eugène, dem Sohn Joséphines und Adoptivsohn Napoleons, mit einer bayerischen Prinzessin erst in den deutschen Adel und später auch in den russischen aufgenommen wurden. Zahlenmäßig fallen unter den 41 deutschen Heiraten der Romanows die fünf mit der württembergischen Herrscherfamilie also gar nicht besonders auf.[2] Umgangssprachlich sind mit dynastischen Beziehungen grenzüberschreitende Ehen der Herrscherfamilien, der Dynastien, gemeint. Damit verengt sich jedoch die mögliche Vielfalt der Bedeutungen des Begriffs, denkt man nur an so genannte Erbfeindschaften zwischen regierenden Häusern und an Generationen überdauernde „natürliche" Bündnisse in der Frühen Neuzeit oder an andere Kommunikationsformen wie persönliche Begegnungen oder Korrespondenzen von Monarchen und ihren Familienmitgliedern. Zwar kam die früheste Ehe der Romanows mit dem württembergischen Herrscherhaus erst 1776 zustande, als der Thronfolger Paul Prinzessin Sophie Dorothee von Württemberg-Mömpelgard heiratete, die beim Übertritt zur Orthodoxie den Namen Maria Fjodorowna angenommen hatte.

Die Sondierungen auf dem deutschen Heiratsmarkt liefen jedoch bereits seit 1768 und hatten genau diese Prinzessin schon im Visier, als sich die Kaiserin Katharina II. bei der Abfassung ihrer Autobiographie 1771 viel älterer Kontakte mit Angehörigen des württembergischen Herzogshauses erinnerte. Im Winter 1741/42 war sie als zwölfjährige Prinzessin Sophie Friederike Auguste von Anhalt-Zerbst in Begleitung ihrer Mutter am Hofe des Preußenkönigs Friedrich II. mit dem Erbprinzen Carl Eugen und seinen beiden Brüdern Ludwig Eugen und Friedrich Eugen zusammengetroffen. So war sie dem Prinzen Friedrich Eugen, dem Vater der Großfürstin Maria Fjodorowna, also lange vor deren Geburt wenigstens im Kindesalter schon einmal begegnet. Und als Sophies Vater Christian August nach dem Tode seines Vetters, des regierenden Fürsten Johann August von Anhalt-Zerbst, 1742 mit seiner Familie von Stettin ins Fürstentum Zerbst übersiedelte, um gemeinsam mit seinem älteren Bruder die Herrschaft zu übernehmen, lebte im selben Haushalt noch Hedwig Friederike, die Witwe des verstorbenen Fürsten, eine gebürtige Prinzessin von Württemberg-Weiltingen.

Anders als heute waren dynastische Politik und Heiratspolitik bis zum Ersten Weltkrieg in erster Linie Politik. Sie sollten zwar vor allem die Thronfolge sichern, also für regierungsfähigen Nachwuchs sorgen, mussten sich aber auch in die Politik der Staaten einfügen. Dabei galt es seit jeher als eine Schwäche der Regierungsform der Erbmonarchie, dass das dynastische Interesse, den Thron in der eigenen Familie zu behaupten, mit dem politischen Kurs des Herrschers und der von ihm definierten Staatsräson kollidieren konnte. Solche Situationen führten im Europa des langen 18. Jahrhunderts zu zahlreichen „Kronprinzenkonflikten".

Für das russische Herrscherhaus der Romanows bedeuteten die beiden Jahrhundertwenden um 1700 und um 1800 Zäsuren in der Geschichte von Dynastie und Thronfolgeordnung. Unter der Herrschaft Peters I. gab es mehrere zuvor unvorstellbare Traditionsbrüche.

Zunächst heiratete er selbst unter dem Einfluss seiner konservativen Mutter und in der Tradition seiner Vorfahren eine Frau aus einer Moskauer Adelsfamilie, Jewdokija Lopuchina, die 1690 einen Sohn Alexej als Thronfolger gebar, doch ging der Zar bald auf Distanz zu ihr, und 1698 schickte er sie ins Kloster. Diese Ehe war unter den Throninhabern und -anwärtern der Romanows jedenfalls die überhaupt letzte Verbindung mit einer anderen vornehmen russischen Familie. Peters anschließende Heiratspolitik führte dann zu den ersten Eheschließungen mit ausländischen Herrscherhäusern. Nachdem er seine Herrschaft stabilisiert, Bündnisse mit anderen Monarchien geschlossen und die Annäherung Russlands an Mittel- und Westeuropa eingeleitet

hatte, suchte er zur Unterstützung seiner politischen und kulturellen Westorientierung auch dynastische Verbindungen mit anderen Höfen. Die Monarchen Europas sollten die Romanows als vergleichsweise junge Herrscherfamilie als gleichberechtigt anerkennen. Die Verheiratung zweier Töchter seines 1696 verstorbenen Stiefbruders Iwan V. mit ausländischen Fürsten bestimmten mitten im Großen Nordischen Krieg (1700–1721) gegen Schweden zudem außenpolitische und strategische Aspekte. Im ersten Fall erreichte der Zar durch die Ehe von Anna Iwanowna mit dem jungen Herzog Friedrich Wilhelm von Kurland 1710 das Ziel, auch nach dessen raschem Tod durch die Präsenz der Witwe in der Residenz Mitau den russischen Einfluss im Herzogtum zu verstärken, das ein Lehen der Krone Polens war. Damit ergänzte er quasi an der Ostsee die gleichzeitige russische Annexion der schwedischen Provinzen Est- und Livland. 1716 sollte die Hochzeit von Annas Schwester Katharina mit dem schlecht beleumundeten Herzog Karl Leopold von Mecklenburg-Schwerin diesen früheren Verbündeten des Schwedenkönigs Karl XII. in einem „ewigen Bündnis" auf Russlands Seite ziehen und einem großen russischen Heer eine Basis an der deutschen Küste verschaffen. Doch noch schneller als die Ehe scheiterte das Vorhaben politisch am Widerstand Englands und der Verbündeten Russlands, die nach der russischen Eroberung Est- und Livlands und Peters Coup in Kurland fürchteten, der Zar wolle sich auf gleiche Weise an der norddeutschen Ostseeküste festsetzen, Russland als Handelsmacht und gar als Stand des Heiligen Römischen Reiches etablieren. Trug die erste unglückliche Ehe wenigstens auf längere Sicht zur Festigung der Machtposition Russlands an der Ostsee bei, so hielt der Zar im zweiten Fall das angestrebte „ewige Bündnis" rasch für einen politischen

Fehler. Im Grunde sind aber diese beiden Ehen überhaupt die einzigen Beispiele dafür, dass das Russische Reich seine Hegemonie in Nordosteuropa durch Heiratspolitik auszubauen versuchte.

Nicht minder wichtig war jedoch eine innenpolitische Motivation für Eheschließungen mit ausländischen Dynastien. Zu Peters frühen Erfahrungen gehörten jene bürgerkriegsähnlichen Kämpfe, mit denen die Clans der beiden Ehefrauen seines Vaters Alexej um den Thron gestritten hatten. Insofern sprach für ausländische Heiraten vor allem das dynastische Interesse, dass möglichst keine anderen russischen Adelsfamilien aus einer ehelichen Verbindung Ansprüche auf den Thron ableiten sollten. Im gleichen Sinn kann man sogar deuten, dass Peter 1712 in zweiter Ehe seine langjährige Lebensgefährtin heiratete, von deren Angehörigen keine Thronansprüche zu erwarten waren.

Martha Skawronska, die frühere Hausangestellte litauischer Herkunft, nach der Konversion Katharina Alexejewna mit Peters Sohn Alexej als Taufpaten, gebar ihm von 1704 bis 1724 zwölf Kinder, von denen jedoch nur die beiden Töchter Anna, geboren 1708, und Elisabeth, geboren 1709, die frühen Kinderjahre überlebten und zu weiteren Kandidatinnen für den Thron heranwuchsen.

Noch krasser griff der Zar in die Thronfolgeregelung nach dem Erstgeburtsrecht ein, die in der Familie der Romanows als ein nicht formal fixiertes Fundamentalgesetz galt. Seit 1707 wurde die Ehe des Thronfolgers Alexej mit Prinzessin Charlotte Christine Sophie von Braunschweig-Wolfenbüttel ausgehandelt, und im Oktober 1711 fand eine prächtige Hochzeit im sächsischen Torgau statt. Dabei gab aus Peters Sicht der hohe europäische Rang des welfischen Herzogshauses den Ausschlag. Elisabeth, eine ältere Schwester der Braut,

hatte zuvor den habsburgischen Thronfolger geheiratet, der noch im gleichen Jahr 1711 als Karl VI. zum Kaiser gekrönt wurde. Zugleich sollte die Verschwägerung vor allem die Allianz mit dem Wiener Kaiserhaus gegen das Osmanische Reich festigen. Die kluge Charlotte verstand sich zwar mit Peter gut, doch litt sie bald unter dem Zusammensein mit ihrem launischen Gemahl. Dennoch wurden der zunehmend unerträglichen Ehe zwei Kinder, Natalia und Peter, geboren. 1715 starb die 21-jährige Charlotte kurz nach der Geburt ihres Sohnes. Weil aber der Thronerbe Alexej sich nicht für das Kriegswesen interessierte und vor allem die Reformgesinnung des Zaren nicht teilte, stellte Peter nunmehr kompromisslos den Thronanspruch seines Sohnes in Frage. Diesem „Kronprinzenkonflikt" suchte sich der Großfürst sogar durch die Flucht an den Wiener Hof zu entziehen, was das Drama vor die europäische Öffentlichkeit brachte. Nachdem es dem Zaren gelungen war, den Sohn zur Rückkehr zu bewegen, verzichtete Alexej Anfang 1718 unter dem Druck des Vaters auf sein Thronfolgerecht. Dennoch wurde er wegen Landesverrats umgehend zum Tode verurteilt. Nach Folterungen starb er im Juni des gleichen Jahres in der Haft. Nach dem Frieden von Nystad, der 1721 den langen Krieg beendete, übernahm der Zar für sein Haus den hohen Titel eines Kaisers, der von den europäischen Mächten jahrzehntelang nicht anerkannt wurde, und persönlich den Beinamen „der Große". Doch 1722 hob er obendrein die dynastische Erbfolge auf und proklamierte ein Gesetz, zu dem auch ein gelehrter Kommentar veröffentlicht wurde, dass jeder Throninhaber seine Nachfolge willkürlich entscheiden solle. Diese Bestimmung kam einem Höhepunkt des absolutistischen Staatsverständnisses in Europa gleich, bedeutete aber auch die konsequente Abkehr von einer dynastischen Politik.

Allerdings entschied weder Peter der Große bis zu seinem Tod Anfang 1725 seine Nachfolge eindeutig, noch machten die ihm folgenden Herrscherinnen und Herrscher im 18. Jahrhundert Gebrauch von dieser einzigartigen Freiheit. Mindestens suchten sie ihre Kandidaten bevorzugt in der eigenen Familie, wenn auch in deren miteinander konkurrierenden Zweigen. Selbst die aristokratischen Hofparteien, die Pläne schmiedeten, wie der Thron in ihrem Interesse zu besetzen sei, hielten nur unter den geborenen und angeheirateten Mitgliedern der Romanows Ausschau nach der schwächsten Kandidatur, die sie zu manipulieren hofften, und spielten nicht etwa mit dem Gedanken, eine neue Dynastie zu begründen. Mit dem Tod des 15-jährigen Peters II., des Sohnes des unglücklichen Alexej, starb 1730 der letzte männliche Spross der Romanows. Insgesamt kam die Thronfolge jedenfalls weder durch die gesetzliche Regelung Peters noch durch die dynastischen Beziehungen mit ausländischen regierenden Häusern zur Ruhe. Offenkundig konnten auch „auswärtige" Ehen misslingen oder durch einen frühen Tod enden oder keine Thronfolge erbringen, weil Kinder ausblieben oder früh starben. Unter den angeheirateten Verwandten schienen von 1725 bis 1741 zunächst die Braunschweiger zu dominieren, bis sie beim Staatsstreich Elisabeths, der Tochter Peters, entmachtet und inhaftiert wurden. In jenen 16 Jahren seit dem Tod Peters des Großen kam es zum fünften Mal zu einem Thronwechsel. Dennoch sind sich die maßgeblichen Historiker Russlands im 18. Jahrhundert heute darin einig, dass Außen- und Innenpolitik eine erstaunliche Kontinuität aufwiesen, obwohl Elisabeth ihre Machtübernahme damit begründete, wieder an die Politik ihres Vaters anknüpfen zu wollen. Und weil aus anderen Staaten keine Ansprüche auf den russischen Thron

erhoben wurden, blieben Russland nach der „Zeit der Wirren" zu Beginn des 17. Jahrhunderts unter den seit 1613 herrschenden Romanows trotz dynastischer Krisen immerhin Erbfolgekriege erspart, wie sie im Europa der frühen Neuzeit als Kriegstypus dominierten.

Umgehend berief die unverheiratete und kinderlose Kaiserin Elisabeth dann den Sohn ihrer Schwester Anna, Karl Peter Ulrich von Holstein-Gottorf, seit 1739 Herzog mit Thronansprüchen auch in Schweden, als ihren Thronfolger nach Petersburg, immerhin einen Enkel Peters des Großen. Ihm, der als Großfürst Peter Fjodorowitsch am Hofe eingeführt wurde, bestimmte Elisabeth auch frühzeitig eine Braut. Prinzessin Sophie Friederike Auguste von Anhalt-Zerbst erschien als eine gute Wahl, war ihre ehrgeizige Mutter Johanna Elisabeth doch eine Schwester Karl Augusts, des frühverstorbenen Verlobten der Kaiserin, also auch eine Holsteinerin. 1745 fand in Petersburg die Hochzeit des Großfürsten Peter mit der zur Orthodoxie übergetretenen Braut statt, die zur Ehre der Mutter Elisabeths Katharina Alexejewna genannt worden war.

Doch eine Liebesbeziehung wurde die Ehe nicht. Neun Jahre lang musste die Kaiserin auf die Geburt eines nachfolgenden Thronanwärters warten, und als Katharina dann 1754 endlich einen Sohn, Paul, gebar, war den Beteiligten klar, dass nicht Peter Fjodorowitsch der Vater war, sondern ihr Geliebter Sergej Saltykow, wie es auch Katharina in ihren Erinnerungen andeutete. Insofern setzte sich die Erbfolge der Romanows durch diese Geburt genetisch nicht fort und die holsteinische höchstens durch Katharinas Mutter. Dennoch erkannten Elisabeth und der Großfürst den Thronerben an und sorgten für seine frühe Erziehung. Katharina gewann durch die Mutterschaft bei Hofe an Ansehen und wurde bald, auch von der Kaiserin, als eine würdigere und pflichtbewusstere Nachfolgerin erachtet als ihr unreifer Gemahl. Im Einklang mit der Kultur der Aufklärung und durch Beziehungspflege am Hofe bereitete sie sich durch Selbstbildung zielstrebig darauf vor, eines Tages an der Spitze des Riesenreiches zu stehen. Dennoch änderte Elisabeth ihre frühen Absichten in der Thronfolgefrage nicht mehr, und so gelangte bei ihrem Tode zum Jahreswechsel 1761/62 tatsächlich ihr holsteinischer Neffe als Peter III. an die Herrschaft. Er beendete Russlands Teilnahme am Siebenjährigen Krieg und regierte ein halbes Jahr lang besser, als zu erwarten gewesen war, bis er Ende Juni 1762 durch einen Staatsstreich gestürzt wurde, den seine Gemahlin anführte. Während einige der prominenten adligen Verschwörer sie nur als eine Regentin für den noch minderjährigen Paul unterstützt hatten, übernahm sie nach dem Beispiel Elisabeths mit Hilfe der Garde und ihres Geliebten Grigorij Orlow selbst die Herrschaft als Kaiserin Katharina II. Anscheinend ohne ihr Wissen wurde Peter einige Tage später von ihren Vertrauten getötet, ohne Widerstand zu leisten.

Katharina legitimierte ihren Staatsstreich auf unterschiedliche Weise, doch vor allem gelang es ihr dank einer aktiven Reformpolitik, ihre Macht zu festigen. Nach den Kriterien der Zeit führte sie auch eine erfolgreiche Außenpolitik. Klug wahrte sie die Balance zwischen Österreich und Preußen, um Russland nicht erneut in einen bewaffneten Konflikt der beiden deutschen Großmächte geraten zu lassen. Sie schloss ein Bündnis mit Friedrich dem Großen, um die Adelsrepublik Polen in Abhängigkeit von beiden Mächten zu halten. Parallel baute sie die Beziehungen Russlands zum „Dritten Deutschland" aus, jenen mittleren und kleinen Reichsständen, die früher auf Frankreich orientiert gewesen waren und nun von der in Deutschland

Peter I. mit Minerva
Jacopo Amigoni (1682–1752)
Öl auf Leinwand
Staatliche Eremitage, Sankt Petersburg

geborenen Monarchin eine Eindämmung der territorialen Ambitionen der Habsburger erhofften. Als es an der Zeit war, ergänzte die Kaiserin ihre Diplomatie durch eine entsprechende Heiratspolitik. Zunächst blieb nur die Möglichkeit, die Thronfolge durch eine Ehe ihres Sohnes Paul zu sichern. Allerdings veranlasste auch dessen Volljährigkeit 1772/73 Katharina nicht, ihm die Herrschaft zu übertragen. 1773 konnte wenigstens der jahrzehntelange Streit zwischen Dänemark und dem Haus Holstein beendet werden, dessen Führung Paul von seinem Vater geerbt hatte. In einem Vergleich verzichtete die dänische Krone auf die Grafschaften Oldenburg und Delmenhorst zugunsten der jüngeren Linie der Herzöge von Holstein und erhielt dafür Holstein-Gottorf. Als ein Vermittler bei Katharinas Brautschau in Deutschland empfahl sich Friedrich der Große im Interesse seiner Allianz mit der Kaiserin.

1773 war er beteiligt, als die Brautwahl für den Thronfolger Paul auf Prinzessin Wilhelmine von Hessen-Darmstadt fiel. Da eine der Schwestern der Braut zuvor bereits mit dem preußischen Thronfolger Friedrich Wilhelm verheiratet worden war, verschwägerten sich somit die Häuser Hohenzollern und Romanow.

Nach dem frühen Tod der Auserwählten 1776 planten Katharina II. und Friedrich II. für den russischen Thronerben umgehend eine neue Ehe, wobei günstig war, dass sich der Bruder des Königs Prinz Heinrich, ein Jugendfreund der Kaiserin, gerade in Petersburg aufhielt. Diesmal fiel die Entscheidung also auf die württembergische Prinzessin Sophie Dorothee, die Katharina schon früher gefallen hatte, aber 1773 noch zu jung gewesen war. Sophie Dorothee kam aus einer kinderreichen und gut gebildeten Familie. Ihr Vater Herzog Friedrich Eugen von Württemberg-Mömpelgard hatte lange Zeit im preußischen Militär gedient, und ihre Mutter war eine

Nichte des Königs von Preußen. Während einer ersten Begegnung, die der Berliner Hof im August 1776 ungewöhnlich prächtig ausrichtete und die beide dauerhaft mit Preußen verband, lernten Bräutigam und Braut einander kennen und lieben. Kurz nach dem Übertritt der lutherischen Braut zur Orthodoxie unter dem Namen Maria Fjodorowna fand im Oktober 1776 in Petersburg die Hochzeit statt. Aus dieser glücklichen Ehe wurden zwischen 1777 und 1798 vier Söhne und sechs Töchter geboren, von denen nur ein Mädchen als Kleinkind starb. So wurde die württembergische Prinzessin zur Stammmutter aller folgenden Monarchen des Russischen Reiches. Mit der Geburt der Söhne Alexander und Konstantin 1777 und 1779 schienen alle natürlichen Probleme der Thronfolge erstmals gelöst zu sein.

Doch kann es als ein Lehrstück für die begrenzte Bedeutung von Heiratspolitik gelten, wie die Geschichte weiterging. Wenn der Preußenkönig meinte, er habe sein Bündnis mit Katharina auf lange Zeit gefestigt, so täuschte er sich. Als Katharina im Zuge ihrer antiosmanischen Politik 1780 noch während eines Besuchs Josephs II. im Russischen Reich ein zunächst geheimes Bündnis mit Österreich abschloss, hielt Friedrich seine Allianz mit Russland sofort für wertlos. Zwischen Katharina und ihrem Sohn Paul entwickelte sich in der Frage der russischen Preußenpolitik sogar ein offener Konflikt. Dabei stand Maria Fjodorowna fest an der Seite ihres russophilen Gemahls, während Katharina ihre Enkel Alexander und Konstantin zunehmend gegen die Eltern instrumentalisierte. Zunächst entriss die Kaiserin Friedrich dem Großen die Initiative, über die Ehen der jüngeren Schwestern Maria Fjodorownas zu entscheiden. 1781 wurde Friederike mit Katharinas Vetter, Peter Friedrich Ludwig von Holstein, verheiratet, der von 1785 an das Herzogtum Oldenburg regierte, und zur Erbitterung des

Preußenkönigs wurde Elisabeth im Einvernehmen mit Joseph II. gar Erzherzog Franz, dem habsburgischen Thronfolger und Sohn des Großherzogs Leopold von Toskana, versprochen. Diese Ehe wurde erst 1788 geschlossen, nachdem die Braut eine katholische Erziehung in Wien erhalten hatte, doch schon 1790 starb Elisabeth fast gleichzeitig mit Kaiser Joseph II.

Maßte sich Katharina II. in diesen beiden Fällen heiratspolitische Entscheidungen an, die Russlands aktuelle Außenpolitik unterstützen sollten, an denen die Dynastie der Romanows aber höchstens durch die ihr verwandten Häuser indirekt beteiligt war, mehrten sich in den gleichen Jahren die Beispiele für eine dynastische Politik, die sich nicht in Heiratspolitik erschöpfte. So diente Erbprinz Friedrich von Württemberg, der spätere Herzog, Kurfürst und als Friedrich I. König, von 1782 bis 1786 in unterschiedlichen militärischen und zivilen Funktionen in Russland. Dass Katharina II. ihn in Unehren beurlaubte, weil er seine braunschweigische Gemahlin Auguste schikanierte, hinderte die Kaiserin nicht, bald danach die jüngeren Brüder Friedrichs und der Großfürstin Maria Fjodorowna, Karl und Alexander im Rang von Generalmajoren aufzunehmen. Unter Kaiser Paul I. traten noch Ludwig, der zweitälteste Bruder der Großfürstin, und aus der nächsten Generation Prinz Eugen, der Sohn des gleichnamigen Bruders, in den russischen Dienst. Während Karl schon 1791 im Krieg gegen das Osmanische Reich am Fieber starb und Ludwig 1807 nach Württemberg zurückkehrte, diente Alexander von 1799 bis 1833 als Generalleutnant, Militärgouverneur und Hauptdirigent der Verkehrswege in Russland, sein Neffe Eugen von 1805 bis 1829 als General. 1812 kämpften beide auf russischer Seite gegen Napoleons Große Armee einschließlich jener Kontingente der Württemberger, die ihr König im Rahmen des Rheinbunds hatte bereitstellen müssen.

Im Bestreben, die Monarchie an Recht und Gesetz zu binden, arbeitete Katharina II. in den 1780er Jahren schließlich an einem Entwurf, der die Thronfolge neu regeln und die Primogenitur wieder zum Fundamentalgesetz erheben sollte. Doch auch in dieser Situation verhinderte der aktuelle „Kronprinzenkonflikt" die Realisierung der Absicht zu einem solchen ersten Schritt zu einer Konstitutionalisierung der Monarchie. Durch die wachsenden Spannungen mit dem „jungen Hof" wegen der Beziehungen ihres Sohnes Paul und der Großfürstin Maria Fjodorowna sowohl zum nunmehr gegnerischen preußischen Hof unter Friedrich Wilhelm II. als auch zu den als aufklärungsfeindlich angesehenen Freimaurern sah die Kaiserin eine Kontinuität ihrer aufgeklärten Politik zum Wohle des Russischen Reiches in Gefahr. Daher tendierte sie zunehmend dazu, den Sohn zu übergehen und ihren Enkel Alexander als Nachfolger zu berufen, was sie dann aber bis zu ihrem Tode 1796 letztlich doch unterließ. Fast gleichzeitig zu Katharina entwarfen jedoch auch Paul und seine Gemahlin ein neues Thronfolgerecht auf der Basis der Erstgeburt, das bei Pauls Krönung 1797 tatsächlich Gesetzeskraft erlangte und bis zum Ende der Monarchie galt.

Die Ehe von Paul und Maria Fjodorowna überstand sogar die Spannungen, die Pauls platonische Beziehung mit Marias Hofdame Katharina Nelidowa auslöste. Seit der Revolution und in Pauls Kaisertum lässt sich übrigens bereits als gemeinsame politische Vision des Paares eine Art antirevolutionäre Heilige Allianz der Throne und Altäre erkennen. Desto bitterer erlebte Maria Fjodorowna 1801 die Ermordung Kaiser Pauls I., zumal eine Mitschuld des ältesten Sohnes Alexander, der ihm nachfolgte, nicht auszuschließen war. Vorübergehend dachte sie sogar darüber nach, ob sie nicht wie Katharina II. selbst die Herrschaft übernehmen könne. Es gab auch kein Muster für die Rolle, die sie dann noch fast drei Jahrzehnte lang als Witwe und Kaisermutter am Hofe und karitativ in der russischen Öffentlichkeit spielte. Sie und vor allem ihre Tochter Katharina begleiteten die Herrschaft Alexanders I. kritisch, zumal seine Bemühungen um Ausgleich mit Napoleon und erst recht das Bündnis mit dem französischen Empire im Rahmen des Friedens von Tilsit. Den inneren Tendenzen zu einer weiteren Konstitutionalisierung der Monarchie begegneten sie mit schroffer Ablehnung, und im Krieg von 1812 wurden die Württembergerin und Katharina, deren Ehe mit Napoleon vor allem die Mutter verwehrt hatte und die dann den Oldenburger Prinzen Georg heiratete, zu Symbolfiguren an der Spitze der nationalkonservativen Opposition.

War Heiratspolitik so wenig auf weitere Sicht planbar wie jede andere Politik, so konnte sie wie jede andere Politik aber neue Fakten schaffen. So überstanden jene deutschen Fürstenhäuser, die mit den Romanows verwandt waren, in jener Zeit, als Schlözer die Bedeutung der „Wechselheiraten" rühmte, dank der Protektion durch Alexander I. jene territorialen Veränderungen, die die Revolution eingeleitet hatte und die erst Napoleon, 1803 gar im Einvernehmen mit Russland, und dann der Wiener Kongress weiterführten und sanktionierten. Das ist nicht zuletzt deshalb erstaunlich, weil außer den Oldenburgern alle jene Fürsten 1812 als Mitglieder des Rheinbunds mit Napoleon gegen Russland zu Felde gezogen waren. Württemberg arrondierte sich sogar enorm durch Säkularisierungen, Mediatisierungen und Entschädigungen für seine linksrheinischen Gebiete. Montbéliard, die burgundische Heimat Maria Fjodorownas, blieb jedenfalls auch nach 1815 französisch.

Am Ende waren es nicht jene beiden ersten Enkel der Kaiserin Katharina II., Alexander und Konstantin, die dem russischen Herrscherhaus weitere dynastische Krisen ersparten. Für Nachwuchs sorgten vielmehr die beiden jüngsten Söhne aus der fruchtbaren Ehe von Paul und Maria Fjodorowna, Nikolaus und Michael. Und hatte es zwischen 1725 und 1741 fünf Thronwechsel in Petersburg gegeben, so regierten von 1801 bis zum Ende der Monarchie 1917 ebenfalls nur fünf Kaiser. War es unter Peter I. in der Heiratspolitik noch um die Aufwertung des Zarenreiches gegangen, so hatte seit der Regierung Katharinas II. Russland bereits ein solches Ansehen gewonnen, dass es für kleinere Höfe wie den württembergischen besonders attraktiv erschien, „Wechselheiraten" mit den Romanows einzugehen. Charakteristisch für die russische Heiratspolitik war dabei schon seit der zweiten Hälfte des 18. Jahrhunderts die Strategie, die einmal eingegangenen verwandtschaftlichen Beziehungen auszubauen und zu verdichten, statt zu expandieren. Diese Strategie lässt sich besonders bei den Beziehungen der Romanows zu den Häusern Holstein-Oldenburg und Württemberg erkennen, in zweiter Linie zu Hessen-Darmstadt und Sachsen-Coburg-Gotha. Beispielsweise heiratete Katharina Pawlowna nach dem Tode Georgs von Oldenburg in zweiter Ehe als Tochter Maria Fjodorownas deren Neffen Wilhelm von Württemberg, also ihren eigenen Vetter, Maria Fjodorownas jüngster Sohn Michael heiratete 1824 Charlotte, eine Enkelin König Friedrichs von Württemberg, des Bruders Maria Fjodorownas, und deren Enkelin Olga 1846 ihren Großneffen Karl, Wilhelms Sohn. Nur die Oldenburger Nachfahren von Georg und Katharina Pawlowna begründeten einen russischen Zweig ihrer Familie, während es sonst üblich blieb, dass die Prinzessinnen den Hof und das Land wechselten.

König Friedrich II. von Preußen
Johann Christoph Frisch (1738–1815)
1783; Öl auf Leinwand
Privatbesitz

Das Krönungszeremoniell – Höhepunkt der Theatralität in der russischen Kultur

Ada Raev

Seit Jahrhunderten inszeniert sich Russland nach innen und außen, im öffentlichen und privaten Bereich mit großem „theatralen" Aufwand. Epochen übergreifend kommt dabei dem Schaucharakter, ja dem Moment der visuellen Überwältigung ein besonderer Stellenwert zu. Insbesondere ritualisierte, zeremonielle Vorgänge, allen voran das Krönungszeremoniell und damit verbundene Festlichkeiten einschließlich ihrer medialen Auf- und Nachbereitung, legen davon beredtes Zeugnis ab. Zu Beginn des 20. Jahrhunderts hat Nikolai Evreinov „Theatralität" als kulturwissenschaftlichen Begriff ins Spiel gebracht und als anthropologische Kategorie definiert:

„Unter Theatralität als Terminus verstehe ich eine ästhetische Zeigehandlung (monstracia) unverkennbar demonstrativen Charakters, welche sogar weit entfernt vom Theatergebäude, mittels einer reizvollen Geste, einem schön intonierten Wort, in unserer Imagination Bühnenbretter und Dekoration erzeugt und uns von den Fesseln (okovy) der Wirklichkeit befreit."[1]

An anderer Stelle benennt er Stationen des menschlichen Lebens, in denen theatrale Praktiken seit alters her zum Tragen kommen:
„Aus der Geburt des Kindes, seiner Ausbildung, aus der Jagd, der Hochzeit, dem Krieg, aus Gericht und Strafe, aus dem religiösen Ritual und schließlich aus der Bestattung,

beinahe aus allem veranstaltet der frühe Mensch (pervobytny celovek), letztlich nicht anders als der Mensch der am weitesten entwickelten Kultur, eine Aufführung rein theatralen Charakters. Innerhalb dieser verläuft sein ganzes Leben; (...) Er theatralisiert das Leben (und) es wird sein Leben (...) Er beginnt sich zu respektieren (uvazat') und fordert Respekt nicht nur für seine schauspielerische Macht, sondern auch für das, was er kraft seiner schauspielerischen Magie gestaltet."[2]

Der hohe visuelle Aufwand höfischer und anderer Rituale in Russland,[3] der unter veränderten ideologischen Vorzeichen auch in der Sowjetunion fortgeführt wurde und bis heute betrieben wird, speist sich nicht zuletzt aus der Langzeitwirkung des Bildverständnisses und der Bilderpraxis der Orthodoxie.[4] In Kiew erfolgte die Einführung des Christentums 988 als Staatsreligion auf dem Wege der Königsmission, in Verbindung mit der Vermählung des Fürsten Wladimir mit der byzantinischen Prinzessin Anna Porphyrogeneta. Die Konstellation dieser Eheschließung bietet eine mögliche Erklärung für die Prachtentfaltung in Kiew, in einer ansonsten „barbarischen" Umgebung, in der damals vornehmlich in Holz gebaut wurde. In der Nestor-Chronik wird die Entscheidung für das byzantinische Christentum mit seiner sinnlichen Überzeugungskraft begründet:
„Und wir kamen zu den Griechen und wurden dorthin geführt, wo sie ihrem Gott dienen – und wir wissen nicht, ob wir im Himmel oder auf Erden gewesen sind. Gibt es doch auf Erden nichts dergleichen zu schauen noch solche Schönheit, und wir vermögen das gar nicht zu erzählen. Wir haben nur erfahren, daß Gott dort unter den Menschen weilt, und ihr Gottesdienst steht über dem aller Lande."[5]

Die Krönung Nikolaus II.
und Alexandra Fjodorownas in der
Mariä-Entschlafens-Kathedrale
in Moskau am 14. Mai 1896
Henri Gervex (1852–1929)
1896; Öl auf Leinwand
Musée d'Orsay, Paris

Was den Gesandten beim Gottesdienst in der Hagia Sophia in Konstantinopel zuteil wurde, war die Verknüpfung eines außergewöhnlichen ästhetischen Erlebnisses mit einer mystischen Schau. Eine solche mit allen Sinnen, namentlich aber mit dem Sehsinn verknüpfte Gotteserfahrung sollte sich in Russland als nachhaltig erweisen. Sigismund von Herberstein berichtete schon im 16. Jahrhundert von der Wirkungsmacht der Ikonen in Russland, die sich nicht nur in der Liturgie entfaltete, sondern bis in den privaten Bereich hineinreichte.[6] Ikonen und religiöse Schriften wurden mit kostbaren Beschlägen versehen, es kam zur Herausbildung mehrrangiger Ikonostasen mit aufwändigem Rahmenwerk. Kerzen und die kostbaren Gewänder der Priester tragen ebenfalls zum prachtvollen Gepräge des Gottesdienstes bei. So beinhaltete äußere Schönheit und Prunk in Russland seit alters her eine sakrale Komponente, und sinnliche Pracht wurde, gerade von offizieller Seite, als angemessene Lobpreisung Gottes ausgelegt.

Mit der Orthodoxie war aus Byzanz auch das Herrschaftsmodell der Symphonia, der Verknüpfung von weltlicher und sakraler Macht, nach Kiew und in die daraus hervorgegangenen Fürstentümer gelangt. Seit Iwan III. beanspruchten die Moskauer Großfürsten den Zarentitel, und es kam zur Herausbildung der Doktrin von Moskau als „drittes Rom".[7] Die Heirat Iwans III. mit Sophia (Zoe) Palaiologos bedeutete zwar nicht den Anspruch auf die Rechtsnachfolge des östlichen Kaiserreiches, doch das neue Herrschaftsbewusstsein implizierte das Bedürfnis nach Demonstration der Gleichrangigkeit in Bezug auf den Westen:

„Repräsentation schien hierfür besonders geeignet. Um dieses Ziel zu erreichen, griff man auf unterschiedliche Vorbilder zurück: Den repräsentativen Umbau des

Kreml besorgten italienische Architekten, das Gesandtschaftszeremoniell übernahm man vom Wiener Kaiserhof, das feierliche Krönungszeremoniell aus Byzanz."[8]

Die erste zeremonielle Einsetzung eines Regenten erfolgte am 16. Januar 1547, als Iwan IV. durch den Metropoliten Makari in Moskau zum Zaren gekrönt wurde.[9] Mit Bleistift ausgeführte Umrisszeichnungen im „Buch vom Zarentum" („Carstvennaja kniga"), die vermutlich hätten koloriert werden sollen, vermitteln eine visuelle Vorstellung von den Stationen und der Symbolik des Zeremoniells im Kreml, dem geistlichen und weltlichen Machtzentrum des Moskauer Großfürstentums. Es „beginnt mit der Unterrichtung der Bojaren über den Entschluss Iwans und dem Segen des Metropoliten. Dann folgen die Vorbereitungen, der Krönungsakt selbst, die Huldigung durch die Geistlichkeit und Ivans Weg zu den verschiedenen Kreml-Kirchen."[10] Die Krönung selbst mit der Monomach-Mütze (in den Zeichnungen ist verallgemeinernd und abweichend eine Krone dargestellt), wurde in der Mariä-Entschlafens-Kathedrale im Kreml vollzogen.

Bei dieser und bei allen nachfolgenden Krönungen gingen ein sakral überhöhtes machtpolitisches Statement und eine intendierte gemeinschafts- und identitätsstiftende Wirkung sowohl für die Protagonistinnen und Protagonisten als auch für die Zuschauerinnen und Zuschauer sowie der auf die Zukunft ausgerichtete Erinnerungsgedanke Hand in Hand. Die Fokussierung auf Schauerlebnisse blieb auch in der in Russland mit Verspätung einsetzenden Neuzeit aktuell, wobei tradierte Formen durch mit aus dem Westen übernommenen Elementen modifiziert und bereichert wurden. Dazu gehörten z. B. Triumphzüge, Paraden, Feuerwerke, höfische Theater- und Opernvorstellungen, Bälle und anderes mehr. Dabei kam es, so könnte man es zugespitzt formulieren, seit Peter I. zu einer Übertragung des Verweischarakters der Ikonen auf das Göttliche und ihrer darauf gründenden Autorität auf die neue, weltliche Bildkultur. Dieser Transformationsprozess tritt gerade im Krönungszeremoniell zutage, wenngleich der Ort, auch nach der Verlegung der Hauptstadt nach Sankt Petersburg, und das Szenario der Krönung, ein für das ganze Land bedeutendes Ereignis, in ihren wesentlichen Elementen erhalten blieben. Es waren dies die Prozession zur Mariä-Entschlafens-Kathedrale im Moskauer Kreml, die Übergabe der Krönungsregalien, die orthodoxe Liturgie mit der Salbung, der Auszug aus der Krönungskathedrale und der Zug in die Erzengel-Michael-Kathedrale, um sich vor den Vorfahren zu verneigen, sowie in die Verkündigungs-Kathedrale.

Im Laufe der Zeit expandierten die Feierlichkeiten räumlich und zeitlich und gewannen an Prachtentfaltung, z.B. durch festlich gekleidete Herolde, die das bevorstehende Ereignis am Vortag ankündigten, den feierlichen Einzug des Kaisers oder der Kaiserin in Moskau, durch Feuerwerke, das Prägen von Gedenkmedaillen, das Ausschütten von Münzen über der Menge und anderes mehr. Zudem boten die Feierlichkeiten den zu Krönenden die Gelegenheit, je spezifische Schwerpunkte ihres Herrschaftsanspruches auf symbolischer Ebene deutlich zu machen und Amnestien zu erlassen.[11]

Peter I. wurde 1682 zusammen mit seinem Halbbruder Iwan VI. gekrönt, wovon ein erhaltener Doppelthron zeugt. 1724 krönte er selbst, und nicht wie bis dahin üblich, der Metropolit bzw. der Patriarch, seine zweite Frau, Martha Skawronska, als Katharina I. zur Kaiserin, um seine Nachfolge auf dem Thron zu sichern.

Bei diesem symbolischen Akt in barocker Ausstattung

Krönungsregalien, Krönungsmantel, Kaiserkronen und Reichsschwert
aus dem Krönungsalbum Zar Alexanders III.
1883
Privatbesitz

kamen auch bedeutungsvolle Veränderungen der Reichsinsignien zum Tragen: „Der Herrscher empfing nun die Kaiserkrone statt der alten Kappe des Monomach; er trug einen mit Hermelin verbrämten Krönungsornat aus Goldbrokat, in den der Doppeladler des Staatswappens eingewebt war; hinzu kamen das Reichsschwert mit in die Klinge eingraviertem Greif und Adler, das Reichssiegel und das Reichsbanner."[12] Mit der Krönung Katharinas I. kamen zudem Krönungsalben in Gebrauch. Sie enthalten graphische und zeichnerische Darstellungen aus der Hand berühmter Künstler der auch in der Realität jeweils sorgfältig inszenierten Bilder des vielstufigen Zeremoniells.

Diese Alben wurden ausgewählten Höflingen übereignet und sollten nicht zuletzt durch ihre opulente Gestaltung die Bindung selbiger an die Herrscherin bzw. den Herrscher festigen. Darüber hinaus garantierten sie die visuelle Überlieferung des Krönungsgeschehens für zukünftige Generationen und vermittelten nachträglich einen Eindruck vom imperial und sakral aufgeladenen Glanz der jeweiligen Epoche.[13]

Katharina II. wiederum führte die Selbstkrönung der russischen Herrscher ein,[14] die seit Paul ihrerseits auch ihre Ehefrauen krönten. Kamen die Kaiserinnen aus ausländischen Königs- oder Fürstenhäusern, traten sie bereits anlässlich der Hochzeit zum orthodoxen Glauben über, so dass die religiösen Elemente des Krönungszeremoniells keine Probleme bereiteten.[15]

Eine alte, auf das 17. Jahrhundert zurückgehende Tradition war der Empfang, den das Kaiserpaar nach der Krönung im Facettenpalast für geladene Gäste gab. Das taten 1825 auch Nikolaus I. und Alexandra Fjodorowna (geb. Charlotte von Preußen). Die Tochter der beiden, Königin Olga von Württemberg, berichtet darüber in ihren Memoiren:

„Ich war viel zu klein, um der Krönung der Eltern in der Kathedrale beizuwohnen und konnte nur einen Abglanz der prächtigen Feierlichkeit im Facettenpalast sehen, wo ihre Hoheiten auf Thronen saßen und von den höchsten Würdenträgern bedient wurden, während die übrigen Gäste und die Angehörigen des Diplomatischen Corps standen, und, während sie ihre Glückwünsche darbrachten, mit Champagnergläsern in der Hand herumliefen."[16]

Seit dem 18. Jahrhundert sind Krönungsroben und andere Accessoires sowie Stiche, Gemälde, Fotos und vom Ende des 19. Jahrhunderts sogar Filmaufnahmen erhalten, die die Ereignisse im Umfeld der Krönungen wiedergeben. Sie, ebenso wie die schriftlichen Überlieferungen zeugen davon, dass im 19. Jahrhundert die Prachtentfaltung, die Zurschaustellung der Frömmigkeit der Monarchen und ihre Verbindung mit dem russischen Volk, die Demonstration innen- und außenpolitischer Veränderungen und Erfolge sowie die Einbeziehung der Massen in die Feierlichkeiten zunahmen. Letzteres mündete 1896 schließlich in der Tragödie auf dem Chodynka-Feld, als bei einer Massenpanik fast 1400 Personen ums Leben kamen. Mit dem theatralen Aufwand bei der Krönung wurde das Gottesgnadentum des Herrschers ihm selbst, dem Hof und den Untertanen sinnfällig vor Augen geführt. Der Verlust an Glaubwürdigkeit und das Ende des Hauses Romanow, das 1913 sein 300-jähriges Thronjubiläum noch aufwändig feierte, konnte dadurch nicht aufgehalten werden.

**Feierlicher Einzug des Zaren Alexander III.
in Moskau**
Konstantin Sawizki (1844–1905)
aus dem Krönungsalbum Zar Alexanders III
1883
Privatbesitz

Die Aussteuer
Ihrer Kaiserlichen Hoheit
der Großfürstin Olga Nikolajewna

Helene Seewald

Die Aussteuer einer russischen Großfürstin war eine Staatsangelegenheit. Sie war es, weil ihre Finanzierung direkt aus der Staatskasse bezogen wurde, weil ihre Empfängerin als offizielle Repräsentantin Russlands angesehen wurde und weil diese, zusammen mit dem „Mitgiftkapital" in Höhe von 1 Mio. Silberrubel, eine wirtschaftliche Absicherung darstellte, die der jungen Frau in ihrer politischen und sozialen Rolle eine gewisse Entscheidungsfreiheit gewährte. Die Aussteuer gehörte ausschließlich zum Eigentum der Dame des Hauses, das nach ihrem Wunsch vererbt, verkauft oder verpfändet werden konnte. Solange dies nicht geschah, erinnerten die prächtigen Gegenstände der Aussteuer an den gewohnten Luxus des väterlichen Hauses.

Die Aussteuer war also eine Staatsangelegenheit und wurde deshalb in einer speziell dafür eingerichteten Unterabteilung des Kaiserlichen Kabinetts, der Kameralabteilung, behandelt. Ein Stab an Mitarbeitern war notwendig, um die logistischen und organisatorischen Herausforderungen zu meistern, die das Erstellen einer kaiserlichen Mitgift mit sich führte. Zudem wurden die Dienste des Innenministers, des Hofmeisters, einer treuen Staatsdame, zahlreicher Botschafter, Diplomaten und Bankiers in Anspruch genommen.

Im Frühling 1840 wurde mit den Vorbereitungen der Mitgift Olga Nikolajewnas begonnen, denn ein Bräutigam schien gefunden zu sein – Stephan, Erzherzog von Österreich. Die Firma von Charles Nicholls und Heinrich

Plincke, die ein Geschäft unter dem Namen „Magasin Anglais" betrieben, wurde mit der ersten Bestellung betraut: Die Anfertigung des Entwurfs einer Silbervase, die den Stil für die Herstellung des großen silbernen Ess-Service vorgeben sollte.[1] Das „Magasin Anglais" war zu damaliger Zeit die erste Adresse in St. Petersburg und somit in ganz Russland für Herstellung und Verkauf von Luxusartikeln. Was gefiel und was nicht, entschied in diesem Fall die zukünftige Braut selbst. Die Entwurfszeichnung wurde Olga am 27. April vom Minister des Kaiserlichen Hofes vorgelegt, und „Ihre Hoheit hat es erlaubt die Zeichnung für gut zu befinden",[2] so die schnelle Notiz des Ministers. Gleichzeitig war auch die Goldtoilette in Vorbereitung, mit der Herstellung der Silbertoilette „sollte unverzüglich begonnen werden".[3]

Zum 20. Mai 1840 stieg die Aufregung am kaiserlichen Hofe: Die Mitgift sollte zum 15. November fertig werden.[4] Anscheinend gab es Fortschritte in den Eheverhandlungen mit Österreich. Schnell folgten die Anweisungen zur Herstellung von Ikonen, Diamant- und Silberobjekten.[5] Die Qualität durfte unter dem Zeitdruck selbstverständlich nicht leiden, nur „bekannte Juweliere"[6] wurden mit den Aufträgen für den Diamantschmuck betraut. Bereits etablierte Kunsthandwerker sollten sich also der Mitgift annehmen und in Absprache mit der jungen Großfürstin Werke erschaffen, die europaweit in Fragen des hohen Stils und guten Geschmacks als tonangebend präsentiert werden konnten.

Am 24. Juni wurden die Entwürfe von Nicholls und Plincke für die Silbertoilette sowie das silberne Ess- und Teeservice bestätigt, bereits am 13. September, das heißt in weniger als drei Monaten, erhielt die Kameralabteilung des Kaiserlichen Kabinetts von den

532 **Handtuch aus der Aussteuer von Olga Nikolajewna**
Sachsen, nach Sankt Petersburger Entwurf
1846; Leinen
Landesmuseum Württemberg, Stuttgart

Unternehmern eine schriftliche Mitteilung, dass die bestellten Stücke zum größten Teil fertig gestellt seien und eine Teilzahlung somit erbracht werden könne.

Dabei handelte es sich um 45 000 Silberrubel. Die gesamten Kosten des Auftrages, mit Berücksichtigung der Tatsache, dass das Material, also Silber, von „Magasin Anglais" gestellt wurde, beliefen sich auf 120 000 Silberrubel. Damit uns diese Summe verständlich erscheint, hier ein Beispiel: Eine Näherin bekam zu der Zeit vom Kaiserhof für das Nähen und Besticken von achtundvierzig Kissenbezügen 100 Silberrubel.[7] Grob geschätzt war das ihr Monatslohn.

Zur gleichen Zeit war Fürst Nikolaj Sergejewich Gagarin, seines Ranges Hofmeister und Vize-Präsident des Kaiserlichen Kabinetts, damit befasst, über den holländischen Lieferanten Harmsen Langhans und Co. Tafelwäsche aus dem sächsischen Zittau nach St. Petersburg zu bestellen.[8] Alles in allem waren es 62 Tischdecken und 1 230 Servietten erster Qualität, 38 Tischdecken und 392 Servietten zweiter Qualität und 12 Tischdecken und 144 Servietten dritter Qualität. Mit einer Ladenprovision von 10 Prozent, Zollabgaben und dem Anfertigen von Webmustern, Kaiserwappen in der Mitte und Chiffre von Olga Nikolajewna in den Ecken, betrug die Summe der Bestellung 9 175 Silberrubel.

Diese Summe war der Kameralabteilung viel zu hoch: Die Ladenprovision wurde auf fünf Prozent reduziert und die Zeichnung des Monogramms an den russischen Architekten Nikolaj Benois vergeben. Diese Maßnahmen wirkten sich jedoch unerheblich auf die Gesamtsumme aus, da die Komplexität des Musters eine zusätzliche Preissteigerung nach sich zog. Am 6. Mai 1840 wurde die Herstellung der Tafelwäsche in Zittau beauftragt und ihre Fertigstellung zum 1. November seitens des sächsischen Lieferanten versichert.[9]

Am 16. Juni 1840 übersandte Fürst Gagarin dem Minister des Kaiserlichen Hofes Fürst Petr Michajlowich Volkonskij die Bitte, in Paris, wo der Minister sich gerade aufhielt, einen Bronzetafelaufsatz für die Mitgift der Großfürstin Olga Nikolajewna zu bestellen.[10] An diesem Beispiel wird besonders deutlich, wie wichtig dem Hofstaat die Mitgiftvorbereitung war. Der Minister entschied nicht nur über die Ausgabe einer ziemlich großen Summe – es wurden schließlich fast 45 000 Silberrubel, er entschied über den Grad des repräsentativen Pompes, der bis heute mit dem russischen kaiserlichen Hof assoziiert wird. Gegenstände auszusuchen, die das Ethos der Kaiserfamilie fassen und diesen über Jahrhunderte bewahren können, das war hier die Aufgabe des Fürsten. Nach Absprache mit der zukünftigen Braut wurde der Bronzeaufsatz beim Fabrikanten Deniere[11] bestellt. Olga Nikolajewna gefiel das Modell „à la Renaissance", zu dem Porzellanteller in Lapislazuliblau dazugehören.[12] Der Bronzeaufsatz wurde vergoldet, und der Fabrikant gab sein Ehrenwort, nur das Gold „von der ersten Sorte"[13] verwendet zu haben.

Am 17. Oktober 1840 kam der Bronzeaufsatz in 15 Kisten[14] mit dem vorletzten Schiff vor der Einstellung der Schifffahrt von Le Havre nach St. Petersburg an, wurde sofort in den Winterpalast transportiert und erst dort von den Zollbeamten eingesehen. Dieses Prozedere war ebenfalls eine Regelung, die Fürst Gagarin für die Mitgiftgegenstände getroffen hatte. Der Fabrikant Deniere bekam zum Dank einen Diamantring und die Auszeichnung „Lieferant des Kaiserlichen Hofes"[15].

Am 18. September 1840 gab es die letzte Notiz zur Vorbereitung dieser ersten, für die Hochzeit mit Stephan von Österreich bestimmten Mitgift. Es handelte sich um die Frage des Monogramms „ON", da es teilweise mit kyrillischen, teilweise mit lateinischen Lettern an den

Gegenständen angebracht worden war. Eine einheitliche Schriftweise wurde seitens der Kameralabteilung vorgeschlagen. Die Antwort des Zaren war hierbei auch auf Olgas Zukunft zu übertragen – „alles so belassen, wie es ist"[16] – der erste Anlauf der Eheverhandlungen mit dem österreichischem Kaiserhaus war gescheitert.

Am 20. Februar 1841 wurden in die Kameralabteilung 243 957 Silberrubel zur Herstellung der Mitgift für die Mitglieder der Zarenfamilie verzeichnet, deshalb ist es unverständlich, wieso „Magasin Anglais" erst am 14. August 1841 vollständig ausbezahlt werden konnte.[17] Eine Verzögerung gab es auch in Sachsen: Die Tafelwäsche konnte wegen der saisonbedingten Einstellung der Schifffahrt nicht pünktlich geliefert werden. Sie kam erst am 17. Mai 1841 in fünf Kisten von 1 032 Pfund Gesamtgewicht mit dem Schiff „Nikolai I." wohl über Lübeck in St. Petersburg an. Um die operativen Kosten weiterhin klein zu halten, entwarf Fürst Gagarin vorausschauend für das dem Finanzministerium untergeordnete Departement des Außenhandels ein Projekt bezüglich der Befreiung von Zollabgaben aller noch aus dem Ausland kommenden Mitgiftgegenstände. Die Tafelwäsche, so wie alle bisher vorbereiteten Objekte, außer dem großen Bronzeaufsatz aus Paris, wurden im Depot der Kameralabteilung aufbewahrt. Der Bronzeaufsatz ging wohl aus Kosten- und Zeitgründen in die Mitgift Alexandras, der jüngeren Schwester Olgas, über, deren Hochzeit mit dem Landgrafen von Hessen-Kassel am 18. August 1843 stattfand.[18] Er wird bis heute im hessischen Schloss Fasanerie aufbewahrt.[19]

Es stand jedoch außer Frage, dass auch Olga Nikolajewna in naher Zukunft ebenfalls heiraten werde, deshalb wurden Vorkehrungen getroffen, für sie einen neuen Aufsatz anfertigen zu lassen. Dabei wurden erneut die ausländischen Fabrikanten angefragt: Deniere, Thomire,

515 **Reiseservice für Kaffe und Tee aus der Mitgift Alexandra Nikolajewnas**
Kaffeekanne: Carl Tegelsten; Teesieb: Daniel Frederik Pragst; Zahlreiche Teile mit Firmenstempel von Nicholls & Plincke 1839/40; Silber, Hohlgefäße innen vergoldet, Elfenbein
Kulturstiftung des Hauses Hessen, Schloss Fasanerie, Eichenzell

Feucher und Schallenberg. Ihre Angebote lagen zwischen 75 000 und 40 000 Silberrubel.[20] Diese erschienen zu teuer und man entschied sich für den in St. Petersburg ansässigen Bronzegussmeister Felix Chopin, der am 11. Dezember 1843 einen Angebotspreis in Höhe von 10 570 Silberrubel abgab. Die dazugehörigen Porzellanarbeiten wurden vom Kaiserlichen Porzellanwerk übernommen. Die Farbe der Teller wurde im Vergleich zum Deniere-Aufsatz heller – türkis statt Lapislazuli-farben – und den Spiegel der Teller schmückte das Kaiserliche Wappen.[21] Am 22. Juli 1844 war der Auftrag vollendet und der prächtige Aufsatz wurde zum ersten Mal in Zarskoje Selo im Großen Saal des Alexanderpalais ausgestellt. Danach kam er zu den anderen vorbereiteten Gegenständen ins Depot des Kabinetts seiner Majestät.

Im Frühjahr 1846 wurde Olgas Hochzeit mit Karl von Württemberg bekanntgegeben. Die Trauung war auf den 1. Juli angesetzt. Das bedeutete, dass die Mitgift ebenfalls zu diesem Zeitpunkt fertig gestellt werden musste[22]. So wurden Glas- und Porzellanobjekte von den kaiserlichen Manufakturen in ihrer Gänze bereits am 7. Juni 1846 übergeben. Es waren an Glasgegenständen zwei Kristallservice, eins davon mit Emaillewappen, à 24 Couverts, ein purpurrotes Dessertservice, von „Magasin Anglais" in Silber gerahmt, ebenfalls für 24 Personen, 100 grüne Gläser und 100 vergoldete Spucknäpfe. Alles zusammen kostete 18 543,72 Silberrubel. Was das Porzellanservice anging, wünschte sich Olga eines, wie es ihr Bruder, der Thronfolger Alexander, bereits besaß – mit Goldkränzen.[23] Dieses Service wurde in 1 302 Einzelteilen hergestellt und kostete 8 138 Silberrubel ohne Verpackung. Dazu lieferte die Porzellanmanufaktur sechs große Bandeauvasen und vier Medicivasen, 360 Dessertteller mit russischen Ansichten und Motiven, umgeben von grünen, rosafarbenen, blauen, kobaltblauen und türkisen Tellerfahnen, eine 14-teilige Porzellantoilette, acht Teller mit Landschaften, vier Teller mit Figuren in Militäruniform, ein Teeservice in Lila und Weiß für 24 Personen und ein 50-teiliges Dessertservice in Bronzerahmung. In dieser Zeit gestaltete sich auch die enge Zusammenarbeit zwischen den Auftragnehmern. So wurde beispielsweise das von den Möbelfabrikanten Gebrüder Gambs hergestellte Schreibschränkchen mit Porzellan verziert und musste dazu in die Porzellanmanufaktur überführt werden.[24] Dieses Schreibschränkchen, so wie das ganze vergoldete Schlafzimmermobiliar im Stile „à la Renaissance" und eine Garnitur aus Nussbaumholz, hatte für Olga Nikolajewna ihre ältere Schwester Maria Nikolajewna ausgesucht.[25]

Aus Paris und Berlin kamen Kleider, Kunstblumen, Wäsche, Stoffe und Koffer, welche die Staatsdame und ehemalige Erzieherin der Großfürsten, Julia Fjodorowna Baranowa, für die anstehende Hochzeit bestellte, in großen Mengen an.[26] Für diese Ausgaben hatte die Staats-

dame eine feste Summe von 143 000 Silberrubel von der Kameralabteilung zugesichert bekommen.[27]

Von der Kaiserlichen Spiegelmanufaktur wurden zudem zwölf große Spiegel, vier bunte Esstafeln und 24 verspiegelte Gläser angefertigt. Als jedoch Nikolaus I. vom Bau der Villa Berg erfuhr, äußerte er am 20. August 1846 den Wunsch, „für das sich gerade im Bau befindlichen Landschloss des Thronfolgers Prinzen von Württemberg die verspiegelten Fenstergläser nach Maß anzufertigen"[28] . Sowohl die Spiegel als auch die Möbel wurden bei der Mitgiftausstellung Anfang August in Peterhof nicht gezeigt, da sie bereits in den Fabriken reisefertig verpackt worden waren. Es wurden aber auch einige ausgestellte Gegenstände zurückgewiesen. Olga Nikolajewna missfielen fünf Vasen, 48 Dessertteller mit Ansichten von Moskau und St. Petersburg, 40 Dessertteller mit Landschaftsmalerei und zwei mit der Darstellung von Militärpersonen.[29]

Zu diesem Zeitpunkt wurde vom Kaiserlichen Kabinett beschlossen, die liturgischen Gewänder vorerst nicht nach Stuttgart schicken zu lassen: Man wollte abwarten, bis die Maße für die neue russisch-orthodoxe Kirche festgelegt waren, damit eine Ikonostase angefertigt werden konnte, und erst dann alles zusammen – Ikonostase, Bücher und Gewänder – versenden. Gegen diesen Beschluss erhob Olga Nikolajewna Einspruch: Sie wollte alle Gewänder und liturgische Gegenstände sofort mitnehmen, und in drei Jahren, so lange würde der Bau der Kirche dauern, sollten dann neue geliefert werden.[30] Selbstverständlich wurde dem Wunsch der Großfürstin entsprochen. Nur die Ikonostase, die von Professor Truni gemalt wurde, konnte nicht termingerecht vollendet werden, da der Professor zu diesem Zeitpunkt im Ausland arbeitete.[31]

Am 27. Juli 1846 wurde vom Kaiser der Seeweg für den Transport der Mitgift beschlossen.[32] Zwei Dampffregatten – Smelyj und Otwazhnyj (die „Mutige" und die „Tollkühne") – wurden von der Kriegsmarine für die Überfahrt abkommandiert.[33] Zudem sollten Fürst Gruzinskij mit einem Bediensteten, der Fremdsprachenbeamte des Kaiserlichen Kabinetts Hofrat Konstantinowitsch, der Kollegiensekretär Kozlow, der Geselle Sergej Dubin von der Porzellanmanufaktur, der Hoffourier Prochor Wischnjakow, der Heizer Alexej Lukjanow und ein Packer die Ladung begleiten. Die Mitgift wurde am 2. August 1846 gegen den „Untergang im Meer"[34] bei der St. Petersburger Bank des Barons von Stieglitz versichert. Dabei betrug die Versicherungssumme für alle Gegenstände 241 435,94 Silberrubel, für die Garderobe 115 000 Silberrubel und für die fünf Kutschen, die Olga Nikolajewna mitnahm, 4 185,50 Silberrubel. Somit ist der Gesamtwert der Aussteuer ermittelt, es sind 360 621,44 Silberrubel. Das ist eine gigantische Summe.[35] 154 Kisten wurden auf die „Mutige" und 153 auf die „Tollkühne" geladen und am 21. August um 9 Uhr abends verließen die Schiffe den Hafen von Kronstadt mit dem Zielhafen Rotterdam. Dort sollte die ganze Ladung den Rhein hinauf bis nach Mannheim verschifft werden. Fürst Aleksandr Michailowitsch Gorchakow, der russische Gesandte in Württemberg, schlug ab Mannheim zwei Möglichkeiten des Transports vor: erst mit dem Zug nach Bruchsal und dann mit den Wagen nach Stuttgart oder direkt, ohne doppeltes Verladen, mit den Wagen von Mannheim nach Stuttgart. Er schätzte die Dauer dieses Weges auf drei Tage ein. Die zweite Möglichkeit war der günstige Wasserweg über den Neckar. Es würde aber 12 bis 13 Tage dauern und die Reiseplanung dabei wäre extrem wetterabhängig. Somit entschied man sich für den schnellen Landweg Mannheim-Stuttgart.

Am 12. September kamen die Schiffe in Hellevoetsluis an und bereits einen Tag später war ihre Reise in Dordrecht zu Ende. Der ursprüngliche Plan, mit den Schiffen bis Rotterdam durchzufahren, schlug fehl, da diese anscheinend „breiter als der Kanal (56 Fut [ca.16m] in der Quere)"[36] waren. Der russische Vize-Konsul Dribeck suchte für die Weiterfahrt ab Dordrecht eine Barke, die die Mitgiftkisten über den Rhein transportieren konnte. Am 16. September lichtete der gefundene Dampfer voll beladen den Anker und kam am 24. September in Mannheim an. Die Verzögerung entstand wegen der sehr dunk-

len Nächte, so dass das Schiff bis zum Morgengrauen halt machen musste.[37] Drei Tage dauerte das Umladen auf die Wagen. Am 27. September fuhren diese nach Stuttgart los und kamen am 30. September um 11 Uhr morgens vor dem Alten Schloss an. Unter Aufsicht des Hofmarschalls Baron von Sechendorf und des Hauptkustoden des Schlosses wurden die Wagen entladen. Am 1. Oktober fand die Übergabe der Mitgift an den Stallmeister und Kammerherr Baron von Hügel statt.[38] Beim Öffnen der Kisten mit dem Bronzeaufsatz stellte sich heraus, dass „wegen der dünnen Wände der Verpackung die Hörnchen bei zwei mittleren Gruppen gebogen und wegen der gleichen Ursache bei einigen anderen Gegenständen gar abgebrochen sind"[39]. Beim gleichen Aufsatz waren ebenfalls „wegen der schlechten Verpackung" einige Porzellanteller und Eisbecher zerbrochen.[40] Alle anderen Gegenstände aus der großen Zahl der Glasservice waren ohne Schaden in Stuttgart angekommen. Nur „beim Platzieren sind einige unwesentliche Stücke durch die Hofdiener zu Bruch gegangen."[41]

Olga Nikolajewna, die selbst bereits am 23. September[42] in Stuttgart ankam, wünschte sich eine Ausstellung für das Publikum, bei der die ganze Mitgift gezeigt werden konnte.[43] „Unter Rücksicht auf den begrenzten Raum, der für die Präsentation der Mitgift im Alten Schloss zur Verfügung stand", bemühte man sich alle Gegenstände so, wie sie in Peterhof gezeigt wurden, anzurichten. Am 2. Oktober besuchten „Ihre Hoheit und ihr königlicher Gemahl die Ausstellung und waren vollkommen zufrieden sowohl mit der Präsentation als auch damit, dass alle Gegenstände einen so langen Weg heil überstanden haben."[44]

Die Erziehung am Zarenhof

Anna Sidorowa

Die gesellschaftliche Stellung der Zarenkinder verlangte von den gekrönten Eltern die Organisation eines entsprechenden Systems für ihre Erziehung und Bildung. Die Traditionen des Erziehungssystems bildeten sich allmählich im Einklang mit den in der jeweiligen Epoche vorherrschenden Sitten und Normen des gesellschaftlichen Lebens heraus. Trotz aller Unterschiede in Kultur und Religion lassen sich in der Erziehung und Ausbildung des Nachwuchses in den Herrscherhäusern in Russland und Württemberg einige gemeinsame Prinzipien ausmachen.

In der zweiten Hälfte des 18. und zu Beginn des 19. Jahrhunderts war in Europa das französische pädagogische System mit seinem Hauptvertreter Jean-Jacques Rousseau am weitesten verbreitet.

Rousseau stellte den individuellen Charakter des Kindes und seine Neigungen ins Zentrum der Erziehung und sah die wichtigste Aufgabe der Bildung nicht im konkreten Unterricht in den Wissenschaften, sondern darin, dem Kind Interesse am Lernen zu vermitteln. Neu in seiner Theorie war die Aufmerksamkeit, die man der physischen Entwicklung des Kindes schenkte. Seine wichtigsten Ideen hat Rousseau in dem berühmten Roman „Émile oder über die Erziehung" dargestellt. Das 1762 erschienene Buch blieb ein halbes Jahrhundert lang die populärste Anleitung für die Kindererziehung. Auch Kaiserin Katharina II. stellte die Ideen von Rousseau ins Zentrum der Erziehung ihrer ältesten Enkel Alexander und Konstantin sowie der Enkelinnen, einschließlich der Großfürstin Katharina Pawlowna, der späteren Königin von Württemberg.

Die pädagogischen Ansichten von Katharina II. wurden darüber hinaus auch von den Ideen der Vorläufer der französischen Aufklärung, Michel de Montaigne und John Locke, beeinflusst, die die Entwicklung der Humanität, die Achtung des Gesetzes sowie Toleranz und Nächstenliebe in den Vordergrund rückten. Viele der Prinzipien der französischen Aufklärer fanden Eingang in die „Instruktion", die Katharina II. für den Erzieher ihrer Enkel, Graf N. I. Saltykow, erstellte.[1]

Die Ausbildung der weiblichen Nachkommen verlief ebenso wie die der männlichen, allerdings unter Berücksichtigung der Bestimmung der Prinzessinnen – einer vorteilhaften Heirat. Auf der Tagesordnung standen der Erwerb von guten Manieren und die Beherrschung von Musik, Tanz, Handarbeit und Zeichnen. Die Prinzessinnen mussten einwandfrei französische Konversation führen können, sich in den literarischen Neuheiten auskennen und über allgemeine Kenntnisse in den Wissenschaften verfügen, um in jeder Situation ein Gespräch in der Gesellschaft aufrecht erhalten zu können.

In Deutschland kam am Ende des 18. und zu Beginn des 19. Jahrhunderts neben dem französischen Erziehungssystem auch das deutsche System der Frauenbildung zum Tragen. Bestimmend bei der Erziehung einer Frau waren solche Tugenden wie Frömmigkeit, detaillierte Kenntnisse in der Haushaltsführung und die Fürsorge für Mann und Kinder. Der Erwerb von Grundkenntnissen in Lesen, Schreiben und Rechnen, die obligatorische Beschäftigung mit der Heiligen Schrift und die Einführung in Kunst und Handarbeit, ausschließlich in praktischer Hinsicht, galten als ausreichende Elemente des Ausbildungsprogramms.

Die Mutter der zukünftigen russischen Kaiserin Maria Fjodorowna, die württembergische Herzogin Friederike Dorothee Sophie, bemühte sich, bei ihrer Erziehung die besten Eigenschaften dieser beiden Erziehungssysteme zu vereinen. Mit der Ausbildung der Prinzessin wurde schon früh, im Alter von sechs Jahren, begonnen, ohne sie mit einem allzu umfangreichen Lernmaterial zu belasten. Das Lernen sollte vielmehr ungezwungen und angenehm verlaufen. Mit neun Jahren sprach die Prinzessin fließend Französisch und hatte bereits Grundkurse in Arithmetik, Geographie und Geschichte absolviert. Anschließend kam noch die Beschäftigung mit der Mythologie und den Schönen Künsten hinzu, und in der Sommerzeit wandte sich die Prinzessin gern der Natur und dem Gartenbau zu.[2] Ihr praktischer Sinn, Religiosität, einwandfreie Manieren und Sprach- und Literaturkenntnisse machten Maria Fjodorowna in späteren Jahren nicht nur zu einer tadellosen Gattin und Familienmutter, sondern auch zu einer tatkräftigen Kaiserin.

Nach ihrer Ankunft in Russland und Heirat mit Zarewitsch Paul 1776 führte Sophie Dorothee von Württemberg, die nun den Namen Maria Fjodorowna annahm, eine Reihe von neuen praktischen Elementen in das Erziehungssystem am russischen Hof ein. Während die Erziehung ihrer ältesten Söhne Katharina II. oblag, wurden die jüngeren Söhne, Nikolai und Michail vollständig in die Obhut der Mutter übergeben. Maria Fjodorowna verfolgte persönlich die Lernfortschritte der Kinder und erstellte zusammen mit den Lehrern ihre Stundenpläne. Täglich erstatteten die Erzieher der Kaiserin Bericht über den Unterricht und das Betragen der Kinder. Maria Fjodorowna kontrollierte selbst jeden Tag die Schulhefte der Knaben und trug an den Rändern ihre Bemerkungen ein.[3] Sie versuchte auch eine Neuheit einzuführen – das Führen von persönlichen Tagebüchern, in denen die Kinder jeden Tag vor dem Schlafengehen die Ereignisse vom Tage eintragen sollten.

Diese Idee konnte in ihrer eigenen Familie zwar nicht richtig Fuß fassen, entwickelte sich aber in den nächsten Generationen zu einer Tradition in der russischen kaiserlichen Familie. Maria Fjodorowna begründete auch die für die Romanows zur Tradition gewordenen Bildungsreisen. Wenn in früheren Zeiten die Thronfolger und die Großfürsten nur unregelmäßig auf Reisen gingen, meist als Begleiter des Vaters, so avancierten Reisen durch das eigene Land und ins Ausland von nun an zu einem systematischen und wohl durchdachten Teil der Bildung.

Die von Maria Fjodorowna festgelegten Grundlagen ihres Erziehungs- und Bildungsprogramms wurden von ihrem Sohn Nikolaus I. weiterentwickelt. Es ist sein Verdienst, dass er für seine Kinder den Dichter Wassili Andrejewitsch Shukowski als Erzieher auserwählt hat, einen Mann fern der Politik, der das Vertrauen des Kaisers durch seine außergewöhnliche Bildung und Charaktereigenschaften wie Ehrlichkeit, Gerechtigkeitssinn und Herzensgüte gewann.

Die pädagogischen Ansichten von W. A. Shukowski haben sich maßgeblich unter dem Einfluss der Ideen des schweizerischen Pädagogen Johann Heinrich Pestalozzi entwickelt, der der Meinung war, dass das Wissen dem Kind anschaulich vermittelt und durch seine eigene Erfahrung gefestigt und überprüft werden sollte. Für Pestalozzi war die Religion ein wichtiges Element der geistigen Entwicklung, und im Idealfall fanden Erziehung und Ausbildung im Elternhaus statt. Nachdem sich Shukowski mit den damals verbreiteten Erziehungstheorien und Unterrichtsmethoden vertraut gemacht hatte, erstellte er im Herbst 1826 einen detaillierten Plan für die Ausbildung des Thronfolgers Alexander Nikolajewitsch. Dieser Plan diente später als Anleitung für die Erziehung aller Kinder des Zaren Nikolaus I.

Landschaft mit Brücke
Großfürstin Katharina Pawlowna
(1788–1819)
1797; Bleistiftzeichnung
Staatsarchiv der Russischen
Föderation, Moskau

Nikolaus I. und seine Gattin Alexandra Fjodorowna nahmen unmittelbaren Anteil an der Erziehung ihrer Kinder. Sie akzeptierten die Beschränkungen der höfischen Etikette im Privatleben nicht und erlaubten den Kindern in ihren Spielen und Kinderstreichen natürlich zu bleiben. Sie waren der Überzeugung, dass Kinder unabhängig von ihrer Herkunft und ihrem gesellschaftlichen Status ein Recht auf Kindheit hätten. Der Kaiser förderte die fröhlichen und spaßigen Spiele seiner Kinder im Kreis ihrer Freunde und organisierte selbst gern für sie Feste und Überraschungen. Die Lebensweise der kaiserlichen Familie zeichnete sich trotz äußerlichen Prunks durch Ungezwungenheit und Einfachheit im privaten Bereich aus. Wohl wissend, dass die Großfürsten in Zukunft aufgrund ihrer Verpflichtungen

sehr viel Zeit in der Armee verbringen würden, und dass die Großfürstinnen möglicherweise in einen kleineren, im Vergleich mit dem russischen Kaiserreich weniger reichen Staat einheiraten würden, bemühte sich der Kaiser, seine Kinder ohne jeglichen Prunk zu erziehen. Die Kinder wurden an einfache Lebensbedingungen gewöhnt und zu Mäßigkeit im Alltag erzogen – sie ernährten sich ohne Überfluss, schliefen auf harten Betten und hatten bescheiden eingerichtete Privaträume. Eines der wichtigsten Prinzipien bestand für Nikolaus I. darin, den Kindern Pflichtgefühl und Verantwortung für das Vaterland anzuziehen. In persönlichen Gesprächen und Briefen suchte er seinen Söhnen stets die Überzeugung zu vermitteln, dass der eigentliche Sinn ihres Lebens im eifrigen, treuen und

Wassilij Shukowskij
1835
akg images, Berlin

nützlichen Dienst dem Herrscher und dem Land gegenüber bestehe. Es war der innigste Wunsch des Kaisers, seine Kinder ihrer hohen Stellung würdig aufwachsen zu sehen.

Die Familie von Nikolaus I. war die erste kaiserliche Familie in Russland, in der die Erziehung der Kinder im Rahmen eines besonderen Systems organisiert wurde. In dem gut durchdachten Programm verbanden sich traditionelle Erziehungsmethoden mit neuen pädagogischen Ansätzen. Dieses System beinhaltete mehrerlei. Einmal den Aufbau von moralischen Normen – die Herausbildung von Aufrichtigkeit, Hilfsbereitschaft und eines Bewusstseins für die hohe Bestimmung, dann die religiöse Erziehung – Studium der Grundlagen der christlichen Lehre und Verinnerlichung des Sinnes des

Gebets und der kirchlichen Riten; ferner die musische Entwicklung – Liebe zur Kunst und Formierung einer entsprechenden Weltsicht. Die Kinder wurden dazu erzogen, zum Zweck der Selbstbeobachtung täglich Tagebuch zu führen. Im Rahmen dieses Systems wurde auch die Großfürstin Olga Nikolajewna erzogen. In ihrem späteren Leben als Königin von Württemberg verfasste sie ihre Memoiren über ihre Kindheit in Russland und betitelte sie poetisch als „Traum der Jugend Goldner Stern".[4]

Das allgemeine Lernprogramm war in der Familie von Nikolaus I. für die Großfürsten und Großfürstinnen gleich, unterschiedlich waren nur die Lehrer und die Sonderfächer: die Knaben wurden im Militärwesen unterrichtet, die Mädchen hatten Kunstunterricht. Mit fünf Jahren wurde Olga in die Grundlagen der Arithmetik eingeführt und begann Fremdsprachen zu lernen. Mit dem siebten Lebensjahr startete ihre systematische Ausbildung, zu der die Naturwissenschaften, Geschichte, Geographie, Russisch und Literatur gehörten. In der Familie war die Beschäftigung mit Malerei und Musik sehr beliebt. Olga konnte gut zeichnen und malen, spielte hervorragend Klavier und Orgel. Im Leben der Mädchen gab es bestimmte Zeitpunkte, die neue Lebensabschnitte mit neuen Rechten und Pflichten einläuteten. Mit elf Jahren bekamen die Großfürstinnen ein Hofkleid und das Recht, darin auf den großen Bällen und festlichen Zeremonien zu erscheinen; mit 15 Jahren erhielten sie ihre eigenen privaten Räume mit Kabinett und persönlicher Einrichtung zugeteilt. Im Alter von 20 Jahren erlangten sie die Volljährigkeit. Es gehörte zu den Traditionen, dass sich alle Großfürstinnen der Wohltätigkeit widmeten und Patenschaften über Kinderheime, Schulen und Armenkrankenhäuser übernahmen. Für diese Zwecke wurde ihnen jährlich eine Summe von 5.000 Rubel zugewiesen.

**Weras Selbstbildnis im
Studierzimmer**
Großfürstin Wera Konstantinowna
(1854–1912)
1865; Bleistiftzeichnung
Staatsarchiv der Russischen
Föderation, Moskau

Als Olga Nikolajewna schon in Württemberg war, übernahm sie die Betreuung ihrer Nichte Wera Konstantinowna und ließ ihr eine ähnliche Erziehung zukommen.
Neben der verbreiteten Form der häuslichen Bildung
wurden Kinder aus Herrscherhäusern manchmal auch
an Lehranstalten geschickt. So beabsichtigten zum Beispiel Maria Fjodorowna und Alexander I. ursprünglich,
als sie in Zarskoje Selo das Lizeum gründeten, die
Großfürsten Nikolai Pawlowitsch und Michail
Pawlowitsch dorthin zu schicken. Die Prinzessin Charlotte von Württemberg und spätere russische Großfürstin Elena Pawlowna genoss hauptsächlich eine
traditionelle Erziehung zu Hause unter der Obhut ihrer
Gouvernante, Mademoiselle Bourdet, doch wurde sie
in der Zeit unglücklicher familiärer Umstände nach Paris
in die Privatpension von Madame Geroulle geschickt.[5]
Die Söhne von Nikolaus I. waren im Ersten Kadettenkorps eingeschrieben und seine Töchter besuchten das
Smolny-Institut. Und doch war eine solche Praxis mehr
ein Experiment und im Falle von Elena Pawlowna nur
eine vom Leben diktierte Notwendigkeit. Die Kinder von
gekrönten Häuptern genossen grundsätzlich eine Erziehung zu Hause. Die Bemühungen waren immer darauf gerichtet, ihnen aus Staatsräson eine in jeder Hinsicht ausgezeichnete Ausbildung zukommen zu lassen.

Sankt Petersburg – vom Mythos einer imperialen Stadt

Jan Kusber

Über die Anfänge Sankt Petersburgs im Jahre 1703 und seinen Gründer, Zar Peter I., schrieb der russische Schriftsteller Fürst Wladimir Odojewski um die Mitte des 19. Jahrhunderts folgende Legende: „Mit dem Bau der Stadt war schon begonnen worden, aber der Sumpf blieb unersättlich. Wie viele Steine, Felsen, Holzbohlen hatte man schon übereinander geschichtet, aber der Sumpf verschlang alles und zeigte an seiner Oberfläche immer nur den gleichen Morast. Da kam der Zar, um den Fortgang der Arbeit in Augenschein zu nehmen. Was er sah, war noch nicht seine Stadt. ‚Ihr versteht nichts von der Arbeit‘, sagte er zu seinen Werkleuten und schickte sich sogleich an, die Felsen selbst anzuheben und Quader auf Quader übereinander zu schichten. So baute er die ganze Stadt und ließ sie dann fertig auf die Erde sinken.“

Die Stadt an der Newamündung, auf einem bautechnisch schwierigen Untergrund gelegen, und der übermenschlich erscheinende Zar, der sie dank seiner Tatkraft, aber auch seiner handwerklichen Fähigkeiten im Alleingang errichtet – dieses Bild hätte Peter I. wahrscheinlich gefallen. Ihren Kern hat die Legende, die Odojewski erzählte, in einem orientalischen Märchen. Die Eigenschaften, die Peter zugedacht werden, sind durch Geschichtsschreibung, Dichtung und Musik, durch die bildenden Künste und den Film zum Allgemeingut im historischen Wissen nicht nur der Bewohner Sankt Petersburgs, sondern Russlands insgesamt geworden. Peter der Große ist ebenso zum Mythos geworden wie seine Stadt an der Newa. Peters scheinbar übermenschliche Eigenschaften hatten freilich einen wahren Kern, der sich an verschiedenen Stationen seiner Biographie und der frühen Stadtgeschichte Sankt Petersburgs, der Kapitale Peters am Zugang zur Ostsee, sehen lässt.

Peter gab am 16. Mai 1703, am Beginn des Großen Nordischen Krieges, den Befehl, auf der Haseninsel im Newadelta eine hölzerne Festung anzulegen, die wenig später den Namen Sankt Petersburg erhielt. Es war der Wille des Herrschers, der sein Land zwang, gewaltige Ressourcen für die Entwicklung der Stadt bereit zu stellen. Es war Peters Befehl, ab 1712 nach und nach den Hof und die zentralen Behörden des Reiches nach Sankt Petersburg zu verlegen. Peter stand am Beginn des Mythos jenes „Fensters nach Europa“, von dem der italienische Reisende Francesco Algarotti 1739 sprach. Peters Auffassung nach sollte die Stadt aber auch Fenster Europas innerhalb Russlands sein. Er entwickelte genaue Vorstellungen davon, wie Musterhäuser für Adel und Kaufleute aussehen sollten, er ordnete an, die Stadt aus Stein zu errichten, und er befahl abertausende Leibeigene zur Arbeit an der Stadt, damit Hof und Adel ihren Sitz an der nördlichen Peripherie eines Reiches nehmen konnten, das mit den Eroberungen Peters von der Ostsee bis an den Pazifik reichte. Der Kern des Mythos lag also in der Tatkräftigkeit des Stadtgründers und dem, was er sich und seinem Volk auferlegt hatte.

Als die württembergische Prinzessin Sophie Dorothee, nach der Konversion Maria Fjodorowna, 1776 in Sankt Petersburg eintraf, um den Thronfolger und Großfürsten Paul zu heiraten, war die Stadt bereits auf dem Weg, eine imperiale Metropole zu werden. Alle Nachfolgerinnen Peters I. hatten an der Stadt weitergebaut, Generalpläne entwickelt und versucht, der Stadt ihren Stempel aufzudrücken – Kaiserin Elisabeth etwa mit dem barocken Winterpalast, den Bartolomeo Rastrelli für sie projektierte, Katharina die Große mit zahlreichen Bauprojekten im Stile des Klassizismus. Jeder Regent bis zum Ende des Zarenreiches 1917 baute an dem

Mythos gleichsam mit, stellte sich aber zugleich immer in die Tradition Peters des Großen.

Katharina II. strebte danach, sich auch im Stadtbild als legitime Herrscherin und vor allem als Nachfolgerin Peters des Großen zu zeigen und damit letztlich sich selbst ein Denkmal zu setzen. Schon Carlo Rastrelli hatte ein Standbild Peters des Großen angefertigt, das der Zarin freilich zu klein dimensioniert erschien, um Person und Werk angemessen zu würdigen. Sie befahl Étienne Maurice Falconet, einen seit 1766 in Sankt Petersburg wirkenden Bildhauer, an einem zentralen Platz an der Newa – heute eingerahmt von Admiralität, dem Gebäude des Synods und der Isaaks-Kathedrale – dem Gründer Sankt Petersburgs ein Standbild zu errichten, das die Traditionslinie verdeutlichen sollte: Hoch erhebt sich auf einem einzigen wuchtigen Granitfelsen, dem so genannten „Donnerstein", Peter der Große zu Pferde. Der „Donnerstein" war mit großem Aufwand aus Karelien 22 Kilometer auf Rollen in die Hauptstadt transportiert worden. Das von Falconet gestaltete Pferd auf seinen Hinterhufen zertritt eine Schlange. Mit der Ausarbeitung des Kopfes hatte Falconet Probleme. So überließ er es der Bildhauerin Marie-Anne Collot, den Kopf des Denkmals zu gestalten. „Petro primo – Catharina secunda" – „Peter dem Ersten – Katharina die Zweite" lautete die programmatische Inschrift, die die Kaiserin auswählte. 1782 wurde das Standbild im Rahmen einer aufwendigen Feier in Katharinas Beisein enthüllt.

Das kleine Standbild Rastrellis freilich sollte später ebenfalls seinen Platz finden – gewissermaßen als Gegenprogramm: Paul, als Thronfolger unter seiner Mutter marginalisiert, ließ es vor dem von ihm als Schutzburg errichteten Michailsschloss an der Fontanka aufstellen. „Der Urenkel dem Urgroßvater" lautet seine die Tradi-

tionslinie anzeigende Inschrift. Vergleicht man die Strahlkraft und den Standort des Peter-Denkmals an der Newa mit dem an der Fontanka, wird der Stellenwert der Herrschaft Katharinas im Vergleich zu der ihres Sohnes Paul deutlich.

Für die Württembergerin Maria Fjodorowna muss der Vergleich zwischen Sankt Petersburg und Stuttgart um 1800 eindrucksvoll gewesen sein. Die Metropole an der Newa zählte etwa 300.000 Einwohner, Stuttgart war mit 20.000 Einwohnern eine mittlere Hauptstadt einer mittleren Residenz. Dieser Größenunterschied sollte sich bis zum nächsten Jahrhundertwechsel noch verstärken, als Sankt Petersburg zu dem Laboratorium der Moderne schlechthin aufstieg.

Das 19. Jahrhundert war jene Zeit, als der Mythos Sankt Petersburg literarisiert wurde. Dies war zunächst ein Phänomen der russischen Literatur, an dessen breitenwirksamem Beginn Alexander Puschkin stand mit seinem Poem „Der Eherne Reiter", veröffentlicht 1833. Historischer Hintergrund war die große Flutkatastrophe von 1824, bei welcher der Schlossplatz überschwemmt und der Newski-Prospekt, der Prachtboulevard der Stadt zwischen Newa und Fontanka, zu einer einzigen Wasserfläche wurde.

Das Poem gilt als einer der wichtigsten Texte der russischen Literaturgeschichte: Bei einer starken Überschwemmung der Newa kommt die Braut eines armen Beamten um. Er gibt die Schuld daran Zar Peter I., der Petersburg am falschen Ort habe bauen lassen. Er droht und flucht seinem Denkmal, woraufhin dieses lebendig wird: Der Reiter Peter steigt vom Donnerstein herab und verfolgt den Beamten, bis dieser wahnsinnig wird. Puschkin verglich die Zarenherrschaft und die russische Geschichte im Ganzen mit der Überschwemmung der Newa, gegen die sich der einfache Mensch nicht wehren könne. So bleiben am Ende die Hauptstadt und der Eherne Reiter bestehen und Peter der Große blieb auf seinem Sockel.

Nikolai Gogol fügte diesem Text in seinen Petersburger Novellen bildmächtige surrealistische Szenerien hinzu, mit in Staatsratsuniformen umherfahrenden Nasen oder Beamten, die über den Diebstahl eines teuer erworbenen Mantels dem Wahnsinn verfielen. Fjodor Dostojewski entwarf vollends ein Gegenbild gegen den Glanz des imperialen Sankt Petersburgs, in dem er nicht allein Tagelöhner und Prostituierte, sondern das Aufeinandertreffen von Adligen und städtischen Unterschichten schilderte. Aber auch weniger literarische Texte trugen zum Mythos bei: Zahlreiche Reiseführer geleiteten den Petersburgbesucher zu den Sehenswürdigkeiten und markierten damit die wichtigen und die weniger wichtigen Orte. Diese Beschreibungen wurden jedoch nicht nur von Reisenden gelesen, sondern auch von den Stadtbewohnern selbst, die sich mit Hilfe dieser Texte ein Bild der Stadt machten, in der sie lebten. „Spaziergänge" (progulki) waren beliebt im russischen Feuilleton des 19. Jahrhunderts. Der Autor flanierte in seinem Text durch eine bestimmte Nachbarschaft oder kleine Seitenstraßen und hielt dabei alle möglichen und unmöglichen Begebenheiten fest. Unter den populärsten Darstellungen um die Mitte des 19. Jahrhunderts waren die von Johann Georg Kohl, der in seiner Beschreibung von 1841 nicht nur die Palastfassaden in den Blick nahm, sondern auch pittoreske Orte wie den Heumarkt:

„Der Heumarkt ist an den Morgen aller Wochentage mit handelndem Gedränge erfüllt und gewöhnlich mit so dichtem, dass nur mit Mühe von der Polizei in der Mitte eine Gasse für die Equipagen frei gehalten wird. Auf der Seite dieser Gasse pflegen gewöhnlich die Heuverkäufer, die Holz- und im Frühlinge die Baum- und Pflanzen-

händler zu stehen, an der anderen die Fleisch-, Fisch-, Butter- und Gemüsebauern. In der breiten Gasse in der Mitte fahren die Köche der vornehmen Herrschaften und die Bürgerfrauen an, und Damen in ihren mit Victualien beladenen Schlitten und Equipagen, mit deren Glanze die eingepackten Zwiebeln, das Wurzelkraut und die blutigen Gänsehälse oft sehr sonderbar abstehen, und rundherum an den Kanten vor den Häuserreihen sind die Kwas und Pastetenbereiter, die Met-, Bier- und Teeschenken, die dem Bauer Gelegenheit geben, Einiges von seinem erworbenen Verdienste der Stadt sogleich wieder in Kurs zu geben."

Während die Beschreibung bei Johann Georg Kohl noch einigermaßen idyllisch anmutet, wird in anderen Texten der 1860er und 1870er Jahre der Heumarkt zu einem Unort. Fjodor Dostojewski schilderte ihn in seinem 1866 erschienenen Roman „Schuld und Sühne" als einen Ort des Verbrechens, der entmenschlichten Kreatürlichkeit und des üblen Geruchs.

Sankt Petersburg entwickelte sich also in jeder Hinsicht zu einem pulsierenden Ort der Moderne. Neben die imperiale Residenz trat die industrielle Urbanisierung. Fuhr man am Beginn des 20. Jahrhunderts mit dem Auto oder der Straßenbahn den Newski entlang oder besuchte den „Großen Prospekt" auf der in Mode kommenden Petersburger Seite, bot sich der Anblick der neuen Welt des Kinos. Seit der letzten Dekade des 19. Jahrhunderts gab es Filmpaläste in der Stadt. Die großen Kinosäle fassten an die tausend Zuschauer. Vielleicht waren die etwa 150 Filmtheater um 1913 die einzigen Orte in Petersburg, an denen so viele Milieus der Stadtbewohnerschaft zusammenkamen, angezogen von den Stummfilmen und der davon ausgehenden Faszination. Aber nicht nur hier ging technische Innovation mit künstlerischem Aufbruch einher. Die Gruppe

„Welt der Kunst" um den Maler Alexander N. Benois
und den Theaterschaffenden Sergei P. Djagilew bot mit
ihrer gleichnamigen Zeitschrift ein europaweit beachte-
tes Forum für avantgardistische Strömungen in Kunst,
Theater und Musik. Eng verbunden mit der in Petersburg starken literarischen Strömung des Symbolismus
wandten sich diese Künstlerinnen und Künstler gegen
den im 19. Jahrhundert so erfolgreichen Realismus als
künstlerischer Ausdrucksform. Für Petersburg bedeu-
tend wurde der Roman „Peterburg" von Andrej Belyi. In
ihm entwarf er eine Stadt, die sich vor dem Hintergrund
der Revolution von 1905 in ihren Konturen aufzulösen
schien. Die Stadt war schon vor der Revolution auch als
Schmelztiegel der Moderne ein Mythos, an den sich im
Übrigen auch im sowjetischen Leningrad anknüpfen
ließ. Nikolaj Anziferow sprach auch nach der Oktoberrevolution von der im Raum existenten überzeitlichen
„Seele Sankt Petersburgs". Sie ist Bestandteil des Mythos, die seit der Gründung bis in unsere Tage gepflegt
wird. Diesem Mythos werden sich auch die Württemberger, die im 19. Jahrhundert in Russland siedeln wollten und über Petersburg ins Zarenreich einreisten,
ebenso wenig entzogen haben können, wie die Besucher und Bewohner des Stadt am Beginn des 21. Jahrhunderts.

Sadowaja Uliza
Ausschnitt aus dem „Petersburger Album"
1820–1826; kolorierte Lithografie
Landesmuseum Württemberg, Stuttgart

Heiratspolitik zwischen Liebe und Staatsraison

Sabine Holtz und Natalia Pfau

Die dynastische Ehe war ein wichtiges Instrument der Außenpolitik der monarchischen Staaten im neuzeitlichen Europa. Das Haus Württemberg, dem sich in den 1770er Jahren die Chance der Anknüpfung einer dynastischen Verbindung zur Großmacht Russland bot, nutzte diese politisch wertvolle Offerte. Die Vermählung von Prinzessin Sophie Dorothee von Württemberg-Mömpelgard mit dem russischen Thronfolger Paul im Jahre 1776 begründete eine Tradition, die durch weitere vier Heiraten zwischen der Zarenfamilie Romanow und dem württembergischen Königshaus im 19. Jahrhundert gefestigt werden sollte.[1]

Im April 1776 fiel am russischen Zarenhof die Entscheidung, um Sophie Dorothee, die Tochter Friedrich Eugens von Württemberg und der hohenzollerischen Prinzessin Sophie Dorothee von Brandenburg-Schwedt, für den Zarewitsch Paul zu werben. Für Zarin Katharina II., selbst eine geborene deutsche Prinzessin, entsprach die württembergische Prinzessin allen Anforderungen, die an die zukünftige Gemahlin des russischen Thronfolgers gestellt wurden. Sie stammte aus einer alten, geachteten Reichsdynastie, war an einem kultivierten Hof aufgewachsen und nahm den obligatorischen Übertritt zur orthodoxen Kirche hin. Das politische Ungleichgewicht störte die russische Zarin nicht.[2] Prinz Friedrich Eugen, Sophies Vater, war der jüngere Bruder des regierenden Herzogs Carl Eugen von Württemberg. Nach der Demission aus dem preußischen Dienst übernahm er 1769 die Statthalterschaft in Mömpelgard.[3] Angesichts

des bestehenden Bündnisses mit Preußen war die verwandtschaftliche Beziehung Sophies zu Friedrich dem Großen – ihre Mutter war die Nichte des preußischen Königs – für die Entscheidung der Zarin ausschlaggebend. Er persönlich unterstützte die russische Werbung tatkräftig.[4] Aufwendig vorbereitete Empfänge und Feste begleiteten den Aufenthalt des frisch verlobten Paares in Berlin und Potsdam.[5] Sie unterstrichen die Bedeutung der preußisch-russischen Allianz. Im September 1776 kam die württembergische Prinzessin in St. Petersburg an. Nach der Taufe, bei der sie den russischen Namen Maria Fjodorowna erhalten hatte, fand die Vermählung mit dem Großfürsten statt. Die württembergische Prinzessin erfüllte die an sie gerichteten Erwartungen. Sie brachte zehn Kinder zur Welt, darunter vier Söhne. Zwei der Söhne wurden nacheinander Zaren: Alexander I. im Jahre 1801 und Nikolaus I. 1825.

Im Interessengeflecht der Großmächte Russland und Preußen erhielt Maria Fjodorowna eine vermittelnde Rolle. Besonders folgenreich war aber die Stellung der Großfürstin und seit 1796 Zarin für die russisch-württembergischen Beziehungen.[6] Die Verbindung zum Zarenhof war lukrativ, sie rettete die Familie in Mömpelgard über die Zeit der materiellen Not.[7]

Nach der Regierungsübernahme in Württemberg nutzte Herzog Friedrich, der älteste Bruder Sophie Dorothees, mit Erfolg die Verbindung zum St. Petersburger Hof, um Napoleon Zugeständnisse abzuringen. Und nach der verheerenden Katastrophe der napoleonischen Kriege plante er 1814 ein Bündnis der deutschen Kleinstaaten mit dem Zarenreich, um die Hegemonialansprüche Österreichs und Preußens einzudämmen.[8]

Nach dem Tod der Schwiegermutter 1796 war Zarin Maria Fjodorowna die einflussreichste Instanz der Petersburger Hofgesellschaft. Zur Stärkung der Allianz mit Württemberg

562 **Tafel mit Allianzwappen von Kronprinz Karl v. Württemberg und Olga Nikolajewna, Großfürstin von Russland**
um 1846; Öl auf Holz
Landesmuseum Württemberg, Stuttgart

zog sie bereits 1808 die Ehe ihrer Tochter Katharina mit dem Kronprinzen Wilhelm von Württemberg, ihrem Neffen, in Erwägung.[9] Der Kronprinz, seit 1808 mit Charlotte von Bayern verheiratet, zog seinerseits eine Verbindung mit der habsburgischen Erzherzogin Leopoldine in Erwägung.[10] Während seines Aufenthalts 1814 am englischen Königshof lernte er dann Katharina, die 26-jährige Schwester Alexanders I., kennen. Die Stellung des Zaren, des Befreiers Europas, und die glänzenden Aussichten des russischen Kaiserreichs, „alles entscheidende Großmacht zu werden"[11], beförderten die Wahl des württembergischen Thronfolgers. Nach Wilhelms Scheidung von seiner ersten Frau fand im Januar 1816 in St. Petersburg die Hochzeit mit Katharina statt. Bereits im Oktober desselben Jahres trat das Paar die Regierung in Stuttgart an.[12] Die Ehe mit Katharina war, zumindest für Wilhelm, in hohem Maße der Staatsräson verpflichtet und verfehlte ihre Wirkung in dieser Hinsicht nicht. Österreich sah damit die Gefährdung seiner Position im zwischenstaatlichen Verhältnis.[13] Die Ehe währte keine drei Jahre, als Katharina im Januar 1819 plötzlich verstarb.[14] Sie genoss in Württemberg bereits, vor allem wegen ihres sozialen Engagements, großes Ansehen.[15]

Fünf Jahre nach dem Tod Katharinas wurde eine weitere Ehe, die ebenfalls auf die Pläne der Kaiserinmutter Maria Fjodorowna zurückging, geschlossen. Von St. Petersburg aus betrieb sie mit Hilfe des russischen Gesandten in Stuttgart, Graf Konstantin von Benckendorff, die Verheiratung ihres jüngsten Sohnes Michael mit Charlotte, der Nichte des württembergischen Königs.[16] Nach Abschluss des Ehevertrags am 31. August 1823 in Stuttgart reiste Charlotte über Berlin nach St. Petersburg ab. Die Ehe mit dem Großfürsten war nicht glücklich,[17] aber Elena Pawlowna, wie die Württembergerin nach der

Annahme des orthodoxen Glaubens hieß, erwarb sich in St. Petersburg als hoch gebildete und sozial engagierte Frau großes Ansehen. Die Großfürstin pflegte ihr Leben lang enge Kontakte zu Deutschland und nahm aktiv an der russischen Außenpolitik teil.[18]

Mit der Geburt des Sohnes Karl im März 1823 konnte König Wilhelm von Württemberg über seine Regentenzeit hinaus planen.[19] Der Wahl der Ehekandidatin für den Thronfolger wurde besondere Bedeutung zugemessen. Auf seiner Kavalierstour 1845 erfuhr Karl am Wiener Kaiserhof einen außergewöhnlich ehrenvollen Empfang, auch der österreichische Staatskanzler Metternich, bemüht um ein gutes Verhältnis zu König Wilhelm, behandelte den Kronprinzen mit ausgesuchter Höflichkeit. Besonderes Interesse zeigte Wilhelm für eine Verbindung nach Berlin, was Karl jedoch ablehnte. Eine andere Kandidatin, um die zu gleicher Zeit am württembergischen Hof verhandelt wurde,[20] konnte und wollte Karl allerdings nicht abschlagen. Der Gedanke an eine Verbindung mit der als beste Partie Europas geltenden russischen Großfürstin Olga, der Tochter des seit 1825 herrschenden Zaren Nikolaus I., forderte ihn heraus.[21]

Seit 1839 galt Erzherzog Stephan, der Sohn von Erzherzog Joseph, Palatin von Ungarn, als potenzieller Ehekandidat für Olga Nikolajewna.[22] Nach sechsjähriger Verhandlungszeit war dieses Heiratsprojekt aber vom Tisch. Unterdessen hatten die russischen Gesandten, in Stuttgart Fürst Alexander M. Gortschakow, und am preußischen Hof Peter von Meyendorff, als Alternative zum Erzherzog den württembergischen Kronprinzen ins Gespräch gebracht. Zunächst zeigte sich König Wilhelm einer Ehe seines Sohnes mit der Zarentochter wenig geneigt, gab aber schließlich sein Einverständnis.[23] Nach dem Abschluss des Ehevertrages am 22. Juni/4. Juli 1846

588 **Medaille auf die Silberhochzeit des Königspaares Karl und Olga**
Christian Schnitzspahn (1829-1877)
1871; Gold
Landesmuseum Württemberg, Stuttgart

fand die Verlobungsfeier in der Kirche von Peterhof statt. Im „Journal de Saint-Pétersbourg" wurde ein ausführlicher Bericht über die prunkvollen Hochzeitsfeierlichkeiten veröffentlicht.[24] Im September 1846 kam das Kronprinzenpaar in Stuttgart an, eine ganze Woche dauerten die öffentlichen Feierlichkeiten.[25]

Die Regierungen der württembergischen Könige Wilhelm (bis 1864) und Karl (bis 1891) fielen in die ereignisvolle Zeit der europäischen Geschichte – Revolution von 1848, Krimkrieg, preußisch-österreichischer Dualismus, deutsch-französischer Krieg, deutsche Einigung. Für die württembergisch-russischen Beziehungen stellte dieser Abschnitt die letzte, an politischen Wirkungen reiche Phase dar. Die Kronprinzessin und seit 1864 Königin Olga war ein wichtiges Bindeglied dieser Beziehungen, da sie württembergischen Interessen in St. Petersburg Gehör verschaffen konnte. Eine besondere Rolle spielte die russische Gesandtschaft in Stuttgart, die auch nach der Reichsgründung 1871 weiter bestand.[26]

Die internationale Krise des Krimkrieges (1854–1856) stellte die Verhältnisse zwischen Russland und Württemberg auf die Probe. Als sich Frankreich und England mit dem Osmanischen Reich gegen Russland verbündeten, geriet Württemberg unter Druck, sich von Russland zu distanzieren. Der württembergische König aber hielt an strikter Neutralität fest.[27]

Die politischen Folgen des zu ungunsten von Russland ausgegangenen Krimkrieges waren die Entfremdung des Zarenreichs von Österreich, gleichzeitig aber auch die vorsichtige Annäherung Russlands an Frankreich.[28] Aufgrund der politisch-dynastischen Sonderstellung Württembergs ergab sich für König Wilhelm die einmalige Gelegenheit, im Verhältnis der zwei Großmächte eine Vermittlerrolle zu spielen. Das zur Aussöhnung von

Napoleon III. und Alexander II. gedachte, diplomatisch vorbereitete Zweikaisertreffen fand im September 1857 in Stuttgart statt. Der württembergische König stand im Mittelpunkt des internationalen Interesses.[29]

Im preußisch-österreichischen Konflikt zog Württemberg als österreichischer Verbündeter den Kürzeren. Im Friedensvertrag vom 13. August 1866 wurde dem Königreich die territoriale Integrität garantiert, eine Tatsache, die auf die verwandtschaftlichen Verbindungen zwischen Württemberg und Russland bzw. zwischen Russland und Preußen zurückzuführen war. Alexander II. setzte sich ebenso wie die in Berlin weilende Großfürstin Elena Pawlowna für möglichst günstige Bedingungen für Württemberg ein.[30]

Die liberalen Entwicklungen, die die württembergische Verfassung von 1819 nach sich zog, führten während der Regentschaft Karls und Olgas zu einem tiefgreifenden politischen Wandel.[31] Die Heirat der Großfürstin Wera Konstantinowna mit Herzog Wilhelm Eugen (IV.) von Württemberg, die 1874 den Reigen der dynastischen Eheverbindungen zwischen Russland und Württemberg beschloss, belegt aber noch einmal die politische Bedeutung, die Ehen zwischen Mitgliedern regierender Fürstenhäuser beigemessen wurde.

König Wilhelm I. von Württemberg
und Zar Alexander II. von Russland
und Kaiser Napoleon III. auf dem
Volksfest in Bad Cannstatt am
18.September 1857
Landesmedienzentrum
Baden-Württemberg, Stuttgart

Wera, Nichte der Königin Olga, lebte seit 1863 am
württembergischen Hof und wurde vom kinderlosen
Königspaar adoptiert. Ihr Bräutigam Herzog Eugen ent-
stammte der zweiten schlesischen Linie des Hauses
Württemberg, in der Reihe möglicher württembergischer
Thronfolger stand er an zweiter Stelle. Mit ihrer Verheiratung wurde Wera Herzogin von Württemberg. Sie
durfte jedoch in der Ausübung ihres russisch-orthodoxen
Glaubens nicht behindert werden.[32] Die Hochzeit am
8. Mai 1874 in Stuttgart war ein großes gesellschaftliches
Ereignis.

Die inzwischen seit 100 Jahren bestehenden Verbindungen zwischen Württemberg und Russland sollten durch
diese Ehe fester geknüpft werden. Am Zarenhof sah

man die Möglichkeit, mit einem Schutz- und Klienten-
verhältnis gegenüber Württemberg indirekt auch auf
die Angelegenheiten des Deutschen Kaiserreiches Einfluss nehmen zu können. Das württembergische Königshaus hatte seinerseits großes Interesse daran – unmittelbar nach der Reichsgründung 1871 – ein deutliches
Signal an Preußen zu geben, dass Württemberg entschlossen war, die verbleibenden Reste der Souveränität zu verteidigen.[33]

Rückblickend betrachtet, welche Chancen bot die Beziehung zwischen den Häusern Romanow und Württemberg,
welche Seite profitierte am meisten von diesen auf
dynastischer Basis geknüpften politisch-diplomatischen
Beziehungen? Keine Frage: Württemberg. Mit russi-

scher Hilfe konnte Württemberg entscheidend sein großes Projekt, den lange angestrebten Aufstieg in den Kurfürstenrang, verwirklichen. Seit der kaiserlichen Verleihung der Anrede „Durchlaucht" (1664), die bislang Kurfürsten vorbehalten war, und der Verteidigung der Reichssturmfahne (1692) – eines Erzamtes, das Kurwürdigkeit begründete –, strebte Württemberg nach der Kurwürde. Frankreich war es dann 1750, das Württemberg seine Unterstützung bei dessen Bemühungen um die Kurwürde anbot.[34] Auch Habsburg konnte sich nun mit diesem Wunsch anfreunden. Infolge des „Renversements des Alliances" im Siebenjährigen Krieg zerschlug sich die französische Unterstützungszusage, 1761 nahm Österreich wieder eine ablehnende Position ein. Hier zeigt sich, dass die Frage einer württembergischen Kur nur in europäischen Dimensionen zu beantworten war.[35] An Dynamik gewann das Unternehmen, als Württemberg 1785 die russische Zarin Katharina II. in seine Bemühungen um den Kurwunsch einschaltete; allein, ohne Zustimmung Habsburg ließ sich das Projekt nicht verwirklichen. 1797, im Umfeld des Rastatter Kongresses, lebte der Kurwunsch, wiederum unterstützt von Russland, auf.[36] Ende Dezember 1800 wandte sich Friedrich mit seinem Wunsch direkt an seine Schwester, Zarin Maria Fjodorowna.[37] Sie setzte sich auch nach dem Tod ihres Mannes, Paul I., in der Regierungszeit ihres Sohnes Alexander I. intensiv für Württemberg ein. Dank ihrer Intervention – und hoher Bestechungsgelder – konnte Friedrich den territorialen Gewinn als Kompensation für den Verlust Mömpelgards noch erheblich steigern.[38] Mit dem Reichsdeputationshauptschluss (25. Februar 1803) war es endlich so weit: Württemberg sollte die Kurwürde erhalten. Die kaiserliche Bestätigung erfolgte am 29. April 1803, am 6. Mai wurde in ganz Württemberg das „Churfest" gefeiert.

Wappen des
Kurfürstentums Württemberg
1803–05

Das Macht- und Bedeutungsgefälle zwischen Russland und Württemberg war zweifellos enorm. Neben der Stärkung der politischen Position Württembergs durch Russland um 1800 und nach der Mitte des 19. Jahrhunderts war es überdies die großzügige finanzielle Unterstützung, die der Zarenhof seinen Verwandten in Mömpelgard und in Stuttgart gewährte. Viele sozialkaritative Projekte konnten dank dieser Unterstützung initiiert werden. Auch wenn im Gegenzug Württemberg „kein bedeutendes Objekt der russischen Außenpolitik" darstellte,[39] boten die verwandtschaftlichen Beziehungen zu Württemberg (und anderen deutschen Fürstenhäusern) doch Russland immerhin die Möglichkeit, auf die deutsche und europäische Politik einzuwirken.

Die russische Gesandtschaft in Stuttgart – württembergische Diplomaten in Sankt Petersburg

Albrecht Ernst

Im August 1716 wandte sich Zar Peter der Große an den militärisch erfahrenen Herzog Carl Rudolf von Württemberg-Neuenstadt, um ihn als Heerführer im Nordischen Krieg zu gewinnen. Das eigenhändig unterzeichnete, in russischer Sprache verfasste Dokument ist eines der frühesten Zeugnisse des direkten Kontaktes zwischen den Häusern Romanow und Württemberg.[1]

Trotz mancher politischer und dynastischer Berührungspunkte kam es erst Ende des 18. Jahrhunderts zur Aufnahme diplomatischer Beziehungen. Eine russische Gesandtschaft in Stuttgart ist seit 1782 nachweisbar. Sie verdankte ihre Errichtung der Vermittlerrolle Katharinas II. im Bayerischen Erbfolgekrieg, die damals auch in anderen deutschen Territorien Missionen begründete. Zehn Jahre später, 1792, leistete sich das Herzogtum Württemberg – unter dem Eindruck der von der Französischen Revolution ausgehenden Bedrohung – eine ständige Vertretung in Sankt Petersburg.[2] Doch schon während der Napoleonischen Kriege wurde die Reihe der Gesandten unterbrochen, als wechselnde Koalitionen ein „längeres Verbleiben" in der Residenz des Gegners nicht zuließen.[3]

Neben seiner Gesandtschaft unterhielt Württemberg in Russland vier Konsulate, in Sankt Petersburg (um 1815), Riga (1839), Odessa (1841) und Moskau (1853),[4] die jedoch 1872 zugunsten des Deutschen Reichs aufgehoben wurden. Die diplomatische Vertretung blieb – wohl mit Rücksicht auf Königin Olgas († 1892) familiäre Belange

– bis 1893 bestehen. Umgekehrt hielt die russische Regierung bis zum Beginn des Ersten Weltkrieges an ihrer Stuttgarter Gesandtschaft fest.[5]

Die württembergische Gesandtschaft verfügte in Sankt Petersburg über kein eigenes Gebäude. Sie war stets in angemieteten Häusern untergebracht,[6] in denen der Geschäftsträger den ihm beigeordneten Legationssekretären Kost und Logis zu gewähren hatte.[7]

Auch die russische Mission in Stuttgart musste sich jahrzehntelang mit wechselnden Gebäuden zufrieden geben. Noch zu Beginn der 1850er Jahre lebte Fürst Gortschakow zur Miete in der Königstraße 10. Seit 1854 begegnet zunächst der Legationssekretär von Scherbatow als Mieter in der Kronenstraße 32. Ihm folgten nacheinander und gleichfalls als Mieter die Gesandten von Benckendorff und von Titow. In dem an die Kriegsbergstraße angrenzenden Eckhaus, das sich im Eigentum des Werkmeisters Heinrich Leins befand, hatte einige Jahre zuvor der englische Gesandte sein Domizil gehabt. Anders als in München oder Dresden, wo die russischen Gesandtschaften durchgängig in Mietobjekten untergebracht waren, gelang es der zaristischen Regierung 1872, das in Bahnhofs- und Schlossnähe gelegene Gesandtschaftsgebäude in der Kronenstraße käuflich zu erwerben. Neben der Gesandtenwohnung und diversen Kanzlei- und Repräsentationsräumen beherbergte das Bauwerk eine orthodoxe Kapelle, die zu festlichen Anlässen auch vom württembergischen Königspaar aufgesucht wurde. Aufgrund seiner Exterritorialität war das Grundstück von staatlichen und kommunalen Abgaben befreit. Dem Gesandten standen ein oder zwei Legationssekretäre sowie ein Attaché zur Seite. Zum Personal der Gesandtschaft gehörten aber auch die Geistlichen und Sänger, die in der Grabkapelle auf dem Württemberg und am Hof der Kronprinzessin bzw.

späteren Königin Olga Dienst taten, ebenso der Klerus der 1895 nach Plänen von Ludwig Eisenlohr erbauten russischen Kirche, die die orthodoxe Schlosskapelle ersetzte und diplomatischer Immunität unterstand.[8]

Während des Ersten Weltkrieges übernahm das spanische Konsulat den treuhänderischen Schutz des leer stehenden Gesandtschaftsgebäudes. Nach längeren Verhandlungen wurde es in den 1920er Jahren der Sowjetregierung übergeben, die es 1930 verkaufte. Gegen Ende des Zweiten Weltkriegs wurde das Bauwerk zerstört.[9]

Konstitutiv für die Diplomatie des 18. und 19. Jahrhunderts war die Nähe zum Hof. Sie war der Garant für kontinuierliche Beziehungen der Fürsten untereinander. Gesandte wurden bei Hofe akkreditiert, wo sie eine besondere gesellschaftliche Rolle spielten und sich deshalb in aller Regel aus dem Stand der Adeligen rekrutierten. Ihre Aufgabe bestand darin, Kontakte mit den führenden Kreisen des Gastlandes zu knüpfen, die Positionen des Entsendestaates darzulegen und wichtige Nachrichten zu übermitteln.[10] In den Instruktionen, die König Friedrich seinem Gesandten Graf Heinrich Levin von Wintzingerode 1814 mit auf den Weg gab, befahl er ausdrücklich, den Interessen Württembergs am Zarenhof „mit nötiger Geschicklichkeit, Gewandtheit und Würde Eingang zu verschaffen." Mit Blick auf den gerade eröffneten Wiener Kongress sollte der Gesandte alles aufbieten, um über die russischen Pläne „genaue und zuverlässige Kenntnis zu erhalten." Allwöchentlich wünschte der Monarch durch Berichte über die Befindlichkeiten der kaiserlichen Familie und die politischen Entwicklungen informiert zu werden. In dringenden Fällen sollten Kuriere mit deren Überbringung betraut werden; geheime Mitteilungen waren nach einem vorgegebenen Schlüssel zu chiffrieren.[11]

Auf die Nachrichten liberaler Tendenzen in Württemberg und der von König Wilhelm I. begünstigten Triaspolitik, die zu Beginn der 1820er Jahre aus Stuttgart eintrafen, reagierte die Petersburger Regierung mit Argwohn, ja mit sichtlicher Missbilligung. Nur mit Mühe gelang es, die diplomatischen Beziehungen und das freundschaftliche Verhältnis beider Höfe wiederherzustellen. Den Ende 1824 nach Sankt Petersburg entsandten Fürsten Heinrich von Hohenlohe-Kirchberg mahnte der König, „die zwischen Uns und der Kaiserlich Russischen Familie bestehenden verwandtschaftlichen Verhältnisse nie unbeachtet zu lassen, sondern jedem darauf Bezug habenden Umstand die genaueste Aufmerksamkeit [zu] widmen."[12] Auch wenn sich die württembergischen Gesandten und Geschäftsträger aufgrund der engen dynastischen Beziehungen als „Hausdiplomaten"[13] fühlen durften, war ihre politische Stellung – gemessen am Einfluss Preußens oder Österreichs – doch recht bescheiden.[14] Zweifellos erfüllten sie als fleißige, wenn auch nicht immer scharfsinnige Berichterstatter ihre Pflichten. Neben der persönlichen Präsenz war es die Repräsentation bei Empfängen und Hofbällen, die den Alltag der Diplomaten bestimmte. Darüber hinaus boten – so etwa bei Axel von Varnbüler (1851–1937), dem letzten württembergischen Gesandten in Sankt Petersburg – karitatives Engagement, vor allem aber die Mitgliedschaften in Tennis-, Kricket-, Fecht- und Yacht-Clubs gesellschaftliche Anerkennung und einen willkommenen Zeitvertreib.[15]

Als politisch ungleich gewichtiger erwiesen sich die mehr als zwei Dutzend russischen Gesandten, die zwischen 1782 und 1914 in Stuttgart akkreditiert waren.[16] Unter ihnen begegnen uns Persönlichkeiten, die sich als verdiente Offiziere, Ministerialbeamte und Gelehrte einen Namen machten: Bestens vertraut mit der württem-

bergischen Residenzstadt war David von Alopaeus
(1769–1831), hatte doch der gebürtige Finne einst die
Hohe Carlsschule besucht. Er war es auch, der den aus
Württemberg ausgewiesenen Erfinder Franz Leppich
an Zar Alexander I. vermittelte, um in dessen Auftrag
eine militärische Flugmaschine zu konstruieren.[17] Als
Förderer der Auswanderung aus Süddeutschland ins
Schwarzmeergebiet betätigte sich Jurij Graf Golowkin
(1762–1846), dem dank einer Expedition in die Mongo-
lei die Mitgliedschaft in der Petersburger Akademie
der Wissenschaften zuteil wurde.[18] Großen Einfluss auf
die württembergische Königsfamilie übte Peter von
Meyendorff (1796–1863) während seines siebenjährigen Aufenthalts in Stuttgart aus. In seinen „Gedanken
und Erinnerungen" charakterisierte Bismarck den konservativen Diplomaten als „sympathische Erscheinung",
dessen „Bildung und [...] Feinheit der Formen" beein-
druckten.[19] Herausragend war schließlich die Karriere
des Fürsten Alexander Gortschakoff (1798–1883), der
nach 13-jähriger Tätigkeit in Stuttgart, wo er Kronprinzessin Olga als Berater nahestand, 1856 zum russischen
Außenminister und 1862 – in Personalunion – zum
Reichskanzler aufstieg. 1878 gehörte er zu den prominenten Teilnehmern des Berliner Kongresses.
Bleibende Spuren in der württembergischen Residenzstadt hat Konstantin Freiherr von Benckendorff (1784–
1828) hinterlassen. Als seine junge Frau Natalie geb.
Alopaeus 1823 im Alter von nur 27 Jahren starb,[20] ließ der
trauernde Gatte – in Anlehnung an die Grabkapelle für
Königin Katharina – durch den Hofbaumeister Giovanni
Salucci im nahen Heslach ein Mausoleum in der Form
eines antiken Rundtempels errichten.
Über dem Portal steht in großen Lettern die Widmung:
„NUR SIE". Bereits 1828 erlag von Benckendorff selbst,
der wegen seiner Verdienste im persischen Krieg zum

**Das Benckendorff-Mausoleum auf dem Friedhof
in Stuttgart-Heslach**
Verlagsbüro Wais & Partner Gbr., Stuttgart

Konstantin und Natalie von Benckendorff
nach römischem Vorbild und einem Entwurf
von Johann Heinrich Dannecker (1758–1841)
Verlagsbüro Wais & Partner Gbr., Stuttgart

Generalleutnant befördert worden war, in Bulgarien
dem Typhus. Seine sterblichen Überreste wurden nach
Stuttgart gebracht und an der Seite seiner früh verstorbenen Gattin beigesetzt. In dem von einer Kassetten-
kuppel mit fein gearbeiteten Stuckrosetten überwölb-
ten Innenraum des Mausoleums wurde ein marmornes,
nach Entwürfen Johann Heinrich Danneckers ausge-
führtes Doppelporträt des Ehepaares von Benckendorf
angebracht.

Eine großzügige karitative Stiftung des Gesandten kam
fortan den Heslacher Ortsarmen zugute. Dreißig Jahre
später wurde auch Benckendorffs gleichnamiger Sohn
(1816–1858), der ebenfalls russischer Gesandter in
Stuttgart gewesen war, mit militärischen Ehren, im Beisein des Kronprinzenpaares und des diplomatischen
Corps in der Heslacher Familiengruft beigesetzt.[21]
Abgesehen von der Beschäftigung mit der großen Politik
nahmen die Gesandtschaften konsularische Aufgaben
wahr, indem man Reisepässe und Wanderbücher für
Handwerksgesellen ausfertigte, Nachforschungen nach
verschollenen Landsleuten anstellte, Ermittlungen in
Straf- oder Erbsachen durchführte und Gewerbetreiben-
den des Heimatlandes Unterstützung gewährte. Kaum zu
unterschätzen ist ihr Anteil am kulturellen Austausch.
So beschwerlich die Reisewege zwischen Russland und
Württemberg vor dem Beginn der Dampfschifffahrt auf
der Ostsee und dem Bau der Eisenbahnen auch waren,[22]
kam es doch zum regelmäßigen Transfer von Büchern
und Zeitungen, von Bildern, Münzen und Edelsteinen,
die der gesandtschaftlichen Post beigegeben oder von
Kurieren befördert wurden. In Stuttgarts gehobenen
Kreisen waren Pelzwerk, Pakete mit Tee oder Sämereien,
Kisten mit Kasaner Seife und Fässchen mit Kaviar
durchaus begehrt.[23] Darüber hinaus förderte die württembergische Gesandtschaft den wissenschaftlichen

Dialog, war bei der Beschaffung von Briefen für eine Puschkin-Edition behilflich und stand in engem Kontakt zur Naturforschenden Gesellschaft in Moskau. Seit 1847 befasste sie sich wiederholt mit der Bitte des Stuttgarter Naturalienkabinetts um Lieferung eines „Auerochsen". Im Tausch sollte das Naturhistorische Museum in Sankt Petersburg das vollständige Skelett eines Ichtyosauriers sowie mehrere Lias-Schieferplatten mit Ammoniten, Krebsen und Fischen aus der Gegend um Bad Boll erhalten. Erst 1851 gab Zar Nikolaus I. eines der selten gewordenen Tiere, es handelte sich in Wirklichkeit um Wisente, in Litauen zum Abschuss frei. Als der erlegte Wisentbulle 1852 in Stuttgart eintraf, erhielt er einen exponierten Platz in der zoologischen Schausammlung.[24] Noch heute ist dieses bemerkenswerte Exponat in der Dauerausstellung des Staatlichen Museums für Naturkunde Stuttgart zu bestaunen. Es ist zugleich ein Zeugnis württembergisch-russischer Geschichte.

Roi de Würtemberg, et les ratifications en seront échangées dans l'espace de huit jours, à compter du jour de la signature, ou plus tôt, si faire se peut.

En foi de quoi nous Soussignés, en vertu de nos pleins-pouvoirs, avons signé le présent Traité préliminaire d'alliance, et y avons fait apposer le cachet de Nos armes.

Fait à Fulde le deux Novembre, L'An de Grâce, mil-huit-cent-treize.

(L.S.) Le Prince de Metternich (L.S.) Le Comte de Zeppelin.

Nos visis et perpensis omnibus et singulis dictae Conventionis condicionibus, eas gratas omnino ratasque habuimus, easque ratas et gratas habere hisce declaramus, ac profitemur, Verbo Nostro Caesareo Regio spondentes, Nos ea omnia, quae in his continentur, fideliter executioni mandaturos esse, in quorum fidem ac robur praesentes Ratihabitionis Nostrae Tabulas manu Nostra signavimus, Sigilloque Nostro Caesareo Regio adpenso firmari jussimus. Dabantur Francofurti ad Moenum die decima quarta Novembris anno millesimo octingentesimo decimo tertio, Regnorum Nostrorum vigesimo secundo.

Franciscus

Princeps de Metternich

Ad Mandatum
Sacrae Cae. ac Regiae Apost. Majestatis proprium

Josephus de Hudelist
m.p.

Heikle Navigation.
Württemberg und Russland –
mal Verbündete,
mal Kriegsgegner

Wolfgang Mährle

„Im Biwak 1½ Stunden von Leipzig, den 18. Oktober. –
Eurer Majestät berichte ich allerunterthänigst, daß ich
mich diesen Morgen in einer Lage befand, die mich
nicht zweifeln ließ, daß die Brigade fruchtlos vollends
ganz aufgeopfert würde. Schon am 16. Oktober war
das VI. Corps gänzlich zersprengt und wir fanden nur
in der Flucht unsere Rettung; heute wurde es mit über-
legener Macht angegriffen und ich mit der ganzen
Brigade abgeschnitten. Von allen Seiten drangen die
verbündeten Mächte siegreich vor, und ich konnte in
diesem Augenblicke die Reste der Brigade nur durch
Übergehen retten [...]"[1]

Mit diesen Worten versuchte Generalmajor Karl Graf
von Normann-Ehrenfels den Frontwechsel der von ihm
geführten Kavalleriebrigade in der Völkerschlacht von
Leipzig (16.–19. Oktober 1813) vor seinem Dienstherrn
König Friedrich I. von Württemberg zu rechtfertigen.[2]
Die Brigade Normann war nach ihrem Übergang vom
Heer Napoleons zu den alliierten Armeen aus Russland,
Preußen, Österreich und Schweden zunächst hinter die
Frontlinie gestellt worden. Sie verblieb in dieser Warte-
stellung bis zum Ende der Kämpfe. Auch in die weiteren
Kriegsereignisse des Jahres 1813 sollte sie nicht mehr
eingreifen können.[3] König Friedrich, der ob des Verhal-
tens von Normann-Ehrenfels empört war, bestand nach
dem Ende der für die Alliierten siegreichen Leipziger
Schlacht auf einer umgehenden Rückkehr der Brigade

nach Württemberg. Als die Formation am 6. November
1813 in Ludwigsburg angekommen war, wurde sie vom
König unverzüglich aufgelöst. Der Monarch bestrafte
die Offiziere durch zeitweise Arretierung bzw. durch
unehrenhafte Entlassung aus dem Dienst. Der Befehls-
haber Graf Normann-Ehrenfels, dem die Todesstrafe
drohte, war bereits vor dem Erreichen der württembergischen Landesgrenze geflohen.[4]
Das harte Durchgreifen König Friedrichs gegen die Über-
läufer der Brigade Normann entsprach zwar dem Kriegs-
brauch, war in der konkreten Situation im November 1813
nichtsdestotrotz bemerkenswert. Es geschah zu einem
Zeitpunkt, als Württemberg sich durch eine Militärkon-
vention mit Bayern vom 23. Oktober und durch einen
Vertrag mit Österreich vom 2. November bereits dem
Militärbündnis mit Napoleon entsagt und der antifranzösischen Allianz angeschlossen hatte.[5] König Friedrich
galt die Loyalität seiner Offiziere allerdings sehr viel. Er
vermochte aus diesem Grund über die Eigenmächtigkeit
von Normann-Ehrenfels nicht hinwegzusehen.[6]

Der Brand von Moskau am 17. September 1812
Christian von Martens (1793–1882)
1812; Aquarell und Bleistift
Landesarchiv Baden-Württemberg,
Hauptstaatsarchiv Stuttgart

Der Frontwechsel der Brigade Normann bei Leipzig sowie die beiden genannten Vertragsabschlüsse mit Bayern und Österreich stellten die spektakulärsten Ereignisse einer grundlegenden außenpolitischen Neuorientierung Württembergs dar, die sich im Herbst 1813 in nur wenigen Tagen vollzog.[7] Hatte Graf Normann-Ehrenfels noch gegen den Willen seines Monarchen gehandelt, so trat dieser kurz darauf selbst in das Lager der gegen Napoleon gerichteten Koalition über. König Friedrich brachte sich und seinen Staat mit diesem Bündniswechsel auf die Seite der späteren militärischen Sieger. Die erfolgreiche Beteiligung schwäbischer Verbände in den Feldzügen gegen Napoleon in den Jahren 1814 und 1815 war die wichtigste Voraussetzung für den ungeschmälerten Fortbestand des Königreichs Württemberg nach dem Wiener Kongress.

Auch im Verhältnis Württembergs zu Russland bildete der Anschluss König Friedrichs an die Alliierten im November 1813 eine wichtige Zäsur.[8] Der Bündniswechsel beendete einen zwanzig Jahre umfassenden Zeitabschnitt, in dem das Herzogtum bzw. Königreich in mehrfachem Wechsel sowohl Verbündeter als auch politischer wie militärischer Gegner des Zarenreichs gewesen war.[9] Dass die Beziehungen Württembergs zu Russland in der Epoche der französischen Revolutionskriege und der napoleonischen Kriege keine Kontinuität aufwiesen, war den einschneidenden Veränderungen in der europäischen Politik dieser Zeit geschuldet. Die Dynamik des Wandels ließ der Stuttgarter Außenpolitik nur geringe Entscheidungsspielräume.

Zu Beginn der Revolutionskriege geriet Württemberg, das sich am Reichskrieg gegen Frankreich beteiligte, zwischen die Fronten der militärischen Parteien.[10] Süddeutschland war im Ersten Koalitionskrieg (1792–1797) Aufmarsch- und Operationsgebiet der verfeindeten Mächte. Die württembergisch-russischen Beziehungen, die nach der Heirat Prinzessin Sophie Dorothees und Großfürst Pauls im Jahr 1776 eng gewesen waren, wurden auf eine ernsthafte Probe gestellt, als das Herzogtum am 7. August 1796 seine Beteiligung am Reichskrieg gegen Frankreich durch den Abschluss eines Sonderfriedens aufkündigte. Diese Politik trug in erster Linie der Kriegsnot des militärisch wehrlosen Fürstentums Rechnung. Sie wurde in Sankt Petersburg – wie auch in Wien – als Verrat bewertet.[11]

Im Zweiten Koalitionskrieg (1799–1802) schloss sich der seit Dezember 1797 regierende Herzog Friedrich II. – der spätere König – der antifranzösischen Koalition an. Nach dem Ende der Kämpfe gehörte Württemberg wiederum zu den Kriegsverlierern. In dieser kritischen

Situation war es vor allem der Fürsprache des russischen Kaiserhofes zu danken, dass das im unmittelbaren Einflussbereich Frankreichs gelegene Herzogtum nicht nur unbeschadet aus dem Krieg hervorging, sondern sogar durch Mediatisierung und Säkularisation sein Staatsgebiet erheblich vergrößern konnte.[12] Württemberg wurde zudem im März/April 1803 zum Kurfürstentum erhoben.

Einen Bruch im württembergisch-russischen Verhältnis brachte der Dritte Koalitionskrieg (1805). Napoleon zwang Kurfürst Friedrich zum Bündnis mit Frankreich.[13] Württembergische und russische Truppen standen sich damit erstmals im Feld als Gegner gegenüber. Zu einer direkten Konfrontation kam es allerdings nicht. Nachdem Württemberg im Anschluss an den französischen Sieg bei Austerlitz (2. Dezember) am 1. Januar 1806 zum Königreich erhoben worden war, unterbrach das Zarenreich die diplomatischen Beziehungen.

Im Vierten Koalitionskrieg (1806/07) kämpften württembergische Truppen unter Napoleon wiederum siegreich gegen Russland. Das französisch-russische Bündnis von Tilsit vom Juli 1807, das den Krieg beendete, machte König Friedrich und Zar Alexander indes erneut zu Verbündeten. Die beiden Herrscher bereinigten während des Fürstenkongresses von Erfurt (27. September–14. Oktober 1808) die seit 1805 bestehenden politischen Differenzen.[14]

Die schwerste Belastungsprobe für das württembergisch-russische Verhältnis im Zeitalter Napoleons bedeutete schließlich die Beteiligung eines schwäbischen Truppenkontingents am französisch-russischen Krieg des Jahres 1812.[15]

Friedrich hatte im Vorfeld des Konflikts vergeblich versucht, Napoleon von einem Waffengang gegen das Zarenreich abzuhalten. Die württembergischen Formationen erlitten bei der Invasion in Russland dramatische Verluste. Von knapp 16.000 beteiligten Soldaten überlebten nur etwa tausend.

Trotz dieser militärischen Katastrophe blieb Württemberg auch in den Feldzügen des Jahres 1813 an der Seite Frankreichs. Schwäbische Truppen waren an der für Napoleon siegreichen Schlacht von Bautzen (20./21. Mai) beteiligt. Während des Waffenstillstands vom 4. Juni bis zum 10. August 1813 drängte König Friedrich den französischen Kaiser vergeblich zur Annahme eines Verständigungsfriedens. Nach der Wiederaufnahme der Kämpfe im August erlitten die württembergischen Regimenter in der Schlacht bei Dennewitz (6. September) erhebliche Verluste. Gut einen Monat später sollten sie bei Leipzig ihre letzte Schlacht unter dem Befehl Napoleons schlagen.

Nach dem abrupten Bündniswechsel Württembergs im Herbst 1813 begann eine mehrjährige Phase der engen politischen Anlehnung der kleinen südwestdeutschen Monarchie an das mächtige Zarenreich. Diese Verbindung fand in der Heirat des Kronprinzen Friedrich Wilhelm, des späteren Königs Wilhelm I., mit Großfürstin Katharina Pawlowna im Januar 1816 ihren Ausdruck.[16] Die ambitionierte Außenpolitik Wilhelms vor allem in den ersten Jahren seiner Regierung war ohne das dynastische Band nach Sankt Petersburg nicht denkbar.[17]

2.   1.

1. *Deutscher Kolonist.*   2. *dessen Frau.*

1. *Un colon Allemand.*   2. *avec sa femme.*

Немецкой Колонистъ. Нем: Колонистка.

№ LX.

Industrie Comptoir in Leipzig.

Auswanderung aus Württemberg nach Russland

Eberhard Fritz

Die Auswanderung aus dem Königreich Württemberg nach Russland in den Jahren 1816/17 ist bis heute im kollektiven Gedächtnis der Region lebendig geblieben. Das liegt vor allem daran, dass bis zum Ende des 20. Jahrhunderts die Auswirkungen nicht nur zu spüren waren, sondern sich noch einmal direkt im Alltagsleben bemerkbar machten. In Südrussland bestanden ein Jahrhundert lang Siedlungen, in denen sich die deutsche Sprache und Kultur der Auswanderer erhalten hatte. Dort florierten die Gewerbe und der Handel, wodurch diese Gebiete auch in wirtschaftlicher Hinsicht sehr erfolgreich waren. Als jedoch das Deutsche Reich im Ersten Weltkrieg zum Gegner Russlands wurde, entstand eine feindselige Stimmung gegenüber den Deutschen in Russland. Nach der Machtübernahme durch die Bolschewisten begannen schwere Repressionen gegen die deutschstämmigen Gemeinden. Im Zweiten Weltkrieg gehörte die deutsche Minderheit wiederum zu den verachteten Bevölkerungsgruppen, da man sie der Kollaboration mit den angreifenden Truppen der deutschen Wehrmacht verdächtigte. Die Einwohner wurden ausgewiesen und in andere, weit entfernte Gegenden umgesiedelt, vor allem nach Kasachstan und in den Ural.

Nach der Öffnung des Ostblocks sah man in Deutschland in den „Russlanddeutschen" eine Bevölkerungsgruppe, welche in Not war und Hilfe brauchte. Man wollte sich dem Wunsch vieler Russlanddeutscher nicht verschließen, in die Bundesrepublik auszureisen und dort eine neue Existenz aufzubauen. Tausende von in Russland lebenden Deutschen folgten dieser Einladung, verließen die Staaten der ehemaligen Sowjetunion und reisten nach Deutschland. Wie bei allen Migrationswellen machten die Ankommenden in der Bundesrepublik Deutschland höchst unterschiedliche Erfahrungen. Aber die Ankunft der „Russlanddeutschen" lenkte die Aufmerksamkeit der deutschen Öffentlichkeit wieder verstärkt auf die Auswanderung im frühen 19. Jahrhundert.

Dabei geriet weitgehend in Vergessenheit, dass die Auswanderung von Württemberg nach Russland nicht erst um diese Zeit eingesetzt hatte. Schon Jahrhunderte zuvor waren württembergische Untertanen ins Zarenreich und dort vor allem in die großen Städte gereist und hatten sich dort niedergelassen. Von einer systematisch organisierten Wanderungsbewegung konnte man freilich nicht sprechen. Erst als die russische Zarin Katharina II. in ihrem berühmt gewordenen Einladungsmanifest vom 22. Juli 1763 Siedlern aus Deutschland weitgehende Privilegien zusicherte, löste sie damit in den deutschen Staaten eine Auswanderungswelle aus. Auch aus dem Herzogtum Württemberg brachen Menschen auf, um in den Weiten Russlands eine neue Existenz aufzubauen. Auslöser war ein starker Bevölkerungsanstieg, der zu einen spürbaren Verknappung von Land und Kapital führte. Bei den bedeutenden Vergünstigungen, welche die russische Zarin einräumte, erschien gerade ärmeren Familien und Einzelpersonen eine Auswanderung nach Russland als Chance zum Aufbau einer

Deutsche Kolonisten in Russland um 1800
Aus: Friedrich Hempel, Christian Gottfried Heinrich Geissler: Abbildung und Beschreibung der Völkerstämme und Völker unter des Russischen Kaisers Alexander menschenfreundlichen Regierung.
Industrie-Comptoir, Leipzig 1803.

gesicherten Existenz. Religiöse Gründe spielten kaum eine Rolle, da es zu dieser Zeit im Herzogtum Württemberg keine bedrängten religiösen Sondergruppen gab. Um das Existenzrisiko zu mindern, machten sich die Emigranten in Gruppen auf die Reise. Es stellte sich jedoch heraus, dass viele von ihnen die Strapazen und Gefahren unterschätzt hatten. Die Anstrengungen der Reise und grassierende Krankheiten forderten viele Todesopfer. Am Zielort angekommen, mussten die neuen Siedler feststellen, dass ihnen im russischen Reich das Land vom Staat oder von der Gemeinde zugeteilt wurde und sie sich nicht niederlassen konnten, wo sie wollten. Die klimatischen Verhältnisse waren ganz andere als in der württembergischen Heimat. Trotzdem gelang es unter vielen Mühen, das Land urbar zu machen, und wie in anderen Auswanderungsgegenden auch, organisierten die Neusiedler ihre Kommunen so weit wie möglich in der Weise, wie sie es aus der Heimat gewohnt waren.

Trotzdem kam es immer wieder zu Missernten und Hungersnöten, nicht zuletzt deshalb, weil immer mehr Menschen kamen, die Landflächen für Einwanderer aber nicht ausgeweitet wurden. Da die Siedlungsgebiete in unsicheren Grenzregionen lagen, musste man immer Überfälle von Steppenvölkern wie den Kirgisen befürchten. Denn neben wirtschaftlichen Motiven hatten die Zarin auch politische Erwägungen zum Erlass des Einladungsmanifestes bewogen. Die Siedler aus Deutschland sollten nicht nur neue Gebiete agrarisch erschließen, sondern unter großen persönlichen Opfern auch kommunale und politische Strukturen schaffen, um das Land für die Krone Russlands zu sichern.

Im frühen 19. Jahrhundert schwoll die württembergische Auswanderung nach Russland zur Massenbewegung an. Mehrere Gründe waren dafür ausschlaggebend.

Zunächst einmal hatte das Jahrhundert mit einer Reihe von schlechten Erntejahren begonnen. Da Württemberg ein Agrarland war, wirkten sich diese Ernteausfälle für viele Familien existenzbedrohend aus. Daneben wurde Württemberg in die napoleonische Eroberungspolitik hineingezogen. Herzog Friedrich II., seit 1803 Kurfürst, seit 1806 König, musste Soldaten für die Armee des Kaisers Napoleon stellen. Darüber hinaus wurde die Bevölkerung mit massiven Abgaben für das Militär belastet. Seit 1807 galt ein Auswanderungsverbot im Königreich, um zu verhindern, dass wehrfähige oder in Landwirtschaft und Handwerk erfahrene Männer das Land verließen.

Nach einem schweren Ausbruch des indonesischen Vulkans Tambora im Jahr 1815 kam es in Mitteleuropa in den darauffolgenden beiden Jahren zu katastrophalen Ernteausfällen und zu einer großen Hungersnot. Das dicht besiedelte Gebiet des alten Herzogtums Württemberg war eine der stark betroffenen Gegenden. Nun ließ sich das Auswanderungsverbot nicht mehr aufrechterhalten und musste 1816 aufgehoben werden. Umgehend brachen Tausende württembergische Unterlanen von Ulm aus nach Südrussland auf. Zar Alexander I., ein Bruder der seit 1816 an der Seite ihres Mannes regierenden Königin Katharina von Württemberg, sicherte den Einwanderern Land und eine langjährige Steuerbefreiung zu.

Wiederum gaben vor allem wirtschaftliche Gründe den Ausschlag für die Auswanderung. Die Emigranten sammelten sich in Ulm, um den größten Teil der Reise auf Schiffen, den so genannten „Ulmer Schachteln", die Donau hinunterzufahren.

Obwohl nur ein kleiner Teil der Auswanderer aus religiösen Motiven das Königreich Württemberg verließ, organisierten sich die Ausreisenden in zehn „Harmonien"

Ulmer Schachtel
Johannes Hans
(1765–1826)
um 1810; kolorierter
Kupferstich
Stadtarchiv Ulm

unter der Leitung pietistischer Führungspersönlichkeiten. Eine Massenauswanderung ohne religiöse Grundlage war undenkbar, und die Pietisten verfügten über die notwendigen organisatorischen Fähigkeiten, um so viele Menschen geordnet über die weite Entfernung zu bringen. Erhaltene Tagebuchaufzeichnungen beschreiben die äußerst strapaziöse Reise. Bereits auf der Donau starben die ersten Menschen an Krankheiten, aber die schlimmste Zeit brach erst bei der Ausschiffung in Ismail an. Dort wurden die Ankömmlinge auf einem offenen Gelände in Quarantäne gehalten, auf dem kurz zuvor eine Schlacht stattgefunden hatte. Eine verheerende Seuche brach aus, die Hunderte von Männern, Frauen und Kindern dahinraffte.

Die Überlebenden reisten in Trecks weiter, wobei ihnen die russische Regierung Hilfe zukommen ließ. Ein Teil ließ sich in Bessarabien nieder, ein weiterer Teil zog weiter in die Gegend bei Odessa. Diejenigen, welche sich für die Gegend bei Tiflis entschieden, hatten den weitesten Weg zu bewältigen. Wie bei allen Migrationen waren die ersten Jahre äußerst hart. Aber den Einwanderern gelang es innerhalb weniger Jahre, geordnete Siedlungen zu errichten und Wirtschaftsbetriebe aufzubauen. Freilich mussten sie erkennen, in welch gefährlichem Gebiet sie lebten, als Reitersoldaten aus

der georgischen Steppe im Jahr 1826 das Dorf Katharinenfeld überfielen und einen Teil der Einwohner verschleppten.

Während der darauffolgenden Jahrzehnte blieb die Gegend jedoch von solchen Übergriffen verschont. In den von württembergischen Auswanderern bewohnten Siedlungen wurde deutsch gesprochen und die Kultur des ehemaligen Heimatlandes gepflegt. Protestantische Pfarrer betreuten die Gemeinden. Handwerk und Weinbau spielten eine große Rolle. Im späten 19. Jahrhundert waren die blühenden Dörfer weithin bekannt. Die Umsiedlung der schwäbischen Siedler gegen Ende des Ersten Weltkriegs zerstörte diese funktionierenden und für das Russische Reich auch in kultureller und wirtschaftlicher Hinsicht wichtigen Gemeinwesen, von denen viele fruchtbare Impulse ausgegangen waren.

27
1853

Statz

Mère chérie...

Briefe voller Sehnsucht

Regina Keyler

Vor einigen Jahren erwarb ein Mitarbeiter des Museums der Stadt Miltenberg am Main auf einem Flohmarkt einen Packen mit ca. 80 Briefen. Sie waren ihm ins Auge gestochen, da das Briefpapier mit äußerst reizvollen, bunten Briefköpfen versehen war. Die Schrift dagegen war jedoch fast unleserlich, da auf Französisch in einer sehr verschliffenen Schrift geschrieben. Man fand heraus, dass die Absenderin der Briefe wohl im württembergischen Königshaus zu suchen und „Oly", wie die Briefe unterzeichnet sind, mit Königin Olga gleichzusetzen sei. Da das Hauptstaatsarchiv Stuttgart das Hausarchiv der württembergischen Könige verwahrt, wurden sie dorthin angeboten, verkauft und können nun im dortigen Lesesaal eingesehen werden.

Aber wie gelangten Briefe vom Zarenhof auf den Flohmarkt? Die Briefe Olgas waren an die Mutter, eine geborene Charlotte Prinzessin von Preußen, und ihre Schwägerin Marie, die Frau ihres Bruders, des späteren Zaren Alexander II., gerichtet und wurden am Zarenhof in Sankt Petersburg wohl sorgsam verwahrt und von Generation zu Generation weitergegeben und gelangten dann durch die Erbfolge nach Süddeutschland.

Die überlieferten Briefe lassen sich in drei Konvolute teilen. Die frühesten Briefe schrieb die sechzehnjährige Olga an ihre Mutter im Jahr 1838 von den Sommerresidenzen der Zarenfamilie in Zarskoje Selo und Duderhof, wo sie den Sommer mit ihrer Schwester Mary getrennt von der übrigen Familie verbrachte. In den Briefen be-

Porträt der Großfürstinnen Maria Nikolajewna und Olga Nikolajewna
Cäcilie Brandt
1835; Lithografie
Staatliches Museum-Reservat „Peterhof", Sankt Petersburg

schreibt sie überschwänglich die täglichen Ereignisse, etwa die Ankunft des Vaters oder das erste Bad und schmückt diese in einer sehr emotionalen Sprache aus. Fast zehn Jahre später, inzwischen mit dem württembergischen Kronprinz Karl verheiratet, berichtet Olga von Januar bis Oktober von den Ereignissen des Revolutionsjahres 1848 in Stuttgart. Sie schreibt nun an ihre Schwägerin Marie (genannt Doucey), die Frau ihres ältesten Bruders, des Thronfolgers Alexander.[1] Diese Briefe sind durchgehend nummeriert von Nr. 1 vom 1./22. Januar (Olga datiert immer doppelt, zunächst im julianischen, dann im gregorianischen Kalenderstil) bis Nr. 20 vom 7./19. Oktober.[2] Daraus lässt sich ablesen, dass Olga ihrer Schwägerin und Freundin etwa alle 14 Tage schrieb. Anscheinend war der feste Schreib-

Altes Chalet im Park von Pawlowsk
Brief von Kronprinzessin Olga an ihre Mutter Zarin Alexandra vom 27. März/8. April 1853
Landesarchiv Baden-Württemberg, Hauptstaatsarchiv Stuttgart

rhythmus vereinbart, denn bereits im ersten Brief des Jahres beklagt sie sich: „Si, j'ai remarqué que tu as manqué ton jour! Une autre fois si tu oublies le Mardi, écris le Mercredi, car je suis une terrible personne pour m'inquiéter dès qu'une lettre manque" („Natürlich habe ich gemerkt, dass Du Deinen Tag verpasst hast! Wenn Du nächstes Mal vergisst am Dienstag zu schreiben, so schreibe am Mittwoch, denn ich bin eine schreckliche Person, die sich Sorgen macht, wenn ein Brief fehlt").[3] Die Briefe von Petersburg nach Stuttgart benötigten zwischen acht und zwölf Tage – Olga bemerkt jedoch dazwischen auch ungeduldig: „Ta lettre a mis douze jours à venir, c'est long" („Dein Brief war zwölf Tage unterwegs, das ist lang"). Mehrmals finden sich auch Hinweise, dass Olga ihre Briefe so terminiert, dass sie mit dem „bateau à vapeur", dem Dampfboot, versendet werden können.[4]

Die meisten der im Konvolut überlieferten Briefe an die Mutter stammen aus dem Jahr 1853, sieben Jahre nach Olgas Heirat mit Karl von Württemberg, je einer datiert aus den Jahren 1847, 1850 und 1854. Auch die Briefe an die Mutter sind nummeriert, was Rückschlüsse darauf zulässt, dass Olga ihre ausgehenden Briefe, nach Korrespondenzpartnern geordnet, registriert hat. Von den 66 Nummern, die sie 1853 vergeben hat, sind 53 Briefe erhalten, vom Januar bis zu den letzten Briefen, die sie während ihrer Reise nach St. Petersburg im November geschrieben hat.

Nur wenige Briefe sind auf einfachem Schreibpapier verfasst. Die meisten Briefbögen sind aufwändig gestaltet; es gibt Schäferszenen, Blumen und Vögel oder Ornamente unter Verwendung des Wochentagnamens. Die weitaus größte Serie zeigt jedoch Zeichnungen von Palästen und Pavillons der Sommerresidenzen der Zarenfamilie. Eindeutig identifizieren lassen sich die Schlösser Pawlowsk und Gatschina sowie einige kleinere Gebäude und Pavillons im Park von Pawlowsk wie die sogenannte „Farm", der „Rosenpavillon" und das „Alte Chalet", oder das Landhaus in Peterhof.[5]

Belebt werden die Gebäudeansichten zum Teil durch spazierengehende oder bootfahrende Figuren. Dieses Briefpapier mit rund 25 unterschiedlichen handkolorierten Motiven, das Olga zumindest 1848 und 1853 benutzte, stammt wohl von ihrer Familie aus St. Petersburg und wurde nun von ihr benutzt, um Nachrichten aus dem Schwäbischen nach Russland zu schicken.

Bei den Briefen handelt es sich um reine Privatschreiben der Zarentochter, Kronprinzessin und Königin Olga. Olga schreibt sowohl an die Mutter, eine geborene Prinzessin von Preußen, als auch an die Schwägerin, die eine geborene Großherzogin von Hessen war, auf Französisch. Dazwischen mischen sich jedoch sowohl russische als auch deutsche Phrasen („je n'ai pas beaucoup de Zusammenhang dans ma tête" – „Ich habe nicht viel Zusammenhang in meinem Kopf"[6]), in den frühen Briefen spricht sie ihre Mutter mit „dearest mother, beloved mother our angel"[7], sogar auf Englisch an. Für ihr Abgleiten ins Deutsche entschuldigt sie sich an einer Stelle, die auch ein Licht auf die Verhältnisse am St. Petersburger Zarenhof wirft: „Pardon d'une phrase allemande. Mary[8] dit que cela désole Père, c'est que j'ai l'habitude de l'allemand maintenant" („Verzeihung für den deutschen Satz, Mary behauptet, dass dies Vater ärgert; das geschieht, weil ich nun gewöhnlich deutsch spreche").[9] In ihren autobiographischen Erinnerungen erwähnt Olga auch, dass sie mit den älteren Geschwistern französisch sprach, mit den jüngeren Brüdern jedoch russisch. Die Mutter wird selbstverständlich gesiezt, die typische Abschiedsformel lautet: „Adieu Mère chérie, nous baisons vos mains tendrement" („Auf Wiedersehen liebe

Schloss Gatschina
Brief von Kronprinzessin Olga
an ihre Mutter Zarin Alexandra
vom 8./20. Mai 1853
Landesarchiv Baden-Württemberg,
Hauptstaatsarchiv Stuttgart

Mutter, wir [d.h. ihr Gatte Karl und sie] küssen Ihnen zärtlich die Hände"). Die vertraute Schwägerin Marie dagegen wird geduzt, von ihr verabschiedet sie sich mit einem einfachen: „Adieu, j'embrasse la famille" („Auf Wiedersehen, ich umarme die Familie"). Die Briefe sind stets mit ihrem familiären Kosenamen „Oly" unterzeichnet.

Die Briefe Olgas nach St. Petersburg waren natürlich nicht die einzige Informationsquelle, aus der die Zarenfamilie Kenntnisse über die Ereignisse in Württemberg hatte. Vor ihrer – wegen des bevorstehenden Winters umstrittenen – Abreise nach St. Peterburg im Spätherbst 1853, setzte sich Olga einmal energisch zur Wehr: „Je ne puis comprendre qui répand ces bruits sur moi; ici on me croyait grosse, à Peterbourg on me croit poitrinaire [...] c'est fort triste que ces bruits vous parviennent et donnent à Papa des soucis inutile" („Ich verstehe nicht, wer diese Gerüchte über mich in Umlauf bringt; hier hält man mich für schwanger, in Petersburg für schwindsüchtig.[...] Es ist sehr traurig, dass diese Gerüchte Ihnen zu Ohren kommen und Papa in unnötige Besorgnis stürzen").[10] Auf der anderen Seite berichtet Olga jedoch auch gerne intime Einzelheiten aus ihrem Umkreis, gleich ob es sich um Krankheiten oder Eheschwierigkeiten handelte. Im Europa Mitte des 19. Jahrhunderts machten Neuigkeiten schnell die Runde: Als sich der österreichische Kaiser Franz Joseph am 17. August 1853 in Bad Ischl mit der bayerischen Prinzessin Elisabeth („Sisi") verlobte, kommentierte dies Olga zwölf Tage später in einem Brief aus ihrem Urlaub in England nach Russland: „Son mariage m'a surpris, je crains que ce ne soit pas obéissance filiale; une troisième princesse bavaroise!" („Seine [geplante] Hochzeit hat mich überrascht, ich fürchte, da war kein kindlicher Gehorsam im Spiel, eine dritte bayerische Prinzessin!").[11]

„Souvenir" – ein Erinnerungsalbum der Baronin Eveline von Massenbach

Corinna Höper

Eveline von Massenbach (1830–1904), Tochter des Freiherrn Hermann von Massenbach (1799–1847), Oberstleutnant und Flügeladjutant König Wilhelms I. von Württemberg, war seit 1851 Hofdame der Kronprinzessin und späteren Königin Olga. In ihrem Tagebuch (1851–1866) sammelte sie Eindrücke, Erlebnisse und Erfahrungen im Dienste Olgas – zuhause und auf Reisen, im Kreis honoriger Besucher und ganz privat: Sie zeigt darin eine große Verehrung für ihre Herrschaft, berichtet aber auch von den weniger glücklichen Tagen bei Hofe.[1] Parallel dazu legte sie ein Album an, in dem auf 43 Kartonblättern insgesamt 45 Darstellungen aufgezogen sind.[2] Auf dem schwarzen Ledereinband findet sich die in Gold geprägte Datierung „1846–1860". Die Angabe ist nicht eindeutig, da die früheste Zeichnung von 1848 stammt und Eveline erst seit 1851 bei Olga war. Auch wurde es wohl endgültig nach 1860 zusammengestellt, enthält es doch ein Porträt der Königin Olga von Karl Buchner (1821–1918), das 1869 datiert ist.

Die Erwerbung dieses Albums durch das Landesmuseum Württemberg im Jahr 2012 ist von besonderer Bedeutung, da es sich nicht allein um ein intimes Zeugnis aus dem engen Kreis um Olga handelt, sondern vor allem mit den Innenansichten verschiedener Wohnräume des Kronprinzenpaars heute verloren gegangene Einrichtungen und Ausstattungsgegenstände dokumentiert und somit eine Rekonstruktion der persönlichen Wohnverhältnisse der königlichen Familie erlaubt.

Das Titelblatt trägt die Aufschrift von Evelines Hand: „Souvenir de S. S. A. A. R. & I. Monseigneur de Pce Royal Charles de Württemberg & Madame la Princesse Royale de Württemberg Grand Duchesse Olga Nicolajewna de Russie de 1846 à 1860". Unter jeder Zeichnung notierte sie zudem den Ort der jeweiligen Darstellung, auf vier Blättern erweitert durch persönliche Angaben. Bei der Ansicht ihres eigenen Zimmers notiert sie: „ma chambre au Kronprinzenpalais". Beim Cabinet de la Pcesse Royale au Château heißt es: „où je fus invitée pour la 1ere fois. Eveline". Den Arc de Triomphe à Pétersbourg begleiten die Worte: „par cette porte je (Eveline) fis mon entrée à Pétersbourg en 1851 en voiture à chevaux de poste".

Im Tagebuch ist 1851 die Probezeit in Liebenzell erwähnt: „Im Monat Mai nahm mich die Kronprinzessin als Gesellschafterin nach Liebenzell in den Schwarzwald mit (am 11. Mai), sozusagen zum Abschied – wie sichs aber nachher herausstellte – zur Probe".[3]
In Erinnerung daran klebte Eveline ein kleines Kartonstück auf das entsprechende Albumblatt. Auf diesem, mit der Ansicht von Liebenzell von Johann Caspar Obach (1807–1865), steht „Evelyn", mit ihrer eigenen Ergänzung darunter: „Schrift I. K. G. R. Kronprinzessin Olga".

Olga war sehr an Kunst interessiert, nahm Unterricht im Modellieren und zeichnete. Dank ihrer Anregung wurde Eveline ebenfalls zur Künstlerin: 23 der Darstellungen ihres Albums sowie das Titelblatt schuf sie selbst. Dem Aquarell von Karl Buchner fügte sie vier, die Jahreszeiten repräsentierende Putti in den Ecken bei mit der Notiz: „Rähmchen gemalt v. Eveline – Massenbach". Neben acht Zeichnungen von dem in Nijmegen gebürtigen Pieter Francis Peters (1818–1903), der Olga und Eveline auch auf Reisen begleitete,[4]

Bad des Hotel Bellevue in Wildbad
1856; Aquarell und Bleistift
Massenbach-Album, Blatt 31
Landesmuseum Württemberg,
Stuttgart

stammen die übrigen von anderen Künstlern, die ebenfalls für Olga tätig waren und deren eine oder andere Zeichnung die Kronprinzessin ihrer Hofdame wohl schenkte.[5]

Das Album enthält Ansichten verschiedener Wohn- und Repräsentationsräume, die das Kronprinzenpaar bewohnte: der Interimswohnung 1846–1854 im Neuen Schloss, der ersten offiziellen Residenz 1854–1864 im Kronprinzenpalais sowie der Sommerwohnung in der Villa Berg ab 1853. Sieben dieser Ansichten sind etwas verkleinerte Kopien nach solchen im Olga-Album in der Staatsgalerie Stuttgart, das 87 größtenteils von Olga selbst beschriftete Aquarelle und Gouachen in einer weinroten Kassette enthält.[6] 16 Künstler, darunter auch Peters und Obach, waren an diesem beteiligt. Eveline

steuerte ebenfalls ein Blatt bei mit der Chapelle russe au Château de Stuttgart, das sie in ihrem eigenen Album, nun verkleinert, ebenfalls verewigte.

Die detailreichen Zeichnungen vermitteln eindrücklich, wie die württembergische Königsfamilie im 19. Jahrhundert lebte und mit welchen Ausstattungsgegenständen, Möbeln und Kunstwerken sie sich umgeben hat. So zeigt beispielsweise das Ankleidezimmer der Kronprinzessin im Neuen Schloss – eine Kopie von Blatt 3 des Olga-Albums – mehrere Gegenstände aus ihrer Mitgift: vor dem Fenster in der Mitte die „toilette ordinaire, garni de flanelle & calicot rose"; darauf und auf dem Tisch links Teile der großen 34-teiligen „toilette en argent". Bei dem Tisch rechts mit der blauen Glasplatte handelt es sich um die „grand table de toilette en bois de noyer", d.h. den „großen länglich viereckiger Putztisch von Nußbaumholz mit 3 Schubladen, das Oberblatt von blauem Glas".[7]

In Evelines Album sind zudem Impressionen von Reisen versammelt, die mit Notizen in ihrem Tagebuch korrespondieren. Über die erste Reise nach Russland 1851 vermerkt das Tagebuch: „und so kam es, daß ich am 21. September in dem kaiserlichen Lustschloß Zarskoje Selo mein dienstliches Debüt machte".[8] 1854 erfolgt eine weitere Reise ins Zarenreich. Über die Reise im August 1857 nach Scheveningen[9] ist im Tagebuch notiert: „Wir kommen aus dem Meer und zollen ihr alle ein gutes Lob! Das Wasser warm, nur die Wellen mir etwas zu stark".[10] Die Eintragung über die Reise nach Interlaken im Juni 1859 im Tagebuch lautet: „In Ems trennte man sich von der Kaiserin, um sie bald darauf in Interlaken wiederzusehen".[11]

Ansichten von Schloss Kirchheim, Wohnsitz von Karls Großmutter, Herzogin Henriette von Württemberg, Heilbronn, Schloss Baden, Cannstatt sowie dem Bodensee

**Chambre de toilette de S. A. I.
au Château**
Eveline von Massenbach (1830–1904)
1852; Aquarellzeichnung
Massenbach-Album, Blatt 5
Landesmuseum Württemberg,
Stuttgart

**Chambre de toilette de S. A. I.
Madame La Princesse Royale
Olga de Württemberg, au Château
de Stuttgart côté de la Planie**
Pieter Francis Peters (1818–1903)
Aquarellzeichnung
Olga-Album, Blatt 3
Staatsgalerie Stuttgart

ergänzen die Sammlung. Und schließlich finden sich auch das heimische Leuze'sches Bad in Berg sowie die beiden dortigen Kirchen.

Im Juni 1856 ging es zur Kur nach Bad Wildbad ins Hotel Bellevue, worüber im Tagebuch zu lesen ist: „Die Kaiserin selbst bedient sich einer Sänfte mit 4 jungen Württembergern in der Livree unseres Hofes. – Sie hatte sich ein wenig erkältet."[12]

Im August 1860 reiste man auf der „Königlich Englischen Jacht [...], die Ihren Hoheiten zur Verfügung gestellt worden war", in Begleitung von Pieter Francis Peters ins Seebad Shanklin auf der Isle of Wight.

Das Tagebuch hält fest: „Tower Cottage in Schanklin [sic] ist eine alte Baracke mit Wendeltreppen und voller Überraschungen; man geht eine steile Küste hinab bis zum Meer, wo an Ketten festgemachte Badehäuschen vor sich hindämmerten und die Badenden vom Wasser abhielten!"[13]

Eveline begleitete Olga als Hofdame treu bis zu deren Tod 1892. Ob sie jedoch nach 1860 weiterhin Zeichnungen für ein Album anfertigte und sammelte oder nach 1866 Tagebuch führte, ist bisher nicht bekannt. Der abrupte Abbruch beider würde es jedoch – trotz bisher fehlenden Materials – vermuten lassen.

v. Pottorazky. f.

Russisch-württembergische Beziehungen in Bildung und Forschung

Ingrid Schierle

Der wissenschaftliche Austausch zwischen dem Russischen Reich und Württemberg lief im 18. und 19. Jahrhundert vornehmlich über vier Institutionen: die Akademie der Wissenschaften in Sankt Petersburg, die Universität Moskau sowie die Hohe Carlsschule in Stuttgart und die Landwirtschaftliche Akademie in Hohenheim. Württemberger waren im 18. und 19. Jahrhundert als Forscher und Dozenten an russischen Institutionen tätig, Studierende aus dem Russischen Reich besuchten Bildungseinrichtungen in Württemberg.

Die 1725 gegründete Akademie in Sankt Petersburg warb gezielt Gelehrte aus dem Ausland an, da es im Russischen Reich an Spezialisten fehlte. Angesichts der prekären Stellensituation für Akademiker in deutschen Territorien und der Aussicht, im größten Land der Erde empirische Studien durchführen zu können, folgten Absolventen der Universität Tübingen der Einladung, darunter der Philosoph und Physiker Georg Bernhard Bilfinger, der Anatom und Zoologe Johann Georg Duvernoy, der Mathematiker Georg Wolfgang Krafft und der Naturforscher Johann Georg Gmelin. Seine vierbändige „Flora sibirica", das Ergebnis langjähriger Forschungsreisen in den Jahren 1733 bis 1743, wurde zum Standardwerk.

Auch an der 1755 gegründeten Universität Moskau wirkten Professoren aus Württemberg. Auf Initiative von Jacob Stählin, gebürtig aus Memmingen und an der Petersburger Akademie tätig, übernahm sein Landsmann Johann Heinrich Frommann, Absolvent der Universität

Tübingen, 1755 eine Professur für Philosophie. Nach der Rückkehr in die Heimat schrieb er 1766 an der Universität Tübingen eine Dissertation über den Stand der Wissenschaften und der Literatur in Russland: „Stricturae De Statu Scientarium Et Artium in Imperio Russico."
Anfang des 19. Jahrhunderts folgte der Philosoph Philipp Christian Reinhard, gebürtiger Schorndorfer, einer Einladung nach Russland. Ab 1803 Professor an der Universität Moskau für praktische Philosophie, hielt er seine Vorlesungen auf Latein, Französisch oder Deutsch. Sein Kurs zur praktischen Philosophie wurde ins Russische übersetzt und 1807 in Moskau veröffentlicht. Ebenfalls 1803 kam der Chemiker Ferdinand Friedrich von Reuß nach dem Studium in Tübingen und Göttingen an die Universität Moskau. Den Lehrstuhl für Chemie hatte er bis 1832 inne. Von Reuß erlangte Berühmtheit durch seine Forschungen zu den Heilquellen in Russland. Außerdem erwarb er Verdienste als Mitglied der Kommission zur Bekämpfung der Cholera in Russland (1830–1831).
Während Gelehrte aus Württemberg in Russland hoch willkommen waren, standen die Württemberger Universitäten in der Gunst der russischen Studierenden im Schatten modernerer Einrichtungen wie Göttingen und Berlin.
Als Ausbildungsstätte für Schüler aus dem Russischen Reich wurde jedoch die 1770 in Stuttgart gegründete Hohe Carlsschule als Militärakademie bedeutsam. Manche Adelsfamilien, wie die Poltorazki, schickten alle ihre Söhne an die Akademie. In der Carlsschule wurden Beziehungen geknüpft. So setzte Nikolai Artemjew, der spätere Direktor des Kaiserlichen Theaters in Sankt Petersburg, Stücke seines ehemaligen Mitschülers Friedrich von Schiller auf den Spielplan. Deutsche Carlsschüler wiederum traten in russische Dienste, wie

Marschall Friedrich August von Bieberstein, der 1796 als Naturforscher am russischen Persienfeldzug teilnahm und später Inspektor für die Seidenzucht in Südrussland wurde. Ein anderer Mitschüler, Philipp Adam Hölder, wurde Leibarzt des Zaren Alexander I. Zwölf Jahre lang war Carl Ludwig von Uexkuell in russischem Militärdienst, bevor er Stadtkommandant von Rottweil wurde. Georg Friedrich Parrot, gebürtig aus Mömpelgard, wurde Rektor der 1802 unter Alexander I. neu gegründeten Universität Dorpat (heute Tartu). David Alopäus kehrte 1811 als russischer Gesandter nach Stuttgart zurück.

Ähnlich wichtig für den russisch-württembergischen Austausch wurde die 1818 gegründete Landwirtschaftliche Akademie in Hohenheim. Hier studierten künftige Agrarexperten aus dem Zarenreich. Petr Preobraschenski wurde von der Moskauer Gesellschaft für Landwirtschaft in den 1850er Jahren nach Hohenheim zur Vorbereitung seiner Lehrtätigkeit an der Moskauer Landwirtschaftsschule gesandt. Auch der spätere Professor für Landwirtschaft an der Universität Sankt Petersburg, Alexander Sowetow, studierte von 1853 bis 1855 in Hohenheim. Er etablierte in Russland das Fach Bodenkunde.

Die Hohenheimer Hochschule sollte als Vorbild dienen, als in Moskau 1865 die erste Landwirtschaftliche Akademie im Russischen Reich gegründet wurde. Der erste Direktor der Einrichtung, Nikolaj Schelesnow, hatte 1842 in Hohenheim studiert und war maßgeblich an der Ausarbeitung der Statuten der Neugründung beteiligt. Schelesnow gehörte zu den Wegbereitern der Agrarwissenschaften im Russischen Reich.

Mit dem Ausbau von Bildungs- und Forschungseinrichtungen im zaristischen Russland wurde der personelle wissenschaftliche Austausch mit Württemberg schwächer. Stuttgart mit seinen „ausgezeichneten Schulen" blieb jedoch für Gäste aus Russland und ihre Familien attraktiv, wie Erzpriester Johann Basarow, Beichtvater Königin Olgas, in seinen Erinnerungen Mitte des 19. Jahrhunderts bemerkte.[1]

Die Hohe Carlsschule in Stuttgart
Stahlstich nach einer Zeichnung von
Karl Philipp Conz
um 1840
Deutsches Literaturarchiv
Marbach a.N.

Die Gärten der Romanows und der Württemberger

Boris Sokolow

In den 1802 von dem in Petersburg lebenden Deutschen Heinrich (russ. Andreji) Storch verfassten „Briefen über den Garten zu Pawlowsk" wird der Privatgarten der Kaiserin Maria Fjodorowna als Schöpfung ihrer Hände beschrieben: „Sehen Sie diese schattenreichen Laubengänge, deren magisches Helldunkel zum Nachdenken einzuladen scheint; diese stolzen Pappeln, deren schlanker und erhabener Wuchs die Säulen des Portikus beschämt; dieses Gebüsch, der Lieblingsaufenthalt der Sänger des Waldes; diese Blumenfelder, deren Dunstkreis die Sinne berauscht – können Sie in dieser zauberischen Mischung des Erhabenen und Lieblichen den Charakter einer Schöpfung Mariens verkennen?"[1] Die Frage über die schöpferische Handschrift und die gärtnerischen Vorlieben der Herrscherin über Pawlowsk kam schon im 19. Jahrhundert auf. Jewgeni Schumigorski behauptete in seiner Studie, dass Maria Fjodorowna bestrebt war, die Landschaft der neuen Residenz so zu gestalten, dass sie „Étupes so ähnlich ist, wie es nur geht",[2] jenen Landsitz in der Grafschaft Montbéliard, wo sie ihre Kindheit und Jugend verbrachte. Doch geht man der Frage der gärtnerischen Ambitionen der württembergischen Prinzessin, die russische Kaiserin wurde, auf den Grund, so dürfte ein sehr viel komplexeres Bild entstehen.[3]

1769, unmittelbar nach dem Umzug nach Mömpelgard (Montbéliard), der Hauptstadt seines neuen elsässischen Besitztums, legte Herzog Friedrich Eugen den Grundstein für die Landresidenz Étupes. Im Museum in Montbéliard wird ein großer Plan von Étupes aufbewahrt, der den Zustand vermutlich von 1770 zeigt. Ein anderer, in Pawlowsk befindlicher Plan mit ausführlichen Erklärungen erlaubt es, die Anordnung der Blumenbeete und Pavillons zu rekonstruieren.[4] Aus diesen Plänen ist ersichtlich, dass der Garten in drei Teile gegliedert war: in den privaten Bereich, die eigentliche Gartenanlage und den anschließenden Landschaftsgarten.

Links vom Schloss befand sich der Privatgarten des Herzogs, rechts der Garten der Herzogin mit den Blumenbeeten, darunter ein Hyazinthengarten sowie einer Volière und einem Wasserbecken. Wahrscheinlich inspirierten diese kleinen Gärten Maria Fjodorowna zu ihrem späteren Privatgarten am Seitenflügel des Palastes in Pawlowsk, den Storch in seinem Text festgehalten hat. Vor dem Schloss erstreckte sich das offene Parterre, also ein flacher Geländebereich, der von einem nicht sehr großen Wasserbecken abgeschlossen wurde und der aus zwei Teilen bestand. Der linke Teil ist auf dem Plan von 1770 wiederum in drei Streifen geteilt, die nach Quincunx-Muster diagonal angeordnet sind; auf dem späteren Plan aus Pawlowsk wird dieser Bereich hingegen von einer achtstrahligen sternförmigen Struktur mit einer zentralen Rasenfläche dominiert. Es ist durchaus denkbar, dass die Idee der sternförmigen Anordnung mit zwölf kleinen Alleen, die das Zentrum des Parks „Alte Sylvie" in Pawlowsk bildet, eben hier ihre Ursprünge hat.

An „eine fröhliche ländliche Gegend" erinnerte Prinzessin Dorothee das rechte Areal des Landsitzes – ein großes Grundstück mit dichten Anpflanzungen, mäandernden Wegen, kleinen Wiesen und kleinen Bauwerken mit „dörflichem" Charakter. Die Unterschiede zwi-

253 **Generalplan von Pawlowsk (Detail)**
Ende 18. Jh.; Papier, Tusche, Aquarell
Staatliches Museum-Reservat
„Pawlowsk", Sankt Petersburg

schen den beiden Plänen zeugen von der permanenten Weiterentwicklung des Ensembles von Étupes. Am rechten Rand des Landschaftsteils befand sich eine lange perspektivische Allee, möglicherweise ein Relikt des ursprünglichen Plans. Doch wurden zu ihren beiden Seiten sich schlängelnde Wege angelegt. Eine schneckenförmige Rampe führte auf einen künstlich aufgeschütteten Hügel. Rundum verteilt waren die Bank des Anacréon, der Salon der Diana, zwei Rosen-Bosketten, das Denkmal und die Ruinen. In seinen Briefen bezeichnet Storch die Kaiserin als „Freundin der Blumen".

Im Garten von Étupes, der in der Frühzeit des europäischen Landschaftsgartens entstand, kam lokalen Relikten aus der Antike ein hoher Stellenwert zu. Die Baronin von Oberkirch, eine Jugendfreundin von Prinzessin Dorothee, berichtet darüber: „Eine der exponiertesten Anlagen im Park ist der Triumphbogen korinthischer Ordnung aus Kapitellen und Teilen von Säulen, die aus den Ruinen in Mandeure, dem ehemaligen Epomanduodurum, einem Dorf in der Grafschaft Montbéliard, südlich von der Stadt, stammen."[5] Ein Ergebnis dieser Sammelleidenschaft antiker Hinterlassenschaften, wie sie gerade auch Paul Petrowitsch und Maria Fjodorowna während ihrer Grand Tour durch Europa 1781/82 betrieben, ist die sehr umfangreiche Antikensammlung in Pawlowsk, die in Teilen im Privatgarten der Kaiserin ausgestellt war.

Obwohl auf den Plänen von Étupes nur wenige Wasserflächen eingezeichnet sind, hatte die Baronin Oberkirch Erinnerungen an eine Gartenwelt aus Grotten, Inseln und Brücken: „Die Grotten sind von wundervollen Stalaktiten bedeckt, die im Licht wie Brillanten schimmern; eine Vielzahl an solchen Grotten befindet sich auf künstlichen Inseln in mitten des Flusses und sind mit dem Ufer durch chinesische Brücken verbunden." Eine nicht minder wichtige Rolle für die Stimmung des Landschaftsgartens spielte die „ländliche" Welt. Die Baronin Oberkirch berichtet von der Milchkammer, errichtet „in der Form eines Schweizerhauses", und erwähnt die Eremitage, die sich auf einer Erhöhung befand und den Park schmückte.[6] Auf dem Plan aus Pawlowsk ist zu sehen, dass um dieses Häuschen herum das „Feld des Eremiten", der „Gemüsegarten des Eremiten", der „Zwinger des Eremiten" sowie ein Chalet angelegt wurden, dazu eine Wiese und ein Feld, die entweder vom Gärtner oder von einheimischen Bauern bearbeitet wurden.

Die herausgehobene Stellung innerhalb der russischen kaiserlichen Familie und die ambitionierte Grand Tour erweiterten den Horizont und förderten die kreativen Bestrebungen von Maria Fjodorowna.[7] Doch ebenso wurden im Verlauf der Reise, die auch einen längeren Aufenthalt in Montbéliard einschloss, Erinnerungen aus der Kindheit wachgerufen. Anscheinend wurde nach dieser Visite ein Album mit Plänen des Gartens und der Bauten in Étupes angefertigt und nach Pawlowsk geschickt. Doch erwarteten die Großfürstin in Württemberg auch ganz neue Garteneindrücke. Zu diesem Zeitpunkt trieb der Onkel von Maria Fjodorowna, Carl Eugen, in der Residenz Hohenheim die Arbeiten an einer großen Parkanlage voran, die in den Dokumenten einmal als „Dörfle", andermal als „Der englische Park" auftaucht. Der lange und schmale Park war von kleinen gewundenen Wegen durchzogen und mit einer großen Menge an Pavillons und Kopien von römischen Bauwerken bestückt – auf dem Plan von Viktor Heideloff sind 66 Einzelanlagen aufgeführt. Diese Anhäufung von kleineren Landschaftsformen ist typisch für die frühe Rezeption des englischen Systems, für die auch der

Garten in Étupes steht. Dieser „neue Stil" wurde über bloße Nachahmung hinaus eigenständig mit Leben erfüllt, was auch die Erläuterung auf dem Plan des „Dörfles" bezeugt: „Zwischen Ruinen von römischen Gebäuden ragen gebrochene Säulen auf, stehen ein Konzertsaal, Kabinette, Bäder, Grotten, Höhlen, Vergnügungs- und Bauernhäuser, die mit dem notwendigen Geschirr und mit Arbeitsgeräten ausgerüstet sind. Zu jedem Häuschen gehören ein Gärtchen, Feld, Wäldchen und Acker, mit verschiedenen Kräutern und Gemüse aus Württemberg bepflanzt, aber auch mit vielen fremdländischen Pflanzen und Sträuchern. Zwischen schattigen Pappeln schlängelt sich durch alle Gärten ein Bächlein, dessen Ufer mit moosbewachsenen alten Tuffbrocken bedeckt sind."[8]

Die Errichtung der grandiosen Residenz in Pawlowsk erforderte großmaßstäbliches Denken, kreative, ausgereifte Lösungen und die Mitarbeit von herausragenden Fachleuten. Die Grundideen für das Ensemble stammten von Charles Cameron, doch zeigen sich auch Einflüsse von Étupes und Hohenheim in Gestalt kleinerer Segmente; zudem entstand 1818 in der Nähe des Parks das von Siedlern aus Württemberg gegründete Dorf Étupes (russ. Etjup).[9]

Maria Fjodorowna war mit den intim gehaltenen, dekorativen Varianten der Landschaftsgärten ihres „kleinen Europas" vertraut. Unter dem Einfluss der europäischen Denkmalslandschaft entwickelte sie im Zusammenspiel mit dem in Russland etablierten großen Landschaftsstil eine neue Ausprägung der Gartenkunst. Davon legt insbesondere auch der grandiose „natürliche" Park „Weiße Birke" in Pawlowsk Zeugnis ab, der für Kaiserin Maria Fjodorowna zu Beginn des 19. Jahrhunderts von dem Bühnenbildner Pietro Gonzaga erschaffen wurde.

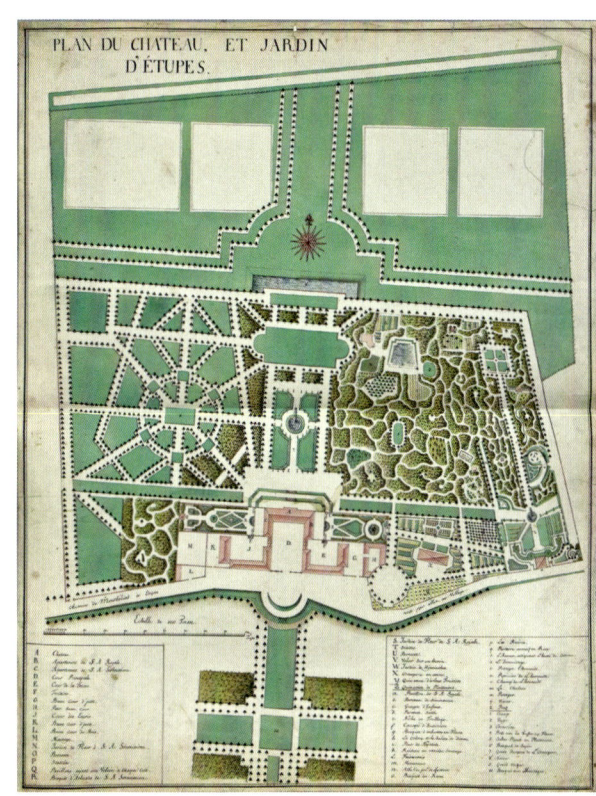

254 **Schloss Etupes und sein Park**
Papier, Stoff, Tusche, Aquarell
Staatliches Museum-Reservat
„Pawlowsk", Sankt Petersburg

Die Schiller-Begeisterung in Russland

Ljudmila Fuchs-Shamanskaja

Das literarische Werk Friedrich Schillers eroberte die russische kulturelle Gesellschaft schnell: Seine Dramen wurden in Russland erstmals im Jahr 1785 auf deutsch aufgeführt, und schon Anfang 1805 schrieb ein junger Russe, dass Schiller „jetzt als beliebter Autor der neuen Generation unserer Schriftsteller gilt".[1]

Wie schnell die russischen Leser und Theaterbesucher auf seine Werke aufmerksam gemacht wurden, ist erstaunlich. Möglicherweise geschah dies über die Briefe von Schillers russischen Schulkameraden der Hohen Carlsschule in Stuttgart, zum Beispiel Dmitri Poltorazki.[2] Auch über russische Reisende, die sich in den 1780er Jahren in Deutschland aufgehalten hatten, könnten Berichte über den deutschen Dichter nach Russland gelangt sein. Möglicherweise sogar direkt über den russischen Erbprinzen Paul und seine Frau, Großfürstin Maria Fjodorowna (geb. Sophie Dorothee von Württemberg). Sie besuchten Stuttgart genau in den Tagen vor Schillers Flucht nach Mannheim und haben mit großer Wahrscheinlichkeit von der Uraufführung von Schillers „Räubern" gehört.

Außerdem wurde in deutschen und französischen Zeitschriften, die in Russland gern gelesen wurden, vermehrt über Schiller und sein Werk berichtet. Informationen über Schiller könnten auch von den deutschen Intellektuellen vermittelt worden sein, die in russischem Dienst standen, zum Beispiel von Friedrich Klinger, der als Hofbibliothekar eng mit dem großfürstlichen Hof verbunden war, oder von Jakob Lenz, der den Umgang mit dem Moskauer Kreis der russischen Freimaurer pflegte. Tatsache ist, dass sich spätestens Mitte der 1780er Jahre der Ruf über das neue deutsche Dichtertalent in Russland so sehr verbreitet hatte, dass das Verlangen seine Werke zu lesen, immer größer wurde.

Bevor die russischen Leser Übersetzungen von Schillers Gesamtwerk in den Händen halten konnten, lernten sie sein Gedicht „An die Freude" kennen. Nikolai Karamsin,[3] der 1789 und 1790 durch Europa reiste und mit Schillers Schwager Wilhelm von Wolzogen befreundet war, hatte Motive aus Schillers Gedicht in seinen Gedichten verwendet. Karamsin interpretierte die moralischen Aspekte des Gedichts „An die Freude" im Sinne des philosophischen Optimismus der Aufklärung und assoziierte in ihnen das Thema des politischen und sozialen Friedens. Anders interpretierte man Schillers „An die Freude" im Moskauer „Freundschaftlichen Literaturkreis", mit dem in der russischen Literaturgeschichte der Begriff „russisches Schillertum" verbunden ist – ein Ereignis der russischen Kultur, das dem deutschen Sturm und Drang typologisch ähnlich ist. In Schillers Werken fanden seine Anhänger nicht nur die „einfache Natürlichkeit" der Epoche der Empfindsamkeit, sondern die ganze „Fülle des Herzens", Leidenschaft und Enthusiasmus. Andrej Turgenew, Andrej Kajsarow und Alexander Merzljakow,[4] die revolutionär gesinnten Mitglieder des Kreises, schätzten Schiller als Gesellschaftskritiker und sahen in ihm vor allem einen Kämpfer für die Menschenrechte oder einen Propheten der Gleichheit und Brüderlichkeit. Im Mittelpunkt standen für sie jene seiner Dramen, die den Geist der Rebellion und den Kampf für die Menschheit zum Ausdruck brachten: „Kabale und

Die Schillerfeier in Moskau:
**Festessen in Großem Saal der „Ermitage"
am 11. November 1859**
Nach einer Zeichnung von M. Scherer
in der Illustrierten Zeitung.
Leipzig, 1859
Deutsches Literaturarchiv, Marbach
am Neckar

Liebe", „Don Karlos" und besonders „Die Räube". Letzteres, schon 1793 von Nikolai Sandunow[5] übersetzt, wurde in kürzester Zeit zum beliebtesten Stück des russischen Publikums.

Das Bild Schillers als „edler Anwalt der Menschheit"[6] wurde im Laufe des 19. Jahrhunderts immer wieder im Schaffen der demokratisch orientierten Schriftsteller, zu denen Iwan Turgenew, Alexander Herzen[7], Wissarion Belinski[8] und Fjodor Dostojewski zu zählen sind, erneuert. Höhepunkte erreichte diese Interpretation im Jahre 1859, als Schillers 100. Geburtstag gefeiert wurde, und später in der Zeit der russischen Oktoberrevolution von 1917, als Soldaten und Arbeiter im kalten winterlichen Petrograd ins Theater kamen, in dem auch Schillers Dramen von den besten russischen Schauspielern für sie aufgeführt wurden. Vor jeder Aufführung hielt Alexander Blok, einer der führenden Dichter des russischen Symbolismus, einen kurzen Vortrag, um den Soldaten die Besonderheiten der klassischen Dramaturgie nahe zu bringen.

Zeitgleich existierte auch ein anderes Schiller-Bild in Russland, das aus dem bereits genannten „Freundschaftlichen Literaturkreis" hervorging. Mitglieder des Kreises, wie Wassili Schukowski,[9] verstanden die Ideen der Werke Schillers nicht nur im objektiven, sozialen und politischen Sinne, sondern ebenso im Zusammenhang mit ihrem subjektiven, psychologischen Inhalt. Das besondere Gefühl, das der junge Andrej Turgenew während der Aufführung von Schillers „Die Räuber" erlebte und das er das „Räuber-Gefühl" nannte, bestand „aus der Reue, die mit etwas Erquickendem verbunden ist und stark auf unser Herz einwirkt".[10] Ihm entsprach nach dem Ideal die elegische Stimmung und heiße Begierde in den Gedichten „Resignation", „Der Pilgrim", „Die Ideale". Das Ideal verstanden junge Russen unter

dem Gesichtspunkt von Schillers Philosophie der Liebe: die Liebe und Freundschaft als ein allgemeines, ein verbindendes und organisierendes Prinzip der Welt, welches Chaos in Harmonie verwandelt.

Wassili Schukowski war derjenige russische Dichter, dem es nicht allein gelang, diese Gefühle ins Russische zu übertragen, sondern sie zugleich zum Teil des russischen Literaturkanons zu machen. Mehrere russische Dichter schöpften aus Schillers Dichtung die elegischen Motive – die Trennung von den Träumen, die allegorische Wallfahrt in die Idealwelt. Sie vertieften und erweiterten diese Motive in unterschiedliche Richtungen – vom transzendentalen Abstraktum beim klassizistischen Dichter Gawriil Dershawin,[11] über die Empfindsamkeit Nikolai Shukowski, die vorromantische Aspiration an die Welt des Ideals bei Schhukowski und die romantische Opposition des Guten und Bösen bei Michail Lermontow[12] bis hin zur mystischen Interpretation beim Symbolisten Wjatscheslaw Iwanow.[13]

Schiller wurde in Russland besonders als Dramatiker bekannt. Klang in den Theateraufführungen der ersten Hälfte des 19. Jahrhunderts in der Darbietung von Schillers Figuren durch russische Bühnenkünstler das romantisch-aufbegehrende und rebellische Element an, so trugen die Aufführungen der 1870er und 1880er Jahre mit Maria Jermolowa (1853–1928), der führenden Schauspielerin des Höfischen Maly-Theater in Moskau, als Johanna d'Arc oder Maria Stuart einen stark heroischen Charakter. Man konnte aber auch die einfachen natürlichen Intonationen vernehmen.

In der Sowjetunion spielte diese heroische Tradition eine große Rolle für die Entstehung des neuen Theaters. Maxim Gorki, der Ideologe des sozialistischen Realismus, Schriftsteller und erster Vorsitzende des Sowjetischen

Schriftstellerverbandes, schrieb, dass wir „in unserer Zeit das heroische Theater brauchen", um „die Menschen zu lehren, das wirklich Menschliche zu respektieren"; dafür „muss man den Menschen ein ideales Wesen zeigen, nach dem die ganze Welt sich seit alters sehnt".[14] In diese Richtung entwickelte sich die Interpretation von Personen in Schillers Dramen durch führende Bühnenkünstler des Staatlichen Maly-Theaters in Moskau wie Alexandra Jablotschkina (1866–1964), Elena Gogolewa (1900–1993), Michail Zarjow (1903–1987), welche die großen politischen Ideen von Schillers Dramen mit den großen Gefühlen ihrer ganz eigenen Figuren in den Aufführungen der 1940er und 1950er Jahre verbanden.

Nach der Perestroika erlebte das Schiller-Theater in Russland eine Renaissance. Im Zentrum der gegenwärtigen Aufführungen steht heute oft die in Schillers Werken entdeckte zeitgenössische Aktualität, wie in der Inszenierung des Moskauer Theaters „Sowremennik" („Zeitgenosse") im Jahr 2000 „Wir spielen… Schiller" nach Schillers „Maria Stuart". Das Wort „spielen" ist hier bestimmend, weil das Schauspiel die zwei Königinnen gleich einer Metapher nur als Spielzeuge in den Händen der eigensüchtigen Männer darstellt.

Schillers Werke waren in Russland immer sehr gefragt. Die Erstausgabe der gesammelten Werke in neun Bänden lässt sich auf die Jahre von 1856 bis 1860 datieren. Danach erschienen immer wieder neue Sammlungen, unter ihnen zwei Gesamtausgaben: die achtbändige aus den Jahren 1937 bis 1950 und eine siebenbändige aus den Jahren 1955 bis 1959. Auch die Neuherausgabe von Schillers Werken in sechs Bänden im Jahr 2012 zeigt, dass das Interesse für Schiller in Russland bis heute ungebrochen geblieben ist und sein Werk immer wieder Impulse für neue Interpretationen liefert.

Zarin
Maria Fjodorowna

Sophie Dorothee von Württemberg wuchs zunächst in Treptow in Pommern auf, wo ihr Vater als General im Dienst von Friedrich dem Großen, ihrem Großonkel, stationiert war. Ihre Jugend verbrachte sie im linksrheinischen Mömpelgard, das zum Herzogtum Württemberg gehörte. Hier residierte ihr Vater, Herzog Friedrich Eugen von Württemberg, als Statthalter des in Stuttgart herrschenden Herzogs Carl Eugen und unterhielt einen kleinen, aber kultivierten Hof. Sophie Dorothee wurde im Sinne der Aufklärung und nach den Idealen Rousseaus erzogen. 1776 verlobte sie sich zunächst mit dem Erbprinzen Ludwig von Hessen-Darmstadt, doch noch im selben Jahr kam es auf Wunsch von Friedrich dem Großen und von Katharina der Großen zur Ehe mit dem russischen Thronfolger, Großfürst Paul.
1795 gelangte ihr Vater auf den Stuttgarter Thron, 1797 ihr ältester Bruder, der spätere König Friedrich. Ihre Tochter Katharina heiratete 1816 den württembergischen Kronprinzen Wilhelm, ihr jüngster Sohn Michael ehelichte 1824 die württembergische Prinzessin Charlotte, eine Tochter des jüngeren Bruders von Wilhelm. [FF]

278 **Maria Fjodorowna**
George Dawe (1781–1829)
vor 1825; Öl auf Leinwand
Staatliches Russisches Museum,
Sankt Petersburg

1759	Geburt am 25. Oktober als Tochter von Herzog Friedrich Eugen von Württemberg und Herzogin Friederike Dorothee Sophie, geb. von Brandenburg-Schwedt, in Stettin
1769	Umzug nach Mömpelgard, wo der Vater als Statthalter des Herzog Carl Eugens von Württemberg residiert
1776	erstes Zusammentreffen mit Großfürst Paul von Russland im Juli. Hochzeit mit Paul am 27. September; Namensänderung in Maria Fjodorowna
1777	Geburt des Sohnes Alexander, der 1801 als Zar Alexander I. den russischen Thron besteigt
1779–1795	Geburt des Sohnes Konstantin und der Töchter Alexandra, Helene, Maria, Katharina, Olga und Anna
1781/82	Europareise nach Österreich, Italien, Frankreich, in die Niederlande, nach Mömpelgard und Württemberg
1796	Geburt des Sohnes Nikolaus, der 1826 als Zar Nikolaus I. den russischen Thron besteigt
1797	Krönung von Paul und Maria Fjodorowna in Moskau am 5. April
1798	Geburt des Sohnes Michael, der Prinzessin Charlotte von Württemberg (Elena Pawlowna) heiratet
1801	Ermordung des Zaren Paul am 12. März
1812	Russlandfeldzug Napoleons; Brand von Moskau
1818	Besuch der Tochter Katharina, Königin von Württemberg
1826	Dekabristenaufstand
1828	Tod im Winterpalais in St. Petersburg am 24. Oktober

Maria Fjodorowna –
Württemberg und Europa

Die württembergische Prinzessin Sophie Dorothee konnte 1776 den russischen Großfürsten Paul heiraten, obwohl sie aus einem vergleichsweise wenig bedeutenden Haus stammte. Die Großmächte Russland und Preußen versprachen sich nämlich davon politischen Gewinn. Durch die Ehe zwischen der Großnichte Friedrichs des Großen und dem Sohn und Thronfolger von Katharina II. sollten die russisch-preußischen Beziehungen enger werden. Zugleich ließ sich durch die Verbindung der Einfluss des Kaisers auf Württemberg und damit auf das Deutsche Reich zurückdrängen. Möglich war die Heirat überhaupt erst geworden, nachdem die Gemahlin Pauls, eine darmstädtische Prinzessin, im Kindbett gestorben war und die schon bestehende Verlobung Sophie Dorothees – mit dem Bruder der gerade verstorbenen Darmstädter Prinzessin – durch politischen Druck und Geldmittel wieder gelöst worden war. Das kleine Württemberg erhielt durch die Verbindung mit dem Zarenhaus einen mächtigen Verbündeten und in Sophie Dorothee, die in Russland zum orthodoxen Glauben übergetreten war und den Namen Maria Fjodorowna angenommen hatte, eine Fürsprecherin am Hof Katharinas der Großen. Katharina verhalf denn auch vier Brüdern ihrer Schwiegertochter zu einer Karriere im russischen Heer. Friedrich, den ältesten Bruder Maria Fjodorownas, machte Katharina sogar zum Generalgouverneur der Provinz Finnland und zum Generalleutnant. Als Friedrich überraschend zum Erbprinzen und Herrscher über Württemberg aufstieg, nahm das Haus Romanow daran wohlwollend Anteil, denn Russland war an einem Gegengewicht zum habsburgischen Kaiser stets gelegen. Doch als Herzog Friedrich seine Neutralitätspolitik gegenüber den europäischen Großmächten Frankreich und Österreich nicht länger aufrecht erhalten konnte und Napoleon ihn zu

einem Bündnis gegen Russland zwang, stand der Bruder Maria Fjodorownas im Krieg mit Russland. Er kämpfte gegen Maria Fjodorownas ältesten Sohn, Zar Alexander I., der nach der Ermordung ihres Gemahl Paul im Jahr 1801 den russischen Thron bestiegen hatte.

Friedrich hatte vom siegreichen Napoleon als Dank für die Unterstützung 1806 den Königstitel erhalten. Sein gutes Verhältnis zum Zarenhof indes litt erst recht als er Napoleon auch bei dessen Russlandfeldzug im Jahr 1812 unterstützte. Erst als Friedrich 1813 nach der Völkerschlacht bei Leipzig den Rheinbund verließ und sich mit Österreich gegen Frankreich verbündete, kam es zu einer Aussöhnung. Am nun gemeinsam geführten Kampf gegen Napoleon nahm auch Friedrichs Sohn, Kronprinz Wilhelm, teil, der kurze Zeit später Katharina, eine Tochter Maria Fjodorownas und Schwester des Zaren, heiratete.

Letztlich konnte Alexander über Napoleon triumphieren: Der Sohn Maria Fjodorownas wurde als Befreier Europas gefeiert. Bei der nun anstehenden Neuordnung Europas spielte Russland eine noch einflussreichere Rolle als schon unter Katharina der Großen. Russland war jetzt die europäische Kontinentalmacht geworden.

Als Teil Europas mussten sich die Romanows nun aber auch verstärkt mit Fragen nach den bürgerlichen Freiheiten, einer Verfassung für das Land und mit Forderungen nach Reformen oder mit dem Ruf nach dem Ende der Leibeigenschaft auseinandersetzen. In den ersten Jahren seiner Herrschaft stand Alexander I. einem nationalen Liberalismus durchaus offen gegenüber, doch zuletzt gab er alle Reformpläne auf. Zurückgezogen und resigniert starb er 1825. Ihm folgte Maria Fjodorownas Sohn Nikolaus auf den Thron. Als sich eine Reihe von Offizieren weigerte, den Eid auf den neuen Zaren Niko-

**Kaiser Napoleon im Kreis seiner
Familie mit König Friedrich von
Württemberg in Paris**
Adrien Godefroy (1777–1865)
1809; Kupferstich
Kunsthalle der Christian-Albrechts-
Universität, Kiel

laus I. zu leisten, erlebte die Zarenmutter am Ende ihres langen Lebens mit dem Dekrabristenaufstand noch die erste Revolte gegen das autokratische, reformunfähige Regime der Romanows.

Maria Fjodorowna knüpfte das Band zwischen den Häusern Romanow und Württemberg zweifach neu: zuerst mit der Ehe ihrer Tochter Katharina, die 1816 den württembergischen Thronfolger heiratete, dann durch die Ehe ihres jüngsten Sohnes Michael mit der württembergischen Prinzessin Charlotte, die in Russland den Namen Elena Pawlowna trug. Aber auch die dynastischen Beziehungen zu anderen deutschen und europäischen Höfen konnte Maria Fjodorowna mit ihren zehn Kindern ausbauen. Sie verband die Romanows mit den Häusern Baden, Sachsen-Coburg, Preußen, Österreich, Mecklenburg-Schwerin, Sachsen-Weimar, Holstein-Oldenburg sowie mit dem niederländischen Königshaus. Maria Fjodorowna setzte jene Heiratspolitik der Romanows fort, die darauf abzielte, ihre Einflussmöglichkeiten im Deutschen Reich und in Europa zu vergrößern. Umgekehrt hofften die kleinen deutschen Staaten, durch die Verbindung mit dem mächtigen Russland eine Art Schutzmacht zu gewinnen, um gegen das starke Frankreich bestehen zu können.

Am Ende des Alten Reiches stand zudem die Legitimität mancher Monarchien überhaupt in Frage. Mit einem mächtigen Partner an ihrer Seite wollten sie die Chance auf ein Fortbestehen erhöhen. Maria Fjodorowna beförderte das Weiterleben der Herrschaft des Hauses Württemberg mit ihrer Tochter Katharina auf dem württembergischen Thron besonders erfolgreich, denn Katharina setzte sich für das Zustandekommen einer Verfassung und für Sozialreformen ein und wirkte so stabilisierend auf die württembergische Monarchie. Maria Fjodorownas Einfluss auf die russische Politik war – entsprechend ihrer Stellung neben den jeweils herrschenden Zaren – begrenzt. Gleichwohl hat sie einen festen Platz in der Geschichtsschreibung ihres Landes. Allein durch ihr soziales Engagement, ihre souveräne Leitung aller Wohlfahrts- und Bildungsinstitute des Landes und vor allem durch ihr Eintreten für die Verbesserung der Bildung der russischen Frauen ist sie berühmt und zum Vorbild für viele europäische Fürstinnen geworden. [FF]

Maria Fjodorowna: Gattin, Mutter und Großmutter

Niemand in der Familie der Romanows hat mehr Kinder geboren als Maria Fjodorowna, die gleich zehnfache Mutter geworden ist. Die Erziehung kostete sie sicher viel Energie, die eigentliche Heldentat bestand jedoch nicht nur in der Geburt, sondern auch in der Erziehung dieser Kinder. Maria verfolgte die Schicksale der Töchter, die ins Ausland verheiratet wurden, weiterhin sehr intensiv und zeigte sich stets interessiert an den Erfolgen der Enkelkinder wie auch am Befinden der Schwiegertöchter.

Sophie Dorothee von Württemberg war erst 17 Jahre alt, als sie in Berlin dem russischen Thronfolger Paul vorgestellt wurde. Schon bei diesem ersten Treffen fanden beide Gefallen aneinander. Paul sah ihren Reiz nicht so sehr in ihrer Schönheit als vielmehr in ihrem wohlwollenden Wesen, ihrer Warmherzigkeit und Aufrichtigkeit. Sophie Dorothee schenkte ihrerseits seinem kleinen Wuchs, der unschönen Figur und der auffälligen Stupsnase keine Aufmerksamkeit. Sie war sich vollkommen darüber im Klaren, dass sich eine solche Chance im Leben nur einmal bietet, und bereitete sich innerlich auf diese Ehe vor. Kaiserin Katharina II. zeigte sich mit dieser Entwicklung der Dinge ebenfalls zufrieden.

Als Sophie Dorothee in Sankt Petersburg eintraf, gefiel sie ausnahmslos allen am russischen Hof. Ein Jahr später schenkte sie dem russischen Kaiserreich, schon als Maria Fjodorowna, den nächsten Thronfolger, der den Namen Alexander erhielt. Anlässlich dieses Ereignisses schenkte Katharina II. der jungen Familie jene Ländereien, auf denen später Pawlowsk entstand, und nahm den Erstgeborenen in ihre Obhut. Als der zweite Sohn, Konstantin, geboren wurde, nahm sie auch ihn zu sich. In beiden Fällen handelte Katharina II. aus Staatsräson. Sogar die Namen der Enkel wählte sie persönlich und im Einklang mit der Staatsdoktrin des Russischen Reiches.

Namensgeber für Alexander war Alexander der Große und für Konstantin der byzantinische Kaiser Konstantin der Große. Sie war es, die das Erziehungs- und Bildungsprogramm für ihre Enkelsöhne aufstellte. Dagegen stießen die Töchter des Thronfolgerpaares, die nach den beiden Söhnen geboren wurden, bei ihr auf weniger Interesse. Doch konnten die Eltern auch ihre Söhne, solange sie am Hofe von Katharina II. lebten, vergleichsweise häufig und regelmäßig sehen. Sie waren alle immer zusammen im Kreis der Familie.

Nach dem Tod ihres Mannes in Folge der Palastrevolte von 1801 behielt Maria Fjodorowna, ihrem neuen Status als Kaiserin-Mutter gemäß, ein großes Gewicht in der Gesellschaft und übte einen starken Einfluss auf ihren Sohn, Kaiser Alexander I., aus. Beharrlich gab sie ihm Ratschläge und mischte sich hin und wieder konkret sowohl in Belange der Innen- als auch der Außenpolitik ein. Maria Fjodorowna führte Briefwechsel mit ihren Töchtern im Ausland und interessierte sich als fürsorgliche Mutter für alle Aspekte ihres Lebens. Sie freute sich über ihr Familienglück und war besorgt, wenn sich Probleme bemerkbar machten. Auch in materieller Hinsicht kümmerte sich Maria Fjodorowna um ihre Töchter. Als 1820 der Palast in Brüssel niederbrannte und ihre Tochter Anna Pawlowna ihre Juwelen und vieles andere verlor, reagierte sie umgehend auf das bedauerliche Ereignis. Sie schickte neu von ihr in Auftrag gegebene Juwelen, aber auch Porträts, Bücher und vieles mehr in das damalige Vereinigte Königreich der Niederlande.

Die Enkelin von Maria Fjodorowna, Großfürstin Olga Nikolajewna, erinnert sich in ihren Memoiren:
„Sie [Maria Fjodorowna] war sehr tätig. Jede Woche fuhr sie nach Petersburg zur Besichtigung von Instituten und Spitälern, [...] Nie vergaß sie, uns Geschenke von dort mitzubringen; ich besitze noch eines dieser Mitbringsel,

ein Armband mit der Camee von Papa. [...] Im Oktober erkrankte Großmama. Die Sorge um ihre zwei Söhne im Krieg hatte ihre Gesundheit untergraben, der Fall der Festung Warna zog sich in die Länge, als sie jedoch endlich im Sturm genommen wurde, war dies ihre letzte Freude. Sie, die während 69 Jahren nichts von Müdigkeit oder Nerven wußte, klagte über Mattigkeit. Ihr alter Arzt, Dr. Ruehl, schüttelte den Kopf. Papa, benachrichtigt von dieser ungewohnten Schwäche, war wie ergriffen vom Vorgefühl einer drohenden Gefahr und eilte in Tag-

und Nachtreisen von Odessa herbei, um am 14. Oktober, ihrem Geburtstag, bei ihr zu sein. Wir waren bei der Messe in der kleinen Kapelle des Winterpalastes, als eine Stimme im Vorraum ertönte – es war die seine. Wir ihm entgegen, Mama hinter uns, so stürzten wir in seine Arme und einige Augenblicke danach knieten wir alle um den Lehnstuhl der Kranken. – ‚Nikolaus, Nikolaus, bist du's denn wirklich?' rief sie, nahm seine Hände und zog ihn auf ihre Knie. Niemand weiß es, wann und wie die Bilder, die ein inniges Familienleben

ins Herz des Kindes prägt, wieder aufsteigen und wirksam sind. Die Einzelheiten davon erscheinen unbedeutend und doch – wie sind sie stark und unauslöschlich! So blieb mir dieses Bild im Herzen: Papa auf den Knien seiner Mutter, wie er sich klein und leicht zu machen suchte.

Zehn Tage später, am 24. Oktober 1828, starb die Kaiserin-Mutter am Allerseelentag im Winterpalast. Die Größe ihres Herzens überragte die des Verstandes" (nach Podewils 1955, S. 20–22). [AG]

220 **Die Großfürstinnen Katharina, Alexandra, Marie und Elena als Kinder**
Pjotr Gerassimowitsch Sharkow (1742–1802)
1796; Elfenbein, Gouache, Aquarell, Bronze
Staatliches Museum-Reservat
„Pawlowsk", Sankt Petersburg

Aus dem Haus Württemberg ins Haus Romanow

Katharina die Große verheiratete ihren Sohn und Thronfolger mit der württembergischen Prinzessin Sophie Dorothee, die in Russland den Namen Maria Fjodorowna annahm. Mit dieser Verbindung schlug Zarin Katharina eine Brücke nach Westen und kam ihrem Ziel näher: Sie wollte Russland die Macht verschaffen, im Deutschen Reich und damit in der Mitte Europas politisch mitzubestimmen. Maria Fjodorowna führte dann die Politik ihrer Schwiegermutter weiter: Es gelang ihr, ihre zehn Kinder so zu verheiraten, dass das Haus Romanow letztlich mit acht europäischen Fürstenhäusern in dynastischen Beziehungen stand. Jahrzehntelang, bis zu ihrem Tod, war Maria Fjodorowna der Mittelpunkt eines komplexen Netzwerks, das die Romanows in ganz Europa präsent machte.

102 Sommergäste bei König Friedrich II. von Preußen

Karl C. W. Baron (1737–?)

1775; Öl auf Leinwand

Stiftung Preußische Schlösser und Gärten Berlin-Brandenburg

Das Bild zeigt die Ankunft der Verwandten, die den Sommer des Jahres 1775 mit Friedrich II. im Neuen Palais verbringen durften. Unter ihnen war laut den Hoftagebüchern auch sein Großneffe, Prinz Ludwig von Württemberg. Ein Jahr später fand hier die erste Begegnung seiner Großnichte, der württembergischen Prinzessin Dorothee Sophie, mit Großfürst Paul von Russland statt. Daraus ergab sich die erste russisch-württembergische Heirat.

◄ **Zar Paul und seine Familie**

Gerhard von Kügelgen (1772–1820)

1800; Öl auf Leinwand

Staatliches Museum-Reservat „Pawlowsk", Sankt Petersburg

201 Katharina die Große
vor der Büste Peters des Großen

nach Alexander Roslin (1718–1793) und
Fjodor Stepanowitsch Rokotow (1735/36–1808)
Ende 18. Jahrhundert; Öl auf Leinwand
Staatliches Historisches Museum Moskau

Katharina die Große sah sich als Erbin der
Politik Peters des Großen. Sie setzte seine
Reformen fort und erweiterte die Einfluss-
sphäre Russlands nach Westen – auch
mittels einer geschickten Heiratspolitik.
So vollendete Katharina den Aufstieg
Russlands zur europäischen Großmacht.

202 „Maria Fjodorowna –
geschaffen, um gemalt zu werden"
(Baronin Oberkirch)

Alexander Roslin (1718–1793)
um 1777; Öl auf Leinwand
Staatliches Museum-Reservat „Pawlowsk",
Sankt Petersburg

Maria Fjodorownas ersten Auftritt am russischen Hof beschrieb Katharina die Große
so: „Sie ist schlank wie eine Nymphe, von
lilienweißer Gesichtsfarbe mit rosigen
Wangen und makelloser Haut. Ihr Antlitz
strahlt Sanftmut, Herzensgüte und Aufrichtigkeit aus, alle sind von ihr begeistert."
Es scheint, als habe der Maler Roslin die
Worte der Zarin in diesem Bild veranschaulichen wollen.

204 **Voltaire**
Pierre Francois Lejeune (1721–1790)

um 1760; Marmor

Staatliche Schlösser und Gärten Baden-Württemberg

Der Aufklärer Voltaire, der Anwalt der Freiheit im Sinne individueller Verantwortlich-
keit, faszinierte viele Fürsten seiner Zeit,
besonders aber Katharina die Große. Nach
Voltaires Tod kaufte sie seine Bibliothek
und ließ sie nach Sankt Petersburg schaffen.
Mit Friedrich dem Großen, dem Roi-Philoso-
phe, trat sie in Wettstreit darüber, wer die
Maximen der Aufklärung besser verwirklichte.

203 *König Friedrich II. von Preußen*
Johann Christoph Frisch (1738–1815)

1783; Öl auf Leinwand

Privatbesitz

König Friedrich II. von Preußen war über
seine Nichte – Maria Fjodorownas Mutter
– mit dem Haus Württemberg verwandt. Einige württembergische Prinzen – wie etwa
der Vater Maria Fjodorownas – waren an
seinem Hof erzogen worden. Zudem hatte
er mehreren seiner Stuttgarter Verwandten
eine militärische oder diplomatische Lauf-
bahn in preußischen Diensten ermöglicht.
Siehe Seite 45

205 **König Friedrich II. und
Großfürst Paul in Berlin**

Daniel Berger (1744–1824)

nach Friedrich Georg Weitsch (1785–1828)

1806; Kupferstich

Staatliches Historisches Museum, Moskau

Zum Abschluss der Eheverhandlungen
empfingen Friedrich II. und sein Bruder
Heinrich – Herzog Friedrich vertrat dabei
das Haus Württemberg – Großfürst Paul in
Berlin. Dann wurde zwei Wochen lang gefeiert: in Berlin, Potsdam, Charlottenburg
und Rheinsberg. Außerdem erhielt der Braut-
vater von Katharina der Großen 40 000 Rubel.

Von Mömpelgard auf den russischen Zarenthron

Maria Fjodorowna war als deutsche Fürsten-
tochter nach Sankt Petersburg gekommen
– ganz wie zuvor Katharina die Große. Doch
anders als Katharina konnte Sophie Dorothee mit ihrer deutschen Herkunft offen um-
gehen. Mittlerweile war Deutsch zu einer
gleichberechtigten, hoffähigen Sprache geworden. Es war eine deutsche Kultur entstanden, die in der Person Friedrich Schillers auch am Sankt Petersburger Hof
Anerkennung gefunden hatte.

Aus dem kleinen Mömpelgard an der Bur-
gundischen Pforte kommend, aber zur
europäischen Elite gehörig, verfügte Maria
über einen breiten, international geprägten
Bildungshorizont: Unter anderem war sie
von Johann Georg Schlosser, dem Schwager
Goethes, erzogen worden. Am elterlichen
Hof standen Voltaire, Rousseau und Pestalozzi hoch im Kurs, ihre ganze Familie kor-
respondierte mit Lavater.

207 Das Schloss von Étupes

vor 1789; Öl auf Leinwand

Musée du Château des ducs de Wurtemberg,

Montbéliard

Maria Fjodorowna verbrachte einen Großteil ihrer Jugend in Mömpelgard, einer württembergischen Exklave links des Rheins.
In den Sommermonaten hielt sie sich im
Schloss von Étupes auf, das ihr Vater, Statthalter Herzog Carl Eugens von Württemberg, hatte errichten lassen. Kurz nach der
Französischen Revolution wurde das ele-
gant eingerichtete Schlösschen als „Symbol der Tyrannen und Despoten" zerstört.

Eine glückliche (!)
Fürstenehe

Fürstenehen wurden, zumindest bis zum Ende des 18. Jahrhunderts, aus politischem Kalkül heraus geschlossen. Auch die Verbindung zwischen Maria Fjodorowna und Paul kam vor diesem Hintergrund zustande. Dazu passt, dass der russische Thronfolger seiner Braut schon vor der Hochzeit ein Schreiben überreichte, in dem stand, wie sie sich an seiner Seite zu verhalten habe. Sie müsse Russisch lernen, die Besonderheiten des Landes achten, bei den Ausgaben für die Garderobe sparsam sein und sich mit Geduld und Sanftmut wappnen, um die Hitzigkeit und Launen ihres Gatten zu ertragen. Kurzum: Seine Gemahlin sollte „sich ihm gegenüber so verhalten, wie er dies wünschte." Dennoch verlief diese Ehe glücklich. Anfangs war die Stimmung sogar euphorisch. „Dieser liebe Ehemann ist ein Engel, ich liebe ihn bis zum Wahnsinn", schrieb die frisch vermählte Maria Fjodorowna.

210 **Souvenir aus Sèvres**
nach Modellen von Louis-Simon Boizot (1763–1801)
1857; Biskuitporzellan
Staatliches Museum-Reservat „Pawlowsk",
Sankt Petersburg

Die Modelle für die beiden Portraitbüsten wurden 1782 hergestellt, als das russische Thronfolgerpaar auf seiner Europareise den französischen Hof und die königliche Manufaktur in Sèvres besuchte.
In die Hochfrisur der Großfürstin sind Rosen eingearbeitet – wohl auch in Anspielung auf ihren Mädchennamen Dorothee, den sie bis zu ihrer Verheiratung mit Paul von Russland trug.

211 Tête-à-tête für „P"aul und „M"aria

Franz Tittelbach (1722–1786),

Königliche Porzellanmanufaktur Berlin

1776; Porzellan, Aufglasurmalerei, goldstaffiert

Staatliches Museum-Reservat „Pawlowsk",

Sankt Petersburg

Ein solches Service war für ein intimes
Frühstück zu zweit gedacht; daher die
Bezeichnung Tête-à-tête. Dieses bekamen
Paul und Maria von Friedrich dem Großen
zur Hochzeit geschenkt. Er hatte am Zustandekommen ihrer glücklichen Verbindung, aus der zehn Kinder hervorgingen,
großen Anteil gehabt.

Die Romanows:
Dynastie und Familie

Schiller behandelte in seinem Trauerspiel „Kabale und Liebe" den Gegensatz zwischen der höfisch-absolutistischen Sphäre der Politik und der Sehnsucht nach privatem Glück. Die vom Zeitalter der Empfindsamkeit geprägte Bildersprache des Sankt Petersburger Hofes harmonisierte diesen Gegensatz: Mit idyllischen Familienportraits und Denkmälern zu Freundschaft und Frieden propagierte Maria Fjodorowna, ihre Familie sei eine Gemeinschaft von empfindsamen Menschen, die gegenseitige Zuneigung, Natürlichkeit und musische Bildung mehr schätzen als die Demonstration von Macht, Reichtum und Überlegenheit. Von einer solchen idealen Herrscherfamilie könne das Volk unter anderem auch Reformen wie die Beseitigung sozialer Missstände erwarten, so die Botschaft an den Betrachter.

217 Maria Fjodorowna und Paul im Salon
Johann Heinrich Tischbein d. Ä. (1722–1821)
1776; Öl auf Leinwand
Privatbesitz

In größter „Natürlichkeit" löst sich das Thronfolgerpaar aus seiner Zweisamkeit und schaut den Betrachter an. Eben noch hat Paul etwas gelesen und Maria Fjodorowna das Cembalo geschlagen. Bei aller Intimität bleibt der hohe Rang der Dargestellten indes Thema: Paul trägt das Band und den Orden des Heiligen Andreas des Erstberufenen sowie den St. Anna-Orden.

218 Katharina die Große mit ihrer Familie

Frédéric George Sideau

um 1785; Mischtechnik auf Papier

Staatliches Museum-Reservat „Zarskoje Selo",

Sankt Petersburg

Die Darstellung vermittelt das Bild einer zufriedenen Familie, die sich vergnügt. Zugleich belegt sie, dass das Haus Romanow fortbestehen wird. Großmutter Katharina hat bereits eine stattliche Anzahl von Enkeln bekommen und vor allem zwei mögliche Thronfolger, Alexander und Konstantin, die natürlich im Vordergrund dargestellt sind.

219 **Teile aus dem Service „Altes Chalet"**

Wedgwoodware

1805; Steingut

Staatliches Museum-Reservat „Pawlowsk",
Sankt Petersburg

Dieses Service, das mit allerlei landwirt-
schaftlichen Geräten verziert ist, wurde ver-
mutlich von der Familie Romanow im Alten
Chalet benutzt, einem der vielen Gebäude
im Park des Schlosses Pawlowsk. In diesem
„Bauernhaus" traf man sich zwanglos, die
Kinder spielten, pflanzten und begossen
Gemüse und züchteten Blumen, das heißt:
Sie wurden nach den Idealen Rousseaus
erzogen.

221 **Großmutter und Enkelin vereint**

Peter Eduard Ströhling (1768–1826)

1792; Aquarell auf Elfenbein

Staatliches Museum-Reservat „Pawlowsk",
Sankt Petersburg

In Wirklichkeit saß die Großmutter nicht
am Bett ihrer Enkelin Olga, der fünften
Tochter Maria Fjodorownas. Die beiden
haben sich nie gesehen, denn Friederike
Sophie Dorothee von Württemberg ist nie
nach Russland gereist. Die Miniatur entstand vermutlich im Auftrag der Großmutter,
die ihrer Sehnsucht nach der Enkelin so
Ausdruck verlieh.

222 Jean-Jacques Rousseau

Jean Antoine Houdon (1741–1828)

nach 1778; Gips, bronziert

Landesmuseum Württemberg, Stuttgart

Jean-Jacques Rousseaus Roman „Emil oder
über die Erziehung" machte insbesondere
nach der Französischen Revolution in
ganz Europa Furore. Die darin propagierten
pädagogischen Konzepte beeinflussten
auch die Erziehungsmethoden in der Zarenfamilie. Und selbst bei der Ausrichtung von
Erziehungsanstalten wie dem berühmten
Smolny-Institut für adelige Mädchen spielten
sie eine Rolle.

Siehe Seite 58

226 Ein Schloß für die Bildung

Fedor K. Nejelow (1782/83–1832)

um 1810; Gouache auf Papier

Staatliches Museum-Reservat „Pawlowsk",

Sankt Petersburg

Das Smolny-Institut in Sankt Petersburg,
die erste russische Lehranstalt, die Frauen
eine höhere Bildung vermittelte, war 1766
von Katharina der Großen gegründet worden.
Unter der Leitung und Förderung von Maria
Fjodorowna wurde es ausgebaut und refor-
miert. Es war die größte der 39 Wohltätig-
keits- und Bildungseinrichtungen, die
Maria Fjodorowna bis zu ihrem Tod leitete.

227 Der Schreibtisch des Vaters

Abraham Nicolas Couleru (1716–1812)

um 1760; Palisander, Rosen- und Nussholz,

Leder, Bronze

Landesmuseum Württemberg, Stuttgart

Im Schwung und in der Qualität der Marke-
terie einem Pariser Möbel derselben Zeit
nicht unterlegen, zeugt der Schreibtisch
davon, mit welch anspruchsvoller Eleganz
Herzog Friedrich Eugen von Württemberg
sein Residenzschloss Étupes in Mömpelgard eingerichtet hatte, wo er als Statthalter
des Herzogs Carl Eugen von Württemberg
residierte.

Mehr als die Gemahlin des Zaren

Als Zar Paul beschloss, die Leitung der Wohltätigkeits- und Bildungsinstitute des Landes seiner Gemahlin zu übertragen, bekam Maria Fjodorowna die Chance, selbst politisch tätig und öffentlich wahrgenommen zu werden. Diese Möglichkeit nutzte sie bestens: Ihr erfolgreiches Engagement als Schirmherrin für Hospitäler, Waisenhäuser, Kinderbewahranstalten, Armenküchen, Nachtasyle und eine Vielzahl von Bildungseinrichtungen wurde legendär. Als eine Frau, die sich sogar an der Seite eines Alleinherrschers politisch zu betätigen vermochte, avancierte Maria Fjodorowna zur ersten Landesmutter. In dieser Rolle wurde sie zum Vorbild für viele Fürstinnen in Europa, insbesondere für ihre Töchter Maria Pawlowna in Weimar und Katharina Pawlowna in Stuttgart.

229 Maria Fjodorowna besucht ein Examen
Karl Ivanovic Kolman (1786–1846)
1823; Mischtechnik auf Papier
Staatliches Museum-Reservat „Pawlowsk",
Sankt Petersburg

Mehr oder weniger täglich besuchte Maria Fjodorowna eine der fast 40 Wohltätigkeits- und Bildungseinrichtungen, denen sie im Auftrag des Zaren vorstand. Wie ernst sie diese Aufgabe von durchaus politischer Bedeutung nahm, ist überliefert. Die Darstellung belegt, dass sie nicht nur am Schreibtisch, sondern auch vor Ort tätig war.

Glanz und Charisma als Mittel der Politik

Maria Fjodorowna hielt ein halbes Jahrhundert lang Hof in Sankt Petersburg: 20 Jahre in größtem Luxus, aber in politischer Machtlosigkeit an der Seite des von seiner Mutter, der Zarin Katharina der Großen, kalt gestellten Thronfolgers, dann fünf Jahre als Gemahlin des schwachen und umstrittenen Zaren Paul und 27 Jahre als hochverehrte Mutter der Zaren Alexander I. und Nikolaus I. Stets repräsentierte sie das autokratische Zarenregime glanz- und wirkungsvoll. „Sie machte keinen Spaziergang, auf dem sie nicht bedacht gewesen wäre, irgendein kleines Ereignis herbeizuführen, eine Anekdote zu veranlassen, die sie beim Volk in dem Licht liebenswürdiger Herzensgüte und würdevoller Herablassung zeigen konnte. Sie fiel nie auch nur für Augenblicke aus der Rolle." (Wilhelm Bernhardi)

232 Arm und Reich begegnen sich am Hafen von Sankt Petersburg

Jacques Philippe Le Bas (1707–1783)
nach Jean-Baptiste Le Prince (1734–1781)
1778; Radierung
Eremitage, Sankt Petersburg

Von den vielen Vedouten, mit denen die Romanows die Schönheit, den Reichtum und die Bedeutung der Residenzstadt Sankt Petersburg propagierten, unterscheidet sich diese Ansicht des Hafens der Stadt in einem Detail: Hier treffen reiche Höflinge auf bettelarme Bauern.

**234 Maria Fjodorowna,
die neue Großfürstin**

Umkreis des Nicolas Francois Gillet (1709–1791)

nach 1776; Gips, bronziert

Landesmuseum Württemberg, Stuttgart

Die Büste, eines der frühesten Bildnisse
der Maria Fjodorowna, zeigt die junge
Großfürstin kurz nach ihrer Ankunft in Sankt
Petersburg. Sie trägt das Band und den Stern
des Katharinenordens, den sie anlässlich
ihrer Vermählung mit dem russischen
Thronfolger von Katharina der Großen verliehen bekommen hatte.

237 **Orden der Heiligen Katharina, getragen von Maria Fjodorowna**

Zweite Hälfte 18. Jahrhundert; Gold, Email

Staatliches Kulturhistorisches Museum-Reservat „Moskauer Kreml"

Der höchste russische Orden für Frauen wurde auch an Mitglieder des Hauses Württemberg verliehen, nachdem diese sich durch Heirat mit dem Haus Romanow verbunden hatten. Maria Fjodorowna erhielt den Orden als erste, später bekamen ihn ihre Mutter sowie Herzogin Luise Friederike von Mecklenburg-Schwerin, geborene Prinzessin von Württemberg.

235 **Puppen-Model als Ordensmeisterin des Ordens der Heiligen Katharina**

Rose Bertin (1747–1813)

1798 (?); verschiedene Stoffe

Staatliches Kulturhistorisches Museum-Reservat „Moskauer Kreml"

Nach diesem, vielleicht sogar im Atelier der berühmten Pariser Modistin Rose Bertin gefertigten Vorbild wurde das Zeremonialkleid hergestellt, das Maria Fjodorowna als Ordensmeisterin zu tragen hatte. In dieser Funktion beerbte sie Katharina die Große, die Gründerin des Ordens.

243 Ballkleid der Kaiserin Maria Fjodorowna

1820er Jahre; Stoff, Silberfaden, Spitze, Stickerei
Staatliches Museum-Reservat „Pawlowsk",
Sankt Petersburg

„Kaum also hielten unsre Damen
ihr Tässchen Tee geziert im Schoß,
als laut vom Saal her Töne kamen:
Fagott und Flöte legten los.
Musik! Im Nu sind Tee und Tassen,
Likör und Rum im Stich gelassen,...
Vom Rausch der Rhythmen fortgezogen,
blind rastlos, wie der Jugend Sinn,
umschlingen sich des Walzers Wogen,
kreist wirbelnd Paar um Paar dahin."
Aus: Eugen Onegin (1823–30) von
Alexander Puschkin

244 Paul in der Pose Friedrichs II.

nach Stepan Schtschukin (1762–1828)

19. Jh.; Öl auf Leinwand

Landesmuseum Württemberg, Stuttgart

Paul bewunderte den preußischen König Friedrich über alle Maßen, er imitierte ihn sogar. Schtschukins Portrait, das Paul in vielen Kopien verbreiten ließ, dokumentiert dies. Es zeigt den russischen Zaren in einer Uniform, die der preußischen zum Verwechseln ähnlich sieht und mit dem gleichen Stock, den der Preußenkönig auf allen Altersbildnissen wie ein Markenzeichen mit sich führt.

Kaiserin von Kaisers Gnaden

Die Krönungszeremonie des russischen Alleinherrschers war stark sakral geprägt. Die Feier beinhaltete die Übertragung der Insignien sowie die Erteilung des göttlichen Segens durch die Salbung des Herrschers und seine Teilnahme am Abendmahl während der Zeremonie. Die Krönungen fanden stets in Moskau statt, dem geistigen Zentrum Russlands, und immer in der Mariä-Entschlafens-Kathedrale des Kremls. Seit Peter dem Großen beanspruchte der russische Zar auch den in Westeuropa gebräuchlichen Titel Kaiser. Und wie vor ihm Napoleon setzte sich nun der russische Zar die Krone selbst auf das Haupt. So machte er deutlich, dass auch er keinem weltlichen oder geistlichen Herrscher unterstand, sondern seine Macht direkt von Gott erhalten habe. Im Anschluss krönte er seine Gemahlin zur Zarin und Kaiserin von Russland.

247 **Die Krönung Maria Fjodorownas**
Émile Jean Horace Vernet (1789–1863)
1826; Öl auf Leinwand
Staatliches Russisches Museum, Sankt Petersburg

Nachdem Zar Paul sich selbst gekrönt hatte, setzte er seiner Gemahlin die Krone auf. Zar Nikolaus I. ließ anlässlich seiner eigenen Krönung diesen historischen Moment nochmals darstellen – sicher als Referenz an seine Mutter Maria Fjodorowna. Sie – inzwischen 67 Jahre alt – war genau 50 Jahre zuvor zur Zarin und Kaiserin gekrönt worden.

248 Platz vor dem Uspenskij Sobor im Kreml

Fedor Alexejew (1753–1824)
um 1800; Öl auf Leinwand
Staatliches Russisches Museum,
Sankt Petersburg

Die Mariä-Entschlafens-Kathedrale (ganz rechts) im Moskauer Kreml war über Jahrhunderte hinweg die Hof- und Krönungskirche der russischen Zaren, auch dann noch, als der Regierungssitz längst nach Sankt Petersburg verlegt worden war. Im Facettenpalast (Bildmitte) fanden die Festlichkeiten nach der Krönungszeremonie statt.

249 Krönungskleid Maria Fjodorownas

1796; Glanzbrokat, Batist, Taft, Spitze, Silberfaden, Pailletten, Flittergold. Foto aus der Zeit vor der Restaurierung, die anläßlich der Ausstellung erfolgte.

Staatliches Kulturhistorisches Museum-Reservat „Moskauer Kreml"

Wie alle Krönungskleider wurde auch das der Zarin Maria Fjodorowna nach den Krönungsfeierlichkeiten der Rüstkammer des Moskauer Kremels zur Aufbewahrung übergeben. Bis zu dieser Ausstellung hat es den Kreml nie verlassen.

In der Kombination von silberner Stickerei auf silbernem Brokatstoff wurde das Kleid vorbildlich für alle späteren Krönungskleider.

250 Schuhe zum Krönungskleid Maria Fjodorownas

1796; Glanzbrokat, Seide, Rinds- und Ziegenleder, Seidenband

Staatliches Kulturhistorisches Museum-Reservat „Moskauer Kreml"

Die Schuhe, die Maria Fjodorowna bei ihrer Krönung trug, waren höchst modern. Sie haben einerseits einen hohen Absatz, wie er für das Tragen von Kleidern mit Fischbeinstäben zwingend notwendig war. Anderseits sind an der Seite Bänder angebracht, die um die Knöchel gewickelt wurden. Das entspricht der damals ganz neuen Mode, sich antikisch à la Grecque zu kleiden.

Maria Fjodorownas Welt: Pawlowsk

Als 1777 ein Thronfolger für die Dynastie geboren worden war, schenkte die Zarin Katharina II. ihrem Sohn und ihrer Schwiegertochter ein riesiges Stück Land. Maria Fjodorowna ließ darauf ein Schloss errichten, das sie nach ihrem Gemahl Paul Pawlowsk nannte. Es entstand ein Bau im modernen, klassizistischen Stil und um ihn herum einer der größten Landschaftsgärten Russlands und Europas. Von den Ideen Rousseaus geprägt, bildeten Architektur und Park eine harmonische Einheit. Das Schloss, ein Bauwerk von strenger Eleganz, sowie zahlreiche Tempel und Denkmäler in seiner Umgebung beschworen die Aura der Antike, armselige Bauernhütten die Nähe zur Natur. Die herrschende Stimmung war eher schwermütig, schon wegen der Denkmäler, die Maria Fjodorowna für ihre verstorbenen Eltern, Geschwister und Kinder in dem Park aufstellen ließ.

253 Generalplan von Pawlowsk

1792–1799; Feder, Tusche, Aquarell
Staatliches Museum-Reservat „Pawlowsk",
Sankt Petersburg

Über 50 Jahre hinweg hat Maria Fjodorowna den Park um ihr Schloss gestaltet und immer wieder verändert. Vorbilder für die Anlage waren zunächst die großen europäischen Parks Versailles und Chantilly, später die kleinen württembergischen um die Schlösser Étupes und Hohenheim. Als Reaktion auf die Französische Revolution ließ Maria Fjodorowna zuletzt eine betont melancholische Stimmung in Pawlowsk einziehen.
Siehe Seite 102

254 Schloss Étupes und sein Park

vor 1791; Papier, Stoff, Tusche, Aquarell
Staatliches Museum-Reservat „Pawlowsk",
Sankt Petersburg

Nicht weniger als das Schloss prägte der umliegende Park den Charakter der Sommerresidenz Étupes. Eingebettet in den Landschaftsgarten waren eine Orangerie, mehrere Grotten, ein Schweizer Haus, antike Ruinen, eine Köhlerhütte und eine Eremitage. Viele dieser Bauten hat Maria Fjodorowna in ähnlicher Form im Park von Pawlowsk errichten lassen – sicher in Erinnerung an ihre alte Heimat.
Siehe Seite 105

255 **Schloss Pawlowsk und sein Park**

Karl Ferdinand von Kügelgen (1772–1832)

Anfang 19. Jh.; Öl auf Leinwand

Staatliches Museum-Reservat „Pawlowsk",

Sankt Petersburg

Das Bild mit der Ansicht von Schloss und Park Pawlowsk beschwört den Grundgedanken der gesamten Anlage: die Einheit von Baukunst und Landschaftsgarten, die Harmonie von Mensch und Natur. Dargestellt ist die Gartenseite des Schlosses, das von 1782 bis 1785 nach den Plänen des schottischen Architekten Charles Cameron gebaut wurde.

25/ Blick auf den Marienthaler Teich

Gawriil Sergejewitsch Sergejew (1756/66–1816)
1793/99; Aquarell auf Papier
Staatliches Museum-Reservat „Pawlowsk",
Sankt Petersburg

Diese Ansicht des Landschaftsgartens
Pawlowsk macht etwas von der Weitläufig-
keit und der Vielfalt deutlich, die den Besucher des Parks überwältigte. Der Park
zählte zu den größten in Europa. Er war beispielsweise 600-mal größer als der Park,
den der Herzog Carl Eugen von Württemberg um sein Schloss Hohenheim hatte
anlegen lassen.

259 Der Drei-Grazien-Pavillon in Pawlowsk

um 1790; Aquarell auf Papier

Staatliches Museum-Reservat „Pawlowsk",
Sankt Petersburg

Die Drei-Grazien-Gruppe im Zentrum des
Pavillons fügt sich inhaltlich zu den im
Park von Pawlowsk überall gegenwärtigen
Themen. Galten doch die Drei Grazien im
Zeitalter der Empfindsamkeit weniger als
verführerische Töchter der Venus, sondern
mehr als die Beschützerinnen von Freund-
lichkeit, Wohlwollen, Dankbarkeit und treuer
Freundschaft.

**260 Maria Fjodorowna am Denkmal
für Alexandra**

August Friedrich Schuch (1792–1850)

1825–1828; Gouache auf Papier

Staatliches Museum-Reservat „Pawlowsk",
Sankt Petersburg

Alexandra, die älteste Tochter Maria
Fjodorownas, die mit Erzherzog Joseph
von Österreich verheiratet war, starb mit
erst 18 Jahren im Kindbett. In Erinnerung
an sie ließ die Zarin im Park von Pawlowsk
ein Denkmal errichten, das die trauernde
Mutter oft besuchte.

261 Der Familienhain der Romanows
August Philipp Clara (1790–1850)
nach Wassili Andreijewitsch Shukowski (1783–1852)
1824; Aquarell auf Papier
Staatliches Museum-Reservat „Pawlowsk",
Sankt Petersburg

Im privaten Garten der Kaiserlichen Familie, ganz in der Nähe des Schlosses, ließ Maria Fjodorowna auf einer Landzunge ein Naturdenkmal errichten: Für jedes neue Familienmitglied wurde eine Birke gepflanzt und mit einer Tafel versehen, beschriftet mit dem Namen und dem Geburtstag.

Die jungen Romanows in Europa

Im Auftrag Katharinas der Großen begab sich das russische Thronfolgerpaar 1781 auf eine einjährige Europareise. Die Zarin hatte die einzelnen Stationen selbst festgelegt, denn sie verfolgte mit der Reise politische Ziele. Das Paar sollte für Russland nutzbringende Verbindungen zu den europäischen Eliten der Politik, Kultur, Wirtschaft und Wissenschaft knüpfen. Außerdem wollte Katharina das Verhältnis zu den Habsburgern verbessert wissen. Dazu sollte ein über zweimonatiger Aufenthalt in Wien dienen. Paul sollte Kaiser Joseph II. schätzen lernen und seine einseitige Begeisterung für den Preußenkönig Friedrich den Großen abbauen. Für Maria Fjodorowna war sicher das Wiedersehen mit ihren Eltern und Geschwistern in Stuttgart und Mömpelgard der emotionale Höhepunkt der Reise.

267 Empfang im Teatro San Benedetto

Antonio Baratti (1724–1787),
nach Francesco Guardi (1712–1793)
1782; Kupferstich
Staatliches Museum-Reservat „Pawlowsk",
Sankt Petersburg

Die Feste, die anlässlich des Besuches des russischen Thronfolgerpaares von der Stadt Venedig ausgerichtet wurden, waren so spektakulär, dass sie in mehreren Gemälde- und Grafikserien festgehalten wurden. Am 22. Januar etwa räumte man das Theater der Stadt leer, um dort von 2 Uhr nachts an ein Festessen und einen Ball für die Gäste zu geben.

266 Das Neujahrsfest 1782 in Wien

Hieronymus Löschenkohl (1753–1807)
1782–1787; kolorierte Radierung
Staatliches Historisches Museum, Moskau

In die Zeit des Aufenthalts des russischen Thronfolgerpaares in Wien fiel auch der Neujahrstag des Jahres 1782. Man verbrachte ihn im Kreise der Familie von Kaiser Joseph II. und der angereisten Verwandtschaft Maria Fjodorownas: Zugegen waren ihre Eltern, ihr Bruder Ferdinand und ihre Schwester Elisabeth, die kurz darauf Erzherzog Franz von Österreich heiratete.

268 Das russische Großfürstenpaar in Rom

Johann Gottlieb Puhlmann (1751–1826)

nach Pompeo Batoni (1708–1787)

1782/1783; Öl auf Leinwand

Staatliches Museum-Reservat „Pawlowsk",

Sankt Petersburg

Während ihres Romaufenthaltes ließ sich das russische Thronfolgerpaar vom damals hoch berühmten Pompeo Batoni portraitieren, dem Bildnismaler der europäischen Elite schlechthin. Sein Schüler Johann Gottlieb Puhlmann war bei den Sitzungen dabei und durfte die Gemälde (seit 1941 verschollen) des Meisters später kopieren.

269 Paul und Maria Fjodorowna beim Papst

A. Lazzarini nach Giacomo Beys

1801; Radierung

Staatliches Historisches Museum, Moskau

In Rom wurden Paul und Maria Fjodorowna auch von Papst Pius VI. empfangen. In seinen politischen Ansichten dürfte das russische Thronfolgerpaar mit ihm gut harmoniert haben. „Kann man etwas Unsinnigeres ausdenken, als eine derartige Gleichheit und Freiheit für alle zu dekretieren?", kommentierte Pius VI. einige Jahre später die Forderungen der Französischen Revolution.

270 **Paul und Maria Fjodorowna in Tivoli**

Abraham Louis Rodolphe Ducros (1748–1810)

1782; Öl auf Leinwand

Staatliches Museum-Reservat „Pawlowsk",

Sankt Petersburg

Wie viele Touristen und Künstler des 18. Jahrhunderts besuchten auch Maria Fjodorowna und Paul während ihrer Reise durch Italien die antike Stadt Tivoli in der Nähe von Rom. Geführt vom deutschen Maler Jacob Philipp Hackert, besichtigte das Paar dort unter anderem die von Wasserfällen umtoste Neptunsgrotte in der Villa Gregoriana.

271 Parade vor dem Neuen Schloss

Gregorio Guglielmi (1714–1773) zugeschrieben

1762/1782; Öl auf Leinwand

Staatliches Museum-Reservat „Pawlowsk",

Sankt Petersburg

Für die hohen Gäste aus Sankt Petersburg
ließ Herzog Carl Eugen auch eine Militärpa-
rade vor dem Neuen Schloss durchführen.
Bislang wurde angenommen, dies eindrucksvolle Bild gebe dieses Ereignis des
Jahres 1782 wieder. Vielleicht stellt es
jedoch eine Parade dar, die Carl Eugen
1762 veranstalten ließ, denn das Gemälde
stammt vermutlich von dem bereits 1773
verstorbenen Maler Gregorio Guglielmi.

274 **Prunkvase aus der Manufaktur des Stuttgarter Onkels**

Ludwigsburger Porzellanmanufaktur
1782; Biskuitporzellan, vergoldet
Staatliches Museum-Reservat „Pawlowsk",
Sankt Petersburg

Herzog Carl Eugen konnte beim Besuch des russischen Thronfolgerpaars in Stuttgart mit einem besonderen Geschenk aufwarten: einer eigens in der Ludwigsburger Porzellanmanufaktur hergestellten Prunkvase. In Marias Fjodorownas Schloss Pawlowsk erhielt das Geschenk des Onkels einen Ehrenplatz.

**275 Prunkvase mit den Bildnissen
der Brüder**

Ludwigsburger Porzellanmanufaktur

1781; Porzellan

Staatliches Museum-Reservat „Pawlowsk",

Sankt Petersburg

Bei Ihrem Aufenthalt in Stuttgart bekam
Maria Fjodorowna mehrere Prunkvasen
geschenkt, die Herzog Carl Eugen in der
Ludwigsburger Porzellanmanufaktur hatte
herstellen lassen. Die Bemalung wurde
ganz auf die Beschenkten abgestimmt.
Diese Vase ist mit den Portraits der sechs
Brüder von Maria Fjodorowna geschmückt.

Ihre Kaiserliche Hoheit, die Zarenmutter

Maria Fjodorowna überlebte ihren Gemahl um 27 Jahre. Als Witwe und Zarenmutter wurde sie zunächst Zeugin des kometenhaften Aufstiegs Napoleons und der bitteren Niederlagen ihres Sohnes Alexander I. (1777–1825) in den Kriegen gegen Frankreich. Sie mündeten 1807 im Bündnis von Tilsit, das Alexander letztlich mit Napoleon einging, die Mutter aber als Erniedrigung Russlands empfand und kritisierte. Maria Fjodorowna wurde aber auch Zeugin des Triumphs ihres Sohnes über Napoleon, der ihm 1814 den Ehrentitel Retter Europas einbrachte. Im Dezember 1825 – als eine Reihe von Offizieren den Eid auf den neuen Zaren, ihren drittältesten Sohn, Nikolaus I. (1796–1855), verweigerten – erlebte Maria Fjodorowna kurz vor Ihrem Tod mit dem Dekrabristenaufstand auch noch die erste revolutionäre Bewegung gegen das autokratische Zarenregime.

278 Maria Fjodorowna neben der Büste Alexanders I.
George Dawe (1781–1829)
vor 1825; Öl auf Leinwand
Staatliches Russisches Museum, Sankt Petersburg

Auch im Alter von fast 70 Jahren blieb Maria Fjodorowna eine höchst eindrucksvolle Persönlichkeit. Sie wusste das russische Kaiserhaus auf das beste zu repräsentieren: Ihr Erscheinen im öffentlichen Leben war immer ein imposant inszenierter Auftritt. Sie setzte weiterhin auf den Glanz der Monarchie als Mittel der Politik.

279 Maria Fjodorowna als ältere Dame
nach 1820; Mischtechnik auf Papier
Staatliches Museum-Reservat „Pawlowsk", Sankt Petersburg

„Sie ist eine großgewachsene Frau ... und sieht für ihre 65 Jahre gut erhalten aus, was unzähligen kleinen Vorrichtungen an ihrem Kleid zu verdanken ist. Ihr Korsett ist so eng, dass sie sich nur mit kleinen Schritten fortbewegen kann. Sie kann sich auch nicht bücken und die Hand nicht weit genug ausstrecken, um ihre Handschuhe glattzuziehen." (Cornelie de Wassenar Obdam, Hofdame)

**280 Allegorie zur Thronbesteigung
Zar Alexanders I.**

nach Ferdinand de Meys

nach 1801, Öl auf Leinwand

Staatliches Russisches Museum,

Sankt Petersburg

Zar Paul, der sich immer mehr zu einem unerträglichen Despoten entwickelt hatte, war 1801 ermordet worden. Nun bestieg Alexander, der älteste Sohn Maria Fjodorownas, den russischen Thron. In dem Bild kommen die großen Hoffnungen zum Ausdruck, die man mit ihm verband: Er soll sich als würdiger Nachfolger von Peter dem Großen und Katharina der Großen erweisen.

Maria Fjodorowna „privat"

Jeder Besucher des Schlosses Pawlowsk konnte wahrnehmen, dass die Hausherrin sich auch künstlerisch betätigte. In manchen Räumen hatte Maria Fjodorowna mehr als die Hälfte der zur Schau gestellten Ziergegenstände selbst hergestellt: Gemälde, Zeichnungen, Scherenschnitte, kleine Vasen und Obelisken aus Bernstein und Elfenbein, Medaillen und Kameen aus Steinen, Glaspaste oder Papiermaschee.
Manche Schlossräume gestaltete Maria Fjodorowna als Reliquienkammern. In ihnen wurden Andenken an verstorbene Familienmitglieder präsentiert: Erinnerungsbüsten ihrer Eltern, das Nähkästchen, das ihre Mutter zum 60. Geburtstag geschenkt bekommen hatte, der Hut und der Stock ihres ermordeten Gatten, ein von ihr selbst gezeichnetes Bildnis ihrer früh verstorbenen Tochter Olga. Testamentarisch verfügte Maria Fjodorowna, dass diese „Zimmerdenkmale" über ihren Tod hinaus für immer unverändert bleiben sollten.

282 **Maria Fjodorowna als Künstlerin**
Johann Baptist Lampi (1751–1830)
vor 1796; Öl auf Leinwand
Staatliches Russisches Museum,
Sankt Petersburg

Das in verschiedenen Versionen und Größen überlieferte Bildnis zeigt die Großfürstin nicht in großer staatstragender Pose, sondern als Künstlerin und auf die Familie bezogen. Sie portraitiert ihre Kinder, neben der Büste ihres Mannes und vor dem Tempel stehend, den das Thronfolgerpaar in Dankbarkeit für Katharina die Große hatte errichten lassen.

283 Sechs Kinder im Blick der Mutter

Maria Fjodorowna (Zeichnungen), George Francois
Amay (Fassung)

1792; Gold, Glas, Email, Bleistift

Staatliches Kulturhistorisches Museum-Reservat
„Moskauer Kreml"

Katharina die Große kommentierte die
Zeichnungen ihrer Schwiegertochter und
charakterisierte dabei die Dargestellten.
Alexander werde „von allen außerordentlich geliebt", Konstantin „schwatzt in vier
Sprachen", Maria agiere „eher jungenhaft".
Die zweijährige Katharina sei für sie erst
einmal nur „ein dickes, hellhäutiges Kind-
chen mit hübschen Augen".

**288 Herzogin Dorothee Sophie
von Württemberg**

Johann Heinrich Dannecker (1758–1841)

Gipsmodell für die Marmorbüste

Staatliche Schlösser und Gärten Baden-Württemberg

Maria Fjodorownas Mutter, Herzogin Sophie
Dorothee von Württemberg, starb im Jahr
1798. Mit der Marmorbüste aus Stuttgart,
die der württembergische Hofbildhauer im
Auftrag der Zarin posthum fertigte, holte
sich die trauernde Tochter ihre Mutter
gleichsam ins Leben zurück. Maria Fjodorowna stellte die Büste neben das Nähkästchen ihrer Mutter.

**289 Das Nähkästchen aus Stuttgart –
eine Erinnerung an die Mutter**

Matthias Müller

1796; Mahagoni, Ebenholz, Messing, Seide

Landesmuseum Württemberg, Stuttgart

Zu ihrem 60. Geburtstag – am 18. Dezember,
so die Inschrift auf dem Deckel – bekam
Herzogin Sophie Dorothee von Württemberg,
die Mutter Maria Fjodorownas, ein in der
Stuttgarter Hofschreinerei gefertigtes Näh-
kästchen geschenkt. Nach dem Tod der
Mutter wollte Maria Fjodorowna das kleine
Möbel um sich haben und holte es nach
Sankt Petersburg.

292 Tasse mit dem Neuen Schloss in Stuttgart

Porzellanmanufaktur Ludwigsburg

1810er Jahre; Porzellan, Aufglasurmalerei, vergoldet

Staatliches Museum-Reservat „Pawlowsk",

Sankt Petersburg

Die Tasse gehört zu einem Tee- und Kaffee-service, das Maria Fjodorowna als Erinne-rung an ihre alte Heimat von ihrem Bruder Friedrich, dem württembergischen König, geschenkt bekam. Das Service war mit Ansichten von Stuttgart und Ludwigsburg dekoriert.

295 Album mit 44 Ansichten von Sankt Petersburg

1820–1826; kolorierte Lithografien

Landesmuseum Württemberg, Stuttgart

Die in diesem Buch vereinte Serie von 44 Vedouten von Sankt Petersburg dokumen-tiert das Aussehen der Stadt zur Zeit der letzten Lebensjahre von Maria Fjodorowna höchst präzise. Herausgegeben wurde die Serie von der Gesellschaft zur Förderung der Künstler in Sankt Petersburg.

ВОСПИТАТЕЛЬНОЕ ОБЩЕСТВО БЛАГОРОДНЫХЪ ДѢВИЦЪ.
Communauté des Demoiselles Nobles.

Königin Katharina

Katharina kam als Tochter des russischen Großfürsten und späteren Zaren Paul I. und seiner Gemahlin Maria Fjodorowna (Sophie Dorothee von Württemberg) 1788 zur Welt. Der Aufstieg und der Fall Napoleons prägten ihr Leben. Als Antwort auf das Werben Napoleons, das man am russischen Kaiserhof mit Verachtung aufnahm, wurde Katharina, die Schwester des Zaren Alexander I., 1809 mit Herzog Georg von Oldenburg verheiratet. Nach nur drei Jahren glücklicher Ehe wurde Katharina Witwe. In zweiter Ehe verband sich Katharina – nachdem sich die Heiratspläne mit Erzherzog Karl von Österreich zerschlagen hatten – 1816 mit dem württembergischen Kronprinzen Wilhelm. Wilhelm hatte sich zuvor von seiner ersten Gemahlin, Charlotte von Bayern, mit Billigung des Papstes scheiden lassen, weil die Verbindung nur auf politischen Druck hin – auch hier galt es das Werben Napoleons abzuwehren – zustande gekommen, aber nie vollzogen worden war. Noch nicht 31 Jahre alt, starb Königin Katharina von Württemberg völlig unerwartet. [FF]

302 **Großfürstin Katharina**
Johann Friedrich August Tischbein (1750–1812)
um 1805; Öl auf Leinwand
Staatliche Schlösser und Gärten Baden-Württemberg

1788	Geburt am 21. Mai als Tochter der russischen Großfürstin Maria Fjodorowna und Großfürst Paul in Zarskoje Selo bei St. Petersburg
1809	Hochzeit mit Prinz Georg von Holstein-Oldenburg am 18. April Umzug nach Twer, wo Georg als Gouverneur residiert
1810	Geburt des Sohnes Alexander, der mit 19 Jahren stirbt
1812	Geburt des Sohnes Peter, der Prinzessin Therese von Nassau-Weilburg heiratet Tod des Ehemanns
1815	Teilnahme am Wiener Kongress
1816	Hochzeit mit Kronprinz Wilhelm von Württemberg am 24. Januar in St. Petersburg
1816	Nach dem Tod König Friedrichs besteigen Wilhelm und Katharina am 30. Oktober den württembergischen Thron; am selben Tag Geburt der Tochter Marie, spätere vermählte Gräfin Neipperg
1817	Gründung der Zentralleitung des Wohltätigkeitsvereins
1818	Geburt der Tochter Sophie, der späteren Königin der Niederlande und Großherzogin von Luxemburg
1819	plötzlicher Tod der Königin Katharina am 9. Januar

Königin Katharina – Russin und Württembergerin

Katharina zählt bis heute zu den populären Heldinnen der württembergischen Landesgeschichte. Manche nennen sie augenzwinkernd sogar die „protestantische Haushheilige" der Württemberger. Grund für ihre Popularität ist ihr berühmtes, nachhaltig wirkendes soziales Engagement. Indes war Katharina weit mehr als eine württembergische Königin: Sie war eine Person von europäischer Bedeutung.

Als Zarentochter, die den Namen ihrer berühmten Großmutter tragen durfte, wurde sie am Hof von Katharina der Großen bestens erzogen – selbstverständlich unter der Maxime, dass die adelige Herrschaft die Herrschaft der Besten sei. Allerdings habe das Fürstenkind die bereits durch Geburt zugewiesene herausragende Stellung in der Sozialpyramide mit einer besonderen Bildung zu bestätigen. Unter dem Einfluss ihrer Mutter, Maria Fjodorowna, die stark von den Idealen Rousseaus geprägt war, wird aber bei der Erziehung Katharinas auch die Ausbildung des Charakters eine starke Rolle gespielt haben. Vermittelt wurden: Pflichterfüllung, Mäßigung, soziales Verhalten und Verantwortung dem öffentlichen Wohl gegenüber. Von Jugend an hatte Katharina ein enges Verhältnis zu ihrem ältesten Bruder, dem späteren Zaren Alexander I. Er ernannte Katharinas ersten Gemahl, Georg von Oldenburg, zum Generalgouverneur von Twer, Nowgorod und Jaroslaw und zum Direktor der Land- und Wasserstraßenverwaltung des Russischen Reiches. Dies ermöglichte es dem Paar, in der Stadt Twer zwischen Sankt Petersburg und Moskau zu residieren. Zusammen mit ihrem literarisch sehr interessierten Gemahl führte Katharina dort einen höchst kultivierten Hof, der schnell zum Treffpunkt der konservativ ausgerichteten politischen Elite Russlands avancierte. Zum Twerer Kreis gehörten der Graf Fjodor Rostoptschin (1763–1826) und der Historiker Nikolai Michailowitsch Karamsin (1766–1826), der

Historiograph des Zaren. An Katharinas Hof verkehrte auch Freiherr vom Stein (1757–1831), der als preußischer Minister weitreichende Reformen wie die Bauernbefreiung durchgesetzt hatte, aber wegen seiner antinapoleonischen Haltung ins Exil gehen musste und ab 1812 als Berater Alexanders I. in Sankt Petersburg tätig war. Aus diesem Kreis um Katharina kamen entscheidende Anstöße für den letztlich siegreichen Verlauf des russischen Befreiungskrieges gegen Napoleon: die Politik der verbrannten Erde, die zur Zerstörung Moskaus führte, sowie die Idee, Landwehren aufzubauen und so patriotische Gefühle beim ganzen Volk zu wecken. Katharina spielte dabei eine tragende Rolle. Sie drängte während der Krise, die durch den Vormarsch der Franzosen auf Moskau entstand, ihren Bruder, den Zaren, energisch dazu, entschlossener gegen Napoleon zu kämpfen. Nach dem Brand von Moskau und dem Rückzug Napoleons schrieb sie triumphierend an Karamsin: „Unsere ruhmvolle Hauptstadt ist untergegangen, wir aber sind unerschüttert geblieben; ihr [die Feinde] habt Frieden erwartet, aber nein, wir haben gesagt: Tod! Auf euren Grabhügeln werden unsere Städte sich wieder erheben, als auf der ruhmvollsten Grundlage. Russland war die zweite Macht in Europa, jetzt und für immer ist es die erste" (nach Rehm 1968, S. 24f.). Wenig später steckte sich ihr Gemahl Georg in einem Soldatenhospital mit Typhus an und starb im Dezember 1812.

Der Tod ihres Mannes, mit dem sie eine glückliche Ehe führte, aus der zwei Söhne hervorgingen, stürzte Katharina in eine psychische Krise. Erst an dem Tag, an dem ihr Bruder als Retter Europas an der Seite des österreichischen Kaisers Franz I. und des preußischen Königs Friedrich Wilhelm II. in Paris einmarschierte und der endgültige Triumph über Napoleon gefeiert wurde, am 31. März 1814, legte sie die Trauerkleider ab.

Der Brand von Moskau
Chr. J. Oldendorp
1812–1817; Öl auf Leinwand
Deutsches Historisches Museum, Berlin

Die Niederlage Napoleons gab den Anlass, auf dem Wiener Kongress das europäische Staatengefüge neu zu ordnen. Auf Kosten Frankreichs wurden die Großmächte Russland, Preußen und Österreich gestärkt. Reichsfreiherr vom Stein forderte, jetzt die deutschen Staaten zu einem Reich zu vereinen.

Katharina traf auf dem Kongress Kronprinz Wilhelm von Württemberg wieder, dem sie kurz zuvor in London erstmals begegnet war. Wilhelm, der nach dem Koalitionswechsel seines Vaters an der Seite Alexanders I. erfolgreich gegen Napoleon gekämpft hatte, und die Schwester des Zaren, die sich wieder verheiraten wollte, fanden Gefallen aneinander. Nachdem die kühnen Pläne Kathari-

nas, Erzherzog Karl von Österreich zu ehelichen, gescheitert waren, stand einer Verbindung mit ihrem Cousin Wilhelm nichts mehr im Wege. Trotz der gegenseitig beteuerten Sympathie waren auch bei der zweiten russisch-württembergischen Verbindung machtpolitische Überlegungen von entscheidender Bedeutung: Katharina heiratete Württembergs Kronprinzen im Jahre 1816 mit der vagen Hoffnung, an dessen Seite die deutsche Kaiserkrone zu erlangen. Und für das kleine Württemberg konnte es nur von Vorteil sein, die vermögende Lieblingsschwester des Zaren im Lande zu haben, zumal es, gerade als Friedrich starb und Katharina an der Seite ihres Gemahls Königin wurde, in einer seiner schwersten Krisen steckte.

Stuttgart von der Morgenseite
W. Nilson
1812; Aquatintaradierung
Staatsgalerie Stuttgart

Politisch war das junge Königreich noch nicht gefestigt, eine erste Verfassung sollte erst noch geschrieben werden. Wirtschaftlich war das Land durch Kriege geschwächt, Missernten führten in den Jahren 1816/17 zu akuter Not. Tausende Bürger verließen das Land und wanderten aus.

In kürzester Zeit entwickelte sich Königin Katharina zu einer erfolgreichen Sozialpolitikerin. Sie orientierte sich dabei am Vorbild ihrer Mutter Maria Fjodorowna, ging konzeptionell jedoch weit über dieses hinaus, indem sie ihre Politik als Hilfe zur Selbsthilfe anlegte. Sie verteilte keine milden Gaben aus ihrem Vermögen, sondern entwarf ein eigenes, ehrgeiziges Konzept, das sie

höchst professionell in Zusammenarbeit mit der Regierung ihres Mannes und dem engagierten Bürgertum umsetzte. Ihre erfolgreiche Politik ließ die patriotische Russin Katharina zu einer württembergischen Landesmutter werden, deren früher, rätselhafter Tod 1819 zutiefst betrauert wurde. [FF]

Verklärung und Nachruhm: Königin Katharina im Gedenken der Nachwelt

Durch ihren frühen Tod erging es Königin Katharina wie vielen anderen bekannten Personen, deren Leben in jungen Jahren endete. Als sie am 9. Januar 1819 unvermittelt starb, erfasste ein kollektiver Schock das ganze Land. Alle Kritik an der Königin, die es zuvor durchaus gegeben hatte, verstummte. Die bekannten Dichter Gustav Schwab und Ludwig Uhland verfassten Nachrufe und Gedichte, in denen die Königin gleichsam als Engel charakterisiert wurde. Dieses religiöse und mythologische Bild des Engels blieb über lange Zeit bestimmend für die biografischen Veröffentlichungen. Dabei stellten die Verfasser wichtige von der Königin begründete Einrichtungen heraus, so das Katharinenstift, das Landwirtschaftliche Institut in Hohenheim, den Wohltätigkeitsverein und die Sparkasse.

Durch die Abgeschlossenheit des Hofes waren einer breiten Öffentlichkeit die Spannungen in der Ehe des Königspaares weitgehend verborgen geblieben, und der frühe Tod der Königin führte auch in informierten Kreisen zu einer völligen Verdrängung dieser Schattenseiten. König Wilhelm I. ließ für seine verstorbene Gemahlin das weithin sichtbare Mausoleum auf dem Rotenberg errichten und dafür die Stammburg Württemberg abbrechen. Mit der über dem Portal angebrachten Inschrift „Die Liebe höret nimmer auf", einem biblischen Zitat, trug er selbst zur Legendenbildung bei. Unmittelbar nach ihrem Tod hatte er nicht nur sämtliche Privatpapiere verbrannt, sondern in Russland bei den Korrespondenzpartnerinnen der Königin nach kompromittierenden Dokumenten suchen und diese vernichten lassen.

So beruhte die zunehmende Verklärung von Königin Katharina auf zwei Grundlagen. Einerseits stammten die Veröffentlichungen von Verfassern, die im Staatsdienst standen und sich keine kritischen Äußerungen erlau-

ben konnten. Andererseits fehlten die entsprechenden Quellen, so dass die Verehrung der Verstorbenen auch durch die offizielle Überlieferung gestützt wurde. Schon der Untertitel einer Biografie von 1841 „Ein Musterbild für gekrönte Frauen" zeigt die Intention dieses Büchleins. König Wilhelm I. und Königin Katharina werden als Musterbild eines soliden Ehepaares, welches im Alltag einfach lebt und nur bei offiziellen Anlässen den erforderlichen Aufwand treibt, dargestellt.

In der späteren Biografie von J. Merkle fällt bei genauer Lektüre auf, dass zwei Versionen des schicksalhaften Besuchs der Königin in Scharnhausen wenige Tage vor ihrem Tod im Buch dargestellt werden. Während Therese Huber in einem Brief schrieb, die Königin sei am 4. Januar allein nach Scharnhausen gefahren, lautete die offizielle Version, dass das Königspaar gemeinsam dorthin gereist sei.

Dieses verklärte Bild der Königin hielt sich bis in das
späte 20. Jahrhundert, da lediglich zwei kleine Büch-
lein erschienen, eines davon zum 150-jährigen Bestehen der Württembergischen Landessparkasse, welche
von Königin Katharina begründet worden war. Erst im
Jahr 1984 legte Otto-Heinrich Elias in einem Festschrift-
Beitrag für Hans-Martin Maurer eine differenzierte Studie vor. Er verwies das idyllische Bild eines königlichen
Traumpaares ins Reich der Fantasie, indem er aus zahlreichen Büchern und Dokumenten auch eher problema-
tische Seiten der Königin erschloss. Ihren Tod deutete
er als seelischen Zusammenbruch, nachdem König Wilhelm I. das intime Verhältnis zu der politisch einfluss-
reichen Hofdame Blanche de la Flèche (Baronin Keu-
delstein) nicht aufgeben wollte. Mit ihr traf er sich im
Schloss Scharnhausen an jenem eiskalten Wintertag,
als ihm Katharina nachfuhr. Paul Sauer griff in seiner
Biografie über den König diese Vermutung auf und
konnte sie mit Dokumenten aus dem Archiv des Hauses
Württemberg in Altshausen belegen.
Die Verdienste der Königin Katharina um ihr Land sind
unbestritten, aber die neuere Forschung hat doch entscheidend dazu beigetragen, ein nüchterneres Bild von
ihr zu zeichnen und den Menschen hinter der Monarchin mit allen seinen Licht- und Schattenseiten hervor-
treten zu lassen. [EF]

364 **Medaille auf die Grundsteinlegung des Katharinenhospitals**
Stuttgart 1918; Silber
Landesmuseum Württemberg, Stuttgart

In Bildern
eine Bürgerliche

In ihrer Selbstdarstellung passte sich die
Königin von Württemberg ganz der Strategie
ihres Mannes an: Er hatte die protzige Bild-
propaganda, die noch unter König Friedrich
herrschte, sofort eingestellt. Der Aufwand
für höfische Repräsentation wurde gerade
in der krisenhaften Zeit demonstrativ klein
gehalten, um den Bürgern keinen Anlass
zur Kritik zu geben. In den Bildnissen der
Königin Katharina spielte deshalb ihre
Herkunft aus dem reichen und mächtigen
Zarenhaus kaum eine Rolle. Katharina trat
ähnlich zurückhaltend auf wie der König,
fast wie eine Bürgerin, und wollte vor allem
an ihren Leistungen gemessen werden.

◂ 304 **Königin Katharina im Neuen Schloss**
Karl von Sales (1791–1870)
1819; Öl auf Leinwand
Staatliches Russisches Museum, Sankt Petersburg
Dies kleinformatige Bild ist das anspruchsvollste unter den erhaltenen Portraits
Katharinas, denn es verweist indirekt auf
ihre vornehme Abstammung: Katharina
sitzt in ihrem Salon, der modern, im Zeitge-
schmack des Empire eingerichtet ist und
der mit einem großen Portrait Katharinas
der Großen geschmückt ist, der Großmutter
und Patin der württembergischen Königin.

302 **Katharina als junge Frau**
Johann Friedrich August Tischbein (1750–1812)
um 1806/07; Öl auf Leinwand
Staatliche Schlösser und Gärten Baden-Württemberg
Dies Bildnis der etwa 20-Jährigen wurde
gemalt, als ihre Verheiratung anstand. Als
einflussreiche Schwester des Zaren
Alexander I. galt Katharina als das kost-
barste Faustpfand der russischen Dynastie.
Nachdem die Verhandlungen mit dem österreichischen Erzherzog nicht zum Erfolg
geführt hatten, entschieden die Romanows,
sie mit Prinz Georg von Oldenburg zu ver-
binden.
Siehe Seite 174

301 Katharina als Kind

Dimitri Lewizki (1735–1823)

1790/95; Öl auf Leinwand

Staatliches Museum-Reservat „Pawlowsk",
Sankt Petersburg

Katharina kam als vierte Tochter Maria
Fjodorownas und des Großfürsten und
späteren Zaren Paul zur Welt. Ihre Geburt
verlief dramatisch; Katharina die Große
verbrachte viele Stunden am Bett und half
ihrer Schwiegertochter, die um ihr Leben
rang. Aus Dankbarkeit der Zarin gegenüber
wurde das Kind Katharina genannt.

303 Katharina als Königin

Pawel Remisow (1780–1833) nach Henri-Francois
Riesener (1767–1828) oder Anthelme François
Lagrenée (1774–1832)

1816; Öl auf Leinwand

Staatliches Russisches Museum, Sankt Petersburg

Das Bildnis zeigt Katharina kurz nach ihrer
Hochzeit als Kronprinzessin oder bereits
als Königin von Württemberg. Jedenfalls
stellt sie sich ohne allen Pomp vor: hinter-
fangen von der Neckarlandschaft mit dem
Württemberg und in der Aufmachung einer
vornehmen Bürgerin.

306 Ein königliches Kleid

wohl deutsch, um 1805/07

Landesmuseum Württemberg, Stuttgart

Aus dünnen, weißen Baumwollstoffen ge-
fertigte Kleider mit sehr hoher Taille – das
war die modische Revolution, die sich im
ausgehenden 18. Jahrhundert über ganz
Europa zu verbreiten begann. Hier ist eine
dieser so genannten Chemisen als reprä-
sentatives Festkleid gestaltet – mit anspruchsvoller Schleppe und reichen Sticke-
reien. Auch eine russische Großfürstin wie
Katharina Pawlowna hätte in dieser Robe
bella figura gemacht.

305 König Wilhelm I. von Württemberg als Witwer

Karl von Sales (1791–1870)

1820; Öl auf Leinwand

Württembergische Landesbibliothek, Stuttgart

Das anspruchsvollste Staatsportrait, das
der junge ehrgeizige Wilhelm je in Auftrag
gab, zeigt ihn als hoch dekorierten Soldaten
und tätig an seinem Schreibtisch, bereit,
als erster Diener des Staates seine Pflicht
zu tun. Dabei tritt der Monarch zur Seite,
um den Blick des Betrachters auf die zweite
Hauptperson der Inszenierung zu lenken:
die verstorbene Königin Katharina.

Will Katharina
Kaiserin werden?

Obwohl nie selbst Alleinherrscherin, bewegte Katharina politisch erstaunlich viel. In Russland trieb sie ihren Bruder, den Zaren, in den Kampf gegen Napoleon. Folgt man dem Chronisten Karl August Varnhagen von Ense, so formulierte sie auch in Stuttgart die politischen Ziele mit. „Als Ergebnis von allem war mir klar, dass es dem Könige, und noch mehr seiner Gemahlin, eigentlich in Württemberg zu enge sei, dass sie das Land nur als den festen Grund betrachten, von welchem aus zu weiteren Dingen zu gelangen sei."

309 König Wilhelm I. als Held

Johann Heinrich Dannecker (1758–1841)

1817; Marmor

Privatbesitz

Seine Heirat mit der Zarentochter Katharina, sein erfolgreicher Kampf gegen Napoleon und sein imposantes Auftreten auf dem Wiener Kongress machten König Wilhelm zu einem Hoffnungsträger unter den deutschen Fürsten. Dem entspricht der heroische Charakter der ersten Bildnisbüste des damals 36-jährigen Monarchen – eine Hermenbüste, wie sie eigentlich nur bei der Darstellung berühmter Verstorbener Verwendung findet.

310 Königin Katharina als Ceres

Johann Heinrich Dannecker (1758–1841)

nach 1818; Marmor

Landesmuseum Württemberg, Stuttgart

Das sozialpolitische Engagement der Königin verhalf ihr zu großem Ansehen: Es brachte ihr nicht nur die Dankbarkeit, sondern auch die Verehrung des Volkes ein. Die Büste Danneckers führt sie unmittelbar vor Augen: Katharina trägt ein mit Ähren verziertes Diadem, das an den Haarschmuck der antiken Fruchtbarkeitsgöttin Ceres erinnert. Es veranschaulicht ihr wohltätiges Wirken für den Staat.

311 Napoleon im Krönungsornat

François Gérard (?) (1770–1837)

Beginn 19. Jh.; Öl auf Leinwand

Staatliches Kulturhistorisches Museum-Reservat

„Moskauer Kreml"

Als Zar Alexander I. und die Alliierten ihren endgültigen Sieg über Napoleon mit einem Triumphzug durch Paris feierten, wurde dieses Staatsportrait beschlagnahmt und nach Moskau gebracht. Es verherrlicht Napoleon auf der Höhe seiner Macht. Die altehrwürdigen Dynastien Europas provozierend, inszenierte der Emporkömmling sich kühn als Nachfolger der römischen Kaiser und der französischen Könige.

312 **Russen und Franzosen auf der Teufelsbrücke**

Johann Baptist Seele (1774–1814)

1802; Öl auf Leinwand

Staatsgalerie Stuttgart

1799 standen sich die russischen (links) und die französischen Truppen am Gotthardpass gegenüber. Die Russen siegten triumphal. Und das wollte der Auftraggeber des Gemäldes, der russische Gesandte von Bühler, auch dargestellt wissen. Für die erstaunlich unentschiedene Darstellung Seeles wollte er nur die Hälfte zahlen. König Friedrich von Württemberg, neuerdings mit Napoleon verbündet, kaufte das Bild – zum vollen Preis.

313 Zar Alexander I., der Retter Europas

Georg von Botman (1810–1891)
nach George Dawe (1781–1829)
1858; Öl auf Leinwand
Staatliches Museum-Reservat „Zarskoje Selo",
Sankt Petersburg

Über viele Jahre hinweg war Zar Alexander I. der Gegenspieler des übermächtigen Napoleon, der von Sieg zu Sieg eilte und sich Europas zu bemächtigen schien. Ohne das Drängen Katharinas, seiner Schwester, und Maria Fjodorownas, seiner Mutter, wäre Alexander dem Kaiser der Franzosen wohl weit weniger entschlossen und letztlich erfolgreich entgegengetreten.

314 Der Triumphzug der Alliierten durch Paris

1814; Radierung, koloriert
Staatliches Historisches Museum, Moskau

Am 31. März marschierte Zar Alexander I. an der Spitze der siegreichen Truppen zusammen mit dem preußischen König Friedrich Wilhelm III. und dem österreichischen Oberbefehlshaber, Fürst Schwarzenberg, in Paris ein. Die Grande Armee war aus Russland vertrieben und zerschlagen worden. Napoleon kapitulierte und dankte ab. Der russische Zar galt als der Retter Europas.
Siehe Seite 31

Eine goldene Mitgift macht unabhängig

Durch die große Mitgift und die hohen zusätzlichen Geldzuwendungen, die alle Zarentöchter empfingen, behielten diese auch in einer Ehe immer ihre Unabhängigkeit. Ja, ihr Reichtum versetzte die Zarentöchter sogar in die Lage, in ihrer neuen Heimat Einfluss im Sinne der Romanows zu nehmen.

In der Regel erhielten die Zarentöchter 1 Million Silberrubel als Mitgift. Katharina war – wohl wegen der engen Beziehung zu ihrem Bruder, dem Zaren Alexander I. – noch besser ausgestattet worden. Anlässlich ihrer Hochzeit mit Wilhelm I. wurde ihr Palast in St. Petersburg verkauft, wodurch nochmals 1 Million Silberrubel zu ihrer Mitgift hinzukamen. Sie brachte außerdem Möbel, Kleider, Schmuck, Kirchengerät und vieles mehr mit nach Württemberg.

317 Ein Saphir für die Schwester des Zaren
Russland, 18. Jahrhundert
Landesmuseum Württemberg, Stuttgart

Mit diesem prachtvollen Saphir beschenkte Alexander I. seine Schwester Katharina aus Anlass ihres Verlöbnisses mit dem Kronprinzen Wilhelm von Württemberg im Dezember 1815. Dies geht aus einem 1816 angelegten Juwelenverzeichnis der Großfürstin hervor. Der als Tafel geschliffene Hauptstein wird von 14 Brillanten gesäumt. Je nach Bedarf konnte das Schmuckstück als Verschluss für ein Collier oder ein Armband dienen.

318 Ein Souvenir aus China
um 1800; Elfenbein
Landesmuseum Württemberg, Stuttgart

Im Auftrag Alexanders I. führte Adam Johann von Krusenstern von 1803 bis 1806 die erste russische Erdumsegelung durch. Aus China brachte der Seeoffizier der Schwester des Zaren diesen filigranen Radfächer mit. Katharinas bekrönte Initialen hat er an prominenter Stelle eigens einarbeiten lassen. 1817 schenkte Königin Katharina die virtuose Schnitz- und Sägearbeit in die württembergische Kunstkammer.

319 Pures Gold

Otto Samuel Keibel (1768–1809)

um 1808; Gold

Landesmuseum Württemberg, Stuttgart

Dieses Déjeuner aus reinem Gold hatte zu Katharinas Mitgift gehört, als sie sich 1809 zum ersten Mal vermählte. Bei ihrer zweiten Hochzeit 1816 brachte sie das kostbare Prunkgeschirr nach Stuttgart mit. In ihrem Testament von 1817 schließlich bat Katharina ihren „vielgeehrten und geliebten Gemahl" Wilhelm, das Teeservice „als Zeichen unseres zärtlichen Andenkens anzunehmen".

Reformen helfen – auch der Monarchie

Ihren Ruhm verdankte Katharina ihrer Sozialpolitik, die sie gemeinsam mit dem König, der Regierung und den Bürgern betrieb. Dazu gehörten die Gründungen des Wohltätigkeitsvereins (heute Wohlfahrtswerk für Baden-Württemberg), der ersten gemeinnützigen Bank (heute Landesbank Baden-Württemberg), der ersten höheren Mädchenschule mit Pensionat (heute Katharinenstift), des ersten modernen Stuttgarter Krankenhauses (heute Katharinenhospital) und der ersten Schule für Landwirtschaft (heute Universität Hohenheim). Sie setzte auf Hilfe zur Selbsthilfe. Ihre Untertanen sollten sich Ersparnisse für Notzeiten zurücklegen. Ebenso hielt sie eine bessere Bildung der Frauen für wichtig, damit sich deren Selbstständigkeit erhöhte. Ihre erfolgreiche Reform- und Sozialpolitik trug entscheidend dazu bei, die Monarchie als Herrschaftsform in Württemberg zu stabilisieren.

323 Hungersnot und Erntesegen
Johann Thomas Stettner (1785–1872)
1817; Silber, Kupferstiche
Landesmuseum Württemberg,
Stuttgart

Im Jahr 1816 war es nach dem Ausbruch des Vulkans Tambora in Indonesien zu einer dramatischen Klimaveränderung, zu einem „Sommer ohne Sonne" und zur größten Hungersnot des 19. Jahrhunderts gekommen. Erst die gute Ernte des Jahres 1817 linderte die Not der Menschen – auch in Württemberg.

324 **Bildergeschichte „zum Andenken der in den Jahren 1816 und 1817 geherrschten allgemeinen Theuerung"**

J. A. Gradmann
nach 1817; kolorierte Lithografien
Museum der Brotkultur, Ulm

Zur Linderung der Hungersnot richtete der von Katharina geführte Wohltätigkeitsverein Suppenküchen ein. Auf Meldungen, manche der Armen lehnten die aus Knochen gekochten Suppen als eklig ab, reagierte Katharina unnachgiebig: Die Armenspeisung müsse eben kostengünstig hergestellt werden, in Russland und Genf seien solche Suppen durchaus beliebt.

Katharinas Stuttgart soll glänzen

Johann Wolfgang von Goethe lernte Katharina 1815 kennen. Er beschrieb sie als eine durch und durch politische Person. Kunst hingegen bedeute ihr nicht viel. Allerdings schätze sie die Architektur. Katharina wisse, dass man damit dem Staat Glanz und Würde verleihen könne. Ganz in diesem Sinne entwickelten Katharina und Wilhelm ehrgeizige Pläne für einen Ausbau ihrer Residenzstadt Stuttgart.

Von 1810 bis 1819 war die Sammlung der Brüder Melchior und Sulpiz Boisserée in Heidelberg ausgestellt: 215 mittelalterliche Tafelgemälde. Katharina wollte sie kaufen und nach Stuttgart holen. Der Ankauf scheiterte jedoch – nicht zuletzt wegen des frühen Todes der Königin. Letztlich baute König Ludwig I. von Bayern mit der Sammlung die Alte Pinakothek auf und erhob seine Residenz München zur deutschen Kunststadt.

329 Projekt für einen Triumphbogen (Neckartor)

Giovanni Salucci (1769–1845)

1817/18; lavierte Federzeichnung auf Papier

Universitätsbibliothek Stuttgart

Als Zeichen der allgemeinen Prosperität seines Landes und seiner guten Regierung plante das Königspaar eine Reihe von Prachtbauten. Dazu zählte ein großer Triumphbogen, gedacht als Abschluss der neuen Neckarstraße. Als „Via triumphalis" wäre diese zu einer Vorläuferin der Ludwigstraße in München geworden, denn das dortige Siegestor wurde erst zwanzig Jahre später errichtet.

**332 Landhaus Rosenstein,
Perspektive aus der Vogelschau**

Giovanni Salucci (1769–1845)

1819; Papier, Aquarell

Universitätsbibliothek Stuttgart

Königin Katharina wollte – auch als Zeichen ihrer politischen Ambitionen – in Stuttgart eine neue große Schlossanlage errichten: das spätere Landhaus Rosenstein. Ihr Hofarchitekt Giovanni Salucci lieferte Pläne; Architekten in Paris, St. Petersburg, London und Rom wurden aufgefordert, ebenfalls Entwürfe einzureichen.

Die Russin bleibt
bei ihrem Glauben

Katharinas Mutter, die evangelische Prinzessin Sophie Dorothee von Württemberg,
musste wegen ihrer Verehelichung mit dem
russischen Großfürsten Paul, Katharinas
Vater, zur russisch-orthodoxen Konfession
übertreten. Hingegen konvertierten Mitglieder des Hauses Romanow grundsätzlich
nicht, wenn sie eine Ehe mit andersgläubi-
gen Partnern eingingen. In Katharinas Ehevertrag war ausdrücklich festgelegt, dass
überall, wo sie in Stuttgart wohnte, eine Kapelle eingerichtet werde, damit sie ihren
Glauben ungehindert ausüben könne. Die
Priester und Geistlichen, die sie betreuten,
bezahlte die Zarentochter aus eigenen Mitteln. Im Ehevertrag war anderseits festgehalten, dass Katharina ihren Gemahl nach
Möglichkeit bei seinem Besuch des protestantischen Gottesdiensts begleiten solle.

338 Ikone der Gottesmutter von Smolensk
1786; Öl auf Holz
Staatliche Schlösser und Gärten Baden-Württemberg
Die von vier Heiligen Metropoliten umrahmte
Darstellung der Ikone der Gottesmutter von
Smolensk – eine der am meisten verehrten
Ikonen überhaupt – diente der persönlichen
Andacht der Königin Katharina. Bei der
Trauerfeier anlässlich ihres Todes wurde
das Gemälde dem Sarg vorangetragen.

Katharinas Tod –
bis heute ein Rätsel

Die Stuttgarter Zeitung meldete am 9. Januar
1819: „Der härteste Schlag des Schicksals
hat Seine Majestät den König und Höchst-
dessen Königliches Haus durch den heute
früh zwischen 8 und 9 Uhr erfolgten so
ganz unerwarteten Tod Ihrer Majestät der
regierenden Königin betroffen." Die Autopsie
der Leiche ergab zwei Befunde: eine Ge-
sichtsrose und einen tödlichen Schlaganfall. Die Ärzte hielten es für möglich, dass
die Hirnblutung durch einen hysterischen
Anfall ausgelöst worden sei. So kam das
Gerücht auf, Katharina habe ihren untreuen
Gatten in den Armen seiner Geliebten überrascht und dadurch einen tödlichen Schock
erlitten. Sofort nach dem Tod Katharinas
beschloss König Wilhelm I., in Erinnerung
an seine beim Volk so beliebte Gemahlin
eine Grabkapelle errichten zu lassen. Sie
sollte auf dem Württemberg in beherr-
schender Lage über dem Neckartal thronen.

**344 Trauer über den Tod
der Königin Katharina**

Eberhard Wächter (1762–1852)

1819; Pinselzeichnung in Grau und Braun

Staatsgalerie Stuttgart

König Wilhelm sitzt vor dem Denkmal
seiner verstorbenen Gattin und trauert
gemeinsam mit deren vier Kindern, also
seinen eigenen beiden Töchtern und den
etwas älteren Söhnen aus der ersten Ehe
Katharinas. Auch die fassungslose Württemberg weint bitterlich. Aber „quis desiderio
..., wer mag sich um dieses Haupt auch
unbegrenzter Klagen schämen?"

345 Trauergerüst für Königin Katharina

Giovanni Salucci (1769–1845)

1819; Aquatinta, koloriert

Ludwigsburg Museum

Gleich nach ihrem plötzlichen Tod wurde
der Sarg mit dem Leichnam der Königin
Katharina in der Stiftskirche aufgestellt.
Dazu hatte der Hofbaumeister Salucci die
gotische Hallenkirche mit schwarzen
Tüchern verhängt und einen Bühnenraum
für ein imposantes, von rauchenden Opfer-
vasen umstelltes und hell erleuchtetes
Trauergerüst geschaffen.

347 Die Grabkapelle auf dem Rotenberg (Württemberg)

Eberhard Emminger (1808–1885)

1822; kolorierte Radierung

Ludwigsburg Museum

Dort, wo sich heute die Grabkapelle für Königin Katharina erhebt, stand 700 Jahre lang die Stammburg der Grafen, Herzöge und Könige von Württemberg. Dass dieses landesgeschichtlich bedeutende Monument abgerissen und nicht, wie es dem Zeitgeist der Neugotik entsprochen hätte, restauriert wurde, spricht für die Verehrung, die Katharina von König Wilhelm und der Bevölkerung entgegengebracht wurde.

348 Idealansicht der Gruft in der Grabkapelle

Giovanni Salucci (1769–1845)

1819; Aquarell

Universitätsbibliothek Stuttgart

Ganz anders als vom Architekten 1819 vorgeschlagen, wurde der Gruftraum weitgehend schmucklos ausgeführt. Die Wände blieben kahl, auf Wunsch des Königs wurden aus Kostengründen sowohl die Figuren neben als auch die Königskrone auf dem Sarkophag eingespart – eine nachvollziehbare Entscheidung Wilhelms, denn die Gruft sollte nicht öffentlich zugänglich sein.

Verklärt zur „protestantischen Hausheiligen"

Beim Volk löste der plötzliche Tod der beliebten Königin tiefe Trauer aus und eine Sympathiewelle für das Königshaus, welche diesem natürlich höchst willkommen war. Die bald einsetzende Verklärung der Königin als „protestantische Hausheilige" (Decker-Hauff) wurde von König Wilhelm nach Kräften angefacht. Der Dichter Ludwig Uhland stand ihm dabei zu Diensten: „Nimm hin, Verklärte, die zu früh entschwunden! Nicht Gold noch Kleinod ist dazu verwendet, Auch nicht aus Blumen ist der Kranz gebunden.

In rauer Zeit hast du die Bahn vollendet: Aus Feldfrüchten hab' ich ihn gewunden, Wie du in Hungertagen sie gespendet; Ja, gleich der Ceres Kranze flocht ich diesen. Volksmutter, Nährerin, sei mir gepriesen."

350 **Großfürstin Katharina**

Jean-Baptiste Isabey (1767–1855)

1815; Aquarell auf Elfenbein

Landesmuseum Württemberg, Stuttgart

Die Verbindung zwischen der Zarentochter und dem württembergischen Kronprinz sei eine Neigungsehe gewesen, und Wilhelm habe Katharina mehrfach Grund zur Eifersucht gegeben – heißt es. Aber auch Katharina wusste, wie in den höfischen Kreisen zu ihrer Zeit üblich, Öffentliches von Privatem zu trennen: Bis zu dessen Tod 1812 unterhielt sie ein Liebesverhältnis mit dem Fürsten Peter Bragration.

351 **Kronprinz Wilhelm von Württemberg**

Jean-Urbain Guérin (1760/61–1836)

1803/05; Mischtechnik auf Elfenbein

Landesmuseum Württemberg, Stuttgart

Kronprinz Wilhelm von Württemberg, den die Zarentochter 1816 aus politischem Kalkül, aber auch aus Zuneigung heiratete, war bekanntermaßen ein Mann mit einer bewegten Vergangenheit: Zwischen 1803 und 1805, als diese Miniatur entstand, lebte er mit seiner bürgerlichen Geliebten, Therese Abel, in Paris. Ihre gemeinsamen Zwillinge waren kurz nach der Geburt verstorben.

363 **Pauline oder Marie von Württemberg ?**

Franz Seraph Stirnbrand (1788–1882)

um 1835; Öl auf Leinwand

Landesmuseum Württemberg, Stuttgart

Angekauft wurde das Gemälde als vermeintliches Bildnis der Königin Pauline (geb. 1800), die König Wilhelm ein Jahr nach dem Tod Katharinas geheiratet hatte. Aber ist der Nachruhm Katharinas auch für die neue Königin so prestigeträchtig, dass sie sich vor dem Bildnis ihrer Vorgängerin sowie einer Ansicht von deren Mausoleum darstellen lässt? Kaum. Vermutlich ist daher vielmehr Katharinas Tochter Marie (geb. 1816) wiedergegeben.

366 **Königin Katharina (?) am Genfer See**

vor 1819 (?); Aquarell

Landesmuseum Württemberg, Stuttgart

Ist diese junge Frau, die am Ufer des Genfer Sees spazieren geht, wirklich Königin Katharina von Württemberg, wie der Schriftzug unter der Darstellung behauptet? Die ursprüngliche Besitzerin des Blattes, Ida von Mittnacht, die Stiefmutter des ersten Ministerpräsidenten Württembergs, Hermann von Mittnacht, war offenbar davon überzeugt und klebte das Blatt in ihr mit ähnlichen Kostbarkeiten gefülltes Erinnerungsalbum ein.

La Reine Catherine de Wurttemberg, au bord du lac de Genève, dessinée

Großfürstin Elena Pawlowna

Prinzessin Friederike Charlotte Marie wurde am 9. Januar 1807 in Stuttgart als ältestes von vier Kindern geboren. Ihr antimonarchisch gesinnter Vater, Prinz Paul, der sich im Krieg gegen Napoleon engagierte, zog 1818 mit der Familie nach Paris. Dort genossen die Kinder eine liberale Erziehung: Die Töchter besuchten ein Pensionat, die Söhne ein öffentliches Lyzeum. Zum Pariser Bekanntenkreis der Familie zählten illustre Persönlichkeiten aus breiten Gesellschaftsschichten, die Charlottes Weltbild nachhaltig prägten. Nachdem die Kinder 1820 nach Stuttgart zurückgekehrt waren, machte Prinzessin Charlotte eine „gute Partie", als sie von Großfürst Michail, dem jüngsten Sohn ihrer Großtante Maria Fjodorowna, geehelicht wurde. Fortan lebte sie bis zu ihrem Tod am 21. Januar 1873 als russische Großfürstin Elena Pawlowna in Sankt Petersburg. Sie brachte fünf Töchter zur Welt, von denen aber nur eine, Katharina, ein hohes Alter erreichen sollte. Elenas Neffe Wilhelm, der dem kinderlos gebliebenen Karl nachfolgte, ging als letzter württembergischer König in die Geschichte ein. [ES]

401 **Großfürstin Elena Pawlowna**
Joseph-Desiré Court (1797–1865)
1842; Öl auf Leinwand
Staatliches Russisches Museum, Sankt Petersburg

1807	Geburt am 9. Januar in Stuttgart als Tochter von Prinz Paul von Württemberg und Charlotte von Sachsen-Hildburghausen
1818	Übersiedlung der Familie nach Paris
1820	Rückkehr an den Stuttgarter Hof
1822	Verlobung mit Großfürst Michail Pawlowitsch von Russland, ihrem Cousin zweiten Grades
1823	Übertritt zum orthodoxen Glaube Namensänderung in Elena Pawlowna
1824	Hochzeit in Sankt Petersburg am 20. Februar Der Michailowski Palast in Sankt Petersburg wird Hauptwohnsitz des Paares
1825–1834	Geburt von fünf Töchtern: Maria, Elisabeth, Katharina, Alexandra und Anna
1828/29	Reise nach Deutschland, in die Schweiz und nach Italien
1846	langer Sommeraufenthalt in Bad Ischl
1849	Tod des Ehemannes
1854	während des Krimkriegs (1853–1856) Gründung der Gemeinschaft der Barmherzigen Schwestern „Zur Kreuzerhöhung"
1859	Elena Pawlowna befreit auf ihrem Gut Karlowka die Bauern aus der Leibeigenschaft
1862	Gründung des Sankt Petersburger Konservatoriums, zusammen mit dem Pianisten Anton Rubinstein
1873	Tod am 21. Januar in Sankt Petersburg; Beisetzung in der Peter-und-Paul-Kathedrale

Elena Pawlowna – die engagierte Mäzenin

Die Zeitgenossen rühmten die vielseitigen Begabungen, den Fleiß, die Bescheidenheit und Anmut Charlotte Friederikes von Württemberg. Kein Wunder also, dass die Aufmerksamkeit der Zarin-Witwe Maria Fjodorowna auf ihre Großnichte gelenkt wurde, als sie nach einer passenden Braut für ihren Sohn, Großfürst Michail, suchte. Auch Zar Alexander I. zeigte sich von Charlottes außergewöhnlicher Intelligenz beeindruckt. Zudem wurde die Verbindung durch die politische Großwetterlage begünstigt: In Russland war die Befürchtung aufgekommen, dass sich das junge württembergische Königreich zu einer neuen Macht in Europa aufschwingen könnte; durch eine weitere dynastische Heirat sollte es stärker an die russisch-preußische Allianz gebunden werden.

Anlässlich seines Aufenthalts in Stuttgart im August 1821 machte Michail die Bekanntschaft Charlottes; der Heiratsantrag ließ nicht lange auf sich warten und wurde von württembergischer Seite mit Freude angenommen. Allerdings zogen sich die Verhandlungen noch zwei Jahre hin: Charlotte nutzte die Wartezeit, indem sie sich intensiv mit der Sprache, Religion, Literatur und Geschichte ihrer zukünftigen Heimat auseinandersetzte. Der erste Auftritt der 16-jährigen Charlotte am russischen Hof wurde mit dem Katharinas der Großen, die auch als blutjunge deutsche Prinzessin nach Sankt Petersburg gekommen war, verglichen. Bald schon lag die Petersburger Gesellschaft ihrer neuen Großfürstin, die nach dem Übertritt zum orthodoxen Glauben den Namen Elena Pawlowna angenommen hatte, zu Füßen.

Mit der Zeit rückte das Großfürstenpaar an die zweite Stelle in der Familienhierarchie der Romanows vor. Dadurch kamen verschiedenste repräsentative Aufgaben auf Elena Pawlowna zu, hinter denen sie ihre persönlichen Bedürfnisse und Neigungen zurückstecken mussten. Auch das Familienleben gestaltete sich zunächst schwierig. Erst im Laufe der Jahre fanden die beiden charakterlich und intellektuell so unterschiedlichen Eheleute zueinander.

Ihre Persönlichkeit konnte Elena Pawlowna in ihrem eigenen Salon im Michailowski-Palast, den sie nach Pariser Vorbild führte, entfalten. Die Gastgeberin glänzte dort als Muse und Mäzenin, um deren Gunst die Künstler, Musiker und Literaten buhlten. Auf ihren zahlreichen Auslandsreisen vergab die Großfürstin lukrative Aufträge an russischstämmige Künstler und förderte diese auch sonst durch Stipendien und Beihilfen. Aus ihrer Liebe zur Musik gingen bedeutende Institutionen hervor, etwa die Russische Musikgesellschaft und das erste Petersburger Konservatorium.

Das Großfürstenpaar besaß ein stattliches Vermögen, das Elena Pawlowna nach dem Tod ihres Mannes im Jahr 1849 ein Leben in vollkommener finanzieller Unabhängigkeit ermöglichte. Von da an konnte sie ganz ihrer Berufung folgen: Schon während des Dekabristenaufstands von 1825 war Elena Pawlowna zu der Einsicht gelangt, dass die Monarchie ohne sozialpolitische Reformen nicht zu retten war.

Maria Fjodorowna hatte Elena Pawlowna schon früh die Aufsicht über einige von ihr gegründete Wohltätigkeitsorganisationen übertragen, welche die Großfürstin auch aus eigener Tasche finanzierte. Sie selbst gründete zahlreiche neue wohltätige Einrichtungen, darunter das Jelisaweta-Krankenhaus in Sankt Petersburg und das Maria-Kinderheim in Pawlowsk. Während des Krim-

**Großfürstin Elena Pawlowna
von Russland**
Leon Noel (1807–1884) nach
einem Gemälde von Franz Xaver
Winterhalter (1805–1873)
1863; Lithografie
Landesmuseum Württemberg,
Stuttgart

krieges (1853–1856) stiftete sie die Gemeinschaft der Barmherzigen Schwestern „Zur Kreuzerhöhung", die eine Vorbildfunktion für das 1867 gegründete Russische Rote Kreuz besaß. Insbesondere die Fort- und Weiterbildung der medizinischen Fachkräfte lag Elena Pawlowna am Herzen – die von ihr gegründete Petersburger Medizinische Akademie für Postgraduiertenbildung, das einstige Klinische Elena-Institut, kündet noch heute von ihrem Tun.

Ihren Ruf als „Madame Egalité" erwarb sich Elena Pawlowna durch ihr großes sozialpolitisches Engagement und die von ihr mitinitiierten Reformen. Sie trat vehement für die Abschaffung der Leibeigenschaft ein, die der Modernisierung und Industrialisierung Russlands im Wege stand. Auch auf europäischer Ebene strebte Elena Pawlowna nach politischer Einflussnahme. Vor allem ihre enge Verbindung nach Preußen und die langjährige Freundschaft mit dem späteren Reichskanzler Otto von Bismarck bestimmten ihr Denken und Han-

409 **Blick auf den Michailowski-Palast in Sankt Petersburg**
Schmidt und Chevalier nach Charlemagne
1853; Lithografie
Staatliches Russisches Museum, Sankt Petersburg

deln. So brachte sie Zar Alexander II. dazu, auch weiterhin an der alten russisch-preußischen Allianz festzuhalten und somit die Vereinigung Deutschlands unter preußischer Führung zu unterstützen. Nicht zuletzt der Fürsprache Elena Pawlownas hatte der württembergische König Karl es zu verdanken, dass er während des deutschen Einigungsprozesses in den 1860er Jahren seine Krone behalten konnte.

Als Elena Pawlowna 1873 starb, gedachte man ihrer vor allem als Mäzenin und Wohltäterin. Ihr Schwiegersohn, der Herzog von Mecklenburg-Strelitz, würdigte sie in einem Brief als „ein Lebenselement in Petersburg" und als „eine mit allen Schätzen des Geistes und Herzens ausgestattete deutsche Natur originellster Art mit einem unerschöpflichen Born von Generosität". [ES]

Elena Pawlowna: die glanzvolle Hausherrin von Oranienbaum

Das Leben und das Schicksal der Großfürstin Elena Pawlowna (1807–1873) sind in den letzten Jahren zum Objekt besonderen Interesses geworden. Dank ihrer vielseitigen Persönlichkeit und ihrer glänzenden Begabungen gebührt ihr, als Prinzessin Friederike Charlotte Marie von Württemberg geboren, ein Platz in der ersten Reihe unter den gebildeten Frauen Russlands im 19. Jahrhundert. In ihrer Biographie gibt es jedoch noch viele weiße Flecken. Zu den am wenigsten erforschten Aspekten der Biographie von Elena Pawlowna gehören ihre Aktivitäten als Herrin von Oranienbaum, von jenem Landsitz, der im Verlauf des 18. Jahrhunderts in den Besitz von Mitgliedern des Herrscherhauses gelangt war. Der Gründer und erste Erbauer von Oranienbaum war Fürst Alexander Menschikow, einer der engsten Freunde und Weggefährten von Peter I. Er hat für sich dort den Großen Palast erbauen lassen, das imposanteste von allen in Sankt Petersburg und Umgebung bis heute erhalten gebliebenen Beispielen des petrinischen Barock. Bald nachdem „seine Durchlaucht" in Ungnade gefallen war, erhielt das Gut den Status einer kaiserlichen Residenz und gehörte seit 1743 dem Zar Peter III. und nach dessen Tod der Zarin Katharina II.

1831 wurde Großfürst Michail Pawlowitsch zum alleinigen Besitzer von Oranienbaum. Damit eröffnete sich für seine Gattin die Möglichkeit, einen neuen Geist in den Aufbau des Landgutes einzubringen. Die Großfürstin war von der Notwendigkeit des Wiederaufbaus der von Verfall betroffenen Ländereien überzeugt und trug mit dem ihr eigenen Geschmack dazu bei, dass sich Oranienbaum zu einem einzigartigen Architekturensemble entwickelte.

Nach dem Tod ihres Mannes stellte sich die Großfürstin als vollberechtigte Eigentümerin des Landgutes die Aufgabe, die einzelnen, zu unterschiedlichen Zeiten entstandenen Bauensembles zu einem einheitlichen Ganzen zusammenzuführen. Sie löste diese Aufgabe mit Bravour. Der Große Palast, die Datsche und Peterstadt sowie die Ländereien um den Fluss Karasta und den Oberen und Unteren Teich wurden zu einem einheitlichen Landschaftspark zusammengefasst. Den Anfang machte 1832 der Gartenarchitekt Josef Karl Busch unter aktiver Beteiligung der Auftraggeberin. Die groß angelegten Umwandlungen erforderten von der Besitzerin einschneidende wirtschaftliche Entscheidungen und Veränderungen in der Verwaltungsstruktur der zum Großfürstenhof gehörenden Parks und Gewächshäuser. Die aufgeklärte Besitzerin, die den Altertümern großen Respekt zollte, schützte die romantischen Ruinen, die Reste der Festung Peterstadt, wie eine Reliquie. Mit dem zusätzlich erworbenen Gelände, das zu der sogenannten „Datsche der Dudina" gehörte, erfuhr das gesamte Parkensemble seine logische Vollendung.

Nach dem Willen der Großfürstin wurde eine Reihe von Zimmern im Großen Palast umgebaut, wobei das äußere Erscheinungsbild des Palastes unangetastet blieb. Die Architekten Harald Julius Bosse, Georg Preiß und Ludwig Bohnstedt, der 1851 zum Oberarchitekten am Hof von Elena Pawlowna ernannt wurde, gestalteten die neuen Interieurs im Stil des Eklektizismus. Im Rahmen der Musealisierung des Palastes wurden die Privatgemächer der Großfürstin nach den erhaltenen historischen Beschreibungen wiederhergestellt.

In den 1850er Jahren wurde die Umgebung des Chinesischen Palastes umgestaltet. Es wurden neue Wege und Blumenbeete angelegt und kleine Brücken errichtet. Auch der Palast selbst wurde umgebaut und erhielt eine zweite Etage. Es gab mehrere Entwürfe für den Umbau, so von den Architekten Andrei Stackenschneider, L. Bohnstedt und H. Bosse, doch Elena Pawlowna

Schloss Oranienbaum
2011; Fotografie
Fotolia

entschied sich für das Projekt von Bohnstedt, der die zweite Etage so behutsam wie möglich hinzufügte, ohne dabei das Meisterwerk von Antonio Rinaldi zu zerstören.

Die glanzvolle Hausherrin gab auf ihrem Landgut Bälle und Empfänge, veranstaltete Musikabende und Konzerte im Freien und unterhielt ihre Gäste gekonnt und geistreich. Oranienbaum wurde zu einem besonderen kulturellen Anziehungspunkt, wo sich unterschiedliche Menschen ein Stelldichein gaben – Nikolai Miklucho-Maklai, Pjotr Semjonow-Tjan-Schanski, Nikolai Pirogow, Anton Rubinstein, Wladimir Sologub, Wladimir Odojewski, Metropolit Porfiri und andere.

Großfürstin Elena Pawlowna ist in die Geschichte von Oranienbaum als großzügige Spenderin und wohltätige Gründerin und Schirmherrin von Kirchen, medizinischen Einrichtungen und Bildungsstätten eingegangen. 1838 ergriffen Elena Pawlowna und Michail Pawlowitsch die Initiative für die Errichtung einer dem Heiligen Spyridon aus Trimythontos geweihten Kirche. Die Kirche wurde nach einem Entwurf des Architekten

Abram Melnikow auf Staatskosten erbaut. 1867 unterstützte die verwitwete Elena Pawlowna zum Gedenken an den Großfürsten Michail Pawlowitsch den Bau einer dem Erzengel Michael geweihten Holzkirche nach einem Entwurf des Architekten Georg Preiß. Sie stiftete für die Kirche eine vergoldete Ikonostase aus Holz mit geschnitzter Zarenpforte und Ikonen.

Unter der Schirmherrschaft von Elena Pawlowna wurde 1859 das Dreifaltigkeits-Pflegeheim für alte und arme Frauen eingerichtet. Im Militärhospital in Oranienbaum unterstützte sie die Chirurgen Ludwig (Ljudwig Andrejewitsch) Bekkers und Pjotr Nemmert, Assistenten des berühmten Militärarztes Nikolai Pirogow, bei ihren wichtigen medizinischen Forschungen. Die Städtische Schule in Oranienbaum, die von der Großfürstin ebenfalls gefördert wurde, trägt seit den 1860er Jahren ihren Namen.

Noch zu Lebzeiten von Elena Pawlowna wurde eine der zentralen Straßen von Oranienbaum ihr zu Ehren in Elena-Straße umbenannt und trägt auch heute diesen Namen. [EK]

Neues und altes Zuhause

1807 in Stuttgart geboren, verbrachte Prinzessin Friederike Charlotte Marie von Württemberg ihre Jugend überwiegend in Paris, wo sie eine sehr gute Ausbildung genoss. Mit 15 Jahren wurde sie mit dem russischen Großfürst Michail Pawlowitsch verlobt. Das Leben als Mitglied der mächtigen Romanow-Dynastie im Petersburger Michailowski-Palast war vor allem von repräsentativen Aufgaben bestimmt: Elena Pawlowna, so ihr russischer Name, musste Audienzen gewähren, ihre Schwiegermutter Maria Fjodorowna bei Besuchen karitativer Einrichtungen begleiten und an Hofbällen und königlichen Ausfahrten teilnehmen. Gleichwohl meisterte sie ihren ersten Auftritt am russischen Hofe mit Bravour und schon bald lag ihr die Petersburger Gesellschaft zu Füßen. Um die Gunst ihres Gatten musste sie hingegen noch lange buhlen: Die Enttäuschung über den fehlenden Sohn trübte die Stimmung genauso wie der frühe Verlust von vier der fünf Kinder.

401 Großfürstin Elena Pawlowna

Joseph-Désiré Court (1797–1865)

1842; Öl auf Leinwand

Staatliches Russisches Museum, Sankt Petersburg

Das repräsentative Porträt zeigt Elena Pawlowna in ihren Privatgemächern. Ihre Zugehörigkeit zur Zarenfamilie wird durch den roten, mit Hermelin verbrämten Samtmantel, der auf der Récamière liegt, betont. Das schulterfreie Spitzenkleid unterstreicht ihre Anmut und Zartheit. Die Großfürstin wird mit dem Buch in der Hand als gebildete Schirmherrin der Künste und Wissenschaften inszeniert.

◄ **415 „Equipáge"**

Alexander Brüllow (1799–1877)

1845/46; Öl auf Leinwand

Staatliches Russisches Museum, Sankt Petersburg

**402 Prinzessin Charlotte Friederike
von Württemberg**

Franz Seraph Stirnbrand (1788–1882);
Öl auf Leinwand
Staatliches Museum-Reservat „Pawlowsk",
Sankt Petersburg

Das Porträt der vierzehnjährigen Prinzessin
Charlotte besticht durch seinen intimen
Charakter. Vermutlich saß Charlotte dem
Maler Modell, als dieser 1820 die Familie in
Paris besuchte. Bei aller Jugendlichkeit
wirkt die Prinzessin ernst und nachdenk-
lich. Das Gemälde wurde der Großtante und
zukünftigen Schwiegermutter, Maria Fjodorowna, zum Geschenk gemacht.

403 Großfürst Michail Pawlowitsch

Orest Kiprenski (1782–1836)
1816; Öl auf Leinwand
Staatliches Museum-Reservat „Pawlowsk",
Sankt Petersburg

Der jüngste Sohn des Zaren Paul , Großfürst
Michail, genoss eine strenge Erziehung,
lernte aber ungern und schlecht und zeigte
stattdessen große Begeisterung für das
Militär. Von Prinzessin Charlotte war er zunächst sehr angetan. Als sich die Heiratsverhandlungen in die Länge zogen, verliebte
sich Michail in eine Hofdame seiner Mutter,
beugte sich jedoch schließlich dem Druck
der Familie und willigte in die Heirat mit
Charlotte ein.

407 Déjeuner des Prinzen Paul

Karl Heinrich Küchelbecker (1748–1809) (Bildminiaturen), Christoph Heinrich Toberer (1773–1817)
(Goldmalerei)

1813; Porzellan bemalt und vergoldet,
Silber vergoldet

Landesmuseum Württemberg, Stuttgart

Das Service zeigt Mitglieder der königlichen
Familie: auf der Kaffeekanne König Fried-
rich I., auf der Milchkanne Königin Mathilde,
auf der Zuckerdose Prinz Paul, auf den Tassen
Königin Katharina von Westphalen, Thron-
folger Prinz Wilhelm und die Gemahlin
Pauls, Prinzessin Charlotte sowie auf der
Servierplatte deren vier Kinder August,
Charlotte, Pauline und Friedrich.

Salon für Kunst und Wissenschaft

Bald nach der Hochzeit im Jahr 1824 bezogen die Frischvermählten Elena Pawlowna und Michail Pawlowitsch ihr neues Domizil im Herzen von Sankt Petersburg, den Michailowski-Palast. Der nach den Wünschen der Großfürstin prächtig eingerichtete Palast wurde rasch zum Mittelpunkt erlesener Salon- und Kulturveranstaltungen. Fabelhafte Bälle und Konzerte fanden hier ebenso statt, wie die legendären „Donnerstagabende", in deren Mittelpunkt die geistreiche Gastgeberin stand. Im Namen ihrer Hofdamen lud Elena Pawlowna auch Persönlichkeiten ein, denen der Zutritt zum Zarenhof offiziell verwehrt war – darunter Künstler, Literaten, in Ungnade gefallene Wissenschaftler und Vertreter widerstreitender politischer Strömungen.

Aber auch auf ihren zahlreichen Reisen, die sie durch ganz Europa führten, wurde Elena Pawlowna als anregende Muse und Mäzenin empfangen und gefeiert.

414 Quartett bei Matwei Wijelgorskj
1840er Jahre; Lithografie
Staatliches Russisches Museum, Sankt Petersburg

Graf Matwej Wijelgorski – neben Anton Rubinstein und anderen einer der Mitbegründer der Russischen Musikgesellschaft – diente Elena Pawlowna seit 1828 als Stallmeister des Michailowski-Palasts und beteiligte sich aktiv an den musikalischen Soireen der Großfürstin. Ab 1862 gehörte Wijelgorski dem Direktionskomitee des ersten Russischen Konservatoriums an.

**410 Das Empfangszimmer
im Michailowski-Palast**

Ernst Karlowitsch Lipgart (1847–1932)

vor 1896; Öl auf Leinwand

Staatliches Russisches Museum, Sankt Petersburg

Carlo Rossi (1775–1849) machte sich in
Sankt Petersburg mit dem Bau des
Michailowski-Palastes und des Alexandra-
Theaters einen Namen. Im „Weißen Salon"
des Palasts fanden die meisten der Konzerte
und offiziellen Empfänge statt.

415 „Equipáge"

Alexander Brüllow (1799–1877)

1845/46; Öl auf Leinwand

Staatliches Russisches Museum, Sankt Petersburg

Fernab von den Zwängen der höfischen
Etikette vergnügen sich vier junge Damen
bei einer Kutschpartie. Die noble Kleidung
in leuchtenden Farben verrät deren hohe
Herkunft und bildet einen reizvollen Kontrast
zu den erdigen Tönen der kargen Umge-
bung. Dargestellt sind (von links): die
Kammerfrau N. Schiebel, Elenas Tochter
Jekaterina Michailowna, Freiin Marie von
Seddeler, und die Hofdame L. Sherebzowa.
Siehe Seite 218/219

416 Kostümball im Winterpalast

um 1830; Öl auf Leinwand

Staatliches Russisches Museum, Sankt Petersburg

Kostümbälle zählten zu den beliebtesten
Belustigungen der höfischen Gesellschaft
im 19. Jahrhundert. Es sind zahlreiche Beschreibungen überliefert, die von der unge-
heuren Prachtentfaltung am russischen Hof
berichten. Die Ballabende des Großfürstenpaares im Michailowski-Palast übertrafen
von ihrem Aufwand her sogar die Feste des
Zaren im Winterpalast.

417a Empfang in der Villa Medici
für Elena Pawlona

Louis Dupré (1789–1837) und Sébastien Norblin
de la Gourdaine (1796–1884)
1830; Öl auf Leinwand
Staatliches Museum-Reservat „Peterhof",
Sankt Petersburg

Am 29. April 1828 fand zu Ehren der Großfürstin ein Empfang in der Villa Medici, dem
Sitz der Französischen Akademie der bildenden Künste, statt. Man blickt auf eine große
Gesellschaft, die sich auf einem Galeriean-
bau versammelt hat. Im Mittelpunkt stehen
Elena Pawlowna, die ihre Tochter Maria an
der Hand hält, und der Gastgeber, François-
René de Chateaubriand, ein französischer
Schriftsteller, Politiker und Diplomat, der zu
dieser Zeit das Amt des französischen Bot-
schafters in Rom bekleidete.

**417b Fest in der Villa Medici
für Elena Pawlowna**

Louis Dupré (1789–1837) und Sébastien Norblin
de la Gourdaine (1796–1884)
1829; Öl auf Leinwand
Staatliches Museum-Reservat „Peterhof",
Sankt Petersburg

Die Villa Medici bildet die malerische
Kulisse für eine künstlerische Darbietung
im Bildzentrum: vermutlich eines der berühmten „lebenden Bilder", in denen Werke
der Malerei oder Literatur durch Personen
nachgestellt werden. Das Fest war von den
Künstlern der Französischen Akademie in
Rom unter Anleitung ihres Direktors Horace
Vernet organisiert worden. Die Gemälde
vom Empfang in Rom entstanden im Auftrag
der Großfürstin.

422 Anton Rubinstein

Ilja Repin (1844–1930)

1887; Öl auf Leinwand

Staatliches Russisches Museum, Sankt Petersburg

Nach Jahren im Ausland ließ sich Anton Rubinstein (1829–1894), der gefeierte Klaviervirtuose und Komponist, in Sankt Petersburg nieder. 1852 wurde er Hofpianist bei Elena Pawlowna und organisierte musikalische Soireen im Michailowski-Palast. Später wurde er – maßgeblich unterstützt von der Großfürstin – Direktor des ersten russischen Konservatoriums, zu dessen berühmtesten Schülern Pjotr Tschaikowski zählt.

418 Großfürstin Elena Pawlowna mit ihrer Tochter Maria

Karl Brüllow (1799–1852)

1830; Öl auf Leinwand

Staatliches Russisches Museum, Sankt Petersburg

In diesem Bildnis – einem Hauptwerk der russischen Portraitmalerei – läßt Brüllow Elena Pawlowna mit ihrer Tochter an der Hand eine Treppe heruntersteigen. Doch veranschaulicht er in der kleinen Szene die legendäre höfische Eleganz, die von der russischen Großfürstin ausging. Zugleich zeigt er, daß sie auch eine fürsorgliche Mutter sein konnte.

Sozial und
barmherzig

Als 1853 der Krimkrieg ausbrach, gründete Elena Pawlowna zum Zwecke der Versorgung und zur Pflege der Kriegsverwundeten die Gemeinschaft der Barmherzigen Schwestern „Zur Kreuzerhöhung". Deren Leitung vertraute sie dem Feldchirurgen Nikolai Pirogow an. Dem Ruf Elenas folgten zahlreiche Freiwillige aus dem ganzen Land. Großfürst Konstantin Nikolajewitsch, Marineminister und Neffe Elena Pawlownas, setzte sich dafür ein, dass die Ausbildung der Kriegsschwestern in den Hospitälern der Marine stattfinden konnte. Die erste von insgesamt sechs Einsatzgruppen bestand aus 31 Kriegsschwestern und nahm ihre Tätigkeit im November 1854 in Sewastopol auf. Zudem veranlasste Elena die Entsendung von Geistlichen, die den Soldaten auf den Schlachtfeldern seelischen Beistand leisteten.

424 **Die Schlacht bei Inkerman**
W. Simpson (1823–1899)
1855; Lithografie
Museum der heroischen Verteidigung
und Befreiung von Sewastopol

Der Krimkrieg (1853–1856) forderte viele Todesopfer. Die Schlacht bei Inkerman am 5. November 1854 ging in die Geschichte ein. Bei der Auseinandersetzung zwischen dem russischen Zarenreich und den Alliierten (England, Frankreich, Osmanisches Reich) versuchten die in Sewastopol eingeschlossenen Russen, den Briten in die Flanke zu fallen. Die Schlachten des Krimkriegs mit den unter Beschuss von allen Seiten galoppierenden Truppen kommentierte der französische General Pierre Bosquet mit den heute berühmten Worten: „Das ist großartig, aber Krieg ist das nicht, es ist Wahnsinn."

425 Der Chirurg Nikolai Iwanowitsch Pirogow

1850er Jahre; Lithografie

Staatliches Historisches Museum, Moskau

Nikolai Pirogow (1810–1881), Professor für Chirurgie an der Akademie für Militärmedizin in Sankt Petersburg, machte sich während des Krimkriegs (1853–1856) um die Feldchirurgie verdient. Ein von ihm erfundener Gipsverband verhinderte viele Amputationen. Zudem führte Pirogow die Narkose bei Operationen im Feld ein, die er bereits 1847 während seines chirurgischen Dienstes im Kaukasus erprobt hatte.

426 Barmherzige Schwestern der Gemeinschaft „Zur Kreuzerhöhung"

Wassili Timm (1820–1895) nach einem Foto von S. Lewizki

1856; Kolorierte Lithografie

Staatliches Historisches Museum, Moskau

Entschlossen und doch besorgt blicken die Schwestern der Gemeinschaft „Zur Kreuzerhöhung" kurz vor ihrer Abreise ins Kriegsgebiet in die Kamera. Nach dem Vorbild der Gemeinschaft „Zur Kreuzerhöhung" wurde 1867 die „Gesellschaft zur Fürsorge für die verwundeten und kranken Soldaten" gegründet, die 1876 in das Russische Rote Kreuz umbenannt wurde. Beide Organisationen standen in engem Austausch, bis sie 1894 zusammengelegt wurden.

Politisch engagiert für die Bauernbefreiung

Bereits vor 1861 zeichnete sich ab, dass die jahrhundertelange Leibeigenschaft der russischen Bauern nicht nur großes Elend unter der ländlichen Bevölkerung hervorrief, sondern auch Russlands Aufbruch zur Industrialisierung im Weg stand. Nachdem sich die Unruhen im Bauernstand mehrten und immer mehr Leidtragende ihre Stimme gegen die Willkürherrschaft des Adels erhoben, schienen weitreichende Reformen unverzichtbar. Auch der frisch gekrönte Zar Alexander II. erkannte: „Es ist besser, die Leibeigenschaft von oben abzuschaffen, als die Zeit abzuwarten, bis sie von selbst und von unten abgeschafft wird." Seine Tante Elena Pawlowna unterstützte die Abschaffung der Leibeigenschaft und zog auch selbst Konsequenzen daraus: Zwei Jahre vor der offiziellen Reform zur Bauernbefreiung entließ sie auf ihrem Gut Karlowka bei Poltawa 15.000 Seelen („Duschi") in die Freiheit.

432 Zar Alexanders II.
Iwan Aleksejewitsch Tjurin (1824–1904)
1874; Öl auf Leinwand
Staatliches Museum-Reservat
„Zarskoje Selo", Sankt Petersburg

Zeitlebens hatte die Großfürstin großen Einfluss auf den russischen Thronfolger und späteren Zaren Alexander II., der zwar als liberal, aber auch als zögerlich galt. 1823, kurz nach ihrer Ankunft schrieb sie: „Sascha liebt mich sehr, er hat mich unter seine Fittiche genommen. Ich spreche mit ihm auf Englisch, und er antwortet mir auf Russisch, sodass wir gegenseitig voneinander lernen."

429 Totengedächtnis auf dem Friedhof

Alexej Korsuchin (1835–1894)

1865; Öl auf Leinwand

Staatliches Russisches Museum, Sankt Petersburg

Mit der Abschaffung der Leibeigenschaft war das Elend der Landbevölkerung nicht beseitigt. Nach wie vor waren die Bauern der Willkür der adligen Landeigentümer ausgesetzt, die gegen die sozialpolitischen Reformen aufbegehrten. Der Maler Alexej Korsuchin zählt zur Gruppe der „Peredwischniki" („Wanderer"), die sich dem Realismus verschrieben hatten und die russische Lebenswirklichkeit jener Jahre auf die Leinwand bannten.

Königin Olga

Am 11. September 1822 erblickte Olga als drittes Kind des Großfürsten Nikolai Pawlowitsch, des späteren Kaisers Nikolaus I. (1796–1855) und seiner Gemahlin Alexandra Fjodorowna, geb. Charlotte von Preußen (1798–1860), das Licht der Welt. Geborgen in ihrer Familie verbrachte sie in Sankt Petersburg und den umliegenden Schlössern eine glückliche Jugend. Nach langen Verhandlungen scheiterte eine Hochzeit mit dem Katholiken Erzherzog Stephan von Österreich, nicht zuletzt aufgrund der Intervention Metternichs.

1846 verlobte sich Olga in Palermo mit Karl, dem Sohn ihres protestantischen Onkels, König Wilhelm I. von Württemberg. Eine reiche Mitgift ermöglichte ihr den Bau und die Vollendung der Villa Berg. Zusammen mit ihrem Mann unternahm sie zahlreiche Reisen, deren Eindrücke Eingang in die Ausstattung von deren Räumlichkeiten fanden. Als Landesmutter wirkte sie vor allem auf sozialem Gebiet, zahlreiche von ihr gegründete Einrichtungen tragen entweder ihren Namen oder den ihres Mannes oder ihres Vaters. 1892 starb sie in Friedrichshafen, ihrer geliebten Sommer-residenz. [KKH]

536 Großfürstin Olga im Jahr 1841
Christina Robertson (1796–1854)
1849; Öl auf Leinwand
Staatliches Museum-Reservat „Peterhof",
Sankt Petersburg

1822	Geburt am 11. September als drittes Kind des Großfürsten Nikolaus Pawlowitsch, dem späteren Zar Nikolaus I., und seiner Frau Alexandra Fjodorowna, geb. Prinzessin Charlotte von Preußen in Peterhof
1846	Verlobung mit Kronprinz Karl von Württemberg, einem Großneffen ihrer Großmutter Kaiserin Maria Fjodorowna in Palermo im Januar, Hochzeit in Peterhof im Juli, feierlicher Einzug in Stuttgart im September
1853	Einweihung der Villa Berg in Stuttgart am 29. Oktober
1855	Tod des Vaters in Sankt Petersburg
1857	Zweikaisertreffen zwischen Kaiser Napoleon III. von Frankreich und Zar Alexander I. von Russland in der Villa Berg
1860	Tod der Mutter in Zarskoje Selo
1864	Königin von Württemberg Schirmherrin von karikativen Institutionen (Nikolauspflege, Olga-Stift, Katharina-Stift usw.)
1870	Adoption ihrer Nichte Großfürstin Wera Konstantinowna, der späteren Herzogin von Württemberg
1891	Tod von König Karl von Württemberg in Stuttgart am 6. Oktober
1892	Tod in Friedrichshafen am 30. Oktober Bestattung in der Schlosskirche Stuttgart

Königin Olga –
Ihre Kaiserliche Hoheit

Königin Olga ist bis heute in Stuttgart präsent, zahlreiche Institutionen und Orte tragen ihren Namen. In die Fußstapfen ihrer Tante Katharina tretend, die den Württembergern durch ihr nachhaltiges soziales Engagement in bester Erinnerung war, knüpfte die Bevölkerung große Erwartungen und Hoffnungen an die neue Kronprinzessin, die am 23.September 1846 herrschaftlich Einzug in Stuttgart hielt. Die gesamte Stadt schien an diesem Tag auf den Beinen zu sein.

Der legendäre Reichtum der Zarentöchter wurde durch die Präsentation der prachtvollen Aussteuer im Alten Schloss bestätigt. Auch der stockende Bau der Villa Berg bekam durch Olgas finanziellen Mittel Schwung und konnte 1753 fertig gestellt werden – gegen den Willen des Schwiegervaters im Stil der Renaissance und nicht als klassizistischer Bau.

Olga war drei Jahre alt, als ihr Vater Nikolaus 1825 nach dem Tod seines ältesten Bruders Alexander I. unvorhergesehen Kaiser von Russland wurde. Der ältere Bruder, Großfürst Konstantin, hatte aus Gründen einer nicht standesgemäßen Liebe auf seinen Thronanspruch verzichtet. Die Wirren des Dekabristenaufstandes hinterließen nachhaltige Eindrücke bei ihrem Vater, den sie unkritisch bewunderte. Auf seine harte Regierung gründete sich ihr Glaube an eine autokratische Regierung. Die von den Dekabristen angestrebte konstitutionelle Monarchie wurde durch das unerbittliche Eingreifen von Nikolaus verhindert.

Sobald Olga ins heiratsfähige Alter kam, begann sich das Heiratskarussell zu drehen. Mögliche Heiratskandidaten gab es viele, darunter der spätere König Maximilian II. von Bayern, Alexander von Hessen und Erzherzog Stephan von Österreich. Maximilian fand nicht Olgas Sympathien. Alexander hatte zwar ihr Herz erobert, doch kam er als Zweitgeborener ohne

533 **Prunkvase anlässlich der Hochzeit
von Karl und Olga**
Christian Friedrich Leins, Firma W. Münch & Cie,
Stuttgart
1846; Silber
Staatliche Schlösser und Gärten Baden-Württemberg

Herrschaftsansprüche aus der Sicht Nikolaus' nicht in Frage, da schon die ältere Schwester Marie mit ihrer Heirat mit Max von Leuchtenberg in Russland geblieben und keine dynastische Beziehung zu einem regierenden Herrscherhaus eingegangen war. So wurden über Jahre Verhandlungen mit dem Hause Habsburg in Wien geführt, die jedoch am Widerstand Metternichs und der Kaiserinwitwe Karoline Auguste, scheiterten. Mit Kronprinz Karl schien dann endlich der geeignete Kandidat gefunden zu sein.

Olga war zwar an Politik interessiert, jedoch war diese nicht ihr vorrangiges Betätigungsfeld. Anfangs zeigte Olga noch deutlich politische Ambitionen. So arrangierte sie 1857 während des Zweikaisertreffens in Stuttgart ein gemeinsames Frühstück zwischen dem französischen Kaiser Napoleon III. und ihrem Bruder, dem russischen Zaren Alexander II. König Wilhelm I. war nicht geladen, was dieser ihr verübelte und sein angespanntes Verhältnis zur Schwiegertochter nicht verbesserte. Zudem hielt dieser Kronprinz Karl als Regenten für ungeeignet. Unter diesem Aspekt hatte Wilhelm I. die dynastische Beziehung zu Russland zwar befürwortet, da er davon ausging, dass sein schwacher Sohn eine starke Unterstützung Russlands für seine Regentschaft benötigte. Doch kritisierte er häufig Olgas unkritische Parteinahme für Russland und ihren Beistand für Karl.

Die Ehe von Karl und Olga war gezeichnet von gegenseitiger Wertschätzung. Anfangs zeigte sich Olga als verliebte Kronprinzessin, sie war voller Hoffnung auf ein glückliches Familienleben. Als der ersehnte Kindersegen ausblieb, wurde die Beziehung noch zusätzlich durch die Launen und Beziehungen Karls zu berechnenden Günstlingen belastet. So schrieb Berthold von Fetzer (1856–1931), Leibarzt des Königs, in seinem Tagebuch am 17. November 1888, „dass die Königin unter der Angelegenheit schwer leide; zudem habe Ihr der König kürzlich Briefe voll bitterer Vorwürfe geschrieben, weil Sie sich nicht für Ihn u. W[oodcock], ein Günstling König Karls] erkläre und sich über W[oodcock]'s Verhalten missbilligend ausgesprochen habe" (HStAS, Q2/3, Bü 12, S. 88).

Trotzdem versuchte sie aus ihrer Ehe das Beste zu machen. Die gemeinsamen Interessen für Musik, Kunst, Literatur und Theater besaßen einen großen Stellenwert in ihrem Leben und halfen, den Schein eines harmonischen Ehepaars aufrecht zu erhalten. Denn das war Olgas Stärke: die majestätische, würdevolle Repräsentation als Königin, zu der sie von frühester Jugend erzogen worden war. Ihre Zeitgenossen erlebten sie als „königlich vom Scheitel bis zur Zehe und in ihrem ganzen Wesen und Gebaren", wie es im Tagebuch der Baronin von Spitzemberg heißt (Vierhaus 1976, S. 304f.) – ein Bild, das sich ihnen zutiefst einprägen sollte.

Jedes Jahr unternahm das Regentenpaar zahlreiche Reisen. Bei Aufenthalten in internationalen Kurorten wie Wiesbaden, Ostende, Bad Ems, Wildbad, Baden-Baden und Nizza traf es die Verwandtschaft. Trotz familiärer Beziehungen gab es Spannungen zwischen Preußen und Württemberg. Sie wuchsen mit dem Verlust der Souveränität der einzelnen Staaten seit der deutschen Reichsgründung 1871. Preußen dominierte. Den Souveränitätsverlust kompensierte Olga durch die Intensivierung ihres Engagements im sozialen Bereich, das in zunehmendem Maße zu ihrer primären Aufgabe wurde, Repräsentationszwecke erfüllte und nicht zuletzt der Legitimation der Monarchie diente.

„Nach der Heirat beginnt ein so andersartiges Leben, ein Leben dem viele bittere Erinnerungen beigemengt sind, trotz vielen häuslichen Glücks, daß es mir besser

545 **Kronprinzessin Olga und Kronprinz Karl von Württemberg**
German von Bohn (1812–1899)
1852; Öl auf Leinwand
Privatbesitz

erscheint, es nicht wieder heraufzubeschwören! Die guten und schlechten Tage tragen zur Entwicklung unseres Wesens bei. Nicht sich verbittern zu lassen, jene ehren, die wir nicht lieben können, Böses mit Gutem erwidern, vermeiden, sich auf sich zurückzuziehen, und doch einen unantastbaren Grund der Unabhängigkeit, der Ruhe und des Wohlwollens in sich bewahren – das war es, was ich stets zu verwirklichen trachtete" (zitiert nach Podewils 1955, S. 250). [KKH]

Königin Olgas Interieurs: extravagante Prachtentfaltung

Auffällig zahlreich sind die Interieursdarstellungen, die von den Räumen, die das Königspaar in den Schlössern in Stuttgart und Württemberg bewohnt hat, auf uns gekommen sind. Aber nicht nur diese Privaträume wurden in porträthaften Darstellungen festgehalten, sondern auch Ansichten von Zimmern, die auf Reisen bewohnt wurden, oder die Zimmer der Kindheit und der Familie in Russland. Diese wurden getauscht, verschenkt und zwischen Sankt Petersburg und Stuttgart hin- und hergeschickt. So befinden sich sowohl in Russland als auch in Württemberg zahlreiche dieser Darstellungen. Auch einer Mode verdanken wir diese ausgesprochen informative Quelle zur Wohnkultur der ersten Hälfte des 19. Jahrhunderts. Waren zunächst in den Niederlanden Innenansichten von Sälen, Zimmern und Kirchen während des 17. Jahrhunderts zu einem Hauptmotiv in der Malerei geworden, wobei dargestellte Personen zur Staffage wurden, begann sich ab 1770 ein neuer Stil der Architektenentwürfe für Innendekorationen durchzusetzen: perspektivisch korrekte Darstellungen, deren plastisch modellierte Architekturen zusätzlich durch eine sorgfältige Aquarellierung der Federzeichnungen hervorgehoben werden. Die Entwicklung führt zu Interieursdarstellungen, in denen bis ins kleinste Detail die gesamte Einrichtung mitsamt den persönlichen Gegenständen wiedergegeben ist. Darauf kann der Betrachter genau ablesen, mit was sich die Bewohner umgeben haben, was ihnen lieb und teuer war, welche Bilder sie bevorzugten und welche Ausprägung die Einrichtungen zwischen Russland, Deutschland und Frankreich erfuhren.

Neben Anregungen durch die Entwerfer, die den aktuellen Modetendenzen der tonangebenden Metropole Paris entsprachen, treten auf solchen Blättern auch persönliche Vorlieben oder Eigenarten der Auftraggeber deutlich hervor. So finden sich die von Olgas Mutter bevorzugten bepflanzten Gitter und Raumteiler, mit denen sie ihre Räume im „Cottage" in Peterhof schmückte, auch in der Villa Berg wieder. Ein vererbtes Möbelstück wie das Nähkästchen Maria Fjodorownas, das diese wiederum von ihrer württembergischen Mutter erhalten hatte und das viele Erinnerungen transportierte, findet sich auf einer lange nach ihrem Tod gefertigten Darstellung von 1878 in Gatschina wieder.

Die Familie war auf diesen Interieur-Darstellungen häufig durch Porträts anwesend und begleitete so die in die Ferne Verheirateten auch in der neuen Heimat.

Fester Bestandteil der Mitgift der Zarentöchter war das Mobiliar eines Schlafzimmers und eines „Toilett Cabinett". Die Schlafzimmer der Töchter Nikolaus I. wurden ab 1839 alle „à la Renaissance" bestellt. Für das erste Schlafzimmer (für die Tochter Marie) wurden die Möbel vom Architekten Auguste Ricard de Montferrand entworfen. Es ist davon auszugehen, dass auch die beiden weiteren, ebenfalls vergoldeten Schlafzimmereinrichtungen – variiert von den Gebrüdern Gambs, die die Ausführung übernahmen – nach diesen Vorlagen gearbeitet wurden. So liegt die Schlussfolgerung nahe, dass diese frühe Stilfestlegung Einfluss auf die Gestaltung der späteren Villa Berg hatte, die dann durch die Italieneindrücke der Verlobungsreise noch bekräftigt wurde.

Neben den schweren, voll vergoldeten Schlafzimmermöbeln stellen Einzelmöbel wie das Schreibschränkchen, dekoriert mit Rosenholzfurnier und Porzellanapplikationen im Stil des zweiten Rokoko, eine auffällige Seltenheit dar.

Im Gegensatz zu den Verschiffungslisten der schwesterlichen Mitgift von Alexandra, werden diese Möbel bei Olga nicht in den Porzellanlisten, sondern unter den

564e **Kabinett der Kronprinzessin Olga**
im Neuen Schloss, Ecke Planie
Johann Caspar Obach (1807–1865)
1854; Aquarell, Deckfarben, Bleistift
Staatsgalerie Stuttgart

539 **Schreibschränkchen**
Peter und Ernst Gambs, Kaiserliche Porzellanmanufaktur
Sankt Petersburg
um 1843; Holz, Porzellan, Bronze, Samt
Kulturstiftung des Hauses Hessen,
Museum Schloss Fasanerie, Eichenzell

Möbeln geführt. Die Porzellanmontierungen rund um
das Schränkchen sehen eine freie Aufstellung im Raum
vor. Dienten Möbelbeschläge aus Metall ursprünglich
zum Schutz von stoßempfindlichen Kanten und Füßen,
wird hier der Sinn umgekehrt. Die Applikationen vermitteln vielmehr den Eindruck, als ob das zerbrechliche
Porzellan die Möbel zu schützen und ihre Last zu tragen
habe.

Die Ausstattung stellen frühe Beispiele eines extravagan-
ten und experimentierfreudigen Historismus dar. Die
württembergischen Schlossräume vermochten die üppige
Möblierung kaum zu fassen. [KKH]

Jugendglück und Bildungsehrgeiz

Olly, wie sie liebevoll genannt wurde, verbrachte im Schoß ihrer Familie eine glückliche Kindheit. Für eine innige familiäre Atmosphäre sorgten die Eltern. Gerade ihre Mutter, Tochter der vielgeliebten Luise von Preußen, ging mit ihr ausgesprochen liebevoll um. Vater Nikolaus, der unter seiner schlechten Ausbildung gelitten hatte, war sehr um ihre Bildung bemüht. Unterricht in Französisch, Englisch, Deutsch, Russisch, russischer und sonstiger Geschichte, Zeichnen, Malen, Tanz, Musik sowie Arithmetik als Königin der Mathematik ließ Olga zu einer gebildeten und kunstsinnigen jungen Frau reifen, die somit mit weitaus mehr als ihrer Schönheit und Herkunft punkten konnte. Bereits erwachsen, nahm sie auch noch Modellier-Unterricht beim Bildhauer Theodor Wagner (1800–1880).

501 Maria Nikolajewna und Olga Nikolajewna
Timoleon Karl von Neff (1804–1876)
1838; Öl auf Leinwand
Staatliches Russisches Museum, Sankt Petersburg
Glückliche Momente am finnischen Meerbusen lässt dieses Doppelporträt der Schwestern erahnen, Olga (links) erinnerte sich an 1838: „Mary und ich lebten in Peterhof ... Unser Leben war recht fröhlich; zu Pferd, zu Schiff, im Wagen flogen wir meist an den Nachmittagen aus. Vormittags trieb jeder, was er wollte, bis zum gemeinsamen Frühstück im Gartensaal, wo dann Pläne für den übrigen Tag geschmiedet wurden."

◄ **509 Ballett „Najade und der Fischer" auf den Seen in Peterhof am Olgatag am 4. Juli 1851**
Pjotr Fjordorwitsch Borel (1829–1898) nach einer Zeichnung von Iiosif Iosowitsch Charlemagne (1821–1870)
1853; Lithographie, aquarelliert
Staatliches Museum-Reservat „Peterhof",
Sankt Petersburg

502 Zar Nikolaus I.
George Dawe (1781–1829)
1828; Öl auf Leinwand
Staatliches Russisches Museum, Sankt Petersburg

Ihren Vater verehrte Olga seit ihrer frühesten
Jugend: „Die menschliche Würde, die Papa
in so hohem Maß besaß, diese Kraft, die
durch Sittlichkeit allein es vermag, uns
über uns selbst zu erheben". Verständnis
für die Anfeindungen, die seine Politik
hervorrief, fehlte Olga zeitlebens.

506 Residenz der Zarenfamilie in Sankt Petersburg: der Anitschkow-Palast

undatiert, Aquarell auf Papier

Kulturstiftung des Hauses Hessen, Archiv des Hauses Hessen, Schloss Fasanerie, Eichenzell

1837 zerstörte ein großer Brand die zahlreichen Räume im Winterpalast, in den die Familie nach dem Regierungsantritt von Nikolaus I. gezogen war. Daher kehrte man zurück in den ehemaligen Wohnsitz: „Nun saßen wir also wieder zusammengekauert im geliebten Nest unserer Kindheit, Anitschkow. Es wurde die glücklichste Periode meiner Jugendzeit. Wir lebten dort nach dem russischen Sprichwort: Je näher, je inniger!

Die Enge machte das Leben intimer als im Winterpalast, wo die Wohnungen durch riesige Gänge voneinander getrennt waren. Dort konnte man sich rasch zwischen zwei Stunden guten Morgen sagen, wenn man wusste, der nächste Lehrer wartete schon auf einen. So war es mit vielem."

504 Das Cottage im Park von Peterhof
Iosif Iosifowitsch Charlemagne (1824–1870)
1854; Gouache auf Karton
Landesmuseum Württemberg, Stuttgart

Der schottische Architekt Adam Menelas errichtete in den Jahren 1826 bis 1829 das Landhaus für Nikolaus I. im Stil der englischen Neogotik. Olga beschrieb das Leben dort: „Unsere Zimmer im Landhaus, nahe denen von Papa, waren sehr klein. Wir verbrachten den größten Teil des Tages auf den Balkonen, die uns als Lern- wie als Esszimmer dienten. Papa stand im Sommer um sieben Uhr auf und trank während des Ankleidens sein Glas Marienbader Wasser, dann ging er begleitet von seinem Pudel, … nach Montplaisir [ein weiteres Landhaus im holländischen Stil], um dort das zweite Glas Brunnen zu trinken."

508 Kinderbildnis der Großfürstin Olga

Pjotr Fjordorwitsch Sokolow (1791–1848)

1828; Papier, Aquarell, Bleistift

Staatsarchiv der Russischen Föderation, Moskau

Der bekannte Aquarellmaler P. F. Sokolow wurde 1821 in den Anitschkow-Palast in Sankt Petersburg zum Großfürsten Nikolai Pawlowitsch eingeladen. Der zukünftige Kaiser gab bei dem Künstler ein Porträt seines damals dreijährigen Sohnes Alexander in Auftrag. Nach der erfolgreichen Ausführung der Arbeit erhielt der Künstler eine Reihe weitere Aufträge vom kaiserlichen Hof und führte mehrfach Bildnisse der Kaiserin Alexandra Fjodorowna, der Gattin von Nikolaus I., und seiner Kinder aus.

505 Olga und ihre jüngere Schwester Alexandra verkleiden sich

Postkarte nach der verschollenen Zeichnung von Pjotr Fjordorwitsch Sokolow (1791–1848)

1984; Papier

Staatliches Museum-Reservat „Peterhof",

Sankt Petersburg

Die Postkarte mit einer Bildreproduktion aus der Sammlung N. P. Schmitt-Fogelewitsch zeigt ein stilisiertes ganzfiguriges Porträt von zwei Mädchen in bayerischer Volkstracht, die in halber Drehung einander zugewandt stehen. Der Text auf der Rückseite lautet: „P[jotr] F[jodorowitsch] Sokolow (1791–1848) Porträt der Großfürstinnen Olga Nikolajewna und Alexandra Nikolajewna in Maskenkostümen. 1830er Jahre."

511 „Kokoschnik" aus Korgopol

1. Hälfte 19. Jahrhundert; Posament, Goldfaden,
Seide, Perlen

Staatliches Historisches Museum, Moskau

Russische Kopfbedeckungen sind vielfältig
und haben eine lange Tradition. Sie wurden
in der Familie bewahrt, vererbt und gehörten
unbedingt zur Mitgift einer Braut. Verheiratete Frauen trugen den „Kokoschnik", von
dem es sehr unterschiedliche Formen gab,
und die typisch für die jeweilige Landesre-
gion waren.

**513 Großfürstin Olga in der Uniform ihres
Husaren-Regiments**

Jean Hoch

Originalzeichnung vor 1846; Fotografie

Württembergische Landesbibliothek, Stuttgart

Die Hofdame Olgas, Eveline von Massenbach, berichtete in ihrem Tagebuch über
die Rückkehr Olgas von der Beisetzung
ihres Vaters Nikolaus 1855: „Sie brachte mir
die kleine Daguerrotypie ihres Porträts in
Uniform mit, die über dem Bett ihres Vaters
hing und die er sterbend segnete."

510 Offizielle Hofrobe à la russe

Letztes Viertel 19. Jahrhundert; Moiréstoff, Seide,
Samt, Musselin, Goldfaden, Federn

Staatliches Kulturhistorisches Museum-Reservat
„Moskauer Kreml"

1834 wurden in Russland für alle Hofkleider
der Schnitt, die Farbe, das Gewebe und die
Art der Stickerei festgesetzt, die bis zum
Ende der Dynastie galten: eine Corsage mit
weiten überlangen Ärmeln und ein Rock mit
breiter Schleppe. Das Kleid ist mit einer roten
samtenen Leiste geschmückt, die ehemals
mit aufgenähten kostbaren Juwelierknöpfen
besetzt war. Zu solchen Kleidern wurden
rote, samtene, juwelenbesetzte russische
Kopfbedeckungen im Nationalstil, Kokosch-
niks, getragen.

Diese prachtvolle Robe soll der Nichte
von Olga, der Großfürstin Maria Maximinia-
nowna, Prinzessin von Baden, Herzogin von
Leuchtenberg, gehört haben.

Aussteuern von legendärer Pracht

Die Hochzeit Alexandras, der jüngsten Tochter von Zar Nikolaus I., wurde am 16. Januar 1844 im Winterpalast gefeiert. Es war eine Liebesheirat. Der glückliche Bräutigam war Prinz Friedrich Wilhelm von Hessen-Kassel. Adini und Fritz, wie sie im Familienkreis genannt wurden, verbrachten die Wintermonate in Sankt Petersburg, vornehmlich mit prächtigen Bällen. Bald nach der Hochzeit wurde Adini schwanger. Da trübte jäh eine schwere Krankheit das junge Glück. Die ärztliche Diagnose war vernichtend – Tuberkulose im Endstadium. Am 29. Juli brachte Adini einen Sohn zu Welt. Mutter und Kind starben noch am selben Tag. Ihre Aussteuer überließ Nikolaus dem Witwer zur Erinnerung an seine Frau. Da die Mitgift Alexandras mit der ihrer Schwester Olga fast identisch ist und in ihrer Gänze bewahrt werden konnte, steht sie hier stellvertretend für die prachtvollen Aussteuern aus dem Hause Romanow.

515 **Koffer mit Reise-Kaffee- und Teeservice**
Carl Tegelsten, Daniel Frederik Pragst, zahlreiche Teile mit Firmenstempel von Nicholls & Plincke
Sankt Petersburg; 1839/40
Kulturstiftung des Hauses Hessen,
Museum Schloss Fasanerie, Eichenzell

Kaffee- und Teekanne, Teesieb, Zuckerschale und -zange, Tablett, Sahnekännchen und Spülkumme mit Blüten und Rocaillen zieren dieses Service des zweiten Rokoko. Auf zierlichen Füßen stehen die Kannen, deren Deckel mit Heckenrosenblüten versehen sind.
Siehe Seite 55

519 **Teile des Großen Silberservice**
Carl Tegelsten(1798–1852), Johann Fredrik Falck (nachweisbar 1838–1845)
Sankt Petersburg; 1843; Silber
Kulturstiftung des Hauses Hessen,
Museum Schloss Fasanerie, Eichenzell

Sauciere, Soßenkelle, Legumiere, Porte Verre (Kühlwannen für Gläser), Kühler und Ragoutschüssel waren Bestandteile eines prachtvollen Service nach der neuesten Mode. Im 19. Jahrhundert änderte sich die Tafelkultur. Das Service à la française wurde vom Service à la russe abgelöst, das eine neue Weinkultur mit sich brachte, so dass Wein- und Gläserkühler vor den Gästen auf den Tischen standen.

**520 Der Stolz einer jeden Gastgeberin –
der große Tafelaufsatz**

Bronzemanufaktur Jean-François Denière und
Fa. Edouard Honoré (Porzellan)
Paris; um 1840 und 1843
Felix Copin (?), Kerzenstöcke Magasin Anglais
(Nicholls & Plincke)
Sankt Petersburg; 1843; Bronze, Vergoldung
Kulturstiftung des Hauses Hessen,
Museum Schloss Fasanerie, Eichenzell

Vergoldeter Bronze-Tafelaufsatz, 11-teilig,
bestehend aus einem Zentralstück und
Schalen erster bis fünfter Ordnung, zwei-
und dreigeschossige Etageren mit flachen
Porzellanschalen und Goldbronzefassung.
Champagner- oder Likörkühler, Eisgefäße
mit Einsatz und Deckel aus dem 50-teiligen
Dessertaufsatz, halbkugelige Schalen mit
hohem Bronzefuß, Schalen mit eingezoge-
ner Wandung auf niedrigem Bronzefuß, vier
große Kandelaber für sechs Lichter, zwölf

kleinere Kandelaber für fünf Lichter und
28 Kerzenstöcke, sind nur ein Teil des kom-
pletten großen Tafelaufsatzes, der ursprünglich für Olga gefertigt wurde. Durch
die plötzliche Heirat ihrer jüngeren Schwester
war man gezwungen, auf ihre bereits vor-
handene Mitgift zurückzugreifen. Bei Felix
Chopin wurde ein neuer Aufsatz in Auftrag gegeben, der nach Abgüssen von Jean-Francois
Denière gearbeitet wurde.

522 „Medici"-Vase

Kaiserliche Porzellanmanufaktur Sankt Petersburg
1843; Porzellan, Kobaltfond, Aufglasurmalerei, Gold
Kulturstiftung des Hauses Hessen,
Museum Schloss Fasanerie, Eichenzell

Imposante Prunkvasen zählten zu den
großen Errungenschaften der Petersburger
Porzellanmanufaktur. Reich vergoldet, vir-
tuos bemalt und von beträchtlicher Größe
wurden solche Vasen nur noch von den
Konkurrenten in Sèvres und Berlin hergestellt. Die Darstellungen wurden nach Origi-
nalgemälden auf die Vasen von W. Jela-
schewski („Tanzende Mädchen" nach
Berchem) und P. Nesterow („Straßenmusi-
kanten" nach Lingelbach) kopiert.

523 **Tafelservice mit blauem Fond**

Kaiserliche Porzellanmanufaktur Sankt Petersburg

1843; Porzellan, farbige Aufglasurmalerei, Vergoldung

Kulturstiftung des Hauses Hessen,

Museum Schloss Fasanerie, Eichenzell

Das Service weist eine Vielfalt an Einzelteilen auf: Terrine, runde Platte mit Wärmeglocke, kleine Deckelschüssel ohne Henkel,
Senftöpfchen, Salzfässchen, Eismuschel,
Deckelschüssel zum Frühstücksteil.
Angepasst an die Etageren des großen
Tafelaufsatzes wurde der Fond des Porzellanservice im gleichen Blau gehalten, es sollte
dem berühmten Sèvres-Blau entsprechen.

524 **Schreibtischgarnitur aus Malachit**

Steinschneide- und Schleiffabrik in Peterhof

um 1830–1840; Malachit, Bronze, Vergoldung

Kulturstiftung des Hauses Hessen,

Museum Schloss Fasanerie, Eichenzell

Zur aufwendigen Schreibtischgarnitur gehören:
Tintenzeug, Briefbeschwerer mit hockendem
Adler, Briefbeschwerer in Form eines
Schlittens, Muschelschale, Bronzekessel-
chen von einem sitzenden Amor getragen,
Thermometer, Sockelschale.

Zu den bekanntesten Staatsgeschenken
zählten repräsentative Objekte aus harten
Steinen, die den Reichtum Russlands an
diesen Mineralien zeigen sollten. Seit der
Erschließung bedeutender Vorkommen im
Ural und im Altaigebirge sowie der Entstehung von Verarbeitungsstätten vor Ort prägten Gegenstände aus Malachit, Lapislazuli
und anderen Steinen die Palastausstattun-
gen und wurden als typisch russische Mode
der Nikolauszeit bekannt.

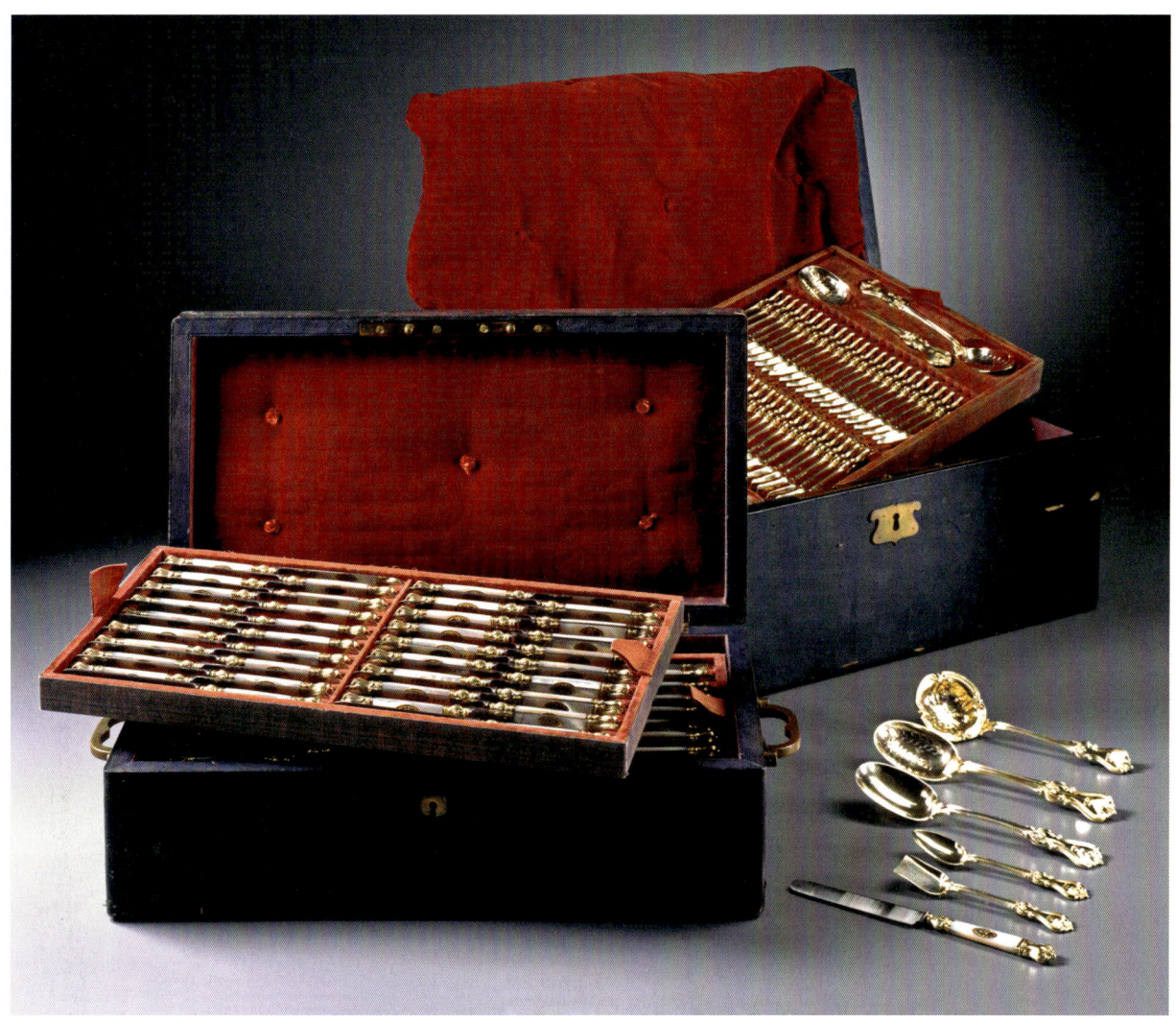

525 Dessertservice en vermeil

Johan Fredrik Falck (nachweisbar 1838–1845)

Sankt Petersburg; 1843; Silber, Vergoldung,

Perlmutt, Leder

Kulturstiftung des Hauses Hessen,

Museum Schloss Fasanerie, Eichenzell

Besonders prunkvoll war der „krönende
Abschluss" des Menus gestaltet, wenn das
vergoldete Besteck mit Perlmuttgriffen
eingedeckt wurde.

Mit kaiserlicher Pracht

In 307 Kisten verpackt, wurde die Aussteuer der Großfürstin Olga Nikolajewna per Schiff über die Ostsee verfrachtet. Zwei Schlachtschiffe beförderten das kostbare Gut nach Dordrecht. Auf einem Rhein-Dampfer brachte man es von dort nach Mannheim, von wo es mit mehreren Wagen weiter nach Stuttgart ins Alte Schloss transportiert wurde. In den Kisten befanden sich Möbel, Gold- und Silbergeschirr, Porzellanservice, Gläser, Kleider und Pelze. Im Alten Schloss wurde die Aussteuer am 2. Oktober 1846 öffentlich präsentiert. Die Großfürstin zeigte sich stolz auf die Leistung der Hofdiener ihres Vaters – darauf, wie sie ein europaweites Netz für die Herstellung und den Transport der Mitgift geknüpft hatten. Sie war sich sicherlich bewusst, dass sie in diesem Augenblick die wahrscheinlich reichste und größte Aussteuer aller Adelsgeschlechter Europas besaß.

531 Speiseservice: Glaskühler

Kaiserliche Porzellanmanufaktur Sankt Petersburg
1843; Porzellan, Vergoldung
Staatliches Museum-Reservat „Peterhof",
Sankt Petersburg
Teile des Service für 120 Personen.

Glaskühler wurden vor der Erfindung technischer Kühlgeräte verwendet, um die Weingläser in zerstoßenem Eis zu kühlen und den Wein, der in Karaffen aus den Weinkellern bei Tisch serviert wurde, länger kühl zu halten. Elektrische Glühlampen wurden erst am Ende des 19. Jahrhunderts industriell produziert, so dass die Kerzenbeleuchtung die Zimmertemperatur zusätzlich erhöhte.

529 Fischplatte, ovale Platte mit Haube, runde Platte mit Haube

Heinrich August Lang (1797–nach 1842),
Nicholls und Plincke
1840; Silber
Staatliches Museum-Reservat „Peterhof",
Sankt Petersburg

Das Geschirr und das Besteck für das große Festmahlservice wurden im Auftrag des Kaisers Nikolaus I. zum 18. Geburtstag der Großfürstin Olga hergestellt. Das Service ist im typischen Neo-Rokoko gehalten und entspricht so „der neuesten sehr schönen und feinen englischen Façon". Die Teile wurden mit dem gravierten Monogramm aus den verflochtenen Buchstaben „ON" unter der kaiserlichen Krone, dem Besitzzeichen für Olga Nikolajewna, versehen.

528 Glas und Spülnapf

Kaiserliche Glasmanufaktur Sankt Petersburg
1840–1850; Opalglas, Vergoldung
Staatliches Museum-Reservat „Peterhof",
Sankt Petersburg

Der Becher ist kegelförmig und besitzt ein
breites Band im unteren Bereich. Der Unter-
satz ist wie eine Schüssel mit einem breiten,
gebogenen Rand geformt. Die opalfarbene
Spülschüssel ist mit einem goldenen Orna-
ment aus Akanthusblättern verziert. 1840
erhielt die Kaiserliche Glasmanufaktur den
Auftrag für die Herstellung von Kristallge-
schirr für die Mitgift für Olga Nikolajewna.
Dazu gehörten auch 100 „opalfarbene vergoldete Spülschüsseln". Der Auftrag wurde
bis Mitte 1843 erfüllt.

532 **Handtuch aus der Aussteuer von Olga Nikolajewna**

Sachsen, nach Sankt Petersburger Entwurf

1846; Leinen

Landesmuseum Württemberg, Stuttgart

Nach Entwürfen aus Sankt Petersburg wurde die Tisch- und Bettwäsche aus Leinendamast der Aussteuer in Sachsen hergestellt. Alle Teile wurden mit einem einheitlichen Mittelmotiv dekoriert, dem bekrönten, Szepter und Reichsapfel haltenden kaiserlichen Doppeladler. Zur Aussteuer zählten unter anderem 112 Tischtücher, 1766 Servietten und 288 Hand -und Waschtücher. Dieses Handtuch gelangte angeblich als Geschenk der Königin in den Besitz einer ihrer Kammerfrauen.

Siehe Seite 52

530 **Trinkservice mit Gravurmonogramm „ON" für 24 Personen: Römer, Becher erster und zweiter Ordnung, Weinkelche erster bis vierter Ordnung, Sektkelch, Große Karaffe, Karaffe zweiter Ordnung**

Kaiserliche Glasmanufaktur Sankt Petersburg

1843; Kristall

Privatbesitz

Die Glasmanufaktur lieferte verschiedene „Kristallsachen je ein Stück", um sie „für die Vorstellung bei S. K. M. an das Kabinett zu überstellen". Man entschied sich für ein hauseigenes Modell, das in der Umgangssprache als „Nikolausglas" bekannt war und seit den 1830er Jahren als beliebtes Gebrauchsglas für den gehobenen Anspruch Verwendung fand.

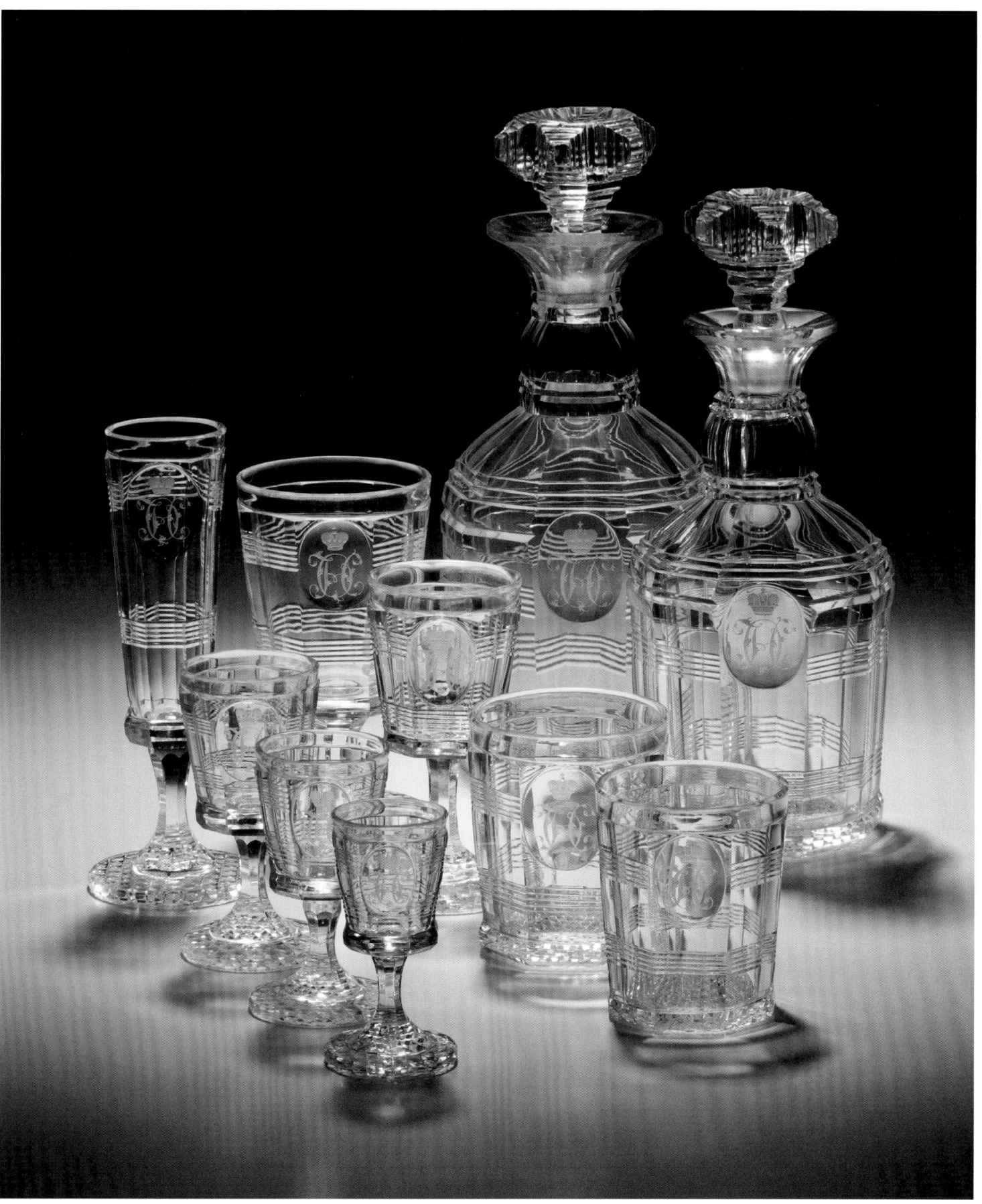

537 Ein blinder Bettlerjunge

Jean Bastien Lepage (1848–1882)

1882; Öl auf Leinwand

Musée des Beaux-Arts, Tournai

Die weitverbreitete Armut des
19. Jahrhunderts hatte auch für die
schwächsten Mitglieder der Gesellschaft, die Kinder, schwerwiegende
Folgen: Krankheiten, Hunger und
Verwaisung führten nicht selten zum
Tod. Gegen diese Kindernot wollte
Olga u. a. mit der Gründung der „Niko-
laus-Pflege für blinde Kinder" Abhilfe
schaffen. Neben Unterkunft und Verpflegung erhielten die Kinder auch
Unterricht und eine Ausbildung nach
dem Prinzip „Hilfe zur Selbsthilfe".

548 Hausschuhe

2. Hälfte 19. Jahrhundert; Wolle, bestickt;
Seidenfutter, Ledersohle

Stadtmuseum Stuttgart

Der Überlieferung nach stammen die
Kleidungsstücke, Schal, Haube und
Schuhe aus dem Besitz der Königin
Olga.

538 Büste der Königin Olga

Joseph von Kopf (1827–1903)

1866; Marmor

Privatbesitz

In seinen Lebenserinnerungen schilderte
der Bildhauer Kopf den Besuch des Kronprinzenpaars 1857 in seinem römischen
Atelier und schreibt über Königin Olga:
„Auch ihre Schönheit war weltbekannt. Ihre
wirklich herrliche fürstliche Gestalt von
wahrhaft majestätischer Haltung,... ihr
schönes, blasses Angesicht mit der feinen,
fast durchsichtigen Nase, ihre großen blauen
Augen, die etwas weich in den großen Augen-
höhlen schwammen, die harmonisch schöne
Form des Kopfes – das alles machte auf
mich einen bezaubernden Eindruck."

536 Großfürstin Olga

Christina Robertson (1794–1854)

1841; Öl auf Leinwand

Staatliches Museum-Reservat „Peterhof",
Sankt Petersburg

Die Schottin Christina Robertson gehörte zu
den erfolgreichsten Malerinnen ihrer Zeit.
Als gefragte Porträtistin der Petersburger
Gesellschaft und der kaiserlichen Familie
war sie seit 1841 Mitglied der Sankt Petersburger Akademie.

Hilf Dir selbst,
dann hilft Dir Gott

Die Einheirat in ein protestantisches Herrscherhaus, das nicht auf einem Konfessionswechsel bestand, ermöglichte es Olga, ihren russisch-orthodoxen Glauben beizubehalten. Um ihn auszuüben, standen ihr eigens eingerichtete Sakralräume zur Verfügung. Der Erzpriester Iwan Iwanowitsch Bazarow, seit 1851 ihr persönlicher geistlicher Vater, beschrieb die Situation der Fastenzeit in seinen Erinnerungen: „Die Großfürstin fastete und bereitete sich in der ersten Woche auf den Empfang der Heiligen Gaben vor, und die Gottesdienste wurden in ihren inneren Gemächern durchgeführt. Beginnend am Montag um 9 Uhr wurden der Morgengottesdienst und die Stunden durchgeführt, mittwochs und freitags die Liturgie der vorgeweihten Gaben und abends der große Kanon um 7 Uhr. Nach den Stunden musste ich etwas vorlesen, mich erstaunte in immer stärkerem Maße die hohe religiöse Bildung der Großfürstin."

551 Aide toi, Dieu t'aidera

1836; Samt, Vergoldung, Papier, Tusche

Privatbesitz

1836 erhielt Olga dieses Buch in Kreuzform von ihrer Mutter als Geschenk. Hier notierte sie Bibelstellen und Gedanken zu religiösen Themen, vorangestellt war das Motto: „Hilf Dir selbst, so hilft Dir Gott!" Neben den persönlichen Eintragungen widmeten ihr aber auch andere Personen religiöse Sprüche und Wünsche in Deutsch, Französisch, Russisch und Englisch. Die Eintragungen brechen 1845 ab.

552 Andachtskapelle aus dem Besitz der Königin Olga

2. Hälfte 19. Jahrhundert; Elfenbein

Sammlung Würth, Künzelsau

Mit kleinen Kapellen wie dieser konnten Andachten auch auf Reisen durchgeführt werden. Im 19. Jahrhundert wurde in Württemberg neben der Förderung der heimischen Industrie auch die kunstgewerbliche Ausbildung verstärkt, so entstand u. a. die Elfenbein-Schnitzschule in Geislingen. Vielleicht stammt diese Kapelle aus württembergischer Produktion.

Eine Heiratsschau
voller Mühen

Die Suche nach einem geeigneten Heiratskandidaten für die Zarentochter war sehr
mühevoll. Dies resultierte nicht zuletzt aus
dem komplexen politischen Spannungsfeld, das die Staaten im 19. Jahrhundert
untereinander bildeten. Erzherzog Stephan
von Österreich kam für die Heirat nicht in
Frage, da er Olgas orthodoxen Glauben
nicht akzeptierte, was auch einer Verbindung mit Erzherzog Albrecht von Österreich
im Wege stand. Maximilian von Bayern
schied aus, weil ihn Olga unsympathisch
fand. Als sie 1840 in Bad Ems Alexander
von Hessen-Darmstadt kennen lernte,
spielte sie ihn gegen ihren russischen Ver-
ehrer Fürst Alexander Barjatinski aus.
Gegen ihren Vetter Carl Alexander von
Sachsen-Weimar sprach, dass er ihr zu nah
verwandt war. Moritz von Nassau wiederum
wäre nur ein „Prinzgemahl" gewesen. Endlich erschien einer, der alle Bedingungen
erfüllte: Karl, protestantisch und Sohn des
württembergischen Königs, war nicht allein
ein geeigneter, sondern ein ihr auch sym-
pathischer Heiratskandidat.

558 Kronprinzessin Olga von Württemberg
Franz Xaver Winterhalter (1805–1873)
1856; Öl auf Leinwand
Landesmuseum Württemberg, Stuttgart
Seit zehn Jahren lebte Olga als Kronprinzessin in Stuttgart, als Winterhalter, der
gefeierte Porträtist der europäischen
Königshäuser, sie in ihrer ganzen Schönheit malte. Ihre Hofdame Eveline von
Massenbach berichtet in ihren Erinnerungen von der Entstehung des Gemäldes:
„9. Juni Umzug in die Villa – Sitzungen für
das Porträt von Winterhalter – von vorne,
zwanglos – Rosen."

**562 Tafel mit Allianzwappen von
Kronprinz Karl von Württemberg und Olga
Nikolajewna, Großfürstin von Russland**
um 1846; Öl auf Holz
Landesmuseum Württemberg, Stuttgart
Der Überlieferung nach stammt das
Allianzwappen mit dem württembergischen
Wappen und dem kaiserlich russischen
Doppeladler von dem Brautwagen, in dem
Olga bei ihrem Einzug in Stuttgart am
23. September 1846 saß.
Siehe Seite 70

Olga wohnt himmlisch

Zum Jahresende 1845 waren die Heiratsverhandlungen mit Stephan von Österreich gescheitert. Nun trat Kronprinz Karl auf den Plan, der schon am Neujahrstag in Palermo eintraf, wo sich Olga mit ihrer Mutter aufhielt. Bereits am 6. Januar fand die Verlobung statt, für den 1. Juli 1846 wurde in Peterhof ein rauschendes Hochzeitsfest geplant. Damit Olga Kronprinzessin werden konnte, musste sie ihre russische Abdankungsurkunde unterschreiben. Als Zeichen der festen Verbindung zur alten Heimat ließ ihr fürsorglicher Vater eigens auf einer Insel in der Nähe von Peterhof den Olgapavillon errichten. Ihre Mitgift in Höhe von einer Million Rubel eröffnete Olga Handlungsspielräume. Bereits in Palermo beschäftigte sie sich intensiv mit den Plänen für die Villa Berg. Der letzte Neorenaissance-Großbau in Stuttgart mit seiner prunkvollen Ausstattung verdankte sich ihren Mitteln. Ihre Mutter telegrafierte 1856 ihrem Sohn: „Olga wohnt himmlisch".

564a Ballsaal in der großen Villa Berg
Franz Heinrich (1802–1890)
1855, Aquarell, Bleistift
Staatsgalerie Stuttgart

Das sogenannte „Olga-Album" gewährt einen Einblick in die Privat- und Repräsentationsräume der Königin. Verschiedene Künstler „porträtierten" Zimmer im Neuen Schloss, in der Villa Berg und im Kronprinzenpalais in Stuttgart, aber auch auf Reisen und in Sommerresidenzen. Olgas Adoptivtochter Wera führte diese Ansichten, teilweise mit handschriftlichen Anmerkungen Olgas, in einer Kassette zusammen.

564c **Kabinett des Kronprinzen Karl
im Kronprinzenpalais**

Albert Kappis (1836–1914)

1860, Deckfarben, Bleistift

Auf der Interieurdarstellung des Arbeits-
zimmers von Kronprinz Karl ist über dem
Schreibtisch das Kronprinzessinnenporträt
Olgas von Franz Xaver Winterhalter (siehe
S. 267) zu erkennen.

Briefe voller Sehnsucht

Heimweh empfand Olga von Anfang an in Stuttgart: „Ich denke mit Heimweh daran. Stell' Dir vor! Ich rede niemals über das, was ich vermisse, weil es dann noch schlimmer wird, ich schlucke es hinunter, aber ich schlucke oft!", schrieb sie am 26. März 1848 an ihre Schwägerin und Freundin Marie. Mit ihrer Familie pflegte Olga eine intensive, meist auf Französisch geführte Korrespondenz. Das bot ihr die Möglichkeit, Neuigkeiten aus der Heimat zu erfahren und über die eigenen Gefühle, Sorgen oder Ereignisse zu berichten. Ungeduldig wurden die Nachrichten erwartet und eingefordert: „Natürlich habe ich gemerkt, dass Du Deinen Tag verpasst hast! Wenn Du nächstes Mal vergisst am Dienstag zu schreiben, so schreibe am Mittwoch, denn ich bin eine schreckliche Person, die sich Sorgen macht, wenn ein Brief fehlt", heißt es in einem Schreiben an Marie vom 10. Januar 1848.

568 **Malkasten der Königin Olga**
19. Jh.; Metall
Landesarchiv Baden-Württemberg,
Hauptstaatsarchiv Stuttgart

Von frühester Jugend gehörte Zeichenunterricht zur Erziehung von Olga, die künstlerisch sehr interessiert war. Häufig hielt sie ihre Umgebung fest, so wie die Ansichten der Schlösser um Sankt Petersburg. Aber auch das Familienleben wurde von ihr skizziert. Später kamen Interieurs dazu. Dieser Malkasten blieb bis heute erhalten.

566 „Ein chinesisches Dorf"

Olga Nikolajewna Romanowa (1821–1892)

1840; Öl auf Leinwand

Staatliches Museum-Reservat „Zarskoje Selo",

Sankt Petersburg

Ausführlich, sorgfältig und mit viel Liebe hat Olga die Ansicht dieses Teils des Alexander-Parks von der Erhebung der Großen Caprice aus festgehalten. Ein Mann mit Hut und schwarzem Anzug und eine Dame mit rotem Schal und Sonnenschirm, die sich auf der Allee ergehen; die buntfarbigen Häuschen des Chinesischen Dorfes mit ihren bemalten spitzen Dächern. Im 19. Jahrhundert wurde das chinesische Dorf in der Sommerzeit als Gästeunterkunft benutzt.

**569 Blick auf die Olga-Insel und den
Olga-Teich**

Leopold Kerpel (1818–1880)

1855; Papier, Aquarell, Bleistift

Staatliches Museum-Reservat „Peterhof",

Sankt Petersburg

Neben den Briefen zeugen noch andere
Andenken von der Verbundenheit zur russischen Heimat. Schon zur Hochzeit hatte ihr
Vater ihr ein eigenes Haus auf einer Insel in
der Parklandschaft von Peterhof errichten
lassen. „Russische Erde" schenkte er ihr in
Form einer Mineraliensammlung.

Auf ihren Wunsch hatte der Zar eine möglichst vollständige Sammlung russischer
Mineralien, 820 Nummern in 8 Kisten verpackt, zusammengestellt und nach Stuttgart
übersandt. Auf Befehl der Königin wurde
diese Sammlung am 24. Oktober 1865 der
„Königlichen Direktion der wissenschaftlichen Sammlungen des Staates", dem
Naturalienkabinett, übergeben.

**573 „Buch der Engel", begonnen von
Olga Nikolajewna 1846**

Papier, Samt

Privatbesitz

Erinnerungen an die geliebte Familie
wurden in ihrem „Buch der Engel" festgehalten. Zu sehen sind Blüten von den
Gräbern der kaiserlichen Eltern Nikolaus I.
(1796–1855) und Alexandra Fjodorowna
(1798–1860).

570 **Mineralien aus der Sammlung der Königin Olga, abgebildet ist ein Malachit**

Staatliches Museum für Naturkunde, Stuttgart

Die Mineraliensammlung, mit rund 400 erhaltenen Stücken, umfasst noch heute eine große Palette systematischer Vielfalt. Neben den natürlich vorkommenden Metallen und den Erzmineralien ist eine Vielzahl von Edelsteinen vertreten: wasserklare Topase und Aquamarine von Nertschinsk, Sibirien, roter Turmalin von Sarapulka, Ural, blauer Korund aus dem Ilmengebirge sowie Heliodor von Mursinsk und Smaragd von Jekaterinburg, Ural.

Kinderlosigkeit trübte Olgas Glück

Fast 20 Jahre lebte Olga als Kronprinzessin in ihrer neuen Heimat, bevor sie 1864 Königin wurde. Auf eine aufwendige Krönung, wie in Russland üblich, musste sie in Württemberg als konstitutioneller Monarchie verzichten. Karl hielt eine Rede vor der Ständeversammlung und erkannte die Verfassung sowie die Rechte der Stände an. Auch Olgas persönliches Unglück, ihre Kinderlosigkeit, wurde während der Krönungsfeierlichkeiten thematisiert. Karls Neffe Wilhelm wurde deshalb zum Thronfolger proklamiert. Die anfangs so glückliche Ehe wurde durch das Fehlen eines Familienlebens und der Beziehungen Karls zu verschiedenen Günstlingen belastet. Olga überspielte dies durch respektvolle Umgangsformen, Pflichterfüllung sowie soziales Engagement und vertrat Württemberg mit majestätischer Würde auf der europäischen Bühne.

575 Königin Olga von Württemberg

Franz Xaver Winterhalter (1805–1873)

1865; Öl auf Leinwand

Staatliche Schlösser und Gärten Baden-Württemberg

Fast zehn Jahre waren vergangen, seitdem Winterhalter die schöne Kronprinzessin zum ersten mal gemalt hatte. Nun wurde er mit einem Standesporträt der Königin beauftragt. In vollem Staatsornat und königlicher Würde blickt sie auf den Betrachter hinab. Reicher Perlenschmuck und der Katharinenorden schmücken das prachtvolle Kleid. Der Himmel hinter Olga verdunkelt sich, umso heller erstrahlt die Königin.

576 König Karl von Württemberg

Richard Lauchert (1823–1869)

1867; Öl auf Leinwand

Staatliche Schlösser und Gärten Baden-Württemberg

Das Porträt entstand kurz nach der Niederlage Württembergs gegen Preußen 1866, ein Großteil der Landessouveränität ging dabei verloren. Trotzdem erscheint König Karl in majestätischer Pose in Uniform und Orden. Seine politischen Ambitionen waren gering; die Erwartungen, die an ihn gestellt wurden, erfüllte er oft nur widerwillig.

577 **Kaiser Wilhelm I.**

Joseph Kopf (1827–1903)

1886; Bronze

Staatsgalerie Stuttgart

Olga stand Wilhelm I. von Preußen (1797–1888) kritisch gegenüber. Immer wieder geriet sie zwischen die politischen Fronten. Die Beziehungen zwischen Preußen, Russland und Württemberg wurden nicht nur in der ersten Reihe zwischen den miteinander verwandten Herrschern bestimmt, sondern auch in der zweiten Reihe von Staatsmännern wie Otto von Bismarck, Fürst Alexander Gortschakow und Hermann von Mittnacht.

579 **Ankunft Alexanders II.**
auf dem Bahnhof von Bad Ems

H. Juncker

1871; Holzstich

Museum Bad Ems

Der ehemalige Reisebegleiter König Karls, Friedrich Wilhelm Hackländer, war Herausgeber der illustrierten Zeitung „Über Land und Meer", die wöchentlich in unterhaltsamer Weise über das Zeitgeschehen berichten wollte. Besonderen Wert wurde auf die Veranschaulichung durch zahlreiche Abbildungen gelegt. So findet sich auch die „Begrüßung des Kaisers Alexander von Rußland" in der Berichterstattung. Das Kaiserpaar weilte häufig zur Kur in Bad Ems.

580 **Gästebuch des Hotels „Vier Türme"**
mit dem Eintrag des Zaren und des
württembergischen Königspaares

1876

Museum Bad Ems

Am 14. Mai 1876 traf Zar Alexander II. im Hotel „Vier Türme" ein. Dies ging in die Geschichte ein, da er hier am 30. Mai den „Emser Erlass (Ukras Ems)" unterschrieb, der in Russland die Verbreitung von Schriften in ukrainischer Sprache unter Verbot und Strafe stellte. Zwei Tage später, am 1. Juni, reiste König Karl mit seinem Gefolge an. Vielleicht waren diese politischen Ereignisse auch Gesprächsthema unter den Verwandten.

**583 Erinnerungsalbum der Hofdame
Eveline von Massenbach**

zwischen 1846 und 1860

Landesmuseum Württemberg, Stuttgart

Nicht nur aus dem Tagebuch, das Eveline
von Massenbach seit ihrem Antritt ihres
Dienstes bei Hof 1851 bis zum Jahr 1866
führte, erfährt der Leser viel über das Leben
der Hofgesellschaft. Gleichzeitig sammelte
sie Darstellungen oder fertigte selbst Kopien
von Bildern des „Olga-Albums" an, die wie
eine Bebilderung der Tagebuchaufzeichnungen gelesen werden können. Dieses Aquarell
zeigt das Kabinett der Kronprinzessin Olga
in der Orangerie der Villa Berg. Diese diente
als Interimswohnung bis die Villa fertig und
bezugsfähig war.

„So herzig
mit den Kleinen"

Eine Vielzahl von Einrichtungen geht auf Initiativen Olgas zurück: die „Heil- und Pflegeanstalt für schwachsinnige Kinder" in Mariaberg, die „Olgakrippen" in Reutlingen, Stuttgart, Cannstatt, Ulm und Heilbronn, die Olgaschwesternschaft in Heilbronn, das „Rettungshaus für verbrecherische und entartete Knaben" in Schönbühl, das Lehrerinnenseminar in Markgröningen sowie die Bildungsanstalt für Kleinkinderpflegerinnen in Großheppach. In Stuttgart wurden das Kinderkrankenhaus „Olgäle", die Nikolaus-Blindenpflege, der Württembergische Sanitätsverein, die Karl-Olga-Stiftung, das Olgastift, das Olgaheim (Alten- und Pflegeheim) und das Karl-Olga-Krankenhaus gegründet. Landesweit nahmen sich Industrieschulen und Vereine fortan entlassenen Strafgefangenen, Obdachlosen und verwahrlosten Kindern an. „Sie ist so herzig mit den Kleinen, bekümmert sich um alles", notierte 1852 Eveline von Massenbach, ihre Erste Staatsdame, in ihr Tagebuch.

587 Stiftung eines Bauplatzes durch die Stadt Stuttgart für den Neubau einer Olgakrippe

1871

Landesarchiv Baden-Württemberg,
Hauptstaatsarchiv Stuttgart

Die eigene schmerzlich empfundene Kinderlosigkeit veranlasste Olga, sich auf dem Gebiet der Kinderfürsorge besonders zu engagieren. Neben Kinderkrankenhäusern und Ausbildungsstätten wurden auch zahlreiche Krippen im ganzen Land gegründet. Dabei war sie bestrebt, zukunftsorientierte Institutionen zu installieren, die zur langfristigen Verbesserung der sozialen Notlage führen sollten. Die Tatsache, dass viele dieser Einrichtungen bis in den heutigen Tag existieren, belegt ihre Fortschrittlichkeit und Olgas Weitsicht.

Stiftungs-Urkunde.

Wir Oberbürgermeister und Gemeinderäthe der Königlich Württembergischen Haupt- und Residenzstadt Stuttgart urkunden und bekennen hiemit, daß wir unter Zustimmung des Bürgerausschusses zur Feier der silbernen Hochzeit

Seiner Majestaet des Königs Karl
und
Ihrer Majestaet der Königin Olga

mit Dank gegen Gott für das dem vielgeliebten Königspaare während der abgelaufenen fünf und zwanzig Jahre verliehene Glück und in innigster Anerkennung der reichen Wohlthaten, welche Höchstdasselbe der Residenz in diesem Zeitraume mit unermüdeter Huld gespendet hat, beschlossen haben:

Ihren Königlichen Majestaeten zur Errichtung eines Neubaues für die Krippe, deren Gründung u. gedeihliche Entwicklung die Residenz der Gnade Ihrer Majestaet der Königin Olga verdankt, und deren heilsame Wirksamkeit für die bessere Verpflegung der Kinder jüngsten Alters über eine große Anzahl armer Familien sich ausdehnt, das in der angeschlossenen Meßurkunde verzeichnete Grundstück an der Kasernenstraße Parcelle-Numer Zweihundert drei und fünfzig, ein Achtel Morgen neunzehn Quadratruthen im Meß haltend, seitens der Stadtgemeinde mit der unterthänigsten Bitte zu übergeben, diese Stiftung in Gnaden annehmen zu wollen,

Medaillen und Orden des Königspaares

Im Jahr 1889, zum 25-jährigen Regierungs-jubiläum, gaben Karl und Olga Medaillen aus, um Werke der Nächstenliebe und Verdienste um das Rote Kreuz zu ehren. Bereits 1871, im Jahr ihrer silbernen Hoch-zeit, war der Olga-Orden gestiftet worden. Anlässlich der Silberhochzeit ließ Karl auch eine Erinnerungsmedaille prägen.

588 Medaille anlässlich der Silberhoch-zeit des Königspaares Karl und Olga

Christian Schnitzspahn (1829–1877)

1871; Gold

Landesmuseum Württemberg, Stuttgart

Anlässlich der Silberhochzeit ließ Karl eine Medaille prägen, die in 25 Gold-, 265 Silber-und 413 Bronzeexemplaren ausgegeben wurde. Die Vorderseite zeigt die Köpfe von Karl und Olga nach rechts, die Rückseite die Wappen von Württemberg und Russland unter einem bekrönten Medaillon mit den verschlungenen Buchstaben K und O.
Siehe Seite 73

594 Olga-Orden

1871; Gold, Silber, Emaille, Seide

Landesmuseum Württemberg, Stuttgart

Im Jahr 1871 stiftete König Karl den Olga-Orden, den er „für besondere Verdienste auf dem Felde der freiwillig helfenden Liebe im Krieg oder Frieden als Zeichen der Aner-kennung und Erinnerung" verlieh. Das erste Exemplar erhielt Königin Olga selbst.

**595 Goldener Armreif,
Patengeschenk der Königin Olga**

Hoflieferant Ernst Menner

zwischen 1877 und 1892

Privatbesitz

Diesen goldenen Armreif erhielt Olga
Hartter, geb. Stiegler, von ihrer königlichen
Patentante. Ihre Mutter war bei ihrer Geburt
am 11. September 1877, Olgas Geburtstag,
gestorben. Als die Königin die Nachricht
von dem untröstlichen Vater, Eduard Stiegler,
dem Hofgarteninspektor der Villa Berg,
hörte, übernahm sie sofort die Patenschaft
für die Halbwaise und sorgte nicht allein mit
solch kostbaren Geschenken für das Kind.

Herzogin Wera

Die Großfürstin Wera Konstantinowna kam am 16. Februar 1854 als zweite Tochter und drittes Kind des russischen Großfürsten Konstantin Nikolajewitsch und der Großfürstin Alexandra Iosifowna, geb. Prinzessin von Sachsen-Altenburg, in Sankt Petersburg zur Welt. Ihr Onkel Alexander war russischer Kaiser, ihre Tante Olga die Kronprinzessin von Württemberg. Mit neun Jahren kam die kleine Großfürstin nach Stuttgart. Ihre zunächst auf Zeit gedachte Visite in Württemberg entwickelte sich zum Daueraufenthalt, denn Wera fühlte sich in „ihrer schwäbischen Heimat" sehr wohl. 1874 heiratete sie den württembergischen Herzog Wilhelm Eugen und wurde somit Herzogin von Württemberg. Wera und Wilhelm Eugen hatten drei Kinder, den Sohn Karl Eugen und die Zwillingstöchter Elsa und Olga. Herzogin Wera hinterließ den Stuttgartern ein großes Erbe: zwei Kirchen, eine russisch-orthodoxe und eine evangelische, sowie mehrere soziale Einrichtungen, die bis heute unter ihrem Namen bestehen. [HS]

626 **Großfürstin Wera Konstantinowna von Russland**
um 1874; Fotografie
Privatbesitz

1854	Geburt am 16. Februar in Sankt Petersburg als drittes Kind des Großfürsten Konstantin Nikolajewitsch und seiner Gemahlin Großfürstin Alexandra, geb. Prinzessin von Sachsen-Altenburg
1863	Wera kommt am 2. Dezember nach Württemberg in die Obhut ihrer Tante, Kronprinzessin Olga, und deren Ehemann Kronprinz Karl
1871	Adoption der Großfürstin Wera durch König Karl und Königin Olga
1874	Hochzeit mit Herzog Wilhelm Eugen aus der schlesischen Linie des Hauses Württemberg
1875	Geburt und Tod des Sohnes Karl Eugen
1876	Geburt der Zwillingstöchter Elsa und Olga
1877	Tod des Ehemannes Eugen
1908	Herzogin Wera gründet die Stiftung „Zufluchtsstätten in Württemberg", aus der die Weraheime hervorgehen
1909	Übertritt vom russisch-orthodoxen Glauben zur evangelischen Kirche
1912	Am 11. April stirbt Wera in der Villa Berg. Sie wird in der Schlosskirche im Alten Schloss in Stuttgart beigesetzt.

Wera Konstantinowna –
die letzte russische Großfürstin
in Württemberg

Das Bild, das wir heute von Herzogin Wera haben, ist von vielen Klischees geprägt. Die Spekulationen und Gerüchte um ihre Person trugen zwar erheblich zur Legendenbildung bei, ließen aber gleichzeitig ihre Individualität verschwinden. Wera hatte nicht das Privileg, von einem Künstler wie Winterhalter gemalt zu werden, der dem Betrachter die Seele der porträtierten Persönlichkeit offenbart. In große historische Ereignisse, die womöglich ihr Schicksal beeinflusst hätten, war Wera nicht involviert, und damit spielte sie auch für die russische und die württembergische Geschichte keine bedeutende Rolle.

In der Historiographie bekam Herzogin Wera einen Platz außerhalb der gesellschaftlichen Norm zugewiesen: In ihrer Kindheit galt sie als eine Person, die wegen ihrer seelischen Krankheit sogar von ihren Eltern verstoßen wurde, im Alter als eine etwas strenge, aber gutmütige Spenderin, die Kirchen und Notheime baute. Diese eingeschränkte Lesart, nach der sich Wera von einem „Satansbraten" zu einer empathischen Wohltäterin entwickelte, beruhte auf einer einseitigen Interpretation der Quellen und dem offensichtlichen Wunsch, ihr Leben als ein außergewöhnliches, ja heroisches Schicksal zu erzählen.

Noch immer ist die Frage ungeklärt, welche Gründe es denn nun genau für ihre Übersiedlung nach Stuttgart gab, als sie neun Jahre alt war. Die russischen Archive, die Antworten oder Erklärungen liefern könnten, wurden in dieser Hinsicht noch nicht ausgewertet. Fest steht lediglich, dass im 19. Jahrhundert der russische Hochadel wegen der engen familiären Beziehungen zu deutschen Häusern rund ein Drittel des Jahres in den hiesigen Kurorten verbrachte. Man reiste von Bad Ems nach Baden-Baden, von Darmstadt nach Wiesbaden. Meist waren die Eheleute getrennt und ohne die Kinder unterwegs.

620 **Die achtjährige Wera**
1863; Fotografie
Landesarchiv Baden-Württemberg,
Hauptstaatsarchiv Stuttgart

Weras Reise nach Stuttgart begann als ein solcher Kur-aufenthalt und entsprach somit den Gewohnheiten der höheren Gesellschaft und speziell auch ihrer gesamten Familie, die Jahr für Jahr zu einer Erholungsreise auf-brach. Der Glaube an das heilende Wasser und die gute Luft des deutschen Südens war groß, die leibliche Tante, Kronprinzessin Olga, lebte sogar in Württemberg und konnte sich des Kindes annehmen.

Die Eltern dürften ihre anderen Kinder wahrscheinlich ebenfalls nur selten gesehen haben, so nahmen sie die Trennung von Wera wohl nicht als einen gravierenden und einmaligen Einschnitt wahr. Zudem blieben sie mit Wera durch Briefe, Geschenke und Besuche in ständi-gem Kontakt. Als sie etwas älter war, unternahmen sie mit ihr gemeinsame Reisen. Sie galt ihnen also keines-wegs als „Verstoßene", als die man die kleine Wera bis heute ansieht.

Über Weras Leben als Erwachsene ist recht wenig be-kannt. Wichtige Elemente ihrer Biographie sind die Schicksalsschläge durch den Tod ihres neugeborenen Sohnes und ihres Ehemannes, der Trost, den ihr die Zwillingstöchter Olga und Elsa spendeten, ihre Reisen und ihre Wohltätigkeit.

In Weras Briefen an „das teure Seelchen, Tante" zeigt sich ein durchaus schalkhafter Charakter. Selbstironie tritt darin zum Vorschein, wie sie in Weras mystisch-romantischen Gedichten keinen Platz hat. Wera dichtete seit ihrer Kindheit – vielleicht konnte sie sich dem Ein-fluss ihres Lehrers Eduard Mörike nicht entziehen, vielleicht wollte sie ihrem Bruder Konstantin folgen, der später auch als Dichter berühmt wurde.

Die wohltätigen Einrichtungen, die heute Weras Namen tragen, zeugen von ihrer großzügigen Unterstützung. Aber diese Aufgaben konnte und wollte sie, ein geselliger und kompromissbereiter Mensch, nicht im Alleingang bewältigen. Die sozialen Projekte entstanden durch gebündelte Initiative Stuttgarter Adels- und Bürgerge-sellschaft, wobei der finanzielle Einsatz der Herzogin sicherlich eine tragende Rolle spielte.

Weras persönliche tiefe Religiosität war die treibende Kraft für den Bau der russisch-orthodoxen Kirche „Heiliger Nikolaus von Myra" und der evangelischen „Heilandskirche". Was hier als Glaubensbekenntnis allen sichtbar wurde, fand sich auch in ihren persönli-chen Äußerungen: Mit nur 23 Jahren schrieb sie über den Tod ihres Cousins, den russischen Thronfolger Sergej: „Wie schwer und unverständlich für uns dieser neue Verlust ist, wir sollen uns sicher sein, dass es zu seinem und unserem Besten geschehen ist, weil Gott nichts ohne Ursache und gegen den Willen sendet, er sendet uns eine Prüfung, er wird uns auch trösten." [HS]

643 **In einem Boot mit Familie
und Freunden**
um 1895; Fotografie
Landesarchiv Baden-Württemberg,
Hauptstaatsarchiv Stuttgart

Herzogin Wera: volksnah, rückwärtsgewandt, Kaiserverehrerin

Im Laufe ihres Lebens wurde Wera immer mehr zur Württembergerin und auch zur Deutschen. Wie für viele ihrer Zeitgenossen, bildeten der deutsch-französische Krieg von 1870/71 und die sich daran anschließende Reichsgründung für Wera ein Schlüsselerlebnis. Enthusiastisch begrüßte sie den Sieg über Frankreich und die Schaffung des von Preußen dominierten Deutschen Reichs. Den monarchischen Obrigkeitsstaat sah sie in einem rosigen Licht – die Schattenseiten blieben ihr weitgehend verborgen. Ein großes Erlebnis war für sie eine Reise nach Frankreich im März/April 1882, die sie zu den Schauplätzen der Kämpfe von 1870/71 führte. Zwanzig Jahre nach den Kämpfen von Villiers, Mont Mesley und Champigny verfasste Wera ihr bekanntestes Gedicht, „Die Württemberger vor Paris." Das in die Form eines Heldenepos gegossene Gedicht zeigt eine große Detailkenntnis des Kriegsgeschehens. 88 Vierzeiler vermitteln in pathetischer Sprache ein eindrückliches Bild von den blutigen Kämpfen, dem Mut und der Tapferkeit von Offizieren und Soldaten. Im Park der Villa Berg ließ Wera zudem ein Denkmal errichten, das an die siegreichen Abwehrkämpfe der Württemberger vor Paris erinnern sollte.

Wera war sicher eine wache Zeitgenossin, die Weltgeschehen und Tagespolitik aufmerksam verfolgte. Öffentlich trat sie aber nie mit politischen Äußerungen hervor. Die Grenzen, die ihr als Angehörige ihres Standes gesetzt waren, konnte und wollte sie nicht überschreiten. Auch in den häufigen Briefen, die sie an ihre Schwiegermutter im schlesischen Carlsruhe schrieb und denen wir viele Einblicke in Weras Leben verdanken, sind Bemerkungen zu politischen Ereignissen eher selten. Oft sind sie veranlasst durch persönliche Begegnungen. Überhaupt ist es besonders das persönlich-private Auftreten der Repräsentanten des Reichs, das sie interessiert und das auch ihr Urteil bestimmt.

Ihre besondere Verehrung galt den preußischen Monarchen. Seit der Reichsgründung von 1871 sah Wera in ihrem Großonkel, Kaiser Wilhelm I., eine Heldengestalt. Euphorisch schildert sie ihrer Schwiegermutter die Begegnung anlässlich des Kaisermanövers in Württemberg 1885: „Der Kaiser war von einer rührenden, herzgewinnenden Leutseligkeit, Rücksicht, Aufmerksamkeit verbunden mit Bescheidenheit und Zartgefühl. Gegen mich und die Kinder war er unsagbar liebenswürdig" (Landesarchiv HStAS Stuttgart G 326 Bü 3, Brief vom 24. September 1885). Im März 1887 reiste sie nach Berlin, um dem Kaiser zu seinem 90. Geburtstag die Ehre zu erweisen. Sie war außerordentlich beeindruckt von den Feierlichkeiten. Insbesondere der „historische Augenblick", als sich der greise Kaiser beim Aufziehen der Wache der jubelnden Menge zeigte, war für sie „überwältigend, nicht zu beschreiben", und rührte sie zu Tränen (Landesarchiv HStAS Stuttgart G 326 Bü 4, Brief vom 1. April 1887).

Hohe Erwartungen setzte Wera in den Regierungsantritt Kaiser Wilhelms II. Überhaupt hatte es ihr das junge Kaiserpaar angetan, „die herrlichen jungen Majestäten, die ich so innig und begeistert verehre" (Landesarchiv HStAS G 326 Bü 4, Brief vom 28. Oktober 1890). Entsprechend einseitig ergriff Wera Partei für den Kaiser bei der Entlassung von Reichskanzler Bismarck im Frühjahr 1890. Auch wenn sie die Art des Abgangs des „großen Mannes" beklagte, so gab sie doch einseitig Bismarck die Schuld und nahm „ihm besonders übel, dass er das dem lieben jungen Kaiser angethan! Denn er hatte nicht das Recht das was er durchsetzen wollte, beim Kaiser erzwingen zu wollen" (Landesarchiv HStAS G 326 Bü 4, Brief vom 1. April 1890).

Herzogin Wera wies in ihrer Weltsicht ambivalente Züge auf: Auf der einen Seite zeigte sie sich sehr volksnah und offen und konnte ohne Berührungsängste auf Menschen verschiedener Schichten zugehen; auf der anderen Seite war sie doch stark im aristokratischen Denken verhaftet. So liberal und fortschrittlich sie auch in vielen Dingen sein mochte – ein Bewusstsein für den gesellschaftlichen Wandel und insbesondere für politische Reformen entwickelte sie wohl nicht. Ihre Welt war die des Ancien Régime mit der Vorherrschaft des Adels, deren Zusammenbruch 1918 sie nicht mehr erleben sollte. [NB]

624 **Wera in der Uniform des Ulanenregiments Nr. 19 König Karl**
Fotografie um 1888
Landesarchiv Baden-Württemberg,
Hauptstaatsarchiv Stuttgart

Weras russische Familie

Zur Zeit von Weras Geburt war die Familie der zukünftigen Herzogin von Württemberg politisch eine der einflussreichsten und privat eine der glücklichsten Familien in Russland. Ihr Vater war ein herausragender Staatsmann, ihre Mutter eine musisch begabte Schönheit. Die Großfürstin brachte sechs Kinder zur Welt: Weras Geschwister sind Nikolai – ihn verstieß die Familie mit 24 Jahren wegen eines ihm angelasteten Diebstahls mütterlicher Diamanten; dann Olga, die spätere Königin von Griechenland; Konstantin, der eine Militärlaufbahn einschlug und als Dichter große Bekanntheit erlangt hat; Dimitrij, der 1919 von den Bolschewiki erschossen wurde. Schließlich Wjatscheslaw, der schon mit 16 Jahren starb. Wera wurde von ihnen allen geliebt, am engsten aber war ihre Beziehung zum Vater.

608 **Weras Onkel Kaiser Alexander II. (1818–1881)**

Sankt Petersburg, nach 1855; Fotografie
Landesarchiv Baden-Württemberg,
Hauptstaatsarchiv Stuttgart

Kaiser Alexander II. erhielt nach der Abschaffung der Leibeigenschaft in Russland 1861 den Beinamen der „Befreier". Er reformierte die Gerichtsbarkeit, das Militär, die Landesverwaltung und das Bildungswesen. Sein engster Berater in Reformfragen war stets sein Bruder, Konstantin Nikolajewitsch. In der Öffentlichkeit traten sie als Herrscher und Untertanen auf, im Familienkreise blieben sie bei ihren Kindernamen Sascha und Kostja.

◂ 670 **Fotografie aus dem Krönungsalbum Kaiser Nikolaus II.**

Sankt Petersburg, 1899; Fotografie
Privatbesitz

Das Krönungsalbum von Nikolaus II. ist ein Meisterwerk des russischen Buchdrucks. Es enthält sowohl Abzüge altrussischer Stiche als auch farbige Lichtdrucke von Werken berühmter zeitgenössischer Künstler wie Benois, Wasnezow, Serow und Repin. Im ersten Teil geht es um die Geschichte der Monarchie in Russland, im zweiten wird über die Krönung von Nikolaus II. und seiner Gemahlin, die Zeremonie, die Feierlichkeiten und die Gäste berichtet.

609 Weras Vater Großfürst Konstantin Nikolajewitsch (1827–1892)

Sankt Petersburg, 1870er Jahre; Fotografie
Privatbesitz

Konstantin Nikolajewitsch war ein herausragender Staatsmann: Er war die führende Persönlichkeit bei der Aufhebung der Leibeigenschaft, diente als Leiter des Marineministeriums und als polnischer Statthalter, der sich für ein autonomes Polen innerhalb des russischen Reiches einsetzte. Für seine in Stuttgart lebende Tochter war er über die große Distanz hinweg ein fürsorglicher Vater. Bis zu seinem Lebensende hielt er ihre zärtliche Beziehung aufrecht.

611 Wera mit Mutter und Geschwistern

Warschau, 1863; Fotografie

Landesarchiv Baden-Württemberg,

Hauptstaatsarchiv Stuttgart

Das Foto wurde noch in Polen kurz vor der Abreise Weras nach Württemberg Ende November 1863 aufgenommen. Es zeigt die neunjährige Wera zusammen mit ihrer Mutter, Großfürstin Alexandra, sowie ihrer Schwester Olga und den Brüdern Nikolai, Konstantin, Dimitri und Wjatscheslaw.

610 Weras Mutter Großfürstin Alexandra Iosifowna (1830–1911)

Sankt Petersburg, Mitte 19. Jh.; Fotografie

Privatbesitz

Weras Mutter, geborene Prinzessin Alexandra von Sachsen-Altenburg, zählte zu den attraktivsten Frauen am russischen Hof. Es war nicht nur ihr Äußeres, was die Bewunderer an ihr schätzten, sondern auch ihre heitere, künstlerische Natur. In der schwierigen Zeit der polnischen Statthalterschaft stand sie ihrem Ehemann tapfer zur Seite.

618 Bruder Konstantin mit seiner Familie

Pawlowsk, 1905; Fotografie

Landesarchiv Baden-Württemberg,

Hauptstaatsarchiv Stuttgart

Weras Bruder Konstantin (1858–1915)
bekleidete wie jedes Mitglied der Kaiserfamilie zahlreiche Staats- und Militärämter,
Ruhm erlangte er aber auf dem Gebiet der
Dichtung. Als junger Mann besuchte er Wera
oft in Stuttgart. 1884 heiratete Konstantin
Elisabeth von Sachsen-Altenburg. Ihr Sohn
Oleg starb im Ersten Weltkrieg. Ioann, Konstantin und Igor wurden 1918 erschossen.
Seine Frau und die überlebenden Kinder
verließen Russland für immer.

**617 Wera und ihre Brüder Konstantin,
Wjatscheslaw und Dimitrij**

Sankt Petersburg, 1878; Fotografie

Landesarchiv Baden-Württemberg,

Hauptstaatsarchiv Stuttgart

Auch wenn Wera in Württemberg heimisch
wurde, behielt sie doch eine enge Bindung
an ihre Eltern und Geschwister. Im Oktober
1878 reiste sie zusammen mit ihrem Vater
nach St. Petersburg und berichtete ihrer
Schwiegermutter Mathilde: „Ich genieße in
vollen Zügen das Glück, im Vaterland zu
sein, im Kreis meiner Eltern, Brüder und
Verwandten, wie ich es kaum schöner
erwartet und geträumt habe."

Stuttgart, das neue Zuhause

Am 7. Dezember 1863 wurde die Großfürstin, gerade neunjährig, von ihren Eltern verabschiedet. Wera galt als schwer erziehbar. Die Rede war von „seltsamen nervlichen Stimmungen". Die Kaiserliche Familie hielt es daher für geboten, sie eine Weile vom turbulenten Alltag ihres Geburtshauses fern zu halten. Kaiser Alexander II. bat seine Schwester Olga, sich der kleinen Wera anzunehmen. Damit wurde aus der familiären Angelegenheit ein Dienst am Staat. Die Hoffnung der Familie richtete sich auf Olgas „durchsichtige" Natur. Weras Launen aber waren selbst ihrer Tante nicht geheuer. Das Mädchen sprang aus dem fahrenden Wagen, brach im Eis ein, trat, biss und schnitt sich die Haare ab. Über die Jahre jedoch erwuchs zwischen Wera und Olga eine tiefe gegenseitige Zuneigung, erfüllt von einem Gefühl voller Wärme und Dankbarkeit.

621 Eveline von Massenbach

Friedrich Brandseph (1826–1915)

nach 1870; Fotografie

Württembergische Landesbibliothek/

Graph.Sammlung, Stuttgart

Eveline von Massenbach, Olgas Hofdame und enge Vertraute, hinterließ ein Tagebuch, aus dem wir über die Ereignisse der ersten Jahre der jungen Großfürstin Wera bei ihrer Tante Olga erfahren. Es sind witzige und kuriose Zwischenfälle, welche die Hofdame unter großer Anteilnahme schilderte. Auf diese Weise sind Weras kindliche Streiche, aber auch ihre gradlinige und herzliche Art überliefert.

623 Karl und Olga mit Adoptivtochter Wera

Stuttgart, 1871; Fotografie

Landesarchiv Baden-Württemberg,

Hauptstaatsarchiv Stuttgart

Am 9. Februar 1871 wurde Wera adoptiert. Seitdem feierte sie diesen Tag wie ihren zweiten Geburtstag. Mit 17 Jahren, ihre Adoptiveltern waren jetzt 48 und 49 Jahre alt, fühlte sich Wera längst in Stuttgart zu Hause und dem Hause Württemberg zugehörig. Diese Zusammengehörigkeit betont auch diese Fotografie – ein gediegenes Familienportrait.

Eugen, Egi, Elsa und Olga

Obwohl aus politischem Kalkül getroffen, schien die Verbindung zwischen Wera und Eugen unter einem guten Stern zu stehen. Die frisch Vermählte war von dem gutaussehenden Ulanen hingerissen, ihr Ehemann stürzte sich in die Verantwortung für ihr gemeinsames Leben. Dann wurden Wera und Eugen Eltern. Die große Freude über die Geburt eines Sohnes war dem Paar nicht lange gegönnt. Der kleine Egi starb. Die Trauer schweißte das Paar noch mehr zusammen. Mit der Geburt der Zwillingstöchter Elsa und Olga erfuhr es dann gleich doppeltes Kinderglück. Schon zehn Monate später suchte die Familie erneut das Unglück heim. Eugen starb innerhalb von wenigen Tagen an einer verschleppten Erkältung. Er wurde in der Gruft des Alten Schosses beigesetzt. Mit nur 22 Jahren war Wera somit Witwe. Sie hat nie wieder geheiratet.

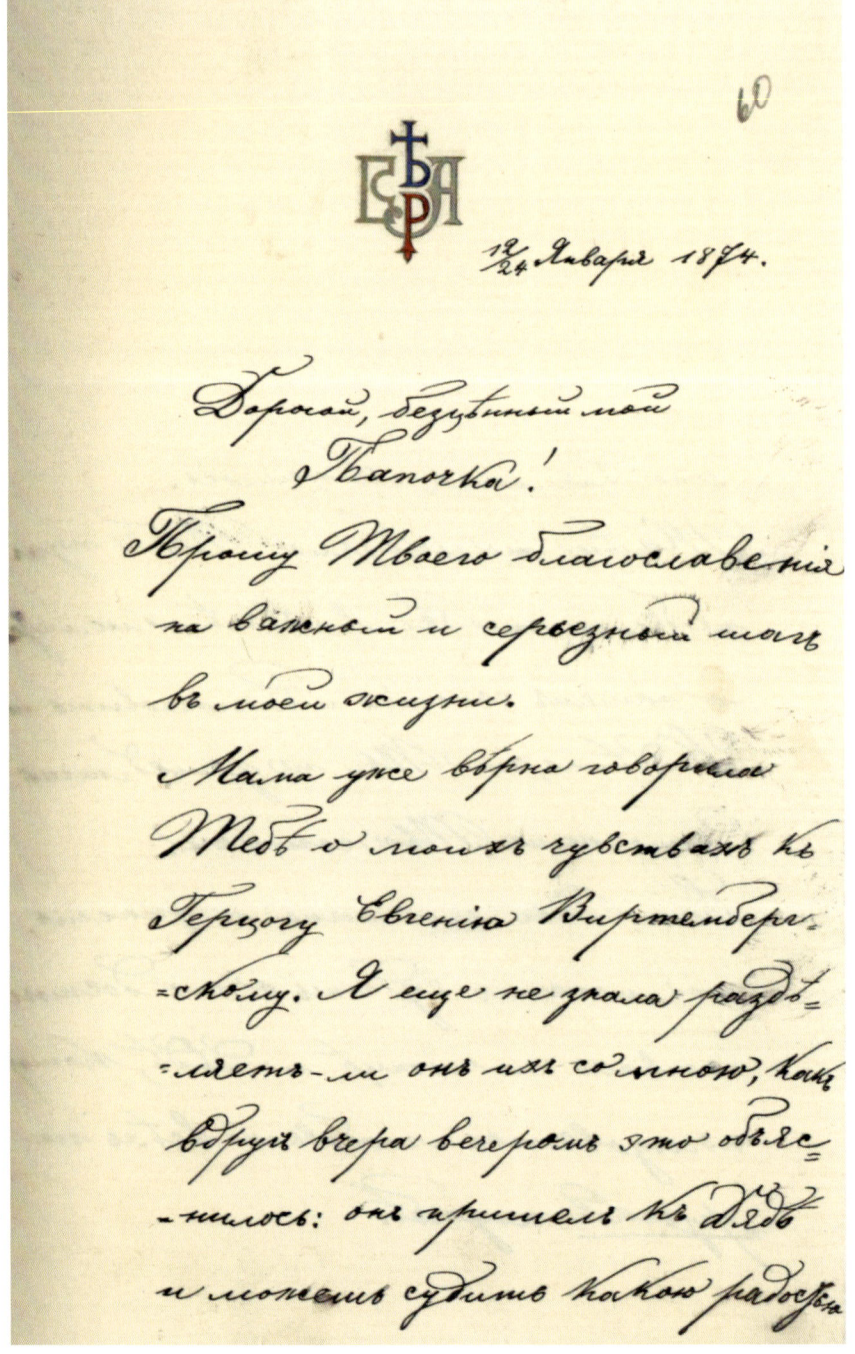

627 **Eugen von Württemberg in Uniform**

Stuttgart, um 1874; Fotografie
Landesarchiv Baden-Württemberg,
Hauptstaatsarchiv Stuttgart

Im Mai 1874 heiratete Wera Herzog Wilhelm Eugen (IV.) aus der schlesischen Linie des Hauses Württemberg. Nach seinem Studium in Tübingen schlug der allgemein beliebte und leutselige Prinz eine Karriere im württembergischen Militärdienst ein. 1866 wurde er Leutnant im württembergischen 3. Reiterregiment, 1870/71 nahm er als Oberleutnant am Deutsch-Französischen Krieg teil.

629 **Wera mit ihrem Sohn Eugen**

Stuttgart, 1875; Fotografie
Landesarchiv Baden-Württemberg,
Hauptstaatsarchiv Stuttgart

Am 8. April 1875 brachte Herzogin Wera den Sohn Karl Eugen, in der Familie „Egi" genannt, auf die Welt. Er starb bereits wenige Monate später am 11. November 1975. Die genaue Todesursache ist nicht bekannt. Wera kam über den schweren Schicksalsschlag nur schwer hinweg. Sein Tod betraf das königliche Haus auch insofern, da der junge Prinz nach seinem Vater auf Platz drei der Thronfolge gestanden hatte.

602 **Bitte um Ehesegen**

Stuttgart, 12. Januar 1874
Staatsarchiv der Russischen Föderation, Moskau

„Teurer, unschätzbarer Papi", so begann Wera den Brief, in dem sie ihrem Vater ihre Liebe zu Eugen von Württemberg gestand. Sie hoffte, dass Konstantin ohne Zögern sein Einverständnis zu der Hochzeit gäbe. Obgleich er den Großfürst Eugen nicht persönlich kenne, könne er über die Qualitäten des Herzogs anhand der „Beliebtheit seines Vater und seines Onkels im russischen Dienst" urteilen. Am Ende, eine zärtliche Beteuerung: „Deine, dich aufrichtig liebende, treue Tochter Wera."

◄ 653 **Schlacht von Villiers-Champigny**

Otto von Faber du Faur (1828–1901)

um 1876; Öl auf Leinwand

Staatsgalerie Stuttgart

Die Schlacht bei Villiers-Champigny fand zwischen dem 30. November und 2. Dezember 1870 statt. Es war der letzte, schließlich gescheiterte Versuch der Franzosen, die deutsche Belagerung von Paris zu durchbrechen. In der Geschichtsschreibung des Deutschen Kaiserreiches wurde sie als Entscheidungsschlacht glorifiziert. Weras zukünftiger Ehemann nahm als Oberleutnant beim 3. Reiterregiment am Kriegsgeschehen teil.

640 **Elsa und Olga**

Alexander von Liezen-Mayer (1839–1898)

um 1884; Öl auf Leinwand

Privatbesitz

Nach dem Tod ihres Mannes und ihres Sohnes standen die am 1. März 1876 geborenen Zwillingstöchter Elsa und Olga im Mittelpunkt von Weras Leben. Sie legte großen Wert auf eine sorgfältige Erziehung ihrer Töchter, die später standesgemäß Privatunterricht erhielten.

636 **Olga-Elsa-Olga**

Friedrichshafen, 1891; Fotografie

Landesarchiv Baden-Württemberg,

Hauptstaatsarchiv Stuttgart

Nach dem Tod des Königs zog sich Olga auf ihre ländlichen Residenzen zurück. Bei einem Besuch der 15-jährigen Zwillinge in Friedrichshafen entstand eine Reihe von Fotografien. Auf diesem Bild stehen die beiden Olgas Hand in Hand. Elsa schaut hinter der Schulter ihrer Großtante den Fotografen an.

638 Wera mit Töchtern und Enkeln

um 1901; Fotografie

Wera war eine glückliche Mutter und Großmutter. Elsa heiratete 1897 Albrecht von
Schaumburg-Lippe, Olga ehelichte ein Jahr
später dessen Bruder Maximilian. Die Kinder
zu Weras Füßen sind Elsas Söhne Maximilian
und Franz Josef, auf Weras Schoß sitzt der
erste Sohn von Olga, Eugen. Elsa, sitzend,
hält den kurz davor geborenen Alexander
im Arm und Olga den kleinen Albrecht.

In privater Angelegenheit

Da Wera keine kontinuierlichen Verpflichtungen am württembergischen Hof hatte, waren ihre gesellschaftlichen Auftritte von privaten Interessen bestimmt. Sie ging oft ins Theater und reiste zu den Wagner-Festspielen nach Bayreuth. Und sie veröffentlichte ihre Gedichte. Die Sommerfrische genoss Wera in der „Kleinen Villa", welche sich auf dem Gelände der Villa Berg und somit in unmittelbarer Nähe der Sommerresidenz ihrer Adoptiveltern befand. Oftmalige Reisen führten sie ans Meer und in die Berge. Vor allem St. Moritz hatte es ihr angetan. 19 Mal besuchte sie den schweizerischen Bergkurort. Diese Reisen unternahm die Herzogin oft mit ihrer engsten und lebenslangen Vertrauten und Freundin, der Hofdame Clothilde von Roeder.

644 **Wunderrad**
um 1890; Fotografie
Landesarchiv Baden-Württemberg,
Hauptstaatsarchiv Stuttgart

Am Ende des 19. Jahrhunderts wurde das erste Kinetoskop erfunden und somit der erste Schritt zum Film getan. Zuvor gab es zahlreiche Vorläufer, so zum Beispiel das Wunderrad. Hier tüfteln Wera, Olga und Elsa an ihrem eigenen Wunderrad. Damit waren sie nicht nur „Regisseure", sondern auch „Akteure" ihres kleinen Kinos.

645 Wera mit Freunden

um 1890; Fotografie

Landesarchiv Baden-Württemberg,

Hauptstaatsarchiv Stuttgart

Die Studioaufnahme zeigt Wera mit Kronprinz Herzog Albrecht von Württemberg und
zwei Freunden, dem Offizier Dumont sowie
Clemence Rantzeau. Zwanglose Freizeitge-
staltung und die Pflege von Freundschaften
auch mit Bürgerlichen war jenseits der
höfischen Sphäre durchaus möglich und
gehörten zu Weras Lebensgestaltung.

646 Herzogin Wera beim Kostümfest

Stuttgart, 1896; Fotografie

Landesarchiv Baden-Württemberg,

Hauptstaatsarchiv Stuttgart

Wera nahm sehr gern an Festen und Feiern
teil. Meist bewegte sie sich hier im Kreis
ihrer adligen Verwandten und Freunde. Um
die Jahrhundertwende waren Kostümfeste
und „Lebende Bilder" in Adelskreisen sehr
in Mode. Häufig dienten dabei Ereignisse
aus der Geschichte des Landes als Thema.
Das Kostümfest im Jahr 1896 wird wahrscheinlich ein Motiv aus der Zeit der Herzöge Ulrich oder Christoph zum Motto gehabt
haben.

647 **Hobby: Fotografie**

Friedrichshafen,1900er Jahre; Fotografie

Privatbesitz

Auf diesem Bild stand Wera hinter der
Kamera, war sie doch eine begeisterte Foto-
grafin. Auf ihren Aufnahmen sehen wir
Familienmitglieder und Freunde, Haustiere
und Landschaften. In der Villa Berg richtete
Wera sogar ein kleines Kino ein, in dem die
ersten bewegten Bilder überhaupt zu bestaunen waren.

650 Eine der letzten Aufnahmen von Wera

Marienbad, 1911; Fotografie

Privatbesitz

Im Sommer 1911 hatten sich bei Wera akute Nierenfunktionsstörungen eingestellt. Im Oktober erlitt sie einen Schlaganfall. Ihre Schwester Olga besuchte sie im November in Stuttgart. Die Familie bangte um ihre Gesundheit. Im Frühjahr 1912 schien es der Kranken vorübergehend besser zu gehen. Am 10. April verlor Wera jedoch das Bewusstsein. Sie verstarb am 11. April um 3 Uhr morgens an Nierenversagen.

651 So lebte Wera

Carl von Kurtz (1817–1887)

1887; Aquarell, Bleistift auf Papier

Staatsgalerie Stuttgart

Bevor Wera die eigens für sie errichtet
Kleine Villa in Berg bezog, lebte sie in den
Räumen der ehemaligen Akademie. Ihre
Jugend verbrachte sie mit ihren Adoptiveltern
Karl und Olga im Neuen Schloss. Es sind
auch einige Ansichten von Weras privaten
Räumen erhalten. So zum Beispiel das Bild
des Kabinetts der Herzogin in der Kleinen
Villa Berg von 1883 oder das ihres Schlaf-
zimmers – ebenfalls in der Kleinen Villa –
von 1887.

652 **Möbel der Herzogin Wera**

Stuttgart, um 1875; Fichte, Ahorn, Mahagoni

Landesmuseum Württemberg, Stuttgart

Diese Möbelgarnitur stand im Arbeitszimmer der herzoglichen Wohnung im Akademiegebäude. Außer dem Schreibtisch und Stühlen umfasst das Ensemble einen Spiel- und Klapptisch, zwei kleine Achtecktische, einen Schreibsessel, einen Glas- und Stollenschrank und einen Ofenschirm. Diese persönlichen Wohngegenstände sind mit ihren historischen Formen ganz im Geschmack der Zeit ausgearbeitet.

654 Falkenjäger von Iwan dem Schrecklichen

Eugene Lanceray (1848–1886)

Sankt Petersburg, 1872; Bronze

Russisches Museum, Sankt Petersburg

Fotografie: Sammlung Unglaub, Stuttgart

Diese Falkenjägerstatuette und ihr Pendant, ein Kirgise mit Steinadler, dienten 1878 als Vorlage für monumentale Reiterskulpturen, von denen gleich mehrere Paare angefertigt wurden. Olga, die griechische Königin und Schwester von Wera, erwarb eines davon, welches im Königsgarten von Athen präsentiert wurde. Auch im Park der Villa Berg wurde ein Paar aufgestellt. Es flankierte den Weg zur Kleinen Villa, die im Sommer von Wera und ihren Töchtern bewohnt wurde.

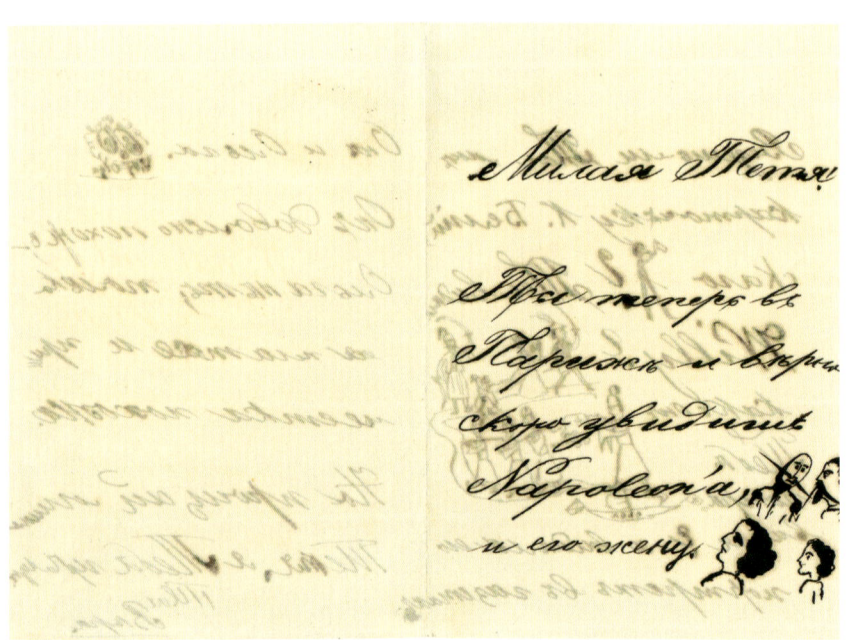

658 Wera schreibt an Tante Olga

Briefe von 1864 bis 1892

Landesarchiv Baden-Württemberg,

Hauptstaatsarchiv Stuttgart

„Meine teure Seele", so begann die erwachsene Wera jeden ihrer vielen Briefe an
Olga. Darin erzählte sie von Treffen mit
gemeinsamen Freunden oder beschrieb
Sehenswürdigkeiten und Landschaften.
Einen der Briefe versandte Wera aus Moskau,
wo sie anlässlich der Krönung
von Alexander III. weilte. Wera kleidete ihre
Mitteilungen in eine poetische Sprache,
um so die besondere Stimmung der Feierlichkeiten der Empfängerin nahe zu bringen.
Diesen Brief schrieb Wera mit elf oder zwölf
Jahren.

Zu Gunsten der Ärmsten der Armen

Zu den sozialen Institutionen, denen Herzogin Wera sich in besonderem Maße verpflichtet fühlte, zählten Kinderpflegeanstalten, Schulen und Krankenhäuser. Bereits mit 19 Jahren unterstützte sie die Gründung der Betreuungsanstalt für Kinder arbeitstätiger Mütter. Ihr zum Dank wurde die Einrichtung „Werapflege" genannt. Mit dem Tod der Königin Olga übernahm Wera das Protektorat für die Olga-Krippe, die Olgapflege und die Nikolauspflege. 1903 entstand das Werahaus, eine Kleinkinderschule. 1909 gründete Wera eine Stiftung zur Unterstützung der „Zufluchtsstätten in Württemberg". Der Volksmund jedoch gab dem Haus für Mütter und Kinder in Not einen anderen Namen – „Weraheim". Es existiert bis heute, was zeigt, dass diese Einrichtung nach wie vor eine bleibende Bedeutung hat.

662 **Rechnungen aus dem Weraheim**

1908–1910

Weraheim, Haus für Mutter und Kind, Stuttgart

Diese Rechnungen beziehen sich auf den Bau des Weraheims, einer Einrichtung für Frauen und Mädchen in Not. Mit einer Spende von 160.000 Mark rief Herzogin Wera am 15. März 1909 eine Stiftung ins Leben, die zwei Neubauten in Stuttgart und Hebsack errichtete. Die Spende wurde, wie hier zu sehen, für die Fußböden und Fenster sowie für die Verlegung der Kanalisationsrohre und elektrischen Leitungen verwendet.

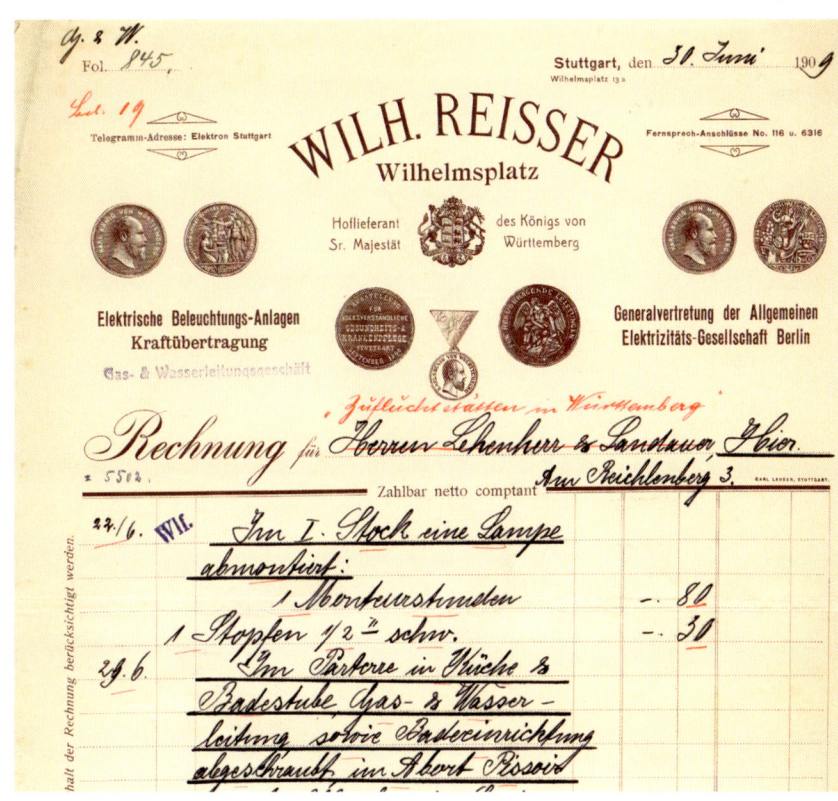

663 Leben im Weraheim

Stuttgart, 1912; Fotografie

Archiv des Weraheims, Stuttgart

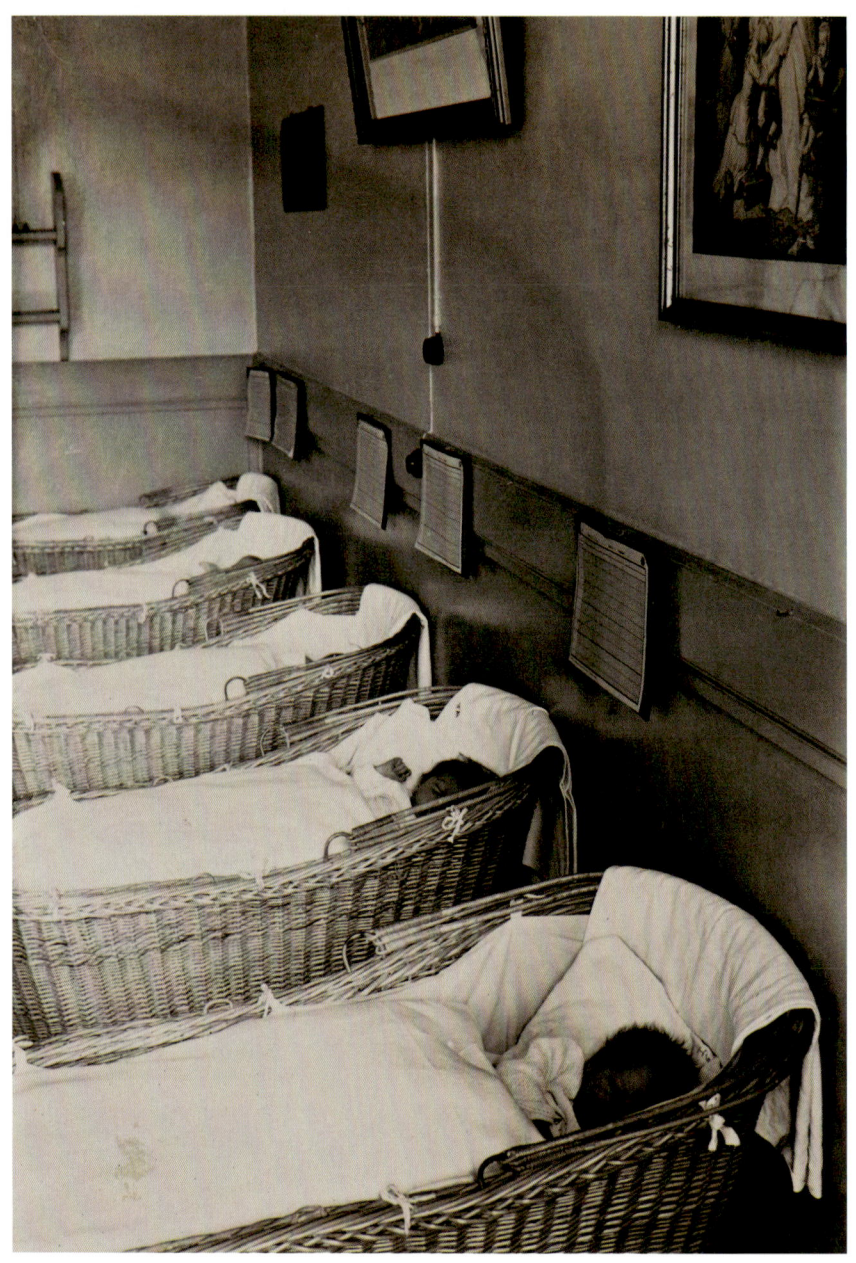

677 Einweihung der Heilandskirche

Stuttgart, 2. Dezember 1913; Fotografie

Archiv der Heilandskirche, Stuttgart

Aus dem Stiftungsversprechen: „Ich,
Endesunterzeichnete, Wera, Herzogin von
Württemberg, Grossfürstin von Russland,
habe mich entschlossen, zur Ehre Gottes
und in dankbarem Gedenken an all die unzähligen Wohltaten und Segnungen, die mir
im Lauf von bald 50 Jahren in dem mir zur
Heimat gewordenem Württemberg zuteil
geworden sind, auf einem durch den Kirchen-
gemeinderat der Stadt Stuttgart auf dem
Gelände der Villa Berg zu erwerbenden
Bauplatz aus meinen Mitteln eine Kirche zu
erbauen und dieselbe dem evangelischen
Gesamtkirchengemeinderat der Stadt Stuttgart zu schenken unter nachstehenden
Bedingungen: Die Kirche soll den Namen
‚Heilandskirche' führen.“

676 Sankt Nikolaus-Kirche

Stuttgart, um 1900; Fotografie Sammlung Metz

Haus der Geschichte Baden-Württemberg, Stuttgart

Nach dem Tod der Königin Olga wurde die
kleine orthodoxe Kapelle im Neuen Schloss
profaniert. Diese Situation führte dazu,
dass es in der Stadt keine orthodoxe Kirche
mehr gab. Herzogin Wera, der russische
Gesandte von Kotzebue und der Minister
der auswärtigen Angelegenheiten in Sankt
Petersburg richteten daraufhin ein Gesuch
an den Zaren, eine neue orthodoxe Kirche
in Stuttgart zu errichten, und Alexander III.
unterstützte das Bauprojekt. Die Grundsteinlegung der „Russischen Gesandt-
schaftskirche in Stuttgart“ wurde auf den
18. Mai, den Geburtstag des neuen Zaren
Nikolaus II., und die Weihe auf den
18. Dezember, den Namenstag des Heiligen
Nikolaus von Myra, gelegt. Die Kirche war
nicht nur für die russische Gesandtschaft
und Weras Hofstaat bestimmt, sondern
stand allen orthodoxen Gläubigen offen.

Bei der Krönung der Zaren

Herzogin Wera besuchte ihre Familie in Russland häufig, fuhr privat nach Sankt Petersburg, Pawlowsk oder Zarskoje Selo. Zwei ihrer Reisen, die sie nach Moskau führten, hatten einen anderen, einen staatlichen Charakter: Bei den Krönungsfeierlichkeiten von Alexander III., (1883) und Nikolaus II. (1896) war Wera beide Male als offizielle Repräsentantin des Königshauses Württemberg anwesend. Mit beiden Herrschern verbanden die progressiven und aufgeklärten Kreise der russischen Gesellschaft große Hoffnungen, beide konnten diesen nicht gerecht werden. Alexander III. machte die liberalen Reformen, die sein Vater eingeleitet hatte, wieder rückgängig. Nikolaus II., zu schwach zur Durchsetzung eines neuen Kurses, bekam es mit den Folgen dieser Politik zu tun: Revolutionäre Aufstände, verstärkt durch die Katastrophe des Ersten Weltkrieges, zwangen ihn zur Abdankung.

669 **Das Volksfest auf dem Chodynkafeld**

Abbildung aus dem Krönungsalbum Kaiser Alexanders III,

Sankt Petersburg 1883

Privatbesitz

675 Souvenirbecher vom Chodynkafeld

1896, Emaille

Landesmuseum Württemberg, Stuttgart

Aus Anlass der Krönung des Zaren wurden
auf dem Chodynkafeld in Moskau am
18. Mai 1896 Geschenke verteilt. Das
Geschenk bestand aus einem Brötchen,
einem Stück Wurst, Lebkuchen und einem
Becher. Weil der Zar und seine Frau sich
dem Volk zeigen wollten, versammelten
sich Tausende bereits in der Nacht. Das
Gedränge mündete in einer Katastrophe.
Nach offiziellen Angaben starben bei der
entstehenden Massenpanik 1.360, nach
inoffiziellen fast 4.000 Menschen.

666 Herzogin Wera

H. Abel

um 1900; Öl auf Leinwand

Weraheim, Haus für Mutter und Kind, Stuttgart

Die Natur bereitet sich auf den Winter vor,
leise und etwas traurig ist die Stimmung im
Park, in dem die Herzogin für den dargestellten Augenblick zu sehen ist. Nicht so
die Herzogin selbst. In einen leuchtend
weißen Kostüm und silbrig schimmernden
Mantel gekleidet, verkörpert ihre Gestalt
den Kontrast zu der herbstlichen Vegetation.
Sie ist voller Tatendrang und Lebensfreude.
Ihr aufmerksamer Blick sagt uns aber, dass
sie ihre Energie gezielt einzusetzen weiß.

Die Tage
der Revolution

Die Katastrophe des Ersten Weltkriegs und seine Folgen mit Millionen von Toten, Hunger und Krankheiten beschleunigten in der breiten Bevölkerung den Prozess der Abwendung von der Monarchie. Sowohl in Russland als auch in Württemberg erstarkten Strömungen, deren Ziel die Durchsetzung einer demokratischen Staatsordnung war. In Russland führte die politische Umwälzung im Februar 1917 zur Gründung der Provisorischen Regierung. Im Herbst 1917 ergriff die bolschewistische Partei gewaltsam die Macht und rief die Sowjetrepublik aus. Das Königreich Württemberg schaffte ein Jahr später, im Herbst 1918, eine unblutige Wende zur bürgerbestimmten Republik. Der „Freie Volksstaat Württemberg" bestand bis 1933.

701 Demonstration in Stuttgart
November 1918; Fotografie
Stadtarchiv Stuttgart

Die Revolutionswelle erreichte Stuttgart im Herbst 1918. Ab Oktober kam es häufig zu Demonstrationen im Zentrum der Stadt. Die Massenproteste waren von den politischen Parteien zentral organisiert und über das ganze Reich verteilt. Am 9. November wurde in Berlin die Republik ausgerufen. An diesem Tag wurde in Stuttgart das Wilhelmspalais, der Wohnsitz des Königs erstürmt. Der Monarch floh nach Bebenhausen, wo er am 30. November die Abdankung unterzeichnete – seinen Scheidegruß.

702 Barrikaden in Sankt Petersburg
Februar 1917; Fotografie
Staatliches Museums der politischen Geschichte
Russlands, Sankt Petersburg

Die schlechte Nahrungsmittelversorgung, aber auch die generelle Unzufriedenheit des liberalen Bürgertums und der Gewerkschaften mit der Politik von Nikolaus II. trieb die Menschen auf die Straße. Die in St. Petersburg stationierte Garnison mit Tausenden von Soldaten schloss sich ihnen an. Am 27. Februar 1917 schlugen die Demonstrationen, die zunächst wesentlich von Frauen getragen wurden, in einen bewaffneten Aufstand um. Die Soldaten errichteten Straßensperren und besetzen die strategisch wichtigen Gebäude der Stadt.

Objektregister

219 Teile aus dem Kinderservice „Altes Chalet"
Wedgwood; um 1790; Fayence
Staatliches Museum-Reservat „Pawlowsk", Sankt
Petersburg; Inv. Nr. ЦХ-8019-I, ЦХ-7991-I, ЦХ-8023-I,
ЦХ-7989-I, ЦХ-7986-I, ЦХ-8026-I, ЦХ-8016-I
Sankt Petersburg 2010, S. 93

220 a Zar Paul
Pjotr Gerassimowitsch Sharkow (1742–1802)
1796; Elfenbein, Gouache, Aquarell,
Bronze, 8,1 x 6,3 cm
Staatliches Museum-Reservat „Pawlowsk",
Sankt Petersburg; Inv. Nr. ЦХ-2865-XI
IV.5,ro-0022

220 b Zarin Maria Fjodorowna
Pjotr Gerassimowitsch Sharkow (1742–1802)
1796; Elfenbein, Aquarell, Gouache, Bronze, 8 x 6,2 cm
Staatliches Museum-Reservat „Pawlowsk",
Sankt Petersburg; Inv. Nr. ЦХ-2886-XI München
2001, Kat. Nr. 46

220 c Großfürstin Katharina als Kind
Pjotr Gerassimowitsch Sharkow (1742–1802)
1796; Elfenbein, Aquarell, Gouache, Bronze, 8 x 6,2 cm
Staatliches Museum-Reservat „Pawlowsk",
Sankt Petersburg; Inv. Nr. ЦХ-2871-XI
München 2001, Kat. Nr. 47

220 d Großfürstin Maria als Kind
Pjotr Gerassimowitsch Sharkow (1742–1802)
1796; Elfenbein Aquarell, Bronze, 8,2 x 6,3 cm
Staatliches Museum-Reservat „Pawlowsk",
Sankt Petersburg; Inv. Nr. Цх-2870/1-2-XI
München 2001, Kat. Nr. 49

220 e Großfürstin Helene als Kind
Pjotr Gerassimowitsch Sharkow (1742–1802)
1796; Elfenbein, Aquarell, Bronze, 8,1 x 6,4 cm
Staatliches Museum-Reservat „Pawlowsk",
Sankt Petersburg; Inv. Nr. Цх-2869/1-2-XI
München 2001, Kat. Nr. 50

220 f Großfürstin Alexandra als Kind
Pjotr Gerassimowitsch Sharkow (1742–1802)
1796; Elfenbein, Bronze, 8 x 6,2 cm
Staatliches Museum-Reservat „Pawlowsk",
Sankt Petersburg; Inv. Nr. ЦХ-2868-XI
München 2001, Kat. Nr. 48

**221 Sophie Dorothea von Württemberg mit
ihrer Enkeltochter Olga**
Peter Eduard Ströhling (1768–1826)
1792; Elfenbein, Aquarell, 10,7 x 9,2 cm
Staatliches Museum-Reservat „Pawlowsk",
Sankt Petersburg; Inv. Nr. Цх-45/1-XI
München 2001, Kat. Nr. 15

222 Jean-Jacques Rousseau
Jean Antoine Houdon (1741–1828)
nach 1778; Gips bronziert, H (mit Sockel): 59,5 cm
Landesmuseum Württemberg, Stuttgart;
Inv. Nr. 1965-18
Stuttgart 1987, Kat. Nr. 1557. – Stuttgart 1997, S. 48

223 Charlotte von Lieven
nach George Dawe (1781–1829)
um 1820; Öl auf Leinwand, 89 x 72 x 6 cm
Staatliches Historisches Museum, Moskau;
Inv. Nr. ГИМ 61568 ИИ-149

224 Schulheft des Großfürsten Nikolaus
Sankt Petersburg
1808; Papier, Tinte, Leder, 23 x 18 x 1,5 cm
Staatsarchiv der Russischen Föderation, Moskau;
Inv. Nr. 728-1-722 т. 3, p. 90, pp. 14-15

**225 Russisch-Unterrichtsheft von
Großfürst Michael**
Sankt Petersburg
1805; Papier, Tinte, 23,5 x 19,5 x 1 cm
Staatsarchiv der Russischen Föderation, Moskau;
Inv. Nr. 666-1-2, 94 лл

226 Ansicht des Smolny-Instituts
Fedor K. Nejelow (1782/83–1832)
um 1810; Papier, Gouache, 51,8 x 74,3 cm
Staatliches Museum-Reservat „Pawlowsk",
Sankt Petersburg; Inv. Nr. ЦХ-627-XI

227 Bureau plat des Vaters
Abraham Nicolas Couleru (1717–1812)
um 1760; Palisander, Rosen- und Nussholz, Leder,
Bronze, 78,5 x 150 x 91,5 cm
Landesmuseum Württemberg, Stuttgart;
Inv. Nr. 1979-8
Deloche/Mornand 2011, S. 164

Mehr als die Gemahlin des Zaren

229 Maria Fjodorowna besucht ein Examen
Karl Ivanovic Kolman (1786–1846)
1823; Papier, Aquarell, Gouache, 19,2 x 24,4 cm
Staatliches Museum-Reservat „Pawlowsk",
Sankt Petersburg; Inv. Nr. ЦХ-1955-3-XI
Jolkina 2007, S. 283, Kat. Nr. III.111

230 Notizbuch der Zarin Maria Fjodorowna
1808; Leder, Papier, Tinte, 11,5 x 14,5 x 1 cm
Staatsarchiv der Russischen Föderation, Moskau;
Inv. Nr. ГАРФ. Ф. 728. Оп. 1. Д. 603
Sankt Petersburg 2009, S. 110, 151

231 Anleitung zur Pockenimpfung
um 1790; Papier, Druck, Lithografie, Aquarell,
23,7 x 39,1 cm
Staatliches Historisches Museum, Moskau;
Inv. Nr. ГИМ 46633 ИШ-20418

232 Begegnung im Hafen von Sankt Petersburg
Jacques Philippe Le Bas (1707–1783) nach
Jean-Baptiste Le Prince (1734–1781)
1778; Radierung
Staatliche Eremitage Sankt Petersburg
St. Petersburg 1961, S. 4

Glanz als Mittel der Politik

234 Großfürstin Maria Fjodorowna
Umkreis des Nicolas Francois Gillet (1709–1791)
nach 1776; Gips, bronziert, 72 x 40 x 40 cm
Landesmuseum Württemberg, Stuttgart;
Inv. Nr. E 3974

**235 Puppen-Model als Ordensmeisterin
des Ordens der Heiligen Katharina**
Rose Bertin (1747–1813)?
1798; Seide, Pailletten, Glanzbrokat, Holz,
Schwanenfeder, Taft, Farbe, H: 57 cm
Staatliches Kulturhistorisches Museum-Reservat
„Moskauer Kreml", Moskau; Inv. Nr. Тк-3113
Kassel 1997, Kat. Nr. 22

236 Statuten der russischen Orden
1797; Mischtechnik auf Papier, 47 x 33 cm
Staatliches Museum-Reservat „Pawlowsk",
Sankt Petersburg; Inv. Nr. 2784-XIII
Montbéliard 1995, S. 84

**237 Orden der Heiligen Katharina, getragen
von Maria Fjodorowna**
nach 1776; Gold, Guss, Emaille, Gravierung,
5,8 x 4,1 x 2 cm
Moskau, Staatliches Kulturhistorisches Museum-
Reservat „Moskauer Kreml", Moskau;
Inv. Nr. OM-2212
Weimar 2004, S. 90, Abb. 82

238 Malteserkreuz, getragen von Maria Fjodorowna
1797; Edelmetall, Emaille, 10 x 4,4 x 2 cm
Staatliches Kulturhistorisches Museum-Reservat
„Moskauer Kreml", Moskau; Inv. Nr. OM-2570
Moskau 2010, S. 6. – Moskau 2012, S. 274

**239 Anstecknadel einer Staatsdame von
Maria Fjodorowna**
vor 1828; Diamanten, Emaille, Gold, 6,7 x 2,2 cm
Staatliches Historisches Museum, Moskau;
Inv. Nr. ГИМ 15553щ ОК 22552

240 Monogramm einer Hofdame
1801–1825; Gold, Silber, Glas, Vergoldung, 7 x 4,5 cm
Staatliches Kulturhistorisches Museum-Reservat
„Moskauer Kreml", Moskau; Inv. Nr. OM-2509

241 Tagebuch von Maria Fjodorowna
Sankt Petersburg
1818; Papier, Tinte, Leder, Metall, 26 x 20,5 x 2 cm
Staatsarchiv der Russischen Föderation, Moskau;
Inv. Nr. ГАРФ. Ф. 633. Оп.1 Д. 1

242 Maria Fjodorownas Nähkästchen
1820er Jahre; Perlmutt, Gold, Bronze, Vergoldung
Staatliches Museum-Reservat „Zarskoje Selo", Sankt
Petersburg; Inv. Nr. ЕД-700-IV КП-9354 С/С-331,
ЕД-700/2-IV КП-9356 ЗС-7, ЕД-700/13-IV КП-9367,
ЕД-700/10-IV, КП-9364, ЗС-9, ЕД-700/7-IV КП-9361,
ЕД-700/5-IV КП-9359, ЕД-700/11-IV КП-9365,
ЕД-700/3-IV КП-9357, ЕД-700/3-IV КП-9357,
ЕД-700/14-IV, КП-9368, ЕД-700/1-IV, КП-9355
(Einlage), ЕД-700/4-IV КП-9358, ЕД-700/12-IV
КП-9366, ЕД-700/8-IV, КП-9362, З/С-8, ЕД-700/6-IV
КП-9360
Puschkin 2010, S. 271

243 Ballkleid der Kaiserin Maria Fjodorowna
1820er Jahre; Stoff, Silberfaden, Spitze, Stickerei,
147 x 123 cm
Staatliches Museum-Reservat „Pawlowsk",
Sankt Petersburg; Inv. Nr. ЦХ-2768-II, ПМ КП-37216

**244 Zar Paul von Russland – in der Pose
Friedrichs II.**
nach Stepan Schtschukin (1758–1828)
1797; Öl auf Leinwand, 79 x 62,3 cm
Landesmuseum Württemberg, Stuttgart;
Inv. Nr. 1984-26
Stuttgart 1987, Kat. Nr. 423

245 Militärrock Pauls I. mit Malteserkreuz
1800/1801; Tuch, Goldfäden, Metall, L: 107 cm
Staatliches Historisches Museum, Moskau;
Inv. Nr. ГИМ 68257/12271 т-121

Kaiserin von Kaisers Gnaden

247 Die Krönung der Zarin Maria Fjodorowna
Émile Jean Horace Vernet (1789–1863)
1826; Öl auf Leinwand, 60 x 95 cm
Staatliches Russisches Museum, Sankt Petersburg;
Inv. Nr. Ж-4644

248 Platz vor dem Uspenskij Sobor im Kreml
Fedor Alekseev (1753–1824)
um 1800; Öl auf Leinwand, 56,5 x 75 cm
Staatliches Russisches Museum, Sankt Petersburg;
Ж-6267

249 Krönungskleid Maria Fjodorownas
1796; Glanzbrokat, Batist, Taft, Spitze, Silberfaden,
Pailletten, Flittergold, 270 x 160 cm
Staatliches Kulturhistorisches Museum-Reservat
„Moskauer Kreml", Moskau; Inv. Nr. 3088/1-2

250 Schuhe zum Krönungskleid Maria Fjodorowna
1796; Glanzbrokat, Seide, Ziegenleder, Rindsleder,
Seidenband, Fußlänge: 23,5 cm, Absatzhöhe: 7,5 cm
Staatliches Kulturhistorisches Museum-Reservat
„Moskauer Kreml", Moskau; Inv. Nr. Тк-2895/1-2

251 Maria Fjodorowna im Krönungsornat
Dimitrij Lewitzki (1735–1822)
1796; Öl auf Leinwand, 80 x 63,4 cm
Landesmuseum Württemberg, Stuttgart;
Inv. Nr. 1984-25
Zick 2001, S. 1721. - Zick 2004, S. 89

Maria Fjodorownas Welt: Pawlowsk

253 Generalplan von Pawlowsk
zwischen 1792 und 1799; Feder, Tusche, Aquarell,
62,4 x 74,6 cm
Staatliches Museum-Reservat „Pawlowsk",
Sankt Petersburg; Inv. Nr. Ч-1052
München 2001, Kat. Nr. 138. – Lappeenranta 2005,
Kat. Nr. 77

254 Schloss Étupes und sein Park
vor 1791; Papier, Stoff, Tusche, Aquarell, 70 x 56 cm
Staatliches Museum-Reservat „Pawlowsk",
Sankt Petersburg; Inv. Nr. Ч-996
München 2001, Kat. Nr. 157

255 Schloss Pawlowsk und sein Park
Karl Ferdinand von Kügelgen (1772–1832)
Anfang 19. Jahrhundert; Öl auf Leinwand,
gerahmt, 80 x 107,5 cm
Staatliches Museum-Reservat „Pawlowsk",
Sankt Petersburg; Inv. Nr. ЦХ-1755-III
München 2001, Kat. Nr. 110. – Lappeenranta 2005,
Kat. Nr. 51

256 Der Tempel der Freundschaft
Karl Ferdinand von Kügelgen (1772–1832)
Anfang 19. Jahrhundert; Öl auf Leinwand,
78,1 x 106,6 cm
Staatliches Museum-Reservat „Pawlowsk",
Sankt Petersburg; Inv. Nr. Цх-3757-III
München 2001, Kat. Nr. 113. – Lappeenranta 2005,
Kat. Nr. 52

257 Blick auf den Marienthaler Teich
Gawriil Sergejewitsch Sergejew (1756/66–1816)
1793/1799; Feder, Tusche, Pinsel, Aquarell,
42,4 x 56,6 cm
Staatliches Museum-Reservat „Pawlowsk",
Sankt Petersburg; Inv. Nr. Ч-1043/3
München 2001, Kat. Nr. 139. – Moskau 2004,
Kat. Nr. 194

258 Blick zum Alten Chalet
Gawriil Sergejewitsch Sergejew (1765–1816)
1799; Papier, Graphitstift, Aquarell, Gouache,
37,6 x 55,1 cm
Staatliches Museum-Reservat „Pawlowsk",
Sankt Petersburg; Inv. Nr . Ч-1043/57
Weimar 2004, Kat. Nr. 2.17

259 Der Drei Grazien-Pavillon
um 1800; Papier, Aquarell, 20,7 x 26,2 cm
Staatliches Museum-Reservat „Pawlowsk",
Sankt Petersburg; Inv. Nr. Р-6
Belanina/Mudrov 1992, S. 72f.

**260 Das Denkmal für Großfürstin Alexandra
Pawlowna im Park von Pawlowsk**
1825–1828; Papier, Gouache, 36 x 27 cm
Staatliches Museum-Reservat „Pawlowsk",
Sankt Petersburg; Inv. Nr. R-25
Weimar 2004, Kat. Nr. 2.18. – Lameko 2011, S. 27ff.

261 Familienhain der Romanows
Philipp Clara (1790–?), Wassili Andreijewitsch
Shukowski (1783–1852)
1824; Papier, Aquarell, 7,8 x 9,6 cm
Staatliches Museum-Reservat „Pawlowsk",
Sankt Petersburg; Inv. Nr. Р-286/2
München 2001, Kat. Nr. 167

**262 Der Rosenpavillon: Maria Fjodorownas
Musenhof**
um 1820/1830; Tusche, Aquarell auf Papier,
H: 21,1 cm, Dm: 33,3 cm
Staatliches Museum-Reservat „Pawlowsk",
Sankt Petersburg; Inv. Nr. ЦХ-2879-XI
München 2001, Kat. Nr. 168. – Moskau 2004,
Kat. Nr. 196

263 Der Park des Katharinenpalastes
Andrei Efimowitsch Martynow (1768–1826)
1814; Papier, Aquarell, 46 x 37 cm
Staatliches Museum-Reservat „Zarskoje Selo",
Sankt Petersburg; Inv. Nr. ЕД-339-XI КП-10286

Die jungen Romanows in Europa

265 Beschreibung der Europareise
1783; Leder, Papier, 32,7 x 22,3 cm
Staatliches Museum-Reservat „Pawlowsk",
Sankt Petersburg; Inv. Nr. Б.П.-11559, ПМ КП-25798
Solowjew 1910, Kat. Nr. 105

266 Neujahrsfeier 1782 in Wien
Hieronymus Löschenkohl (1753–1807)
1782–1787; Papier, Radierung, Kaltnadel, Aquarell,
62 x 79 cm
Staatliches Historisches Museum, Moskau;
Inv. Nr. ГИМ 48980 ИIII-42925
Kassel 1997, Kat. Nr. 378

267 Empfang im Teatro San Benedetto
Antonio Baratti (1724–1787), nach Francesco Guardi
(1712–1793)
1782; Kupferstich, Papier, Tinte, 47 x 59,5 cm
Staatliches Museum-Reservat „Pawlowsk",
Sankt Petersburg; Inv. Nr. ЦХ-6293-VI

268 Das Großfürstenpaar in Rom
Johann Gottlieb Puhlmann (1751–1826)
1782–1783; Öl auf Leinwand, 210 x 124 cm
Staatliches Museum-Reservat „Pawlowsk",
Sankt Petersburg; Inv. Nr. ЦХ-3764-III, Цх-3765-III
München 2001, Kat. Nr. 70, 71. – Stadnitschuk 2003,
S. 50ff., 82ff.

269 Paul und Maria Fjodorowna beim Papst
A. Lazzarini nach Giacomo Beys
1801; Radierung , 32 x 45,5 cm
Staatliches Historisches Museum, Moskau;
Inv. Nr. ГИМ 16116щ ИIII-25997
München 2001, Kat. Nr. 77

270 Paul und Maria Fjodorowna in Tivoli
Abraham Louis Rodolphe Ducros (1748–1810)
1782; Öl auf Leinwand, 99 x 137,5 cm
Staatliches Museum-Reservat „Pawlowsk",
Sankt Petersburg; Inv. Nr. ЦХ-3762-III
London/Rom 1996/1997, S. 142. – München 2001,
Kat. Nr. 69

271 Parade vor dem Neuen Schloss
Gregorio Guglielmi (1714–1773)
1762/1782; Öl auf Leinwand, 97 x 153 cm
Staatliches Museum-Reservat „Pawlowsk",
Sankt Petersburg; Inv. Nr. ЦХ-1423-III
Maurer/Sauer/Fleischhauer/Himmelein/Klein 1992,
S. 214 – Schukraft 2004, S. 45. – Sankt Petersburg
2012, Kat. Nr. 31

272 Württemberg huldigt seinen Gästen
Nicolas Guibal (1725–1784)
1782; Feder in Braun, Pinsel in Schwarz, Rötel,
Bleistift, Deckweiß, 62,7 x 92,9 cm
Staatsgalerie Stuttgart; Inv. Nr. C 5587
Stuttgart 2004, S. 90, Abb. 114

273 Jagdvergnügen am Bärensee
Viktor Heideloff (1757–1817)
1782; Zeichnung auf Papier, 35 x 51 cm
Privatbesitz

274 Prunkvase „Apollo und die Musen"
Ludwigsburger Porzellanmanufaktur
um 1782; Porzellan, Biskuitporzellan, glasiert,
vergoldet, 75 x 36 cm
Staatliches Museum-Reservat „Pawlowsk",
Sankt Petersburg; Inv. Nr. ЦХ-7026-I
München 2001, Kat. Nr. 73

**275 Prunkvase mit Potraits der württembergischen
Prinzen**
Ludwigsburger Porzellanmanufaktur
1782; Porzellan, H: 53 cm, Dm: 30 cm
Staatliches Museum-Reservat „Pawlowsk",
Sankt Petersburg; Inv. Nr. ЦХ-6214-I
Kutschumow 1976, Abb. 101. –
Sankt Petersburg 2008, S. 165

276 Toilettengarnitur,
Ludwigsburger Porzellanmanufaktur
1782; Porzellan, vergoldet, Aufglasurmalerei,
Staatliches Museum-Reservat „Pawlowsk",
Sankt Petersburg; Inv. Nr. ЦХ-5556-I, ЦХ-5557-I,
ЦХ-5561-I, ЦХ-5563-I
Paris 1993, Kat. Nr. 37–39

Kaiserliche Hoheit, Zarenmutter

278 Maria Fjodorowna neben der Büste Alexander I.
George Dawe (1781–1829)
nicht später als 1825; Öl auf Leinwand, 97 x 72 cm
Staatliches Russisches Museum, Sankt Petersburg;
Inv. Nr. Ж-4603
Sankt Petersburg 2002, Kat. Nr. 521

**279 Maria Fjodorowna auf der Empore der Kirche
im Schloss Pawlowsk**
um 1820; Aquarell, Bleistift und Deckweiß, Papier,
20 x 13,8 cm
Staatliches Museum-Reservat „Pawlowsk",
Sankt Petersburg; Inv. Nr. ЦХ-2916-XI
München 2001, Kat. Nr. 64

280 Allegorie zur Thronbesteigung Alexander I.
nach Ferdinand de Meys
nach 1801; Öl auf Leinwand, 75,5 x 105 cm
Staatliches Russisches Museum, Sankt Petersburg;
Inv. Nr. Ж-8210
Fajbisowitsch 2006, S. 13

Maria Fjodorowna „privat"

282 Maria Fjodorowna als Künstlerin
Johann Baptist Lampi (1751–1830)
nicht später als 1795; Öl auf Leinwand, 60 x 55 cm
Staatliches Russisches Museum, Sankt Petersburg;
Inv. Nr. Ж-4560
Washington 2003, S. 61, Fig. 17

283 Tabakdose: sechs Kinder im Blick der Mutter
Maria Fjodorowna (Zeichnung), George Francois
Amay (Fassung)
1792; Gold, Glas, Emaille, Bleistift, H: 2,1 cm,
Dm: 8,3 cm
Staatliches Kulturhistorisches Museum-Reservat
„Moskauer Kreml", Moskau; Inv. Nr. MP-634/1-2
Moskau 2004, Kat. Nr. 164. – Sankt Petersburg 2009,
S. 149

284 Katharina die Große als Minerva
Maria Fjodorowna (1759–1828)
21.04.1789; Siegellack und Papier, 6,4 x 4,8 x 1,7 cm
Landesmuseum Württemberg, Stuttgart;
Inv. Nr. 12314 a

285 Zar Paul von Russland
Maria Fjodorowna (1759–1828)
1785–1790; Siegellack und Papier, 5,4 x 4,5 x 1,6 cm
Landesmuseum Württemberg, Stuttgart;
Inv. Nr. 12314 b

286 Großfürst Alexander
Maria Fjodorowna (1759–1828)
ca. 1795; Siegellack und Papier, 6,6 x 5,2 x 1,8 cm
Landesmuseum Württemberg, Stuttgart;
Inv. Nr. 12314 c

287 Blumenstillleben
Maria Fjodorowna (1759–1828)
1787; Pastell auf Papier, 60 x 47 cm
Staatliches Russisches Museum, Sankt Petersburg;
Inv. Nr. Ж-3696
Jolkina 2007, S. 41f.

288 Herzogin Sophie Dorothea von Württemberg
Johann Heinrich Dannecker (1758–1841)
1798–1800; Gips, H: 82,5 cm
Staatliche Schlösser und Gärten
Baden-Württemberg; Inv. Nr. NN 55
Pazaurek 1921, S. 37ff. – von Holst 1987, Kat. Nr. 79a

289 Das Nähkästchen aus Stuttgart
Matthias Müller
1796; Mahagoni, Ebenholz, Messing, Seide,
H: 90 cm
Landesmuseum Württemberg, Stuttgart;
Inv. Nr. 1991-530
Kassel 1997, Kat. Nr. 376. – Stuttgart 1998, Kat. Nr. 182

**290 Brief von Sophie Dorothee von Württemberg
an Maria Fjodorowna**
Sankt Petersburg
25. September 1797; Papier, Tinte, Siegellack,
19,5 x 6 cm
Staatsarchiv der Russischen Föderation, Moskau;
Inv. Nr. 728-1-482, pp. 1-3

291 Tasse mit dem Bildnis des Großfürsten Paul
Ludwigsburger Porzellanmanufaktur
1782; Porzellan, vergoldet, Aufglasurmalerei,
Untertasse H: 3 cm, Tasse H: 6 cm
Staatliches Museum-Reservat „Pawlowsk",
Sankt Petersburg; Inv. Nr. ЦХ-7036/2-I , ЦХ-7036/1-I
München 2001, Kat. Nr. 72. – Sankt Petersburg 2004,
Kat. Nr. 498

292 Tasse mit dem Neuen Schloss in Stuttgart
Ludwigsburger Porzellanmanufaktur
1810er Jahre; Porzellan, Tasse H: 9 cm,
Untertasse H: 2 cm
Staatliches Museum-Reservat „Pawlowsk",
Sankt Petersburg
Inv. Nr. Pavlovsk -7030/1-2-I
Paris 1993, Kat. Nr. 44

293 Großfürst Paul von Russland
Alexander Roslin (1718–1793), Werkstatt
1776; Öl auf Leinwand, 81,5 x 71,5 cm
Landesmuseum Württemberg, Stuttgart;
Inv. Nr. 1995-328
Stuttgart 2005, Kat. Nr. 61

294 Damensekretär aus Mömpelgard
Abraham Nicolas Couleru (1716–1812)
um 1750; 10 verschiedene Hölzer
Landesmuseum Württemberg, Stuttgart;
Inv. Nr. 1954-204

295 Album mit 44 Ansichten von Sankt Petersburg
1820–1826; Buch mit kolorierten Lithografien,
53 x 68 cm
Landesmuseum Württemberg, Stuttgart;
Inv. Nr. 1994-296

Königin Katharina
(1788-1819)

In Bildern eine Bürgerliche

301 Katharina als Kind
Dmitri Lewizki (1735–1823)
1790/1795; Öl auf Leinwand, 61,5 x 49 cm
Staatliches Museum-Reservat „Pawlowsk",
Sankt Petersburg; Inv. Nr. Цх-1994-III
Leningrad 1987, Kat. Nr. 86. – München 2001,
Kat. Nr. 36

302 Katharina als junge Frau
Johann Friedrich August Tischbein (1750–1812)
um 1806/1807; Öl auf Leinwand, 70 x 54 cm
Staatliche Schlösser und Gärten Baden-Württemberg;
Inv. Nr. NN 590
Franke 1993, Kat. Nr. 371

303 Katharina als Königin
Pawel Remisow (1780–1833) nach Henri-Francois
Riesener (1767–1828)
1815/1816; Öl auf Leinwand, 89 x 76 cm
Staatliches Russisches Museum, Sankt Petersburg;
Inv. Nr. Ж-6225
St. Petersburg 2007, Kat. Nr. 379

304 Königin Katharina im Neuen Schloss
Karl von Sales (1791–1870)
1819; Öl auf Leinwand, 30,5 x 39,5 cm
Staatliches Russisches Museum, Sankt Petersburg;
Inv. Nr. Ж-4591
Sankt Petersburg 2002, Kat. Nr. 579

305 König Wilhelm I. von Württemberg als Witwer
Karl von Sales (1791–1870)
1820; Öl auf Leinwand, 310 x 225 cm
Württembergische Landesbibliothek, Stuttgart
Schefold 1934, S. 6–10.

306 Ein königliches Kleid
1805/1807; Bauwollbatist, Weißstickerei,
L: 117/211 cm, Saumweite: 458 cm
Landesmuseum Württemberg, Stuttgart;
Inv. Nr. 1977-75
Stuttgart 1987, Kat. Nr. 1271

307 Der Schreibschrank der Königin
Johannes Klinckerfuß (1770–1831)
um 1815; Mahagoni, Ahorn, Birke, 130,5 x 80 x 46,5 cm
Staatliche Schlösser und Gärten Baden-Württemberg;
Inv. Nr. KRGT 3238
Wiese 1989, Kat. Nr. 77

Will Katharina Kaiserin werden?

309 König Wilhelm I. als Held
Johann Heinrich Dannecker (1758–1841)
1817; Gips, 56,5 x 30 x 22,5 cm
Staatliche Schlösser und Gärten Baden-Württemberg;
Inv. Nr. KRG 1769
von Holst 1987, Kat. Nr. 147

310 Königin Katharina als Ceres
Johann Heinrich Dannecker (1758–1841)
nach 1819; Marmor, 59 x 43 x 24 cm
Landesmuseum Württemberg, Stuttgart;
Inv. Nr. 1979-212
Stuttgart 1987, Kat. Nr. 438. – Stuttgart 2006,
Kat. Nr. 155

311 Napoleon im Krönungsornat
François Gérard (?) (1770–1837)
um 1800; Öl auf Leinwand, 243 x 130 cm
Staatliches Kulturhistorisches Museum-Reservat
„Moskauer Kreml"; Inv. Nr. Ж-1932
Moskau 1884, Kat. Nr. 3903

312 Russen und Franzosen auf der Teufelsbrücke
Johann Baptist Seele (1774–1814)
1802; Öl auf Leinwand, 76,8 x 99,8 cm
Staatsgalerie Stuttgart; Inv. Nr. L 16
Hohenheim 1993, Kat. Nr. 184

313 Zar Alexander I. von Russland
Georg von Botman (1810–1891)
1858; Öl auf Leinwand, 281 x 187 cm
Staatliches Museum-Reservat „Zarskoje Selo",
Sankt Petersburg; Inv. Nr. ЕД-788-Х

314 Der Triumphzug der Alliierten durch Paris
Erste Hälfte 19. Jahrhundert; Papier, Radierung,
Aquarell, 48,3 x 64,7 cm
Staatliches Historisches Museum, Moskau;
Inv. Nr. ГИМ 64708 ИК-4231
Moskau 2006, S. 11

315 König Wilhelm I. als Feldherr
Joseph Joachim Schnizer (1792–1870)
1821; Öl auf Holz, 64 x 50,5 cm
Staatsgalerie Stuttgart; Inv. Nr. GVL 101
Hohenheim 1993, Kat. Nr. 283

Eine goldene Mitgift macht unabhängig

317 Ein Saphir für die Schwester des Zaren
18. Jahrhundert; Gold, Saphir, Brillanten,
L: 2,8 cm, B: 2,7 cm
Landesmuseum Württemberg, Stuttgart;
Inv. Nr. NN 347
Fleischhauer 1977, S. 28

318 Ein Souvenir aus China
um 1800; Elfenbein, L: 38,9 cm (Fächer),
H: 27,7 cm, B: 7 cm (Wandhalter)
Landesmuseum Württemberg, Stuttgart;
Inv. Nr. KK braun-blau 50
Ohm 1973, Sp. 923f.

319 Gold-Service der Königin Katharina
Otto Samuel Keibel (1768–1809); um 1808
Gold, Ebenholz, Tablett: 12 x 76 x 54 cm, Teekanne:
20 x 20,2 cm, Kaffeekanne: 20,5 x 18,5 cm, Milchkanne:
18,2 x 12 cm, Sahnegießer: 11,9 x 19,2 x 8,9 cm,
Spülkumme: 8 x 24,6 cm, Zuckerdose: 11,7 x 18,8 cm,
Ovalschale: 8,9 x 36,9 x 15,5 cm, Untersetzer: 2,5 x 12,5 cm
bzw. 9,9 cm, Teesieb: 16 cm, Zuckerzange: 16 cm
Landesmuseum Württemberg, Stuttgart;
Inv. Nr. 1955-10 bis 23
Stuttgart 2006, Kat. Nr. 156

320 Schachspiel zur Thronbesteigung
Johann Friedrich Knoll (1780–1844)
1813; Bein, Nuss- und Ebenholz, schwarz lackiertes
Holz, 8 x 46 x 46 cm
Staatliche Schlösser und Gärten Baden-Württemberg;
Inv. Nr. B 254/2
Stuttgart 1987, Kat. Nr. 1244

Reformen helfen – auch der Monarchie

322 Karl Freiherr vom und zum Stein
Johann Christoph Rincklake (1764–1813)
1804; Öl auf Leinwand, 67 x 59,5 cm
Privatbesitz
Appuhn 1975, S. 30–35

**323 Dosenmedaille auf die Hungersnot
und den Erntesegen**
Johann Thomas Stettner (1785–1872)
1817; Silber, Kupferstiche, koloriert,
Dm: 4,9 cm, H: 0,5 cm
Landesmuseum Württemberg, Stuttgart;
Inv. Nr. MK 8161
Klein/Raff 2003, Kat. Nr. 93

**324 Bildergeschichte „Zum Andenken der in den
Jahren 1816 und 1817 geherrschten allgemeinen
Theuerung"**
Johannes A. Gradmann
nach 1817; kolorierte Lithografie, 15,6 x 19,7 cm
Museum der Brotkultur, Ulm
Vergleiche: Stuttgart 1987, S. 484. – Stuttgart 2006,
Kat. Nr. 117

325 „Spar-Casse" für die „Ärmeren Volks-Classen"
Stuttgart; 12.Mai 1818; Letterndruck auf Papier,
24,2 x 20 cm
Landesarchiv Baden-Württemberg, Hauptstaats-
archiv Stuttgart; Inv. Nr. E 193 Bü 1 F 54
Stuttgart 2006, Kat. Nr. 124

**326 Preismedaille zur Belebung der vater-
ländischen Industrie**
1818; Silber, Dm: 4,1 cm
Landesmuseum Württemberg, Stuttgart;
Inv. Nr. MK 12843
Klein/Raff 2003, Kat. Nr. 103

327 Feuerwerk für Maria Fjodorowna
1818; Bleistift und Buntstift auf Papier, 49,5 x 66 cm
Landesmuseum Württemberg, Stuttgart;
Inv. Nr. 2013-81

Katharinas Stuttgart soll glänzen

329 Projekt für einen Triumphbogen (Neckartor)
Giovanni Salucci (1769–1845)
1817/1818; lavierte Federzeichnung auf Papier,
44,5 x 58 cm
Universitätsbibliothek Stuttgart;
Inv. Nr. Nachlass Salucci, Nr. 87
Stuttgart 1995, Kat. Nr. II.6

330 Projekt für ein Sommertheater
Giovanni Salucci (1769–1845)
1817/1818; kolorierte Federzeichnung, 46 x 56 cm
Universitätsbibliothek Stuttgart;
Inv. Nr. Nachlass Salucci, Nr. 111
Stuttgart 1995, Kat. Nr. VII.1

331 Projekt für das Landhaus Rosenstein
Giovanni Salucci (1769–1845)
1817/1818; kolorierte Federzeichnung, 58,5 x 74,5 cm
Landesmuseum Württemberg, Stuttgart;
Inv. Nr. 1953-583
Stuttgart 1995, Kat. Nr. V.1

**332 Landhaus Rosenstein, Perspektive aus der
Vogelschau**
Giovanni Salucci (1769–1845)
1819; Papier, Aquarell, 33 x 41 cm
Universitätsbibliothek Stuttgart;
Inv. Nr. Nachlass Salucci , Nr. 40
Stuttgart 1995, Kat. Nr. V 7

333 Landhaus Rosenstein
Giovanni Salucci (1769–1845)
1819; kolorierte Federzeichnung, Tusche, 113 x 65,5 cm
Landesmuseum Württemberg, Stuttgart;
Inv. Nr. 1953-577
Stuttgart 1995, Kat. Nr. V 8

**334 Gemälde der Sammlung Boisserée
in Reproduktionsgraphiken**
Nepomuk Strixner (1782–1855) und
Ignaz Bergmann (1797–1865)
1820–1830
Landesmuseum Württemberg, Stuttgart;
Neuss 1980, Kat. Nr. 1–3

Die Russin bleibt bei ihrem Glauben

336 Abendmahlsgarnitur Königin Katharinas
1770; graugrüner Kalka-Jaspis, Rotgold, Gelbgold,
Eisen, Kelch H: 27 cm, Diskos H: 10,2 cm,
Prosphorenteller H: 2,3 cm, Löffel L: 18 cm,
erste Lanze L: 19,4 cm, zweite Lanze L: 17,7 cm
Staatliche Schlösser und Gärten Baden-Württemberg;
Inv. Nr. KRG 8160-8165
Stuttgart 1991, Kat. Nr. 33. – Weimar 2004,
Kat. Nr. 6.3

337 Ikone der Heiligen Katharina von Alexandrien
18. Jahrhundert; Öl auf Holz, Silber, Gold, Edelsteine,
44,5 x 28 x 3,8 cm
Staatliche Schlösser und Gärten Baden-Württemberg;
Inv. Nr. KRG 8151
Ludwigsburg 1991, Kat. Nr. 3

338 Ikone der Gottesmutter von Smolensk
1786; Öl auf Holz, vergoldet, violetter Samt,
24,4 x 19,8 x 2,8 cm
Staatliche Schlösser und Gärten Baden-Württemberg;
Inv. Nr. KRG 8150
Stuttgart 1991, Kat. Nr. 32

339 Darochranitelnica, , Tabernakel
um 1800; Silber, vergoldet, 45,5 x 37 cm
Staatliche Schlösser und Gärten Baden-Württemberg;
Inv. Nr. KRG 3989
Stuttgart 1991, Kat. Nr. 40

340 Artoforion, , Brotträger
um 1800; Silber, 13 x 10,6 x 3,3 cm
Staatliche Schlösser und Gärten Baden-Württemberg;
Inv. Nr. KRG 8184
Stuttgart 1991, Kat. Nr. 41

341 Schale
1809; Silber, graviert, H: 4,5 cm, Dm: 10,5 cm
Staatliche Schlösser und Gärten Baden-Württemberg;
Inv. Nr. KRG 8176
Stuttgart 1991, Kat. Nr. 42

342 Weihrauchgefäß
1809; Silber, gegossen, getrieben, graviert, punziert,
Kupfer, H: 22,8 cm, Dm: 8,7 cm
Staatliche Schlösser und Gärten Baden-Württemberg;
Inv. Nr. KRG 8174
Stuttgart 1991, Kat. Nr. 49

Katharinas Tod – bis heute ein Rätsel

344 Trauer über den Tod der Königin Katharina
Eberhard Wächter (1762–1852)
1819; Pinselzeichnung in Grau und Braun über
Bleistift auf Papier, 42,8 x 65,9 cm
Staatsgalerie Stuttgart; Inv. Nr. C 6478
Stuttgart 1976, Kat. Nr. 1592. – Hohenheim 1993, S. 79

**345 Trauergerüst für Königin Katharina in der
Stuttgarter Stiftskirche**
Giovanni Salucci (1769–1845)
1819; Aquatinta, koloriert auf Papier, 42 x 58,9 cm
Ludwigsburg Museum; Inv. Nr. 3989
Stuttgart 1991, Kat. Nr. 7. – Stuttgart 1995,
Kat. Nr. IV.1

**346 Innenansicht der Grabkapelle auf dem
Rotenberg**
Johann Caspar Obach (1807–1865)
1841; Papier, 27,7 x 22,6 cm
Stadtarchiv Stuttgart; Inv. Nr. 3534
Stuttgart 1991, Kat. Nr. 24

347 Die Grabkapelle auf dem Rotenberg
Eberhard Emminger (1808–1885)
1822; kolorierte Radierung auf Papier, 43 x 55 cm
Ludwigsburg, Städtisches Museum Ludwigsburg;
Inv. Nr. 2293
Stuttgart 2006, Kat. Nr. 168

**348 Idealansicht der Gruft in der Grabkapelle auf
dem Rotenberg**
Giovanni Salucci (1769–1845)
1819; aquarellierte Federzeichnung, 15,8 x 21,4 cm
Universitätsbibliothek Stuttgart;
Inv. Nr. Nachlass Salucci, Nr. 11
Stuttgart 1995, Kat. Nr. IV. 18

Verklärt zur „protestantischen Hausheiligen"

350 Großfürstin Katharina Pawlowna
Jean-Baptiste Isabey (1767–1855)
1815; Aquarell auf Elfenbein, 13,3 x 10 cm
Landesmuseum Württemberg, Stuttgart;
Inv. Nr. 1953-6
Stuttgart 2006, Kat. Nr. 150

351 Kronprinz Wilhelm von Württemberg
Jean-Urbain Guérin (1760/61–1836)
1803/1805; Mischtechnik auf Elfenbein, 6,7 x 5,3 cm
Landesmuseum Württemberg, Stuttgart;
Inv. Nr. 2004-243
Stuttgart 2006, Kat. Nr. 39

352 Zeremoniale der Hochzeit
November 1818; Papier, Tinte, 35 x 20,5 cm
Staatsarchiv der Russischen Föderation, Moskau;
Inv. Nr. 663-1-80 p.1

353 Kaiserlicher Dank
1816; Mischtechnik, 30 x 40 cm
Privatbesitz

354 Tasse mit Katharinas Bildnis
Ludwigsburger Porzellanmanufaktur
1816; Porzellan, vergoldet, Aufglasurmalerei,
Untertasse H: 2,5 cm, Dm: 13,5 cm,
Tasse H: 7,5 cm, Dm: 6,5 cm
Staatliches Museum-Reservat „Pawlowsk",
Sankt Petersburg; Inv. Nr. ЦХ-8390/2-I, ЦХ-8390/1-I
Sankt Petersburg 2005, Kat. Nr. 511
3.8.6, ro-0845

**355 Anordnung der königlich württembergischen
Hoftrauer, wegen des erfolgten Ablebens der
höchstseligen Königin Katharina von Württemberg
Majestät**
1819; Papier
Privatbesitz

**356 Wilhelm von Württemberg berichtet dem Zaren
vom Tod Katharinas**
Stuttgart; 30 März 1819; Papier, Tinte, Siegellack,
aufgeschlagen 17,5 x 22 cm
Staatsarchiv der Russischen Föderation, Moskau;
Inv. Nr. 728-1-1092, pp.2-4

357 Medaille auf den Tod der Königin Katharina
Peter Bruckmann (1778–1850)
1819; Silber, Dm: 3,8 cm
Landesmuseum Württemberg, Stuttgart,
Inv. Nr. MK 22568
Klein/Raff 2003, Kat. Nr. 160a

358 Schleier der Königin Katharina
vor 1819; Leinen, Applikationsspitze, 116 x 131 cm
Landesmuseum Württemberg, Stuttgart,
Inv. Nr. 1993-143
Stuttgart 2006, Kat. Nr. 350

359 Handschuhe der Königin Katharina
um 1818; helles Ziegenleder, 21 x 9 cm
Stadtmuseum Stuttgart; Inv. Nr. S 1396
Stuttgart 2006, Kat. Nr. 349

360 Federkiel und Bleistift der Königin Katharina
vor 1819; Gänsefeder, Bleistift, Papier. Gänsefeder L:
18 cm, Bleistift L: 10 cm, gefaltetes Papier: 23,5 x 5 cm
Landesmuseum Württemberg, Stuttgart;
Inv. Nr. 1974-19 a-c
Stuttgart 2006, Kat. Nr. 348

**361 Notizbuch mit Eintrag zu den
Wohlfahrtsanstalten**
1816–1818; Leder, Papier, 9 x 14 cm
Landesarchiv Baden-Württemberg, Hauptstaatsarchiv Stuttgart; Inv. Nr. G 270 Bü 8

362 Zwei Scherenschnitte Katharinas
um 1800; Ahornblatt, 12 x 12 cm
Landesarchiv Baden-Württemberg, Hauptstaatsarchiv Stuttgart; Inv. Nr. G 270 Bü 8

363 Pauline oder Marie von Württemberg
Franz Seraph Stirnbrand (1788–1882)
um 1835; Öl auf Leinwand, 35,8 x 32,4 cm
Landesmuseum Württemberg, Stuttgart;
Inv. Nr. 1955-25

**364 Medaille zur Grundsteinlegung
des Katharinenhospitals**
Peter Bruckmann (1778–1850)
1820; Silber, Dm: 2,5 cm
Landesmuseum Württemberg, Stuttgart;
Inv. Nr. MK 2269
Klein/Raff 2003, Kat. Nr. 177

365 „Katharinenstift" in memoria
15. Januar 1819; Papier, Tinte, 25 x 20 cm
Landesarchiv Baden-Württemberg, Hauptstaatsarchiv Stuttgart; Inv. Nr. F 441 Bü 6 1819

366 Königin Katharina (?) am Genfer See
vor 1819 (?); grüner Lederband in Blind- und
Goldprägung, Tonpapier, 29,5 x 22,5 cm
Landesmuseum Württemberg, Stuttgart;
Inv. Nr. 1969-10

Großfürstin Elena Pawlowna (1807–1873)

Neues und altes Zuhause

401 Großfürstin Elena Pawlowna
Joseph-Désiré Court (1797–1865);
1842; Öl auf Leinwand, 178,5 x 141 cm
Staatliches Russisches Museum, Sankt Petersburg;
Inv. Nr. Ж-4631
Paraskewitsch 2011, S. 293. – Kaljnizkaja 2007, S. 2

**402 Prinzessin Charlotte Friederike
von Württemberg**
Franz Seraph Stirnbrand (1788–1882);
1820; Öl auf Leinwand, 26 x 24,5 cm
Staatliches Museum-Reservat „Pawlowsk",
Sankt Petersburg; Inv. Nr. ЦХ-2105-III
Sankt Petersburg 2010, S. 72, 93f. –
Paraskewitsch 2011, S. 287ff.

403 Großfürst Michail Pawlowitsch
Orest Kiprenski (1782–1836); 1816;
Öl auf Leinwand, 37,7 x 31,9 cm
Staatliches Museum-Reservat „Pawlowsk",
Sankt Petersburg; Inv. Nr. ЦХ-2686-III
Sankt Petersburg 2010, S. 72, 93f. –
Bazhenowa 2011, S. 46ff.

404 Abschiedsbrief der Mutter an ihre Kinder
Paris, 27. Juni 1818
Papier, 20 x 16 cm
Archiv des Hauses Württemberg, Altshausen;
Inv. Nr. Vorsignatur 1: G 276 Bü 6, Vorsignatur 2:
K. 36 F. 2 B.6
Bock 1952, S. 114. – Bazhenowa 2011, S. 37

**405 Ehevertrag zwischen Großfürst Michail von
Russland und Prinzessin Charlotte von Württemberg**
1824;
Gebunden in Samt mit dem großen Siegel
des russischen Zarenhauses und zwei Silberquasten
74 x 43 cm
Archiv des Hauses Württemberg, Altshausen;
Inv. Nr. Vorsignatur 1: G 296 Bü 1,
Vorsignatur 2: K. 38 F 2 B. 1 87

**406 Das Großfürstenpaar
Michail Pawlowitsch und Elena Pawlowna**
Iwan Winberg (1798–1851)
um 1826
Gouache, Aquarell auf Elfenbein, 9,5 x 7,5 cm
Staatliches Russisches Museum, Sankt Petersburg;
Inv. Nr. Ж-439
Kaljnizkaja 2007, S. 8ff. – Paraskewitsch 2011,
S. 288f.

407 Déjeuner des Prinzen Paul
Karl Heinrich Küchelbecker (Bildminiaturen)
(1748–1809), Christoph Heinrich Toberer (Goldmalerei)
(1773–1817)
1813;
Porzellan bemalt und vergoldet, Silber vergoldet
Kaffeekanne H: 24,5 cm; Milchkanne H: 18 cm;
Zuckerdose H: 11 cm; zwei Tassen: H: 7,5 cm;
zwei Untertassen Dm: 13,5 cm; große Bechertasse
H: 9 cm; große Untertassen Dm: 17 cm; Servierplatte
Dm: 36 cm; Zuckerzange L: 19,5 cm
Landesmuseum Württemberg, Stuttgart;
Inv. Nr. WLM 1945/246-253
Stuttgart 1987, S. 695f.

Salon für Kunst und Wissenschaft

409 Michailowski-Palast
Schmidt und Chevalier nach Charlemagne
1853;
Lithografie, 27 x 42,4 cm
Staatliches Russisches Museum, Sankt Petersburg;
Inv. Nr. Гр.-37030

410 Das Paradegästezimmer im Michailowski-Palast
Ernst Karlowitsch Lipgart (1847–1932)
vor 1896;
Öl auf Leinwand, 64,5 x 53,5 cm
Staatliches Russisches Museum, Sankt Petersburg;
Inv. Nr. Ж-2562
Paraskewitsch 2011, S.74ff. – Kaljnizkaja 2007, S. 20

411 Tischchen
um 1780;
Holz, 78,1 x 55,7 x 71,2 cm
Landesmuseum Württemberg Stuttgart; Inv.Nr. 4256

412 Elena Pawlowna im Gespräch mit dem Archäologen Antonio Nibby in Rom
1830er-Jahre;
Grafitstift auf Papier, 21 x 32 cm
Staatliches Historisches Museum, Moskau ;
Inv. Nr. ГИМ 42949 ИІІ-585

413 Reisetagebuch Elena Pawlownas
1839;
Leder, Papier, Tinte, 19 x 12,5 x 2 cm
Staatsarchiv der Russischen Föderation, Moskau;
Inv. Nr. ГА РФ Ф. 647, Оп. 1 Д. 24
Kaljnizkaja 2007, S. 34

414 Quartett bei Matwei Wijelgorski
1840er-Jahre;
Lithografie, 21 x 45 (39 x 50,5) cm
Staatliches Russisches Museum, Sankt Petersburg;
Inv. Nr. Гр.-33327
Kaljnizkaja 2007, S. 43ff. – Bazhenowa 2012, S. 51

415 „Equipáge"
Alexander Brüllow (1799–1877)
1845/1846;
Öl auf Leinwand, 45,5 x 55,5 cm
Staatliches Russisches Museum, Sankt Petersburg;
Inv. Nr. Ж-3318
Sankt Petersburg 2002, S. 85.–Kaljnizkaja 2007, S. 24f.

416 Kostümball im Winterpalast
um 1830;
Öl auf Leinwand, 56,5 x 78,2 cm
Staatliches Russisches Museum, Sankt Petersburg;
Inv. Nr. Ж-3804
Sankt Petersburg 2002, S. 137

417a Chateaubriand und Großfürstin Elena Pawlowna
Louis Dupré (1789–1837) und Sébastien Norblin de la Gourdaine (1796–1884)
1830;
Öl auf Leinwand, 73 x 98 cm
Staatliches Museum-Reservat „Peterhof",
Sankt Petersburg; Inv. Nr. ПДМП 935-ж
Bautier 1952. – Mailand 2001. S. 260f.

417b Fürstlicher Empfang in Rom
Louis Dupré (1789–1837) und Sébastien Norblin de la Gourdaine (1796–1884)
1829;
Öl auf Leinwand, 74 x 99 cm
Staatliches Museum-Reservat „Peterhof",
Sankt Petersburg; Inv. Nr. ПДМП 936-ж

418 Porträt der Großfürstin Elena Pawlowna mit Tochter Maria
Karl Brüllow (1799–1852)
1830;
Öl auf Leinwand, 265 x 185 cm
Staatliches Russisches Museum, Sankt Petersburg;
Inv. Nr. Ж-5082
Sankt Petersburg 2002, S. 91. – Paraskewitsch 2011,
S. 290

419 Möbel aus dem Palast der Großfürstin
nach Entwürfen von Carlo Rossi (1775–1849)
1825;
Birke, vergoldet, 74 x 141 x 87 cm (Tisch),
94 x 50 x 50 cm (Stuhl)
Staatliches Russisches Museum, Sankt Petersburg;
Inv. Nr. Меб.-85, Меб.-81 und Меб.-83
Kaljnizkaja 2007, S. 41

420 Tischschmuck
Kaiserliche Porzellan Manufaktur Sankt Petersburg
Erste Hälfte 19. Jahrhundert;
Porzellan, vergoldet, 24, 2 x 35,7 cm
Staatliches Russisches Museum, Sankt Petersburg;
Inv. Nr. Ф-3764

421 Harfe
Prag 1828;
Holz, Stahl, Vergoldung, 166,5 x 79 cm
Landesmuseum Württemberg, Stuttgart;
Inv. Nr. G 9,26

422 Anton Rubinstein
Ilja Repin (1844–1930)
1887;
Öl auf Leinwand, 110 x 85 cm
Staatliches Russisches Museum, Sankt Petersburg;
Inv. Nr. Ж-4074
Bazhenowa 2012, S. 49ff.

Sozial und barmherzig

424 Die Schlacht bei Inkerman
W. Simpson (1823–1899)
1855;
Lithografie, 38 x 52,5 cm
Museum der heroischen Verteidigung und Befreiung
von Sewastopol; Inv. Nr. 25953##III.2, ro-1065

425 Der Chirurg Nikolai Iwanowitsch Pirogow
1850er Jahre;
Lithografie, 43,8 x 31,8 cm
Staatliches Historisches Museum, Moskau;
Inv.Nr. ГИМ 73708 ИІІІ-25242

426 Barmherzige Schwestern der Gemeinschaft „Zur Kreuzerhöhung"
Wassili Timm (1820–1895) nach einem Foto von S. Lewizki
1855;
kolorierte Lithografic, 36 x 54,5 cm
Staatliches Historisches Museum, Moskau;
Inv.Nr. ГИМ 101847/14-24 ИІІІ-64755

427 Uniform der Barmherzigen Schwestern
Replik, nachgeschneidert von Undine Jahnz
Stuttgart 2013

Politisch engagiert für die Bauernbefreiung

429 Totengedächtnis auf dem Friedhof
Alexej Korsuchin (1835–1894)
1865;
Öl auf Leinwand, 66,5 x 83 cm
Staatliches Russisches Museum, Sankt Petersburg;
Inv. Nr. Ж-1422
Chemnitz 2012, S. 108f.

430 Informationsblatt der Vereinigung „Zemlja i Volja"
19. Februar 1861;
Papier, 35,7 x 23,4 cm
Staatliches Historisches Museum, Moskau;
Inv. Nr. ГИМ 81758/арх. 3154.ОПИ. Ф. 282.Ед. хр. 198

431 Medaille „Für die Verdienste bei der Abschaffung der Leibeigenschaft"
1861;
Silber geprägt, Dm: 2,8 cm
Staatliches Historisches Museum, Moskau
ГИМ 93328 КР ОН 720550 СА-464

432 Zar Alexander II
Iwan Aleksejewitsch Tjurin (1824–1904)
1874;
Öl auf Leinwand, 152 x 114,3 cm (167 x 130 x 9 cm)
Staatliches Museum-Reservat „Zarskoje Selo",
Sankt Petersburg; Inv. Nr. ЕД-569-Х, КП-19643
Moskau 2006, S. 28f. – Bazhenowa 2011, S. 58

Königin Olga
(1822–1892)

Jugendglück und Bildungsehrgeiz

501 Maria Nikolajewna und Olga Nikolajewna
Timoleon Karl von Neff (1804–1876)
1838; Öl auf Leinwand, 133 x 103 cm
Staatliches Russisches Museum, Sankt Petersburg;
Inv. Nr. Ж-2972
Sankt Petersburg 2007, Bd. K-Z, S. 95, Kat. Nr. 261

502 Kaiser Nikolaus I.
George Dawe (1781–1829)
1828; Öl auf Leinwand, 86 x 59 cm
Staatliches Russisches Museum, Sankt Petersburg;
Inv. Nr. Ж-4598
Sankt Petersburg 2002, Bd. A-I, S. 177, Kat. Nr. 530

503 Ansichten von Peterhof: Schloss mit Wasserspielen
19. Jahrhundert; Aquarell, Papier, 30 x 40 cm
Kulturstiftung des Hauses Hessen, Archiv des Hauses
Hessen, Eichenzell; Inv. Nr. AHH Hz 44
Berlin/Eichenzell 1997, S. 93

504 Das Cottage im Park von Peterhof
Iosif Iosifowitsch Charlemagne (1824-1870)
1854; Gouache auf Karton, Durchmesser 14,8 cm
Landesmuseum Württemberg, Stuttgart
Inv. Nr. 2012-74

505 Olga und ihre jüngere Schwester Alexandra verkleiden sich
Postkarte nach der verschollenen Zeichnung von
Pjotr Fjordorwitsch Sokolow (1791–1848)
1984; Papier, 14,8 x 10,5 cm
Staatliches Museum-Reservat „Peterhof",
Sankt Petersburg; Inv. Nr. ПДМП 5302/21-от
Kropiwnizkaja 1989, S. 55

506 Die Residenzen der Zarenfamilie in Sankt Petersburg: Anitschkow-Palast
Aquarell auf Papier; 23,8 x 38,8 cm (Reproduktion)
Kulturstiftung des Hauses Hessen, Archiv des Hauses
Hessen, Eichenzell; Inv. Nr. FAS H
Berlin/Eichenzell 1997, S.90

507 Kindersaal mit Spielhaus im ersten Stock des Winterpalais vor dem Brand 1837
Vor 1837; Aquarell auf Papier, 24,7 x 36,5 cm
Kulturstiftung des Hauses Hessen, Archiv des Hauses
Hessen, Eichenzell; Inv. Nr. AHH, Hz. 49 Alb.-LFW 21
Berlin/Eichenzell 1997, S.96. – Podewils 1955, S. 53

508 Ein Kinderbildnis der Großfürstin Olga
Pjotr Fjodorwitsch Sokolow (1791–1848)
1828; Papier, Aquarell, Bleistift, 26 x 21 cm
Staatsarchiv der Russischen Föderation, Moskau;
Inv. Nr. ГА РФ. Ф.672. Оп.1. Д.476. Л.7
Sankt Petersburg 2006. – Sidorowa, 2008, S. 4–11

509 Ballett „Najade und der Fischer" auf den Seen in Peterhof am Olgatag am 4. Juli 1851
Pjotr Fjordorwitsch Borel (1829–1898) nach einer
Zeichnung von Iiosif Iosowitsch Charlemagne
(1821–1870)
1853; Lithografie, aquarelliert, 30,3 x 44,5, cm
Staatliches Museum-Reservat „Peterhof",
Sankt Petersburg; Inv. Nr. ПДМП 162/68-rp
Korsini M. (a) SPb. 1851, S. 2. – Paschtschinskaja/
Rudokwas 2011, S. 35

510 Offizielle Hofrobe à la russe
Letztes Viertel 19. Jahrhundert; Moiréstoff, Seide,
Samt, Musselin, Goldfaden, Federn, L: 258 cm,
H: 121 cm
Staatliches Kulturhistorisches Museum-Reservat
„Moskauer Kreml", Moskau; Inv. Nr. Тк-3494/1–3

511 Kopfbedeckung „Kokoschnik" aus Korgopol
1. Hälfte 19. Jahrhundert; Posament, Goldfaden,
Seide, Perlen, H:16 cm, B: 19,5 cm, L: 14,0 cm
Staatliches Historisches Museum, Moskau;
Inv. Nr. ГИМ 54786, кр.б.-128

512a „Wengerka"-Uniform des Elisawetgrad-Husarenregiments von Olga Nikolajewna
Mitte 19. Jahrhundert; Tuch, Goldfäden, L: 89,9 cm
Staatliches Historisches Museum, Moskau;
Inv. Nr. ГИМ 68257/1086 T-13

512b Tschako der Husarenuniform
Mitte 19. Jahrhundert; Leder, Seide, Silber,
Cannetille-Technik, H: 24 cm
Historisches Museum, Moskau; Inv. Nr. ГИМ
68257/1082 T-15/1

512c Stiefel der Husarenuniform
Mitte 19. Jahrhundert; Leder, Tuch, Messing,
Holz mit Holzfassung, H: 30,5 cm, L: 25 cm
Staatliches Historisches Museum, Moskau
Inv. Nr. ГИМ 68257/1087 T-17/1/1-3

512d „Taschka"-Tasche der Husarenuniform
Mitte 19. Jahrhundert; Leder, Goldfaden, Goldgarn,
Seide, H: 24 cm
Staatliches Historisches Museum, Moskau
Inv. Nr. ГИМ 68257/1082 T-15/1.

512e Reitgerte von Olga Nikolajewna
Sankt Petersburg, Mitte 19. Jahrhundert; Gold, Silber,
Emaille, Elfenbein; L: 23 cm
Staatliches Historisches Museum, Moskau
Inv. Nr. ГИМ 68257/700 OK 6894/1

513 Großfürstin Olga in der Uniform ihres Husaren-Regiments
Jean Hoch
Originalzeichnung vor 1846, Fotografie, 10 x 6,5 cm
Württembergische Landesbibliothek, Stuttgart

Aussteuern von legendärer Pracht

515 Koffer mit Reise-Kaffee-und Teeservice
Carl Tegelsten, Daniel Frederik Pragst, zahlreiche
Teile mit Firmenstempel von Nicholls & Plincke
Sankt Petersburg, 1839/1840, Silber, H: 16 cm,
B: 46,5 cm, T: 37,7 cm
Kulturstiftung des Hauses Hessen, Museum Schloss
Fasanerie, Eichenzell; Inv. Nr. FAS S 3928-3937
Berlin/Eichenzell 1997, S. 138

516 Zwei Schmuckvasen aus Lapislazuli
wohl Sankt Petersburg, Kaiserliche Steinschneide-
und Schleiffabrik
um 1840; Stein, Gold, Bronze, H: 37,2 cm, Dm: 12,5 cm
Kulturstiftung des Hauses Hessen, Museum Schloss
Berlin/Eichenzell; Inv. Nr. FAS S 3928-3937
Berlin/Eichenzell 1997, S. 220

517 Henkelschale aus Rosenquarz
Kaiserliche Steinschneide- und Schleiffabrik
um 1840; stark schwarzgeaderter Rosenquarz,
H: 20 cm, Dm: 20 cm
Kulturstiftung des Hauses Hessen, Museum Schloss
Berlin/Eichenzell; ohne Inv. Nr.
Berlin/Eichenzell 1997, S. 220

518 Ensemble: Salz und Brot
Salzschale: Carl Tegelsten (1798–1852),
Teller: Johan Frederik Falck (nachweisbar 1838–1845)
Sankt Petersburg, 1838 und 1843, Silber, vergoldet,
Teller Dm: 10 cm, Salzgefäß B: 10 cm
Kulturstiftung des Hauses Hessen, Museum Schloss
Fasanerie, Eichenzell; Inv. Nr. FRDH S 3453 a + b
Berlin/Eichenzell 1997, S. 126

519 Teile des Großen Silberservice
Carl Tegelsten (1798–1852), Johann Fredrik Falck
(nachweisbar 1838–45)
Sankt Petersburg, 1843; Silber; Sauciere B:28,5 cm,
Legumière B: 30 cm, Soßenkelle H: 19 cm, Porte verre
B: 39,1 cm, Kühler H: 27 cm, B: 24,8 cm, Ragout-
schüssel Dm: 25,5 cm
Kulturstiftung des Hauses Hessen, Museum Schloss
Fasanerie, Eichenzell; Inv. Nr. FRDH S 3431, FRDH S
3134, FAS S 68, FRDH S 3130, FRDH S 3968, FRDH S
3913
Berlin/Eichenzell 1997, S. 144, 150.- Berlin 2012,
Katalog, S. 215

520 Der Stolz einer jeden Gastgeberin – der große Tafelaufsatz
Bronzemanufaktur Jean-François Denière und
Fa. Edouard Honoré
Paris um 1840 und 1843, Porzellan; Schalen 1. Ordnung
H: 74 cm, Dm: 45 cm, 2. Ordnung H: 63 cm, Dm: 45 cm,
3. Ordnung H: 55 cm, Dm: 33 cm, 4. Ordnung H: 52 cm,
Dm: 31,3 cm, 5. Ordnung H: 40 cm, Dm: 26,5 cm
Felix Copin (?), Kerzenstöcke Magasin Anglais
(Nicholls & Plincke)
Sankt Petersburg, 1843, Bronze vergoldet, Kandelaber
für 6 Lichter H: 85 cm, B: 28 cm,
Kulturstiftung des Hauses Hessen, Museum Schloss
Fasanerie, Eichenzell; Inv. Nr. F 75 a+b, F 76, F 3035, F
3006 a+b, F 3033 1, F 3033 2, F 71 a + b, FAS F 70 a-d
Berlin/Eichenzell 1997, S. 158f. Berlin 2012, S. 216

521 Dessertservice: Etageren mit zwei oder drei Glastellern, Compotieren mit kleinem oder großem Teller
Carl Tegelsten (1798–1852),
Sankt Petersburg, 1843/44; Glas, Silber,
Eisgefäß H: 29,6 cm, B: 30,7 cm, Champagnerkühler
H: 32,9 cm, B: 34,8 cm, halbkugelige Schale H: 16,1 cm,
Dm: 21,8 cm, Schale auf niedrigem Fuß H: 10,5 cm,
Dm: 24 cm, zweigeschossige Etagere H: 53 cm,
Dm: 23,3 cm, dreigeschossige Etagere H: 68 cm,
Dm: 23,5 cm
Kulturstiftung des Hauses Hessen, Museum Schloss
Fasanerie, Eichenzell; Inv. Nr. FAS Pe 1775 a-d, FAS Pe

1774 a+b, FAS Pe 1776 a-f, FAS Pe 1777 a-f, FAS Pe
1780 a-d, FAS Pe 1779 a-c
Berlin/Eichenzell 1997, S. 162

522 Zwei „Medici"-Vasen
Kaiserliche Porzellanmanufaktur
1843; Porzellan, Kobaltfond, Aufglasurmalerei, Gold,
H: 94,5 cm, Dm: 83,5 cm
Kulturstiftung des Hauses Hessen, Museum Schloss
Berlin/Eichenzell; Inv. Nr. PE 982 b
Berlin/Eichenzell 1997, S. 188

523 Tafelservice mit blauem Fond
Kaiserliche Porzellanmanufaktur Sankt Petersburg
1843; Porzellan, farbige Aufglasurmalerei, Vergol-
dung, runde Platte mit Wärmeglocke H: 20,1 cm,
Dm: 38,7 cm, kleine Deckelschüssel H: 14,3 cm,
Dm: 22,7 cm, Senftröpfchen H: 11, 3 cm, Dm: 11 cm,
Salzfässchen H: 3 cm, B: 9,1 cm, T: 6,6, cm,
Eismuschel H: 3,9 cm, B: 10,6 cm, T: 12 cm,
Deckelschüssel H: 10,6 cm, B: 33,5 cm, T: 21,4 cm
Kulturstiftung des Hauses Hessen, Museum Schloss
Fasanerie, Eichenzell; Inv. Nr. PE 1733, PE 1558, PE
1749, PE 1750, PE 1751, PE 1554
Berlin/Eichenzell 1997, S. 170

524 Schreibtischgarnitur aus Malachit
Steinschneide- und Schleiffabrik in Peterhof
um 1830–1840; Malachit, Bronze, Vergoldung,
Tintenzeug H: 22,5 cm, B: 29,5 cm, T: 13,7 cm,
Briefbeschwerer „Adler" H: 7,5 cm, B: 13,5 cm, T: 7,6 cm,
Briefbeschwerer „Schlitten" H: 5,9 cm, B: 11 cm,
T: 7,6 cm, Thermometer H: 14,5 cm, Dm: 7,7 cm,
Muschelschale, H: 8,2 cm, B: 25,6 cm, T: 17,2 cm,
Bronzekessel H: 26,7 cm, B: 9 cm, T: 9,5 cm,
Sockelschale H: 42 cm, Dm: 40,2 cm
Kulturstiftung des Hauses Hessen, Museum Schloss
Fasanerie, Eichenzell; Inv. Nr. FAS K 431-46, FAS K 57
Berlin/Eichenzell 1997, S. 220

525 Dessertservice en vermeil, Besteck
Johan Fredrik Falck (nachweisbar 1838–45)
Sankt Petersburg, 1843; Silber, vergoldet, Perlmutt,
Leder, H: 17 cm, B: 51 cm, T: 28,5 cm
Kulturstiftung des Hauses Hessen, Museum Schloss
Fasanerie, Eichenzell; Inv. Nr. FRDH S 3922
Berlin/Eichenzell 1997, S. 152

526 Koffer mit der Toilette-Garnitur en vermeil, 34 Teile
Carl Friedrich Schaller (?), Carl Tegelsten (1798–1852),
Dresden um 1750 und um 1830, Augsburg Mitte 18.
Jahrhundert, Sankt Petersburg, 18. Jahrhundert und
1843; Silber, vergoldet, H: 45 cm, B: 99 cm, T: 75 cm
Kulturstiftung des Hauses Hessen, Museum Schloss
Fasanerie, Eichenzell; Inv. Nr. FAS S 229-253
Berlin/Eichenzell 1997, S. 132

Mit kaiserlicher Pracht

528 Glas und Spülnapf
Kaiserliche Glasmanufaktur St. Petersburg
1840–1850; Opalglas, Vergoldung, Glas H: 6,8 cm,
Dm: 7,4 cm, Spülnapf H: 5,5, cm, Dm: 14,1 cm
Staatliches Museum-Reservat „Peterhof",
Sankt Petersburg; Inv. Nr. ПДМП 1249/2-ст, ПДМП
1249/1-ст

529 Fischplatte, ovale Platte mit Haube, runde Platte mit Haube
Heinrich August Lang, Nicholls und Plincke
1840; Silber, B: 63, 2 cm, T: 31 cm
Staatliches Museum-Reservat „Peterhof",
Sankt Petersburg; Inv. Nr. ПДМП 1611-дм

530 Trinkservice mit Gravurmonogramm „ON" für 24 Personen: Römer, Becher erster und zweiter Ordnung, Weinkelche erster bis dritter Ordnung, Sektkelch, Große Karaffe, Karaffe zweiter Ordnung
Kaiserliche Glasmanufaktur Sankt Petersburg
1843; Kristall
Privatbesitz

531 Speiseservice
Kaiserliche Porzellanmanufaktur St. Petersburg
1843; Porzellan, Vergoldung, Deckelterrine mit
Unterteller H: 15 cm, 19,2 cm, Dm: 19,8 cm,
Deckelterrine, H: 27,2 cm, B: 38 cm, Dm: 30,2 cm,
Sauciere H: 14, 6 cm, B: 28, 8 cm, T: 16,6 cm,
Deckelplatte H: 19, 3 cm, Dm: 38,4 cm, Speiseteller
H: 3,5 cm, Dm: 23, 8cm, Suppenteller
Staatliches Museum-Reservat „Peterhof",
Sankt Petersburg; Inv. Nr. ПДМП 8884-ф,
ПДМП 8885/1-ф, ПДМП 8886-ф, ПДМП 8893-ф,
ПДМП 8903-ф, ПДМП 8932-ф

532 Handtuch aus der Aussteuer von Olga Nikolajewna
Sachsen, nach Sankt Petersburger Entwurf
1846; Leinen, H: 134 cm, B: 56 cm
Landesmuseum Württemberg, Stuttgart;
Inv. Nr. 1970-129
Stuttgart 2006, S. 230

533 Prunkvase anlässlich der Hochzeit von Karl und Olga
Christian Friedrich Leins, Firma W. Münch & Cie,
Stuttgart
1846; Silber, H: 84,5 cm, B: 57 cm, T: 40 cm
Staatliche Schlösser und Gärten Baden-Württem-
berg, Inv. Nr. KRG 5122
Stuttgart 2006, S. 169

534 Schale aus Malachit
1840er Jahre; Malachit, Kuschkudin-Jaspis (Sockel
klein), Rhodonit, H: 140 cm, B: 52 cm; T: 52 cm
Staatliche Schlösser und Gärten Baden-Württemberg;
Inv. Nr.: NN 2021

535 Petersburg bei Sonnenuntergang
Alexej Bogoljubov (1824–1896)
1850; Öl auf Leinwand, H: 103 cm, B: 151 cm
Staatliches Russisches Museum, Sankt Petersburg;
Inv. Nr. Ж-2838

536 Großfürstin Olga
Christina Robertson (1794–1856)
1841; Öl auf Leinwand, H: 255 cm, B: 194 cm
Staatliches Museum-Reservat „Peterhof",
Sankt Petersburg, Inv. Nr. ПДМП 1093- ж
Renne 2000, S. 36. – Kat. Las Vegas 1999,
Kat. Nr. 60, S. 62.

537 Ein blinder Bettlerjunge
Jean Bastien Lepage (1848–1882)
1882 ; Öl auf Leinwand
Musée des Beaux-Arts, Tournai

538 Büste der Königin Olga
nach 1864; Marmor
Privatbesitz

539 Schreibschränkchen auf Tisch
Peter (1802–1871) und Ernst Gambs (geb.1805),
Kaiserliche Porzellanmanufaktur Sankt Petersburg
um 1843; Holz, Rosenholzfurnier, Porzellan mit
Aufglasurmalerei, vergoldete Bronze, Samt,
H: 155 cm, B: 69 cm
Kulturstiftung des Hauses Hessen, Museum Schloss
Fasanerie, Eichenzell; Inv. Nr. FAS M 223
Berlin/Eichenzell 1997, S.194

540 Bronze-Statuette von Olga Nikolajewna im Kostüm im gotischen Stil
nach dem Gips von Henri Emile Adrien Trodoux (tätig
in St. Petersburg 1837/56, Pariser Salon 1874/76)
1840er Jahre; Bronze, H: 50,9 cm, B: 25,5 cm, T: 23,5 cm
Staatliches Museum-Reservat „Peterhof",
Sankt Petersburg; Inv. Nr. ПДМП 871-ск

541 Handgenähte Morgenhaube mit Valenciennes-spitzen
2. Hälfte 19. Jahrhundert; Baumwolle, Valenciennes-
spitzen, H: 7 cm, B: 28 cm, T: 21 cm
Stadtmuseum Stuttgart; Inv. Nr. S. 1400

542 Chantilly-Schal der Königin Olga
2. Hälfte 19. Jahrhundert; schwarze Chantilly-Spitze
handgeklöppelt auf Tüll, H: 1,4 m, T: 2,56 m
Stadtmuseum Stuttgart; Inv. Nr. S 1547

543 Strümpfe der Königin Olga
Paris, um 1870/80; Seide, H: 86 cm, B: 12,5 cm
Landesmuseum Württemberg, Stuttgart; Leihgabe
des Schwäbischen Frauenvereins e. V. Inv. Nr. L
1999-102b
Stuttgart 2006, S. 230

544 Torchèren-Leuchter
Kaiserliche Porzellanmanufaktur Sankt Petersburg
1843; Porzellan, vergoldete Bronze, Glas, H: 216 cm,
Dm: 39,5 cm
Kulturstiftung des Hauses Hessen, Museum Schloss
Fasanerie, Eichenzell; Inv. Nr. FAS P(S) 1562 a-b
Berlin/Eichenzell 1997, S. 192

545 Kronprinz Karl und Kronprinzessin Olga von Württemberg
German von Bohn (1812-1899)
1852; Öl auf Leinwand
Privatbesitz
Kat. Stuttgart 2006, S. 170f.

546 Un grand lit…
Auguste Ricard de Montferrand (1786–1858),
Möbelfabrik Gebrüder Gambs, Sankt Petersburg
1843/46; Holz, Vergoldung, H: 169 cm, B: 191 cm,
T: 246 cm
Staatlichen Schlösser und Gärten Baden-Württem-
berg; Inv. Nr. KRG 7298
Berlin/Eichenzell 1997, S.56f. – Stuttgart 2006,
S. 178f.

547 Das Schlafzimmer von Prinz Karl und Prinzessin Olga im Kronprinzenpalais Stuttgart
Franz Heinrich (1802–1890)
Vor 1864; Aquarell, Deckweiß, Bleistift (Reproduktion)
Staatsgalerie Stuttgart

548 Hausschuhe
2. Hälfte 19. Jahrhundert; Wolle, bestickt; Seidenfutter,
Ledersohle, H: 7 cm, B: 5,5 cm, L: 25 cm
Stadtmuseum Stuttgart; Inv. Nr. S 1402

Hilf Dir selbst, dann hilft Dir Gott

550 Betpult zur Schlafzimmerausstattung
Peter und Ernst Gambs, Sankt Petersburg
1843; Holz, geschnitzt und vergoldet, Glasplatte,
Samt, Messingrollen, H: 108 cm, B: 106 cm, T: 76 cm
Kulturstiftung des Hauses Hessen, Museum Schloss
Fasanerie, Eichenzell; Inv. Nr. FAS M 1711 a-b
Berlin/Eichenzell 1997, S. 208

551 Aide toi, Dieu t'aidera, Buch
1836; Samt, Vergoldung, Papier, Tusche, H: 28,5 cm,
B: 21,5 cm, T: 2,5 cm
Privatbesitz

**552 Andachtskapelle aus dem Besitz der
Königin Olga**
2. Hälfte 19. Jahrhundert; Elfenbein, H: 64 cm,
B: 35,5 cm, T: 35,5 cm
Sammlung Würth, Künzelsau

Die Andachtsräume der Königin Olga in Russland und Württemberg

**553 Innenansicht der Hofkirche im Großen
Schloss von Peterhof**
Eduard Iwanowitsch Hau (1807–1887)
Peterhof, Mitte 19. Jahrhundert; Papier, Aquarell,
H: 36,7 cm, B: 27,8 cm
Staatliches Museum-Reservat „Peterhof",
Sankt Petersburg; Inv. Nr. ПДМП 13-ак

**554 Innenansicht der Kapelle in Alexandria,
Peterhof**
Eduard Iwanowitsch Hau (1807–1887)
1840er Jahre; Papier, Aquarell, H: 31,2 cm, B: 24,7 cm
Staatliches Museum-Reservat „Peterhof",
Sankt Petersburg; Inv. Nr. ПДМП 67-ак
Berlin 2012, S. 226f. – Potsdam 1974, S. 14

**555 Die russische Kapelle von Königin Olga
im Neuen Schloss**
Franz Heinrich (1802–1890)
Stuttgart, um 1865; Aquarell und Bleistift
auf Zeichenkarton, H: 32,1 cm, B: 44, 1 cm
Staatsgalerie Stuttgart; Inv. Nr. GVL 179/20
Stuttgart 2009, S. 26

**556 Russische Kapelle im Kronprinzenpalais
Stuttgart**
Caspar Obach (1807–1865)
1864; Papier, Deckweiß, Bleistift, Aquarell,
H: 32,1 cm, T: 44,1 cm
Staatsgalerie Stuttgart; Inv. Nr. GVL 179/20
Stuttgart 2009, S. 25

Eine Heiratsschau voller Mühen

558 Kronprinzessin Olga von Württemberg
Franz Xaver Winterhalter (1805–1873)
1856; Öl auf Leinwand, H: 128,5 cm, B: 91 cm
Landesmuseum Württemberg, Stuttgart;
Inv. Nr. 2006-22
Kat. Stuttgart 2006, S. 165

**559 Ratifikationsurkunde über den Ehevertrag
zwischen dem Kronprinzen Karl und Olga,
Großfürstin von Russland**
1846; Samt, Papier, H: 35 cm, B: 30 cm
Landesarchiv Baden-Württemberg, Hauptstaatsarchiv Stuttgart; Inv. Nr. G 314 U 494

**560 Ansichten von Moskau zur Hochzeit von
Olga Nikolajewna und Karl von Württemberg**
Johann Weiß, Felton Lithografie,
Sankt Petersburg, 1846; kolorierte Lithografie
H: 71,6 cm, B: 93,2 cm
Staatliches Historisches Museum, Moskau;
Inv. Nr. : ГИМ 70156 Л-14954

561 Das Kronprinzenpalais in Stuttgart
Friedrich Keller
1850; Bleistift, Papier; H: 14,4 cm, B: 23,1 cm
Staatsgalerie Stuttgart; Inv. Nr. C 6545

**562 Tafel mit Allianzwappen von Kronprinz Karl v.
Württemberg und Olga Nikolajewna, Großfürstin
von Russland**
um 1846. Öl auf Holz,
H: 37,9 cm, B: 52,8 cm
Landesmuseum Württemberg, Stuttgart;
Inv: Nr. WLM 12 255
Stuttgart 2006, S. 143,229 – Raible 2008, S. 21

Olga wohnt himmlisch

564 Schöner Wohnen „Das Olga-Album"
Staatsgalerie Stuttgart, Inv. Nr. C 1958/GVL 179,58, C
1958/GVL 179,63, C 1958/GVL 179,17, C 1958/GVL
179,3, C 1958/GVL 179,5, C 1958/GVL 179,51a-b
Stuttgart 2009 – Höper 2008, S. 65–67

564a Ballsaal in der großen Villa Berg
Franz Heinrich (1802–1890)
1855; Aquarell, Bleistift, Zeichenkarton; H: 29,2 cm,
B: 39,5 cm
Stuttgart 2009, S. 36

**564b Salon der Königin Olga in der großen
Villa Berg**
Albert Kappis (1836–1914)
1858; Aquarell, Deckfarben, Bleistift, H: 25,3 cm,
B: 36,8 cm
Stuttgart 2009, S. 43

**564c Kabinett des Kronprinzen Karl, Kronprinzen-
palais**
Albert Kappis (1836–1914)
1860; Deckfarbe, Bleistift, H: 24,8 cm, B: 36,1 cm
Stuttgart 2009, S. 28

564d Ankleidezimmer der Kronprinzessin Olga
Neues Schloss/Ecke Planie
Pieter Francis Peters (1818–1903)
1854; Deckfarben, Bleistift, Papier, H: 23,8 cm,
B: 35,5 cm
Stuttgart 2009, S. 24

**564e Kabinett der Kronprinzessin Olga,
Neues Schloss**
Johann Caspar Obach (1807–1865)
1854; Aquarell, Deckfarben, Bleistift, H: 38,1 cm,
B: 28,1 cm
Stuttgart 2009, S. 42

564f Die große Villa Berg mit den Laubgängen
Adolf Iosifowitsch Charlemagne (1826–1901)
1857; Aquarell, Bleistift, Papier, H: 9,9 cm, B: 16 cm
Stuttgart 2009, S. 34

Briefe voller Sehnsucht

566 „Ein chinesisches Dorf"
Olga Nikolajewna Romanowa (1821–1892)
Russland, 1840; Öl auf Leinwand, H: 23 cm, B: 30 cm
Staatliches Museum-Reservat „Zarskoje Selo",
Sankt Petersburg; Inv. Nr. ЕД-187-Х КП-18250

567 Aussicht mit der Cameron-Galerie
Olga Nikolajewna Romanowa (1821–1892)
Russland 1840; Öl auf Leinwand, H: 23 cm, B: 30 cm
Staatliches Museum-Reservat „Zarskoje Selo",
Sankt Petersburg; Inv. Nr. ЕД-188-Х, КП-18249

568 Malkasten der Königin Olga
19. Jahrhundert; Metall, H: 10 cm, B: 27 cm, T: 21 cm
Landesarchiv Baden-Württemberg, Hauptstaatsarchiv Stuttgart; Inv. Nr. G 314 Bü 13

569 Blick auf die Olga-Insel und den Olga-Teich
Leopold Kerpel (1818–1880)
1855; Papier, Aquarell, Bleistift, H: 11 cm, B: 17,8 cm
Staatliches Museum-Reservat „Peterhof",
Sankt Petersburg; Inv. Nr. ПДМП 53/10-ак
Paschtschinskaja/ Rudokwas 2011, S. 31

**670 Mineralien aus der Sammlung der Königin
Olga, (Länge/ (Grundfläche) in mm)**
Malachit, Nischne Tagilsk / Ural, (110 x 73 mm) x
Dicke 23 mm, Inv. Nr. SMNS-MIN12290
Turmalin (Rubellit), Mursinsk / Ural, 11 x (75 x 55 mm),
Inv. Nr. SMNS-MIN13240
Granat, Klinochlor auf Chloritschiefer, Achmatowsk /
Ural, (125 x 110 mm) x Dicke: 75 mm,
Inv. Nr. SMNS-MIN12020
Beryll (Smaragd), Jekaterinburg /
Ural, 48 x (30 x 25 mm), Inv. Nr. SMNS-MIN35547
Korund (Saphir), Ilmengebirge/ Ural, 43 (42 x 35 mm),
Inv. Nr. SMNS-MIN13136
Beryll (Heliodor), Mursinsk / Ural, 58 x (22 x 26 mm),
Inv. Nr. SMNS-MIN12303
Topas, Mursinsk / Ural, 24 x (20 x 17 mm),
Inv. Nr. SMNS-MIN13323
Turmalin (Rubellit), Sarapulka / Ural, 22 x (15 x 11 mm),
Inv. Nr. SMNS-MIN35551
Quarz (mit Zonarbau), Newjansk / Ural,
30 x (20 x 22 mm), Inv. Nr. SMNS-MIN13270
Amethyst Zepter, Mursinsk / Ural, 26 x (10 x 10 mm),
Inv. Nr. SMNS-MIN13150
Malachit mit Azurit, 37 x 30 mm x Dicke: 7 mm,
Inv. Nr. SMNS-MIN35535
Azurit, Altai / Sibirien, 70 x 70 mm x Dicke: 45 mm,
Inv. Nr. SMNS-MIN13259
Beryll (Aquamarin), Adun Tschilon, Nertschinsk /
Sibirien, 75 x (30 x 30 mm), Inv. Nr. SMNS-MIN12305
Beryll (Aquamarin), Adun Tschilon, Nertschinsk /
Sibirien, 28 x (22 x 27 mm), Inv. Nr. SMNS-MIN35550

Topas, Nertschinsk/Sibirien, 52 x (18 x 25 mm),
Inv. Nr. SMNS-MIN35548
Beryll (Aquamarin), Adun Tschilon, Nertschinsk/
Sibirien, 42 x (10 x 9 mm), Inv. Nr. SMNS-MIN35549
Staatliches Museum für Naturkunde, Stuttgart

**571 Taschentuch mit dem Monogramm der
Königin Olga**
Seidenbatist, Spitzen, H: 58 cm, B: 58 cm
Stadtmuseum Stuttgart; Inv. Nr. S 1549

572 Brief Olgas an die Schwägerin Marie
26. April/8. Mai 1853; Papier, Tinte,
H:26 cm, B: 20,3 cm
Landesarchiv Baden-Württemberg, Hauptstaatsarchiv Stuttgart; Inv. Nr. G 314 Bü 11

573 „Buch der Engel"
begonnen von Olga Nikolajewna 1846
1846; Papier, Samt, H: 24,5 cm, B: 16,5 cm, T: 4,5 cm
Privatbesitz

Kinderlosigkeit trübte Olgas Glück

575 Königin Olga von Württemberg
Franz Xaver Winterhalter (1805–1873)
Stuttgart, 1865, Öl auf Leinwand, H: 242 cm, B: 149 cm
Staatliche Schlösser und Gärten Baden-Württemberg;
Inv. Nr. KRG 5115
Stuttgart 2006, S. 167

576 Staatsporträt König Karl von Württemberg
Richard Lauchert (1823–1869)
Stuttgart, 1867, Öl auf Leinwand, H: 249 cm, B:155 cm
Staatliche Schlösser und Gärten Baden-Württemberg;
Inv. Nr. KRGT 5114
Stuttgart 2006, S. 43

577 Kaiser Wilhelm I.
Joseph Kopf (1827–1903)
1886, Bronze, H:75 cm, B: 60 cm, T: 40 cm
Staatsgalerie Stuttgart; Inv. Nr. P 39

578 Ansicht von Bad Ems
George Barnard (seit 1832, nachgewiesen 1891)
um 1845, Lithografie, H: 53 cm, B: 36
Museum Bad Ems

**579 Ankunft Alexanders II.
auf dem Bahnhof von Bad Ems**
H. Juncker
1871; Papier, H: 27 cm, B: 37 cm
Museum Bad Ems

**580 Gästebuch des Hotels „Vier Türme" mit Eintrag
des Zaren und des württembergischen Königspaares**
1876
Museum Bad Ems

581 „All Romanoffs is condemned to die!"
13. Mai 1879, Papier, H: 17,5 cm, B: 23,5 cm
Landesarchiv Baden-Württemberg, Hauptstaatsarchiv Stuttgart; Inv. Nr. E 55 Bü 637

582 Reisediadem mit 33 unechten Perlen
2. Hälfte 19. Jahrhundert, Samt, Seidenband,
unechte Perlen, H: 3 cm, B: 19 cm, T: 14,5 cm
Stadtmuseum Stuttgart; Inv. Nr. S 1403

**583 Erinnerungsalbum der Hofdame Eveline von
Massenbach**
zwischen 1846–1860, Papier, H: 24 cm, B: 32 cm
Landesmuseum Württemberg, Stuttgart;
Inv. Nr. 2012-74

„So herzig mit den Kleinen"

**585 Olga-Album: Galerie im Erdgeschoss in
Schloss Friedrichshafen mit den Geschenken zur
Silbernen Hochzeit**
Franz Heinrich (1802–1890)
1871; Aquarell, Bleistift, H:24,8 cm, B: 37, 2 cm
Staatsgalerie Stuttgart; Inv. Nr. C 1958/GVL 179,72
Höper 2009, S. 40

**586 Besuch von Alexander II. und Maria Fjodorow-
na in Friedrichshafen zum 25-jährigen Ehejubiläum
von Olga und Karl**
Stuttgart, 1871, Papier, H: 37,1, B: 28,1 cm
Staatliche Schlösser und Gärten Baden-Württemberg;
Inv. Nr. NN 452
Menger 2008, S. 112

**587 Stiftung eines Bauplatzes durch die Stadt
Stuttgart für den Neubau einer Olgakrippe**
1871, Samt, Pergament, H: 1,5 cm, B: 24,5 cm, T: 36 cm
Landesarchiv Baden-Württemberg, Hauptstaatsarchiv
Stuttgart; Inv. Nr. G 314 U 495

**588 Medaille anlässlich der Silberhochzeit
des Königspaares Karl und Olga**
1871, Gold, Dm 4,95 cm
Landesmuseum Württemberg Stuttgart; Inv. Nr. MK
MA 4074
Stuttgart 2006, S. 146

**589 Denkschrift zur Feier des fünfzigjährigen
Bestehens der Nikolauspflege für blinde Kinder**
15. Oktober 1906, H: 20 cm, B: 18 cm
Landesarchiv Baden-Württemberg, Hauptstaatsarchiv
Stuttgart; Inv. Nr. E 14 Bü 1339

590 Lehrplan des Olga-Stiftes
1894; Papier, H: 36,6, cm, B: 53 cm
Landesarchiv Baden-Württemberg, Staatsarchiv
Ludwigsburg; Inv. Nr. F 441 Bü 338

**591 Stundenpläne der Schülerinnen des Olga-
Stiftes**
1889–1892, Leder, Papier, Tinte, H: 14,2 cm, B: 13,1 cm
Landesarchiv Baden-Württemberg, Staatsarchiv
Ludwigsburg; Inv. Nr. F 441 Bü 344

592 English-Lesson im Olga-Stift
Letztes Viertel 19. Jahrhundert, Papier, Tinte,
H:33,7 cm, B: 21,6 cm
Landesarchiv Baden-Württemberg, Staatsarchiv
Ludwigsburg; Inv. Nr. F 441 Bü 338

**593 Telegramm von Olga aus Nizza: Nach einer
Explosion im Chemieunterricht ist Olga um ihre
Schule besorgt.**
6.4.1887, Papier, Bleistift, H: 13,2 cm, B: 18,8 cm
Landesarchiv Baden-Württemberg, Staatsarchiv
Ludwigsburg; Inv. Nr. F 441 Bü 15

Medaillen und Orden des Königspaares

**594a Karl-Olga-Medaille für Verdienste um das
Rote Kreuz**
ab 1889, Silber, Bronze, Textil, Email, H: 9,3 cm,
B: 3,7 cm, Dm: 2,8 cm
Landesmuseum Württemberg Stuttgart;
Inv. Nr. AM 2289-1 und AM 2189-2
Stuttgart 2006, S. 149, Nr. 206

**594b Karl-Olga-Medaille für Werke der
Nächstenliebe**
ab 1889, Silber, H: 3,6 cm, B: 2,8 cm, T: 0,5 cm,
Dm: 2,8 cm
Landesmuseum Württemberg Stuttgart;
Inv. Nr. MK 2260 und MK MA 4084
Stuttgart 2006, S. 149, Nr. 207.

594c Olga-Orden
1871, Metall, Textil, H: 7,5 cm, B: 15,5,cm
Landesmuseum Württemberg Stuttgart;
Inv. Nr. WLM 1936-73
Klein/Raff 2010, Nr. O 34

**595 Goldener Armreif, Patengeschenk der
Königin Olga**
Hoflieferant Ernst Menner
zwischen 1877 und 1892, Gold, Perlen, Dm: 8 cm
Privatbesitz
Stuttgart 2006b, S. 35

596 Porträt Königin Olga von Württemberg
Karl Bucher (1821–1918)
1885, Öl auf Leinwand, H: 107,5 cm, B: 84 cm
Staatsgalerie Stuttgart; Inv. Nr. 1513
Stuttgart 2006, S. 166

Herzogin Wera
(1854–1912)

Die letzte dynastische Verbindung

**601 Brief der Großfürstin Wera Konstantinowna
an ihren Vater**
Stuttgart, 18. Mai 1865; Papier, Tinte, 22 x 14,5 cm
Staatsarchiv der Russischen Föderation, Moskau;
Inv. Nr. ГА РФ. Ф.722. Оп.1. Д.740. ЛЛ.14-17

602 Bitte um den Ehesegen
Stuttgart, 12. Januar 1874; Papier, Tinte, 18 x 11,3 cm
Staatsarchiv der Russischen Föderation, Moskau;
Inv. Nr. ГА РФ. Ф.722. Оп.1. Д.740. Лл.60-61

**603 Brief des Herzogs Eugen von Württemberg
an den Großfürsten Konstantin Nikolajewich
mit der Bitte um die „Hand Ihrer Tochter"**
Stuttgart, 12. Januar 1874; Papier, Tinte, 28 x 22 cm
Staatsarchiv der Russischen Föderation, Moskau;
Inv. Nr. ГА РФ. Ф.722. Оп.1. Д.745. Лл.2,2a

**604 Programm der Vermählung der Großfürstin
Wera Konstantinowna mit Herzog Eugen von
Württemberg**
Stuttgart, 8. Mai 1874; Papierdruck, 32 x 20,5 cm
Staatsarchiv der Russischen Föderation, Moskau;
Inv. Nr. ГА РФ. Ф.660. Оп.2. Д.959. Л.1-5

605 Trauungskronen von Wera und Eugen
Russland; 19. Jahrhundert; Silber vergoldet,
Porzellan, roter Samt; H: 25 cm, Dm: 20–25 cm
Staatliche Schlösser und Gärten Baden-Württemberg;
Inv. Nr. KRG 8171, KRG 8172
Ludwigsburg 1991, S. 68f.

606 Ratifikationsurkunde über den Ehevertrag
Sankt Petersburg; 23. April 1874; Leder, Pergament,
Vergoldung, 42 x 32 cm
Landesarchiv Baden-Württemberg, Hauptstaatsarchiv
Stuttgart; Inv. Nr. G 314 U 500

Weras russische Familie

608 Weras Onkel Kaiser Alexander II.
Sankt Petersburg, nach 1855; Fotografie, 17 x 11 cm
Landesarchiv Baden-Württemberg, Hauptstaatsarchiv
Stuttgart; Inv. Nr. GU 99 Bü 148

**609 Weras Vater Großfürst Konstantin
Nikolajewitsch**
Sankt Petersburg, 1870er Jahre; Fotografie, 13,5 x 10 cm
Privatbesitz

610 Weras Mutter Alexandra Iosifowna
Sankt Petersburg, 1870er Jahre; kolorierte Fotografie,
16 x 10 cm
Privatbesitz

611 Wera mit ihrer Mutter und den Geschwistern
Warschau, 1863; Fotografie, 5,5 x 4,7 cm
Landesarchiv Baden-Württemberg, Hauptstaatsarchiv
Stuttgart; Inv. Nr. GU 99 Bü 202
Stuttgart 2012, S. 18

612 Wera im Faschingskostüm
um 1865; Fotografie; 13 x 9 cm
Landesarchiv Baden-Württemberg, Hauptstaatsarchiv
Stuttgart; Inv. Nr. GU 99 Nr. 1148
Stuttgart 2012, S. 23

**613 Großfürstin Wera Konstantinowna mit ihrem
Vater**
Friedrichshafen, 1860er Jahre; Fotografie, 9 x 6 cm
Staatsarchiv der Russischen Föderation, Moskau;
Inv. Nr. ГА РФ. Ф.722. Оп.1. Д.900. Л.12

614 Familienbild ohne Wera
Sankt Petersburg, 1867; Fotografie, 9 x 5,5 cm
Staatsarchiv der Russischen Föderation, Moskau;
Inv. Nr. ГА РФ. Ф.722. Оп.1. Д.901. Л.5
Pawlowsk 2000, S. 18

**615 Alexandra Iosifowna mit Töchtern Olga und
Wera**
Sankt Petersburg, um 1870; Fotografie, 17 x 11,4 cm
Privatbesitz

**616 Alexandra Iosifowna mit dem Zaren-Orden der
Heiligen Katharina**
Sankt Petersburg, um 1870; kolorierte Fotografie,
19,5 x 10 cm
Privatbesitz

**617a Wera und ihre Brüder, die
Großfürsten Konstantin, Dimitri und Wjatscheslaw**
Sankt Petersburg, 1878; Fotografie, 16 x 11,7 cm
Landesarchiv Baden-Württemberg, Hauptstaatsarchiv
Stuttgart; Inv. Nr. GU 99 Bü 146
Stuttgart 2012, S. 19

**617b Wera und ihre Brüder, die
Großfürsten Konstantin, Dimitri und Wjatscheslaw
auf der Leiter**
Sankt Petersburg, 1878; Fotografie, 16 x 11,7 cm
Landesarchiv Baden-Württemberg, Hauptstaatsarchiv
Stuttgart; Inv. Nr. GU 99 Nr. 517

618 Bruder Konstantin mit seiner Familie
Pawlowsk, 1905; Fotografie, 9 x 13 cm
Landesarchiv Baden-Württemberg, Hauptstaatsarchiv
Stuttgart; Inv. Nr. GU 99 Bü 62
Pawlowsk 2000, S. 52

Stuttgart, das neue Zuhause

620 Die achtjährige Wera
1863; Fotografie, 8 x 5,5 cm
Landesarchiv Baden-Württemberg, Hauptstaatsarchiv
Stuttgart; Inv. Nr. GU 118 Bü 8

621 Eveline von Massenbach
Stuttgart, nach 1870; Fotografie, 10,5 x 6,5 cm
Württembergische Landesbibliothek, Stuttgart
Massenbach 1987
Stuttgart 2012, S. 22

622 Tante und Nichte
Stuttgart, 1864; Fotografie, 9 x 5,5 cm
Staatsarchiv der Russischen Föderation, Moskau;
Inv. Nr. ГА РФ. Ф.722. Оп.1. Д.1107. Л.2

623 Karl und Olga mit Adoptivtochter Wera
Stuttgart, 1871; 16,7 x 11 cm
Landesarchiv Baden-Württemberg, Hauptstaatsarchiv
Stuttgart; ohne Inv. Nr.
Stuttgart 2006, S. 24

**624 Wera in Uniform des Ulanenregiments Nr. 19
König Karl**
Stuttgart, um 1888; Fotografie, 16,8 x 11 cm
Landesarchiv Baden-Württemberg, Hauptstaatsarchiv
Stuttgart; Inv. Nr. M 703 R 816 N1

Eugen, Egi, Elsa und Olga

**626 Wera Konstantinowna von Russland:
das ganze Leben noch vor sich**
um 1874; Fotografie, 17 x 11 cm
Privatbesitz

627 Herzog Eugen von Württemberg in Uniform
Stuttgart, um 1874; Fotografie, 17 x 11 cm
Landesarchiv Baden-Württemberg, Hauptstaatsarchiv
Stuttgart; Inv. Nr. GU 99 Bü 148

628 Das Paar Wera und Eugen
Stuttgart, um 1875; Fotografie, 17 x 11 cm
Landesarchiv Baden-Württemberg, Hauptstaatsarchiv
Stuttgart; Inv. Nr. GU 99 Bü 148
Stuttgart 2012, S. 28

629 Wera mit ihrem Sohn Eugen
Stuttgart, 1875; Fotografie, 17 x 11 cm
Landesarchiv Baden-Württemberg, Hauptstaatsarchiv
Stuttgart; Inv. Nr. GU 99 Bü 148
Stuttgart 2012, S. 33

**630 Wera mit ihrem Sohn und der Hofdame
Clothilde von Roeder**
Stuttgart, 1875; Fotografie, 17 x 11 cm
Landesarchiv Baden-Württemberg, Hauptstaatsarchiv
Stuttgart; Inv. Nr. GU 99 Bü 486

631 Königspaar als Opapa und Omama
Stuttgart, 1879; Fotografie, 16,7 x 11 cm
Landesarchiv Baden-Württemberg, Hauptstaatsarchiv
Stuttgart; Inv. Nr. GU 99 Bü 148
Stuttgart 2012, S. 41

632 Elsa und Olga
Stuttgart, 1870er Jahre, Fotografie, 13,2 x 10,2 cm
Privatbesitz

633 Wera mit Schwiegermutter Mathilde
Stuttgart, um 1880; Fotografie, 16 x 10,8 cm
Staatliches Museum-Reservat „Zarskoje Selo", Sankt
Petersburg; Inv. Nr. ЕД-503-XVII КП-30584

634 Wera mit ihren Töchtern Elsa und Olga
Stuttgart, um 1880; Fotografie, 17 x 11 cm
Landesarchiv Baden-Württemberg, Hauptstaatsarchiv
Stuttgart; Inv. Nr. GU 99 Bü 146
Stuttgart 2012, S. 34

635 Mutter und Töchter
um 1888; Fotografie, 17 x 11 cm
Landesarchiv Baden-Württemberg, Hauptstaatsarchiv
Stuttgart; Inv. Nr. GU 99 Bü 146

636 Olga – Elsa – Olga
Ludwigsburg, 1891; Fotografie, 17 x 11 cm
Landesarchiv Baden-Württemberg, Hauptstaatsarchiv
Stuttgart; Inv. Nr. GU 99 Bü 956

**637 Wera von Württemberg mit ihren Töchtern
Elsa und Olga**
Stuttgart, um 1892; Fotografie, 17 x 11 cm
Landesarchiv Baden-Württemberg, Hauptstaatsarchiv
Stuttgart; Inv. Nr. GU 99 Bü 486

**638 Wera von Württemberg mit Töchtern und
Enkeln**
um 1901, kolorierte Fotografie, 24,5 x 17,5 cm
Staatsarchiv der Russischen Föderation, Moskau;
Inv. Nr. ГА РФ. Ф.722. Оп.1. Д.901. Л.4

639 Wera mit der Familie im Wilhelmspalais
Stuttgart, um 1908; Fotografie
Privatbesitz

640 Portrait von Elsa und Olga
Alexander von Liezen-Mayer (1839–1898)
um 1884; Öl auf Leinwand; 65 x 55 cm
Privatbesitz

641 Königin Olga und die Kinder in der Kutsche
Justus Hermann Fleischhauer (1816–1885)
1862; Öl auf Leinwand, 68 x 92 cm
Privatbesitz; Inv. Nr. L 2013-82

In privater Angelegenheit

643 In einem Boot mit Familie und Freunden
Berlin, um 1895; Fotografie, 13,2 x 21,2 cm
Landesarchiv Baden-Württemberg, Hauptstaatsarchiv
Stuttgart; Inv. Nr. GU 99 Bü 486

644 Wunderrad
um 1890; Fotografie, 16,8 x 15,5 cm
Landesarchiv Baden-Württemberg, Hauptstaatsarchiv
Stuttgart; Inv. Nr. GU 99 Bü 486

645 Wera mit Freunden
um 1890; Fotografie, 11 x 17 cm
Landesarchiv Baden-Württemberg, Hauptstaatsarchiv
Stuttgart; Inv. Nr. GU 99 Bü 155
Stuttgart 2012, S. 41

646 Herzogin Wera beim Kostümfest
Stuttgart, 1896; Fotografie, 20,6 x 9,8 cm
Landesarchiv Baden-Württemberg, Hauptstaatsarchiv
Stuttgart; Inv. Nr. GU 99 Bü 486
Stuttgart 2012, S. 40

647 Hobby: Fotografie
Friedrichshafen, um 1900;
Privatbesitz

648 „Die Wied'sche Familie"
Wera von Württemberg (1854–1912)
Friedrichshafen, 1900er Jahre, Fotografie
Privatbesitz

649 Herzogin Wera in St. Moritz mit Töchtern und Enkeln
1907; Fotografie
Privatbesitz

650 Eine der letzten Aufnahmen von der Herzogin Wera von Württemberg
Marienbad, 1911; Fotografie
Privatbesitz

651a Arbeitszimmer der Herzogin Wera von Württemberg in der Akademie
Heinrich Friedrich Halmhuber (1852–1908)
1877; Aquarell, Bleistift auf Papier, 27,8 x 38,6 cm
Staatsgalerie Stuttgart; Inv. Nr. C 1937/22

651b Ankleidezimmer der Herogin Wera mit der Wiege des Herzogs Carl Eugen in der Akademie
1875; Aquarell, Bleistift auf Papier, 24,3 x 35,4 cm
Staatsgalerie Stuttgart; Inv. Nr. C 1958/GVL 179,35

651c Kabinett der Herzogin Wera in der Kleinen Villa Berg
Carl von Kurtz (1817–1887)
1883; Aquarell, Bleistift auf Papier, 27 x 36,8 cm
Staatsgalerie Stuttgart; Inv. Nr. C 1958/GVL 179,68

651d Salon der Herzogin Wera in der Akademie
Robert Stieler (1847–1809)
1888; Aquarell, Bleistift auf Papier, 27,7 x 39,1 cm
Staatsgalerie Stuttgart; Inv. Nr. C 1958/GVL 179,40

651e Studierzimmer der Großfürstin Wera im Neuen Schloss
Carl von Kurtz (1817–1887)
1869; Aquarell, Bleistift auf Papier, 22,3 x 32,7 cm
Staatsgalerie Stuttgart; Inv. Nr. C 1958/GVL 179,21

651f Schlafzimmer der Herzogin Wera in der Kleinen Villa Berg
Carl von Kurtz (1817–1887)
1887; Aquarell, Bleistift auf Papier, 27,3 x 32,4 cm
Staatsgalerie Stuttgart; Inv. Nr. C 1958/GVL 179,67

652 Möbel der Herzogin Wera
Stuttgart, um 1875; Fichte, Ahorn, Mahagoni
Landesmuseum Württemberg, Stuttgart; Inv. Nr.
1982-183, 1982-169, 1982-173, 1982-171, 1982-170

653 Schlacht von Villiers-Champigny
Otto von Faber du Faur (1828–1901)
um 1876; Öl auf Leinwand, 212 x 412 cm
Staatsgalerie Stuttgart; Inv. Nr. 786

654a Falkenjäger vom Iwan dem Schrecklichen
Eugene Lanceray (1848–1886)
1872; Bronze, 49 x 39 x 18,5 cm
Russisches Museum, Sankt Petersburg;
Inv. Nr. Ск-508
Sudbury 2009, S. 104–106

654b Kirgise mit dem Steinadler
Eugene Lanceray (1848–1886)
1876; Bronze, 55 x 45 x 24 cm
Russisches Museum, Sankt Petersburg;
Inv. Nr. Ск-1091
Sudbury 2009, S. 125, 133

655a Nähservice der Herzogin Wera von Württemberg
Anfang 20. Jahrhundert; Achat, Spiegel, Leder, Metall
Landesmuseum Württemberg, Stuttgart;
Inv. Nr. 2008-141
München 2008, Los Nr. 1218

655b Elfenbein-Leuchter aus dem Besitz der Königin Olga
Ende 19. Jahrhundert; H: 19 cm, Dm: 10 cm
Landesmuseum Württemberg, Stuttgart;
Inv. Nr. 2008-137 a+b
München 2008, Los Nr. 1169

656a Miniatur der Königin Olga
Ende 19. Jahrhundert; Öl auf Blech, 17,5 x 15 cm
Privatbesitz

656b Schatulle
Ende 19. Jahrhundert; Elfenbein, 3,5 x 9,5 x 3,5 cm
Privatbesitz

656c Lorgnon der Königin Olga
Vor 1892; Schildpatt, Glas, 12 x 2,5 cm
Privatbesitz

657 Bildnis der Königin Olga
Franz Xaver Winterhalter (1805–1873)
um 1860; Öl auf Leinwand, 79 x 67 x 7 cm
Privatbesitz

658 Weras Briefe an Tante Olga
1875–1892; Papier, Tinte
Landesarchiv Baden-Württemberg, Hauptstaatsarchiv
Stuttgart; Inv. Nr. G 326 Bü 6

659 Die Nachtwache, Gebetbuch aus dem Besitz der Herzogin Wera, in russischer und deutscher Sprache
1892; Papier
Orthodoxe Gemeinde russischer Tradition Heiliger
Fürst Alexander Nevskij, Stuttgart

660 Begräbnis-Ritus, Gebetbuch aus dem Besitz der Herzogin Wera, in russischer und deutscher Sprache
1898; Papier
Orthodoxe Gemeinde russischer Tradition Heiliger
Fürst Alexander Nevskij, Stuttgart

Zu Gunsten der Ärmsten der Armen

662 Fünf Rechnungen aus dem Weraheim
1908–1910; Farbdruck, Tinte
Weraheim, Haus für Mutter und Kind, Stuttgart

663 Fotografien aus dem Weraheim
Stuttgart; 1912;
Weraheim, Haus für Mutter und Kind, Stuttgart

664 Zwicker der Herzogin Wera
Ende 19. Jahrhundert; Eisen, Neusilber, Glas,
3,5 x 9,5 cm
Landesmuseum Württemberg, Stuttgart;
Inv. Nr. 2008-138
München 2008, Los Nr. 1196

665 Schreibset der Herzogin Wera
um 1880; Leder, Seide, 3,4 x 29,5 cm
Landesmuseum Württemberg, Stuttgart;
Inv. Nr. 2008-140_2
München 2008, Los Nr. 1217

666 Bildnis der Herzogin Wera
H. Abel
um 1900; Öl auf Leinwand, 153 x 119 cm
Weraheim, Haus für Mutter und Kind, Stuttgart

Bei der Krönung der Zaren

668 Huldigung an den Zaren, aus dem Krönungsalbum Kaisers Nikolaus II.
Wiktor Wasnezow (1848–1926)
Sankt Petersburg; 1899; Farbdruck, 93 x 33 cm
Privatbesitz

669 Krönungsalbum des Kaisers Alexander III.
Sankt Petersburg, 1883; Leder, Vergoldung,
Farbdruck, 3,5 x 53,5 x 67,5 cm
Privatbesitz

670 Krönungsalbum des Kaisers Nikolaus II.
Sankt Peterburg, 1899; Leder, Papier, Farbdruck,
10 x 34 x 45 cm
Privatbesitz
Darmstadt 2009, S. 55

671 Prunkfächer aus dem Besitz der Herzogin Wera von Württemberg
München, um 1880; Perlmutt, Vergoldung, Leder,
35 x 4 cm
Landesmuseum Württemberg, Stuttgart;
Inv. Nr. 2008-139
München 2008, Los Nr. 1197

672 Fächer aus dem Besitz der Herzogin Olga von Württemberg
um 1890; Elfenbein, Textil, 25,5 x 3,5 cm
Privatbesitz

673 Weras Rauchset
um 1880; Elfenbein, Silber, Samt, Seide,
22,5 x 10,5 cm und 5 x 3 cm
Landesmuseum Württemberg, Stuttgart;
Inv. Nr. 2008-140_1-2
München 2008, Los Nr. 1217

674 Siegel der Herzogin Wera
19. Jahrhundert; Gusseisen, Vergoldung, Edelstein,
L: 6,2 cm, Dm: 2 cm
Privatbesitz

675 Souvenirbecher vom Chodynkafeld
1896; emailliertes Blech, H: 10,4 cm, Dm: 9,4 cm
Landesmuseum Württemberg, Stuttgart;
Inv. Nr. 26096
Darmstadt 2009, S. 58

Anmerkungen

Die Europäisierung Russlands: Bündnisse, Diplomatie, Kriege – die Heiratspolitik der Romanows im 18. und 19. Jahrhundert

1 Schlözer 1802, S. V.
2 Das einzige Werk, das die russisch-deutschen dynastischen Beziehungen des 18. und 19. Jahrhunderts zusammenfassend darstellt, müsste aufgrund zahlreicher neuer Forschungen längst abgelöst werden: Lindemann 1935.

Das Krönungszeremoniell – Höhepunkt der Theatralität in der russischen Kultur

1 Jewreinow 1908, deutsch zitiert nach: Kalisch 2002, S. 143.
2 Jewreinow 1911, deutsch zitiert nach: Kalisch 2002, S. 146.
3 Vgl. Monaco 2009; Amsterdam 2009.
4 Oleg Tarasow hat den Mechanismus derartiger Bedeutungstransformationen am Beispiel der Bilderpolitik im Umfeld der Krönung von Alexander III. beschrieben, vgl. Tarasow 2007, S. 249 ff.
5 Zit. nach Zenkovsky 1968, S. 35.
6 Vgl. Kämpfer/Frötschner 2002.
7 Vgl. z. B. Tarasenko 2009.
8 Nitsche 1997, S. 31f.
9 Vgl. von Reiche 2000.
10 Vgl. Kämpfer 1978, S. 183–198, Abb. 106–118.
11 Vgl. dazu Wortman 1995/2000.
12 Mironowa 2004, S. 266.
13 Vgl. z. B. die Beschreibung des Krönungsalbums von Elisabeth Petrowna in: Wortman 1995, S. 89–106.
14 Vgl. Amelechina 1997, Nr. 2, S. 24–30.
15 Vgl. Markina 2012, S. 156–165.
16 Podewils 1955, S. 17 Vgl. auch Swinjin 1827.

Die Aussteuer Ihrer Kaiserlichen Hoheit der Großfürstin Olga Nikolajewna

1 Russisches Staatliches Historisches Archiv, St. Petersburg, weiter: RGIA. Über die Vorbereitung der Mitgift für Ihre Kaiserliche Hoheit die Großfürstin Olga Nikolajewna, unterschiedliche Silberobjekte und Toilette, RGIA 468.9.1840.610.
2 Ebd.
3 Ebd.
4 Ebd.
5 RGIA 468.9. 613.1840.
6 Ebd.

7 Zahlschein an Anna Wagina, erstellt am 24. Mai 1846: Für das Nähen von 48 Kissenbezügen sind 1,5 Silberrubel pro Bezug und Besticken dieser mit Krone, Chiffre und dem Jahr sind pro Bezug 60 Kopeken, zusammen 100,80 Silberrubel zu zahlen. Über die Ausgaben der Mitgift Ihrer Kaiserlichen Hoheit der Großfürstin Olga Nikolajewna. RGIA 468.9.1850.637.
8 RGIA 468.9.1840.611.
9 Ebd.
10 RGIA 468.9.1840.615.
11 Magazin de Bronzes et Dorures, 15, rue Vivienne, Deniere, Fournisseur du Roi, Manufacture, 9 rue d'Orléans au Marais, A Paris. Ebd.
12 Die Entwürfe des Aufsatzes schienen Eindruck gemacht zu haben, denn Volkonskij bestellt gleichzeitig noch einen Aufsatz des gleichen Modells, nur mit einem anderen Muster, Service Rocaille, für den Thronfolger. Kostenpunkt: 47.180 Silberrubel. Ebd.
13 Ebd.
14 Das ist ein Schätzwert, da in den Akten die Gesamtanzahl der Kisten beider Aufsätze – für Olga Nikolajewna und den Thronfolger Alexander Nikolajewich – verzeichnet ist: 32 Stück. Ebd.
15 Ebd.
16 RGIA 468.9.1840.610.
17 Ebd.
18 Ebd.
19 Berlin/Eichenzell 1997/1998.
20 RGIA 468.9.1840.615.
21 Ebd.
22 1842 wurde Fürst Gagarin von seinem ehemaligen Untergebenen erschossen. Der Innenminister Lev Alekseewich Perovskij, sein Bruder Graf Wasilij Alekseewich Perovskij, Staatsrat und Mitglied des Kaiserlichen Kabinetts Fürst Gruznskij und die Staatsdame Julia Baranowa waren nun die federführenden Personen aller weiteren Vorbereitungen.
23 Dieses Service ist in der Inventarliste auf Russisch als Fayanceservice beschrieben, in ihrer Übersetzung ins Französische wird es als „Service de table en porcelaine à filet d'or" angeführt. RGIA 468.9.1846.624 und Landesarchiv HSTAS 314 Bü 3.
24 RGIA 468.9.1846.625.
25 RGIA 468.9.1846.631.
26 RGIA 468.9.1850.635.
27 Landesarchiv HSTAS 314 Bü 3.
28 RGIA 468.9.1846.625.
29 Ebd.
30 RGIA 468.9.1846.627.
31 RGIA 468.9.1846.628.
32 RGIA 468.9.1846.629.

33 Ebd.
34 RGIA 468.9.1846.630.
35 300 000 Silberrubel war z. B. die Summe, die für den Unterhalt des Thronfolgers oder der Kaisermutter im Jahr zur Verfügung stand; Simin 2011.
36 Fürst Gruzinskij in seinem Rapport an Lev Perovskij am 17.9.1846, RGIA 468.1846.629.
37 Rapport des Fürsten Gruzinskij am 30. 9. 1846. Ebd.
38 Schreiben des Fürsten Gruzinskij an Lev Alekseewich Perovskij am 4.10.1846, RGIA 468.1846.625.
39 Ebd.
40 Ebd.
41 Ebd.
42 Jena 2009, S. 140.
43 RGIA 468.1846.625.
44 Ebd.

Die Erziehung am Zarenhof

1 GARF (Staatsarchiv der Russischen Föderation), F. 728, Op. 1, D. 290a (Bd. 728, Verz. 1, Taf. 290a).
2 Šumigorskij 1892, Bd.1, S. 25–27.
3 GARF, F. 728, Op. 1, D. 722, T. I–IX; F. 666, Op. 1, D. 1–49.
4 Podewils 1955.
5 Baženova 2011, S. 35–39.

Heiratspolitik zwischen Liebe und Staatsraison

1 Grauer 1956, S. 257, Martenson 1970, S. 4, Maurer 1989a, S. 201f.
2 Bock 1952, S. 4ff., Maurer 1989a, S. 202ff., Scharf 1995, S. 294f., Martin 2004, S. 42ff., Stellner 2012, S. 293ff.
3 Haug-Moritz 1999, S. 337ff.
4 Maurer 1989a, S. 203, Scharf 1995, S. 294f., Stellner 2012, S. 295f.
5 Oelrichs 1776, passim.
6 Röder 2004, passim.
7 Landesarchiv HSTAS G 232 Bü 16 Brief Friedrich Eugens an Katharina II. vom 25.11.1785, Haug-Moritz 1999, S. 338: Die finanzielle Lage der Familie war „leidlich", sodass Friedrich Eugen 1785 gezwungen war, die russische Schwiegermutter um Unterstützung zu bitten.
8 Landesarchiv HSTAS E 71 Verz. 29 Cart. 54/Prov. Nr. C 807, Maurer 1989a, S. 203f., Sauer 1984, S. 415ff.

9 Lindemann 1935, S. 56f,. S. 76ff., Maurer 1989a, S. 205, Martin 2004, S. 155ff.
10 Elias 1985b, S. 310.
11 Mästle 1951, S. 14, Martenson 1970, S. 9.
12 Schumann 1999, S. 75–89.
13 Sauer 1997, S. 88ff.
14 Elias 1985b, S. 311, Sauer 1997, S. 131, Schumann 1999, S. 89.
15 Sauer 2008, S. 229, Römer 2012, S. 443f.
16 Lindemann 1935, S. 89, Bock 1952, S. 116.
17 Stoyanoff-Odoy 1991, S. 12ff.
18 Maurer 1989a, S. 213f., Stoyanoff-Odoy 1991, S. 56ff.
19 Gönner 1985, S. 330, Sauer 1999, S. 11ff., Stuttgart 2006, S. 142ff.
20 Sauer 1999, S. 62 ff. Großfürstin Elena Pawlowna hätte 1840 Olga gern mit ihrem Bruder Friedrich verheiratet, für sie war er nach wie vor der königliche Thronfolger, da Karl für die Regierungsgeschäfte nicht taugte. Podewils 1955, S. 151f.
21 Sauer 1999, S. 58–62.
22 Jugendmemoiren Ihrer Majestät der Königin Olga, 2 Bde. Landesarchiv HSTAS G 314 Bü 9–10. Podewils 1955, S. 141, Paschtschinski/Rudokwas 2011, S. 15 ff.
23 Sauer 1999, S. 65ff., Martenson 1970, S. 9.
24 Giordano 1846, passim; Landesarchiv HSTAS G 314 Bü 2; Sauer 1999, S. 72 ff.; Raible 2008, S. 20ff.
25 Neue Illustrierte Zeitschrift. Illustriertes Volksblatt, Nr. 41 Fest-Nummer 1846, zit. nach Raible 2008, S. 23.
26 Menger 2008, S. 110ff., Sauer 1999, S. 99ff., S. 203ff., Maurer 1989a, S. 215ff.
27 Krusemarck 1932, Martenson 1970, S. 29–51, Mästle 1951, S. 157–177, Maurer 1989a, S. 216.
28 Maurer 1989b, S. 447.
29 Martenson 1970, S. 64 und S. 46ff., Maurer 1989b, S. 460ff, Maurer 1989a, S. 216ff.
30 Gönner 1985, S. 332ff., Menger 2008, S. 112–115.
31 Sauer 1999, S. 209ff.
32 Landesarchiv HSTAS G 326 Bü 1, Genehmigung des Vertrags durch König Karl E 55 Bü 18, vgl. Sauer 2004, S. 44f.
33 Sauer 2004, S. 45ff., Stuttgart 2012, S. 29f., Sauer 1999, S. 125.
34 Pelizaeus 2000, S. 168–179.
35 von Aretin 1986, S. 141–160.
36 Pelizaeus 2000, S. 240–250.
37 Pelizaeus 2000, S. 263–267.
38 Pelizaeus 2000, S. 272–281.
39 Stellner 2012, S. 302f.

Die russische Gesandtschaft in Stuttgart – württembergische Diplomaten in Sankt Petersburg

1 Landesarchiv HSTAS A 119 Bü 1. Schon 1709 war Herzog Maximilian Emanuel von Württemberg-Winnental, der auf schwedischer Seite an der Schlacht von Poltawa teilgenommen hatte, in russische Gefangenschaft geraten. Von Zar Peter I. wegen einer Erkrankung entlassen, starb er auf der Heimreise in Dubno bei Lemberg (Merten 1997).
2 Repertorium 1965, 348–370, 483; vgl. Bock u.a. 2006, S. 399–404.
3 Landesarchiv HStAS E 14 Bü 844 und E 50/11 Bü

74. Am 22. Juli 1812 nahm John Quincy Adams, der Botschafter der Vereinigten Staaten von Amerika in Sankt Petersburg und spätere US-Präsident, den Großteil der württembergischen Gesandtschaftsakten in Verwahrung „bis zur Wiederherstellung der diplomatischen Verhältnisse mit Russland".
4 Martenson 1970, S. 26f.
5 Landesarchiv HStAS E 72 (Einführung in den Bestand).
6 Das Annuaire diplomatique de l'Empire de Russie nennt für die Jahre 1863 bis 1871 fünf verschiedene Anschriften der Gesandtschaft. Martenson 1970, S. 23.
7 Landesarchiv HStAS E 72 Bü 48.
8 Landesarchiv HStAS E 50/61 Bü 132.
9 Landesarchiv HStAS E 130 b Bü 2374.
10 Vgl. Schuhladen-Krämer 2000, S. 9f.
11 Landesarchiv HStAS E 72 Bü 48. Vgl. Baumeister 1970, S. 22f.
12 Ebd.; Mästle 1951, S. 47–68; Baumeister 1970, S. 10f.
13 Vierhaus 1960, S. 58f.
14 Martenson 1970, S. 20–28.
15 Landesarchiv HStAS P 10 Bü 1161, 1481; vgl. Vierhaus 1960, S. 57–62.
16 Vgl. Landesarchiv HStAS E 14 843 und 844.
17 Gebhardt 2011, S. 148f. Vgl. Wikipedia-Artikel „Franz Leppich".
18 Brandes 1993, S. 91–104; Beer/Dahlmann 1999, S. 155.
19 Bismarck 1915, S. 245; Hartmann 1994, S. 288f.
20 Wege 2007, Bd. 2, S. 181f. Handzeichnung einer Pinie mit Kakteen und Autograph der Natalie von Benckendorff, 1821.
21 Landesarchiv HStAS E 50/61 Bü 274 und 287. Klassizistisches Kleinod – Das Benckendorff-Mausoleum. In: Denkmalstiftung Baden-Württemberg 1/2001, 1–3.
22 Nach mehr als vierwöchiger, teils abenteuerlicher Reise notierte der württembergische Gesandte Friedrich Graf von Pückler-Limpurg am 18. Februar 1797 am Rande seines ersten in Sankt Petersburg für Herzog Friedrich Eugen erstellten Berichts: „Ich bin von der Reise noch so sehr echauffirt, daß ich kaum die Feder halten kann" (Landesarchiv HStAS A 16 a Bü 789).
23 Landesarchiv HStAS E 72 Bü 194.
24 Landesarchiv HStAS E 72 Bü 230.

Heikle Navigation. Württemberg und Russland – mal Verbündete, mal Kriegsgegner

1 Zitat nach Pfister 1897, S. 371.
2 Zur Schlacht bei Leipzig aus württembergischer Sicht und zur „Affäre" Normann vgl. bes. Starklof 1867, S. 161–174; Pfister 1897, S. 364–378; Seeger 1937, S. 112–115. Zur Schlacht bei Leipzig allgemein Nafziger 1996; Smith 2001.
3 Zum Kriegsgeschehen von 1813 vgl. Chandler 1967, S. 863–941.
4 Kurzbiografie Normanns: Schneider 1887; Läpple 2009, Bd. 1, S. 443f.
5 Schloßberger 1891.
6 Biografie Friedrichs: Sauer 1984.
7 Zur Außenpolitik Württembergs um 1800 vgl. bes. Press 1987; Sauer 1987.
8 Maurer 1989a, Dieterich 1994.

9 Zur Geschichte Württembergs um 1800 vgl. bes. Hölzle 1931; Stuttgart 1987; Sauer 1987.
10 Zur Militärgeschichte Württembergs um 1800: Pfaff 1842, S. 85–136; Stadlinger 1856, S. 462–515; Kraft 1953; Harder 1987, S. 48–62.
11 Zum württembergischen Heer um 1800 vgl. Cordes 1987.
12 Bad Schussenried 2003.
13 Schloßberger 1888b
14 Schloßberger 1988/2.
15 Gerhardt 1937; Kraft 1953, S. 192–254.
16 Merkle 1889; Rehm 1968; Maurer 1989a; Hohenheim 1993; Elias 1994a; Jena 2003; Thomsen 2006.
17 Zur Außenpolitik König Wilhelms I. vgl. Mästle 1951; Drexler 1927; Rieg 1954; Grauer 1956; Elias 1985; Burg 1989; Mann 1992; Elias 1994b; Sauer 1997.

Briefe voller Sehnsucht

1 Olga berichtet in ihren Jugenderinnerungen (Podewils 1955, hier S. 159f.) von ihrer ersten Begegnung mit der künftigen Schwägerin im Jahr 1840: „Ich entsinne mich genau und es ist mir unvergesslich, wie [...] Marie Darmstadt mich umarmte und als Schwester begrüßte, die sie mir blieb bis zum Tode. [...]. Vom ersten Tag an war nichts als Neigung und Vertrauen zwischen uns".
2 Im Herbst 1848 besuchte sie dann ihre Familie in Russland.
3 Brief vom 10./22. Jan. 1848, Landesarchiv HSTAS G 314 Bü 11.
4 Vgl. z.B. Brief vom 21. Sept./3. Okt. 1853, ebd.
5 1824 war den Kindern z. B. von ihrem Vater Zar Nikolaus bei Peterhof eine Insel geschenkt worden, auf der ein kleines Haus errichtet wurde, Podewils 1955, S. 26.
6 Brief vom 1./13. März 1848, ebd.
7 Brief vom 28. Feb./12. März 1847, ebd.
8 Die Schwester Maria Nikolaewna, verh. Herzogin von Leuchtenberg, die sich zu Besuch in Cannstatt aufhielt.
9 Brief im 5./17. Juni 1853, ebd.
10 Brief vom 26. Sept./8. Okt. 1853, ebd.
11 Brief vom 17./29. Aug. 1853, ebd. Elisabeth war allerdings die zweite Tochter von Herzog Max Josef in Bayern.

„Souvenir" – ein Erinnerungsalbum der Baronin Eveline von Massenbach

1 Das Tagebuch kam 1972 aus dem Nachlass der Baronin in den Besitz des Hauses Württemberg und wurde in dessen Familienarchiv verwahrt, wo es bei Ordnungs- und Verzeichnisarbeiten 1985 wieder ans Licht kam; vgl. Uhland 1987.
2 Je zwei auf Blatt 13 und 17; insgesamt handelt es sich um 37 Aquarelle, zwei Gouachen, drei Bleistiftzeichnungen sowie jeweils eine Lithographie und Fotografie. Album: 24 x 32,5 x 4 cm; je Blatt: 23,2 x 30,8 cm; die Darstellungen mit unterschiedlichen Maßen. Stuttgart Landesmuseum Württemberg, Inv. Nr. 2012-74, Provenienz: Erasmushaus – Haus der Bücher AG, Basel; erworben 2012.
3 Uhland 1987, S. 14.
4 Vgl. Uhland 1987, S. 41f., während der Kur in Ems: „Unser alter Maler Peters war gekommen, Ansichten

zu malen; wir ergötzten uns an russischen Damen, welche sich und ihre Kinder vom ,Landschaftsmaler der Großfürstin Olga' porträtieren lassen wollten." Peters besuchte die Gesellschaft u.a. auch 1857 in Wildbad (Blatt 32), 1859 in Interlaken (Blatt 40) sowie 1860 in Shanklin (Blatt 42; Abb. 5).

5 Peters (Blätter 7–8, 15, 36–38, 40, 42) sowie die Fotografie nach einem Aquarell von ihm (Blatt 32); Albert Kappis (Blatt 28), Johann Caspar Obach (Blatt 10), Karl Buchner (Blatt 14), Iosif Iosifovic Charlemagne (Blatt 13a–b). Bei D. Jantzen (Blatt 29) handelt es sich wohl um den in Riga in den 1830er und 1840er Jahren tätigen Porträt- und Landschaftsmaler David Jantzen; von Joseph Wassermann (Blatt 11) sind bisher keine Daten bekannt. Fünf Darstellungen konnten bisher noch keinem Zeichner zugewiesen werden (Blätter 12, 25, 31, 35, 39).

6 Blätter 3, 5–6, 9, 18–19, 24; 17a zeigt eine verwandte Ansicht. Olga-Album je Blatt circa 32,5 x 43,5 cm; Staatsgalerie Stuttgart, Graphische Sammlung, Inv.Nr. C 1958/ GVL 179,1–87 (Leihgabe der Freunde der Staatsgalerie Stuttgart); Provenienz: Königliche Familie von Württemberg; Kunsthandlung Greiner Stuttgart; erworben 1958. Vgl. Stuttgart 2009; Höper 2008, S. 65–67; „Olga-Album", in: online-Katalog www.staatsgalerie.de.

7 Steudle 2008, S. 35, 40 Anm. 12, 41 Anm. 14.

8 Uhland 1987, S. .

9 Während dieses Aufenthaltes schenkte „Pcesse Olga Dolgorouky née Boulgakoff de Moscou au 1854. à Petersbourg" Olga die beiden Hunde Don und Smeika, wie der Aufschrift auf dem Albumblatt (Blatt 29) mit deren Porträts zu entnehmen ist.

10 Uhland 1987, S. 110.

11 Uhland 1987, S. 134.

12 Uhland 1987, S. 91.

13 Uhland 1987, S. 139.

Russisch-württembergische Beziehungen in Bildung und Forschung

1 Basarow 1859, S. 31.

Die Gärten der Romanows und der Württemberger

1 München 2001, S. 285f.

2 Schumigorski 1892, S. 318.

3 Ananieva 2001.

4 Staatliches Museum-Reservat „Pawlowsk", Inv. Nr. Tsch-996; München 2001, S. 233.

5 Oberkirch 1869, Bd. 1, S. 39.

6 Oberkirch 1869, Bd. 1, S. 39, 41.

7 Sokolow 2001.

8 Heideloff 1795.

9 Semewski 1877, S. 254.

Die Schiller-Begeisterung in Russland

1 Schicharjow 1955, S. 46.

2 Poltoracki Dimitrij (1761–1818), der Sohn von Mark Poltoracki, Staatsrat und Direktor der Hofkapelle, wurde in der Hohen Carlsschule in Stuttgart (1780–1783) erzogen, danach reiste er durch Deutschland, die Schweiz, Spanien und England. Während der Reise lernte er die europäische Agrarkultur kennen und stiftete nach seiner Rückkehr nach Russland einen landwirtschaftlichen Musterbetrieb auf seinem Landgut Awtschurino. Seine agrarische Tätigkeit weckte große Diskussionen in der russischen Gesellschaft, die sich auch in der Literatur widerspiegelte: in der Komödie „Der Laden der Mode" (1807) und in der Fabel „Der Gärtner und Philosoph" (1811) des Schriftstellers Ivan Krylov. Dimitrij Poltoracki war mit dem ersten russischen Schillerübersetzer Nikolaj Karamzin eng befreundet.

3 Nikolaj Karamzin (1766–1826), russischer Journalist, Schriftsteller, Dichter und Hofhistoriker, der Begründer des russischen Sentimentalismus, der Autor der „Geschichte des Russischen Staates". Als Herausgeber und Autor der Zeitschrift „Moskovskij Jurnal" veröffentlichte er die ersten Übersetzungen von Schillers Werken.

4 Der „Freundschaftliche Literaturkreis" wurde in dem Moskauer Pensionat für die Kinder des Adels an der Moskauer Universität gegründet. Zum Kern des Kreises gehörten sowohl die Söhne des Direktors der Moskauer Universität: der Dichter und Übersetzer I. P.Turgenev-Andrej (1781–1803), der zukünftige Historiker und Staatsmann Alexander Turgenev (1784–1846), als auch die Schüler des Pensionats: der Dichter und Philologe Alexej F. Merzljakov (1778–1830) und Andrej S. Kajsarov (1782–1813), der Dichter, Kritiker, Übersetzer und der zukünftige Professor der Moskauer Universität.

5 Nikolaj I. Sandunov (1768–1832), russischer Jurist und Schriftsteller, Professor der Moskauer Universität.

6 Belinski 1953, S. 556.

7 Alexander I. Herzen (1812–1870), russischer Schriftsteller, Philosoph, Herausgeber der revolutionären Zeitschrift „Kolokol" („Die Glocke"). Als Motto für seine Zeitschrift, die in London erschien, nahm er das Motto von Schillers „Das Lied von der Glocke": „Vivos voco, mortuos plango, fulgura frango".

8 Vissarion G. Belinskij (1811–1848), russischer Denker, Schriftsteller, Philosoph, Publizist. In den 1830er und 1840er Jahren war er der führende literarische Kritiker der realistischen Richtung.

9 Wassili Shukowski (1773–1858), Dichter, Dramatiker und Schriftsteller, Vertreter der frühen russischen Romantik. Seine Übersetzungen der Werke von Schiller (darunter mehr als 20 Gedichte, das Drama „Jungfrau von Orleans" und die Erzählung „Der Verbrecher aus verlorener Ehre") gelten bis heute als mit die besten.

10 Zitiert nach Sorin 1995/1996, S. 20.

11 Derzhawin Gawriil (1743–1816), Dichter des späten russischen Klassizismus, in dessen Werken auch die Leistungen der europäischen Empfindsamkeit assimiliert wurden. In einigen Gedichten von 1805 bis 1810 verwandte er Themen und Motive aus Schillers Dichtung. Seine Versuche zeigen aber, „wie wenig Schiller dem größten Dichter" der klassizistischen Richtung „als Vorbild der Form bedeutete" (Harder 1969, S.121).

12 Michail Lermontov (1814–1841), russischer Dichter, dessen dramatische und dichterische Werke von Schillers Dichtung, die er in Deutsch gelesen hat, stark geprägt wurden. Lermontov übersetzte einige Gedichte und Balladen von Schiller, die ein klares Beispiel der romantischen Schiller-Interpretation in Russland sind.

13 Vjatscheslav Ivanov (1866–1949), russischer Dichter, Philosoph, Dramatiker und Kritiker; einer der Ideengeber der „Silbernen Zeit" der russischen Dichtung (1890–1920), für den Schiller nicht nur der Mystiker, sondern auch einer der größten christlichen Lyriker war. Die „Goldene Zeit" hingegen ist das erste Drittel des 19. Jahrhunderts (bzw. Puschkins Zeit).

14 Gorki 1919, S. 7.

Literatur

Allmendinger 1989 ▶ Ernst Allmendinger: Katharinenfeld, ein deutsches Dorf im Kaukasus (1818–1941). Neustadt 1989.

Ameljochina 1997 ▶ Swetlana Ameljochina: Koronazija imperatrizy Jekateriny II. In: Pinakoteka 2 (1997), S. 24–30.

Amsterdam 2009 ▶ At the Russian Court. Palace and Protocol in the 19th Century. Ausstellung der Hermitage Amsterdam. Amsterdam 2009.

Ananieva 2001 ▶ Anna Ananieva: Erinnerung und Imagination. In: München 2001, S. 226–278.

Andrejew/Feofanow 2011 ▶ A. Ju. Andrejew/A. M. Feofanow (Hg.): Inostrannyje professora rossijskich uniwersitetow (wtoraja polowina XVIII– perwaja tret XIX wekow). Biografitscheski slowar. Moskau 2011.

Annuaire diplomatique 1861 ff. ▶ Annuaire diplomatique de l'Empire de Russie, Bd. 1–11. Sankt Petersburg 1861–1871.

Anziferow 2003 ▶ Nikolai P. Anziferow: Die Seele Petersburgs. München 2003.

Appuhn 1975 ▶ Horst Appuhn: Das Bildnis des Freiherrn vom Stein. Köln 1975.

Bad Schussenried 2003 ▶ Alte Klöster – neue Herren. Die Säkularisation im deutschen Südwesten 1803. Ausstellung des Württembergisches Landesmuseums, Stuttgart, 2 Bde. Ostfildern 2003.

Basarow 1859 ▶ Ioann Ioanowitsch Basarow: Erinnerungen des Erzpriesters Bazarow. Stuttgart 1859 ‹www.rok-stuttgart.de/v3/de/menu-ohne/197-erinnerungen-des-erzpriesters.html?start=30› (30.06.2013).

Bashenowa 2011 ▶ Olga K. Bashenowa: Welikaja knjaginja Jelena Pawlowna: formirowanije charaktera. In: Welikaja knjaginja Jelena Pawlowna. Sankt Petersburg 2011, S. 30–69.

Bashenowa 2012 ▶ Olga K. Bashenowa: Mit allerhöchstem Segen. Großfürstin Jelena Pawlowna und Anton Rubinstein gründen 1862 das erste Konservatorium Russlands. In: Musiker und Mäzene, hg. von der Gartow-Stiftung. Hamburg 2012, S. 49–53.

Baumeister 1970 ▶ Wolfgang Baumeister: Rußland nach dem Wiener Kongreß im Urteil diplomatischer Vertretungen in St. Petersburg 1815–1825. Eine vergleichende Untersuchung unter besonderer Berücksichtigung der württembergischen Berichterstattung. Dissertation Tübingen 1970.

Bautier 1952 ▶ Pierre Bautier: L'illustration d'une page célèbre de Chateaubriand. In: Gazette des beaux-arts 39 (1952), S. 185–192.

Beer/Dahlmann 1999 ▶ Mathias Beer/Dittmar Dahlmann (Hg.): Migration nach Ost- und Südosteuropa vom 18. bis zum Beginn des 19. Jahrhunderts. Ursachen–Formen–Verlauf–Ergebnis. Stuttgart 1999.

Belanina/Mudrov 1992 ▶ V. A. Belanina/I. V. Mudrov: Pavlovsk. In: Imperial Palaces in the Vicinity of St. Petersburg. Watercolours, Paintings and Engravings from the XVIIIth and XIXth Centuries. Paris 1992.

Belinski 1953 ▶ Wissarion Belinski: Polnoje sobranije sotschineni. Moskau 1953.

Beljakow/Michajlowitsch 2011 ▶ N. A. Beljakow/W. A. Michajlowitsch: Krestowosdwishenskaja obschtschina. In: Welikaja knjaginja Jelena Pawlowna. Sankt Petersburg 2011, S. 122–141.

Berger 2004 ▶ Joachim Berger: Die Medienfürstin. Höfische Repräsentation im „bürgerlichen" Jahrhundert. In: Weimar 2004, 2. Teil (CD), S. 125–143.

Berlin 1994 ▶ Von Sanssouci nach Europa. Geschenke Friedrichs des Großen an europäische Höfe. Ausstellung der Stiftung Schlösser und Gärten Potsdam-Sanssouci. Berlin 1994.

Berlin 2003 ▶ Die öffentliche Tafel. Tafelzeremoniell in Europa 1300–1900. Ausstellung des Deutschen Historischen Museums, Berlin. Wolfratshausen 2003.

Berlin 2012 ▶ Russen und Deutsche. 1000 Jahre Kunst, Geschichte und Kultur. Ausstellung des Neuen Museums Berlin. Berlin 2012.

Berlin/Eichenzell 1997 ▶ Die Mitgift einer Zarentochter. Meisterwerke russischer Kunst des Historismus aus dem Besitz der Hessischen Hausstiftung Museum Schloß Fasanerie. Ausstellung der Staatlichen Museen zu Berlin, Kunstgewerbemuseum, und des Museums Schloß Fasanerie. Hessische Hausstiftung, Eichenzell bei Fulda. Eurasburg 1997.

Beyer-Thoma 2000 ▶ Hermann Beyer-Thoma: Bayern, Franken, Schwaben und Osteuropa im 18. Jahrhundert. In: ders. (Hg.): Bayern und Osteuropa. Aus der Geschichte der Beziehungen Bayerns, Frankens und Schwabens mit Rußland, der Ukraine und Weißrußland. Wiesbaden 2000, S. 179–220.

Bismarck 1915 ▶ Otto Fürst von Bismarck: Gedanken und Erinnerungen, Bd. 1. Stuttgart 1915.

Bock 1952 ▶ Gundhild Bock: Das Haus Württemberg in Russland. Dissertation Marburg 1952.

Bock u. a. 2006 ▶ Klaus-Dieter Bock u. a. (Bearb.): Württembergische Gesandtenberichte und Gesandtschaftsakten 1619–1806. Inventar der Bestände A 16 a und A 74 a-m im Hauptstaatsarchiv Stuttgart. Stuttgart 2006.

Bonn/Berlin 2004 ▶ Der Kreml. Gottesruhm und Zarenpracht. Ausstellung der Kunst- und Ausstellungshalle der Bundesrepublik Deutschland, Bonn, und des Martin-Gropius-Baus, Berlin. München 2004.

Brandes 1993 ▶ Detlef Brandes: Von den Zaren. Die deutschen Kolonisten und die Balkansiedler in Neurussland und Bessarabien 1751–1914. München 1993.

Bredichina 2008 ▶ Irina Bredichina: Pridwornyje ekipashi. Zarskoseljskoje sobranije. Sankt Petersburg 2008.

Buckler 2005 ▶ Julie Buckler: Mapping St. Petersburg. Imperial Text and Cityshape. Princeton 2005.

Burg 1989 ▶ Peter Burg: Die deutsche Trias in Idee und Wirklichkeit. Vom Alten Reich zum Deutschen Zollverein. Stuttgart 1989.

Chandler 1967 ▶ David Chandler: The Campaigns of Napoleon. London 1967.

Chemnitz 2012 ▶ Die Peredwischniki. Maler des russischen Realismus. Ausstellung der Kunstsammlungen Chemnitz. Chemnitz 2012.

Chodasewitsch 2010 ▶ G. D. Chodasewitsch: Ermitash. Sankt Petersburg 2010.

Cordes 1987 ▶ Günter Cordes: Das württembergische Heerwesen zur Zeit Napoleons. In: Stuttgart 1987, Bd. 2, S. 275–296.

Darmstadt 2009 ▶ Russland 1900. Kunst und Kultur im Reich des letzten Zaren. Ausstellung des Instituts Mathildenhöhe Darmstadt. Darmstadt 2009.

Deloche/Mornand 2011 ▶ Bernard Deloche/Jean-Yves Mornand: L'ébénisterie provinciale en France au XVIIIe siècle et Abraham Nicolas Couleru. Dijon 2011.

Dieterich 1994 ▶ Susanne Dieterich: Württemberg und Rußland. Geschichte einer Beziehung. Leinfelden-Echterdingen 1994.

Dieterich 2008 ▶ Susanne Dieterich: Großfürstliche und königliche Wohltätigkeit. In: Röder/Raible 2008, S. 121–125.

Drexler 1927 ▶ Alfons Drexler: Die Demütigung Württembergs durch die Großmächte. Dissertation Wien 1927.

Ducamp 1995 ▸ Emmanuel Ducamp: The Winter Palace. Saint Petersburg. Sankt Petersburg 1995.

Eckardt 1979 ▸ Götz Eckardt (Hg.): Ein Potsdamer Maler in Rom. Briefe des Batoni-Schülers Johann Gottlieb Puhlmann aus den Jahren 1774–1787. Berlin 1979.

Eichenzell u. a. 2004 ▸ Interieurs der Biedermeierzeit. Zimmeraquarelle aus fürstlichen Schlössern im Besitz des Hauses Hessen. Ausstellung des Museums Schloss Fasanerie, Eichenzell u. a. Petersberg 2004.

Elias 1985a ▸ Otto-Heinrich Elias: „Der alte Eisenkopf". König Wilhelm I. und sein außenpolitisches Konzept. In: Beiträge zur Landeskunde 6 (1985), S. 1–8.

Elias 1985b ▸ Otto-Heinrich Elias: König Wilhelm I. (1816–1864). In: Uhland 1985, S. 306–327.

Elias 1994a ▸ Otto-Heinrich Elias: Bemerkungen zur Biographie Königin Katharinas von Württemberg. In: Wolfgang Schmierer (Hg.): Aus südwestdeutscher Geschichte. Festschrift Hans-Martin Maurer. Stuttgart u. a. 1994, S. 595–615.

Elias 1994b ▸ Otto-Heinrich Elias: Die Außenpolitik König Wilhelms I. von Württemberg. In: Hans-Martin Maurer (Hg.): Württemberg um 1840. Beiträge zum 150jährigen Bestehen des Württembergischen Geschichts- und Altertumsvereins. Stuttgart 1994, S. 41–55.

Fajbisowitsch 2006 ▸ Viktor Fajbisowitsch: Alexander I., Kaiser von ganz Rußland – Leben und Wirken. In: Stuttgart 2006a, S. 4–15.

Fiess 1979 ▸ Christian Fiess (Hg.): Heimatbuch Sarata 1822–1940. Mühlacker 1979.

Fischer 2008 ▸ Fritz Fischer: Unser Bild von der Königin Olga. In: Röder/Raible 2008, S. 78–81.

Fleischhauer 1977 ▸ Werner Fleischhauer: Kunstkammer und Kronjuwelen. Stuttgart 1977.

Franke 1993 ▸ Martin Franke: Johann Friedrich August Tischbein. Leben und Werk. Egelsbach 1993.

Frankfurt/Berlin 1997 ▸ Zwischen Himmel und Erde. Moskauer Ikonen- und Buchmalerei des 14.–16. Jahrhunderts. Ausstellung der Schirn Kunsthalle, Frankfurt, und des Martin-Gropius-Baus, Berlin. Ostfildern-Ruit 1997.

Fritz 2008 ▸ Eberhard Fritz: Von der Kronprinzessin Olga zur Königin – Leben am württembergischen Hof nach dem Regierungsantritt. In: Röder/Raible 2008, S. 68–77.

Gebhardt 2011 ▸ Werner Gebhardt: Die Schüler der Hohen Karlsschule. Ein biographisches Lexikon. Stuttgart 2011.

Gerhardt 1937 ▸ Oskar Gerhardt: Die Württemberger in Rußland 1812. Ihr Leidensweg und tragisches Ende. Auf Grund von Aufzeichnungen württembergischer Feldzugsteilnehmer und sonstiger Quellen geschildert. Stuttgart 1937.

Gestrich 1991 ▸ Andreas Gestrich: Pietistische Russlandwanderung im 19. Jahrhundert. Die Walddorfer Harmonie. In: Andreas Gestrich/Harald Kleinschmidt/Holger Sonnabend (Hg.): Historische Wanderungsbewegungen. Migration in Antike, Mittelalter und Neuzeit. Münster/Hamburg 1991, S. 109–125.

Giordano 1846 ▸ Baron Andrea Giordano: Pétersbourg, pendant l'été de l'année 1846 ou description des magnifiques fêtes célébrées à Péterhoff à l'occasion de l'auguste mariage de son Altesse Impériale Madame la Grand-Duchesse Olga Nicolaïevna avec Mgr le Prince-Royal de Wurtemberg. Sankt Petersburg 1846.

Gohl 2007 ▸ Ulrich Gohl: Die Villa Berg und ihr Park. Stuttgart 2007.

Golowina 2000 ▸ Warwara Nikolajewna Golowina: Memuary grafini Golowinoi. Moskau 2000.

Gönner 1985 ▸ Eberhard Gönner: König Karl (1864–1891). In: Uhland 1985, S. 328–340.

Gorki 1919 ▸ Maxim Gorki: Trudny wopros. In: Dela i dni Bolschogo dramatitscheskogo teatra 1. Petrograd 1919.

Grauer 1956 ▸ Karl-Johannes Grauer: König Wilhelm I. von Württemberg und die europäischen Dynastien. In: Zeitschrift für württembergische Landesgeschichte 15 (1956), S. 253–278.

Guschtschin 1998 ▸ W. A. Guschtschin: Olgin ostrow. Sankt Petersburg 1998.

Handel 1994 ▸ Theophil Handel: Chronik der Gemeinde Teplitz in Bessarabien. Esslingen am Neckar 1994.

Harder 1969 ▸ Hans-Bernd Harder: Schiller in Rußland. Materialien zu einer Wirkungsgeschichte 1789–1814. Bad Homburg u. a. 1969.

Harder 1987 ▸ Hans-Joachim Harder: Militärgeschichtliches Handbuch Baden-Württemberg. Stuttgart u. a. 1987.

Hartmann 1994 ▸ Stefan Hartmann: Meyendorff, Peter. In: Neue Deutsche Biographie, Bd. 17 (1994), S. 288f.

Haug-Moritz 1999 ▸ Gabriele Haug-Moritz: Dynastie und Nebenland: Zur mömpelgardischen Statthalterschaft Herzog Friedrich Eugens von Württemberg (1769/86–1792/94). In: Sönke Lorenz/Peter Rückert (Hg.): Württemberg und Mömpelgard. 600 Jahre Begegnung. Leinfelden-Echterdingen 1999, S. 333–345.

Heideloff 1795 ▸ Victor Wilhelm Peter Heideloff: Ansichten des herzoglich-württembergischen Landsizes Hohenheim, nach der Natur gezeichnet von V. Heideloff und durch kurze Beschreibungen erläutert. Nürnberg 1795.

Helsinki 2005 ▸ Chudoshestwennyje sokrowischtscha Pawlowska. Kollekzionirowanije w Rossii wo wremena Jekateriny II. i Pawla I. Ausstellung des Staatlichen Museum-Reservats „Pawlowsk". Helsinki 2005.

Hengstenberg 1997 ▸ Gisela Hengstenberg: Zwischen Konvention und Überzeugung. Zum sozialen Engagement adeliger Frauen im Königreich Württemberg. In: Herd und Himmel. Frauen im evangelischen Württemberg, Ausstellungskatalog, Landeskirchliches Museum Ludwigsburg, Stuttgart 1997, S. 117–124.

Hieber 1970 ▸ Ulrich Hieber (Bearb.): Friedrich Wilhelm Hackländer – ein Preuße in Schwaben. Roman meines Lebens. Heidenheim 1970.

Hildermeier 2013 ▸ Manfred Hildermeier: Geschichte Russlands. Vom Mittelalter bis zur Oktoberrevolution. München 2013.

Hoffmann 1905/1997 ▸ P. Hoffmann: Die deutschen Kolonien in Transkaukasien. 2., neu bearbeitete Auflage, hg. von Emil Biedlingmaier. Neustadt a. d. Weinstraße 1997.

Hohenheim 1993 ▸ Catharina Pawlowna, Königin von Württemberg 1816–1819. Einflüsse – Leben – Leistungen. Ausstellung der Universität Hohenheim. Hohenheim 1993.

Hölzle 1931 ▸ Erwin Hölzle: Das Alte Recht und die Revolution. Eine politische Geschichte Württembergs in der Revolutionszeit 1789–1805. München 1931.

Höper 2008 ▸ Corinna Höper: Das Olga-Album in der Graphischen Sammlung der Staatsgalerie Stuttgart. In: Röder/Raible 2008, S. 65–67.

Hosking 2000 ▸ Geoffrey Hosking: Russland. Nation und Imperium 1547–1917. München 2000.

Irion 1973 ▸ Rolf Irion: Sofiental. Eine deutsche Gemeinde in Bessarabien 1863–1940. Rastatt 1973.

Jena 2003 ▸ Detlef Jena: Katharina Pawlowna. Großfürstin von Russland – Königin von Württemberg. Regensburg 2003.

Jena 2009 ▸ Detlef Jena: Königin Olga von Württemberg. Glück und Leid einer russischen Großfürstin. Regensburg 2009.

Jewreinow 1908 ▸ Nikolai Jewreinow: Apologija teatralnosti. In: Demon teatralnosti. Sankt Petersburg 2002, S. 39–42.

Jewreinow 1911 ▸ Nikolai Jewreinow: Teatralisazija shisni (1911). In: ders.: Teatr kak takowoi. Donezk 2003, S. 30–66.

Jolkina 2007 ▸ Adelaida Jolkina: Wenzenosnaja chudoshniza: tworitscheskoje nasledije imperatrizy Marii Fjodorowny. Sankt Petersburg 2007.

Kalisch 2002 ▸ Eleonore Kalisch: Teatral'nost' als kulturanthropologische Kategorie. Nikolai Evreinovs Modell des theatralen Instinkts vor dem Hintergrund seiner „Geschichte der Körperstrafen in Russland". In: Joachim Fiebach/Wolfgang Mühl-Benninghaus (Hg.): Herrschaft des Symbolischen. Bewegungsformen gesellschaftlicher Theatralität. Europa, Asien, Afrika. Berlin 2002, S. 141–163.

Kaljnizkaja 2007 ▸ Elena Kaljnizkaja (Red.): Jelena Pawlowna – chozjajka Michajlowskogo dworza. Sankt Petersburg 2007.

Kalmbach 1995 ▸ Fritz Kalmbach: „Von Osten scheint die Sonne. Da ist der Zufluchtsort". Auswanderung aus Württemberg 1817/18 nach Georgien. In: Blätter für württembergische Kirchengeschichte 95 (1995), S. 208–231.

Kämpfer 1978 ▸ Frank Kämpfer: Das russische Herrscherbild von den Anfängen bis zu Peter dem Großen. Studien zur Entwicklung politischer Ikonographie im byzantinischen Kulturkreis. Recklinghausen 1978.

Kämpfer/Frötschner 2002 ▸ Frank Kämpfer/Reinhard Frötschner (Hg.): 450 Jahre Sigismund von Herbersteins „Rerum Moscoviticarum Commentarii" 1549–1999. Wiesbaden 2002.

Karlsruhe 1994 ▸ Ein Jahrhundert Möbel für den Fürstenhof. Karlsruhe, Mannheim, Sankt Petersburg 1750 bis 1850. Ausstellung des Badischen Landesmuseums, Karlsruhe, und der Staatlichen Schlösser und Gärten. Karlsruhe 1994.

Karlsruhe 1998 ▸ Mechanische Wunder – edles Holz. Roentgen-Möbel des 18. Jahrhunderts in Baden und Württemberg. Ausstellung des Badischen Landesmuseums, Karlsruhe. Karlsruhe 1998.

Kasnakow 1914 ▸ S. Kasnakow: Gatschina, la vie et la cour. In: Staryje gody. Sankt Petersburg 1914, Ausgabe Juli-September, S. 177ff.

Kassel 1997 ▸ Katharina die Große. Ausstellung der Staatlichen Museen Kassel. Kassel 1997.

Keyler 2008 ▸ Regina Keyler: Pourquoi n'avons nous pas de mer à Stuttgart! – Briefe voller Sehnsucht nach St. Petersburg. In: Röder/Raible 2008, S. 82–94.

Klein/Raff 2003 ▸ Ulrich Klein/Albert Raff: Die Württembergischen Medaillen von 1797–1864 (einschließlich der Orden und Ehrenzeichen). Stuttgart 2003.

Klein/Raff 2010 ▸ Ulrich Klein/Albert Raff: Die württembergischen Medaillen von 1864–1933 (einschließlich der Orden und Ehrenzeichen). Stuttgart 2010.

Kobeko 2001 ▸ D. F. Kobeko: Zesarewitsch Pawel Petrowitsch (1754–1796). Istoritscheskoje issledowanije. Sankt Petersburg 2001.

Komelowa 1961 ▸ Galina Nikolajewna Komelowa: Szeny russkoi narodnoi shizni konza XVIII – nachala XIX wekow: po grawjuram is sobranija Gosudarstwennogo Ermitasha. Leningrad 1961.

Korsini 1851a ▸ M. Korsini: petergof i petergofski prasdnik 11-go ijulja tekuschtschego goda. Sankt Petersburg 1851.

Korsini 1851b ▸ M. Korsini: Progulki v Petergofe. Sankt Petersburg 1851.

Köstlin 1839 ▸ Christian Reinhold Köstlin: Wilhelm der Erste, König von Wirtemberg, und die Entwicklung der Wirtembergischen Verfassung vor und unter seiner Regierung. Stuttgart 1839.

Kowal 2002 ▸ Ljudmila Kowal (Red.): Aleksandr Pawlowitsch. Weliki knjas, imperator. Sankt Petersburg 2002.

Kowal 2008 ▸ Ljudmila Kowal (Red.): Wekiki knjas Konstantin Konstantinowitsch. Poet i grashdanin. K 150-letiju so dnja roshdenija. Sankt Petersburg 2008.

Kowal 2010a ▸ Ljudmila Kowal: Franzuski farfor i steklo XVIII-natschala XX wekow w kollekzii Pawlowskogo dworza. Sankt Petersburg 2010.

Kowal 2010b ▸ Ljudmila Kowal (Red.): Rosowy Pawiljon – Le Pavillon des Roses. Ausstellung des Staatlichen Museum-Reservats „Pawlowsk". Sankt Petersburg 2010.

Kowarskaja/Gorbatowa 2008 ▸ S. Ja. Kowarskaja/ I. W. Gorbatowa: Juwelirnyje ukraschenija i tabakerki. Moskau 2008.

Kraft 1953 ▸ Heinz Kraft: Die Württemberger in den Napoleonischen Kriegen. Stuttgart 1953.

Kropiwnizkaja 1989 ▸ Galina Kropiwnizkaja: Osnowatel muzeja. Wospominanija Wischnewskogo. In: Nasche nasledije. Sonderausgabe aus 6 Nummern von 1989. Moskau 1990, S. 50–58.

Krusemarck 1932 ▸ Götz Krusemarck: Württemberg und der Krimkrieg. Halle 1932.

Kusber 2009 ▸ Jan Kusber: Kleine Geschichte St. Petersburgs. Regensburg 2009.

Kutschumow 1976 ▸ Anatoli Kutschumow: Pawlowsk. Dworez i park. Leningrad 1976.

Lameko 2011 ▸ O. Lameko: Widy Pawlowska prewoschodnoj akwarelnoj shiwopisi Schucha. In: Dwotzowo-parkowyje ansambli Rossii i chudoshestwennaja kultura Sapadnoi Ewropy. Konez XVIII – perwaja tret XIX weka. Sankt Petersburg 2011.

Lappeenranta 2005 ▸ Art treasures from Pavlovsk palace. The collecting in Russia in the time of Catherine II and Paul I. Ausstellung des South Karelia Art Museum. Lappeenranta 2005.

Läpple 2009 ▸ Wolfgang Läpple: Schwäbisches Potsdam. Die Garnison Ludwigsburg von den Anfängen bis zur Auflösung, 2 Bde. Ludwigsburg 2009.

Las Vegas 1999 ▸ Treasures of Russia from Peterhof Palaces of the Tsars. Ausstellung des Rio All-Suite Casino Resort, Las Vegas. Las Vegas 1999.

Lausanne 1986 ▸ A. L. R. Ducros (1748–1810). Ausstellung des Musée Cantonal des Beaux-Arts de Lausanne. Genf 1986.

Lauterbach 1990 ▸ Iris Lauterbach: Der Garten von Chantilly im Jahre 1784, das Album du Comte du Nord im Musée Condé. In: Die Gartenkunst N. F. 2 (1990), S. 217–237.

Leibbrand 1928 ▸ Georg Leibbrand: Die Auswanderung aus Schwaben nach Russland 1816–1823. Ein schwäbisches Zeit- und Charakterbild. Stuttgart 1928.

Leibbrand/Leibbrand/Siegle 1980 ▸ Georg Leibbrand/Hansgeorg Leibbrand/Otto G. Siegle: Hoffnungstal und seine Schwaben. Die historische Entwicklung einer schwarzmeerdeutschen Gemeinde, als Beispiel religiös bestimmter Wanderung und Siedlung und als Beitrag zur Geschichte des Russlanddeutschtums. Bonn 1980.

Leningrad 1987 ▸ Dmitri Grigorjewitsch Lewizki 1735–1822. Ausstellung des Staatlichen Russischen Museums. Leningrad 1987.

Lincoln 1981 ▸ Bruce W. Lincoln: Nikolaus I. von Rußland, 1796–1855. München 1981.

Lindemann 1935 ▸ Martha Lindemann: Die Heiraten der Romanows und der deutschen Fürstenhäuser im 18. und 19. Jahrhundert und ihre Bedeutung in der Bündnispolitik der Ostmächte. Berlin/Bonn 1935.

London/Rom 1996/1997 ▸ Grand Tour. The Lure of Italy in the Eighteenth Century. Ausstellung der Tate Gallery, London, und des Palazzo delle Esposizioni, Rom. London 1997.

Lopato 2006 ▸ M. N. Lopato: Juweliry starogo Peterburga. Sankt Petersburg 2006.

Ludwigsburg 1991 ▸ Rußland in Württemberg. Russisches Kirchengerät aus der Grabkapelle auf dem Rotenberg. Ausstellung in Schloß Ludwigsburg. Ausstellung der Staatlichen Schlösser und Gärten. Stuttgart 1991.

Mailand 2001 ▸ Viaggio in Italia: un corteo magico dal Cinquecento al Novecento. Ausstellung des Palazzo ducale in Genua. Mailand 2001.

Malinowski 1990 ▸ K. W. Malinowski (Red.): Sapiski Jakoba Schtelina ob isjaschtschnych iskusstwach w Rossii, 2 Bde. Moskau 1990.

Mann 1992 ▸ Bernhard Mann: Württemberg 1800 bis 1866. In: Handbuch der baden-württembergischen Geschichte, Bd. 3: Vom Ende des Alten Reiches bis zum Ende der Monarchien. Stuttgart 1992, S. 235–331.

Mann 2006 ▸ Bernhard Mann: Kleine Geschichte des Königreichs Württemberg 1806–1918. Leinfelden-Echterdingen 2006.

Markina 2012 ▸ Ljudmila Markina: Deutsche Prinzessinnen – russische Zarinnen. In: Berlin 2012, S. 156–165.

Martenson 1970 ▸ Sten Martenson: Württemberg und Rußland im Zeitalter der deutschen Einigung 1856–1870. Die diplomatischen und dynastischen Beziehungen eines deutschen Mittelstaates. Göppingen 1970.

Martin 2004 ▸ Marie Martin: Maria Féodorovna en son temps (1759–1828). Contribution à l'histoire de la Russie et de l'Europe. Paris u. a. 2004.

Mästle 1951 ▸ Theodor Mästle: Württemberg und die Großmächte vom Wiener Kongress bis zum Tode König Wilhelms I. (1815–1864). Dissertation Tübingen 1951.

Maurer 1989a ▸ Hans Martin Maurer: Das Haus Württemberg und Russland. In: Zeitschrift für württembergische Landesgeschichte 48 (1989), S. 201–221.

Maurer 1989b ▸ Hans-Martin Maurer: Das Stuttgarter Gipfeltreffen von 1857. In: Die alte Stadt 16 (1989), S. 447–462.

Maurer/Sauer/Fleischhauer/Himmelein/Klein 1992 ▸ Hans-Martin Maurer/Paul Sauer/Werner Fleischhauer/Volker Himmelein/Ulrich Klein: Geschichte Württembergs in Bildern. 1083–1918. Stuttgart u. a. 1992.

Menger 2008 ▸ Philipp Menger: Olga im Spannungsfeld der württembergisch-russischen Politik. In: Röder/Raible 2008, S. 108–116.

Merkle 1889 ▸ J. Merkle: Katharina Pawlowna, Königin von Württemberg. Beiträge zu einer Lebensbeschreibung der Fürstin, besonders nach neueren russischen Quellen. Stuttgart 1889.

Merten 1997 ▸ Klaus Merten: Maximilian Emanuel. In: Sönke Lorenz u. a. (Hg.): Das Haus Württemberg. Ein biographisches Lexikon. Stuttgart 1997, S. 239.

Mironenko 2000a ▸ Sergej Mironenko: Imperatriza Maria Fjodorowna. Sankt Petersburg 2000.

Mironenko 2000b ▸ Sergej Mironenko: Weliki knjas Konstantin Konstantinowitsch Romanow. Pawlowsk 2000.

Mironowa 2004 ▸ Olga I. Mironowa: Die alte Hauptstadt im 18. Jahrhundert. In: Bonn/Berlin 2004, S. 261–269.

Monaco 2009 ▸ Moscow. Splendours of the Romanovs. Ausstellung des Grimaldi Forum Monaco. Mailand 2009.

Montbéliard 1995 ▸ Splendeur et intimité à la cour impériale de Russie. Collections du musée national du Palais de Pavlovsk – Russie, Ausstellung der Musées de Montbéliard. Montbéliard 1995.

Montbéliard 2004 ▸ Les Ducs de Wurtemberg, Princes de Montbéliard de 1769 à 1793. Ausstellung der Musées de Montbéliard. Montbéliard 2004.

Montbéliard 2010 ▸ Mémoires d'un château. Guide du circuit historique. Montebéliard 2010.

Moskau 1884 ▸ Opis Moskowskoi orushejnoi palaty 1884. Moskau 1884.

Moskau 2004 ▸ Pawel I. Mir semji. Ausstellung des Staatsarchivs der Russischen Föderation (GARF). Moskau 2004.

Moskau 2006 ▸ Russian Empire in the 19th/early 20th Centuries. Ausstellung des Staatlichen Historischen Museums, Moskau. Moskau 2006.

Moskau 2010 ▸ Dershawnyje kawalery. Inostrannyje ordena rossijskich imperatorow. Ausstellung des Staatlichen Kulturhistorischen Museum-Reservats „Moskauer Kreml". Moskau 2010.

Moskau 2012 ▸ Jekaterina II: put k tronu. K 250-letiju wosschestwija na prestol. Ausstellung des Staatlichen Historischen Museums, Moskau. Moskau 2012.

Müller-Harang 2004 ▸ Ulrike Müller-Harang: Der „märchenhafte" Reichtum der Maria Pawlowna und die Folgen. Zu den Finanzverhältnissen der Großfürstin. In: Weimar 2004, 2. Teil (CD), S. 97–110.

München 1992 ▸ Friedrich der Große. Sammler und Mäzen. Ausstellung der Kunsthalle der Hypo-Kulturstiftung, München. München 1992.

München 2001 ▸ Krieg und Frieden. Eine deutsche Zarin in Schloss Pawlowsk. Ausstellung des Hauses der Kunst, München. Hamburg 2001.

München 2008 ▸ Hermann Historica. 56. Auktion: Russische Antiquitäten aus dem Besitz der Großfürstin Olga Nikolaevna Romanova und anderer Provenienz. München 2008.

Nafziger 1996 ▸ George F. Nafziger: Napoleon at Leipzig. The Battle of Nations 1813. Chicago 1996.

Napp 2010 ▸ Antonia Napp: Russische Porträts. Geschlechterdifferenz in der Malerei zwischen 1760 und 1820. Köln u. a. 2010.

Neuss 1980 ▸ Gemälde der Sammlung Sulpiz und Melchior Boisserée und Johann B. Bertram, lithographiert von Johann Nepomuk Strixner, Ausstellungskatalog des Clemens-Sels-Museums Neuss. Neuss 1980.

Nitsche 1997 ▸ Peter Nitsche: Moskaus Aufstieg. In: Frankfurt/Berlin 1997, S. 27–35.

Oberkirch 1869 ▸ Mémoires de la Baronne d'Oberkirch, publiés par Léonce de Montbrison, 2 Bde. Paris 1869.

Oelrichs 1776 ▸ Johann Georg Heinrich Oelrichs: Ausführliche Beschreibung der Reise Sr. kaiserlichen Hoheit des Großfürsten von Russland Paul Petrowitz von St. Petersburg an den Königl. Preuß. Hof nach Berlin, nebst den dabey vorgefallenen Feyerlichkeiten und Freudensbezeigungen, wie auch der Reise Ihro Kaiserl. Hoheit der Prinzessin Sophia Dorothea Augusta Louisa von Würtemberg-Stuttgard verlobten Braut des Großfürsten von Berlin nach St. Petersburg. Berlin 1776.

Ohm 1973 ▸ Anneliese Ohm: Fächer. In: Reallexikon zur deutschen Kunstgeschichte, Bd.6 (1973), Sp. 923f.

Paraskewitsch 2011 ▸ Z. A. Paraskewitsch: Ikonografija welikoi knjagini Jeleny Pawlowny. In: Welikaja knjaginja Elena Pawlowna. Sankt Petersburg 2011, S. 286–295.

Paris 1993 ▸ Pavlovsk. Les collections, hg. von Alain de Gourcuff. Paris 1993.

Paschtschinskaja/Rudokwas 2011 ▸ Irina O. Paschtschinskaja/Irina A. Rudokwas: Großfürstin Olga Nikolajewna. Königin von Württemberg. Sankt Petersburg 2011.

Pawlowsk 2000 ▸ Imperatriza Maria Fjodorowna. Pawlowsk/Sankt Petersburg 2000.

Pazaurek 1921 ▸ Gustav Edmund Pazaurek: Dannecker und seine Beziehungen zu Russland. In: Jahrbuch für Kunstsammler 1 (1921), S. 37–46.

Pelizaeus 2000 ▸ Ludolf Pelizaeus: Der Aufstieg Württembergs und Hessens zur Kurwürde 1692–1803. Frankfurt am Main u. a. 2000.

Petrowa 2010 ▸ Jewgenija Petrowa: Russkaja sima. Sankt Petersburg 2010.

Pfaff 1842 ▸ Karl Pfaff: Geschichte des Militärwesens in Württemberg von der ältesten bis auf unsere Zeit. Stuttgart 1842.

Pfister 1897 ▸ Albert Pfister: Aus dem Lager des Rheinbunds 1812 und 1813. Stuttgart/Leipzig 1897.

Podewils 1955 ▸ Traum der Jugend, goldner Stern. Aus den Aufzeichnungen der Königin Olga von Württemberg. Aus dem Französischen übersetzt und hg. von Sophie Dorothee Gräfin Podewils. Pfullingen 1955.

Potsdam 1974 ▸ Ansichten von Peterhof. Ausstellung der Staatlichen Schlösser und Gärten Potsdam-Sanssouci. Potsdam 1974.

Press 1987 ▸ Volker Press: König Friedrich I. – der Begründer des modernen Württemberg. In: Stuttgart 1987, Bd. 2, S. 25–40.

Puschkin 2010 ▸ Zarskoje selo. Imperatorskoje nasledije. Puschkin 2010.

Puttkamer 2004 ▸ Joachim von Puttkamer: Kulturkontakte und Großmachtinteressen. Russische Heiratspolitik um 1800. In: Weimar 2004, 2. Teil (CD), S. 13–18.

Raible 2008 ▸ Catharina Raible: Die Hochzeitsfeierlichkeiten der Großfürstin Olga von Russland – von der romantischen Brautschau in Italien bis zum feierlichen Empfang in der neuen Heimat. In: Röder/Raible 2008, S. 17–27.

Rehm 1968 ▸ Max Rehm: Königin Katharina von Württemberg. Ihr Leben und Wirken nach Selbstzeugnissen und im Spiegel der Zeitgenossen. Stuttgart 1968.

Renne 2000 ▸ Jelisaweta Pawlowna Renne: Pridworny chudoshnik Kristina Robertson. In: Nasche nasledije 55 (2000).

Renne 2003 ▸ Elisaweta Pawlowna Renne: Kristina Robertson i russko-anglijskije chudoshestwennye swjasi w pervoi polowine XIX weka. Dissertation Sankt Petersburg 2003.

Repertorium 1965 ▸ Repertorium der diplomatischen Vertreter aller Länder, Bd. 3 (1764–1815), hg. von Otto Friedrich Winter. Graz 1965.

Rieg 1954 ▸ Gisbert Rieg: Die württembergische Außenpolitik und Diplomatie der vormärzlichen Zeit. Dissertation München 1954.

Röder 2004 ▸ Annemarie Röder (Red.): Maria Feodorowna als Mittlerin zwischen Württemberg und Russland, hg. vom Haus der Heimat des Landes Baden-Württemberg. Stuttgart 2004.

Röder/Raible 2008 ▸ Annemarie Röder/Catharina Raible (Red.): Olga – russische Großfürstin und württembergische Königin. Ein Leben zwischen höfischer Repräsentation, Politik und Wohltätigkeit, hg. vom Haus der Heimat des Landes Baden-Württemberg. Stuttgart 2008.

Römer 2012 ▸ Daniel Römer: Die Ursprünge der Verflechtungen zwischen Pietismus und Staat auf dem Gebiet des Sozialen im Württemberg des 19. Jahrhunderts. Studien zur Wechselwirkung zwischen Heinrich Lotter und Wilhelm I. als Grundlage für die Einbindung des Pietismus in das württembergische System der Wohlfahrtspflege. Dissertation Stuttgart 2012 ‹elib.uni-stuttgart.de/opus/volltexte/2012/7572/pdf/Dissertation_Daniel_Roemer.pdf› (30.06.2013).

Roth 1969 ▸ Karl Roth: Lichtental, Bessarabien. Geschichte einer schwäbischen Gemeinde. Kirchberg a. d. Murr 1969.

Sankt Petersburg 1998 ▸ Gosudarstwenny Russki Musej. Generaljny katalog muzejnogo sobranija. Shiwopis XVIII weka (A-I), Bd. 1. Sankt Petersburg 1998.

Sankt Petersburg 2002 ▸ Gosudarstwenny Russki Musei. Generalny katalog musejnogo sobranija. Shiwopis perwoi polowiny XIX weka (A-I), Bd. 2. Sankt Petersburg 2002.

Sankt Petersburg 2003 ▸ The State Russian Museum presents: St Petersburg: A Portrait of the City and its Citizens. A Celebration of the Tercentenary of St Petersburg. Ausstellung des Staatlichen Russischen Museums Sankt Petersburg. Bad Breisig 2003.

Sankt Petersburg 2004a ▸ Imperator Pawel I. Katalog des Staatlichen Museum-Reservats „Pawlowsk". Sankt Petersburg 2004.

Sankt Petersburg 2004b ▸ Koronazija Pawla I i Marii Fjodorowny. Kartina Martina Ferdinanda Kwadalja. Sankt Petersburg 2004.

Sankt Petersburg 2005 ▸ Aleksandr I. „Sfinks, nerasgadanny do groba ...". Ausstellung der Eremitage. Sankt Petersburg 2005.

Sankt Petersburg 2006 ▸ Urok risowanija. Ausstellung des Staatlichen Museum-Reservats „Pawlowsk". Sankt Petersburg 2006.

Sankt Petersburg 2007 ▸ Gosudarstwenny Russki Musej Generaljny katalog muzejnogo sobranija. Shiwopis perwoi polowiny XIX weka (K-Ja), Bd. 3, Palace Editions. Sankt Petersburg 2007.

Sankt Petersburg 2008a ▸ Gosudarstwenny musei-sapowednik Pawlowsk. Polny katalog kollekzi, Bd. I – Dworez, Ausgabe 1 – Istorija i sudby. Sankt Petersburg 2008.

Sankt Petersburg 2008b ▸ Gosudarstwenny musei-sapowednik Pawlowsk. Polny katalog kollekzi, Bd. I – Dworez, Ausgabe 2 – Interjery. Paradnyje saly. Sankt Petersburg 2008.

Sankt Petersburg 2009a ▸ Gosudarstwenny musei-sapowednik Pawlowsk. Polny katalog kollekzi, Bd. V – Shiwopis, Ausgabe 1 – Shiwopis Gollandii i Flandrii XVI-XVIII wekow. Sankt Petersburg 2009.

Sankt Petersburg 2009b ▸ Saweschtschanije imperatrizy. K 250-letiju so dnja roshdenija Marii Fjodorowny. Ausstellung des Staatlichen Museum-Reservats „Pawlowsk". Sankt Petersburg 2009.

Sankt Petersburg 2010 ▸ Imperatorski Pawlowsk. Chudoshestwennyje kollekzii. Ausstellung des Staatlichen Museum-Reservats „Pawlowsk". Sankt Petersburg 2010.

Sankt Petersburg 2010a ▸ Gosudarstwenny musei-sapowednik Pawlowsk. Polny katalog kollekzi, Bd. VI – Redkaja kniga, Ausgabe 1 – Illjustrirowannaja kniga XV-XVIII wekow. Sankt Petersburg 2010.

Sankt Petersburg 2010b ▸ Gosudarstwenny musei-sapowednik Pawlowsk. Polny katalog kollekzi, Bd. VII – Farfor, Ausgabe 1 – Imperatorski farforowy sawod. Sankt Petersburg 2010.

Sankt Petersburg 2012 ▸ Gosudarstwenny musei-sapowednik Pawlowsk. Polny katalog kollekzi, Bd. V – Shiwopis, Ausgabe 2 – Shiwopis Italii i Ispanii XVI – XIX wekow. Sankt Petersburg 2012.

Sauer 1984 ▸ Paul Sauer: Der schwäbische Zar. Friedrich – Württembergs erster König. Stuttgart 1984.

Sauer 1987 ▸ Paul Sauer: Napoleons Adler über Württemberg, Baden und Hohenzollern. Südwestdeutschland in der Rheinbundzeit. Stuttgart u. a. 1987.

Sauer 1997 ▸ Paul Sauer: Reformer auf dem Königsthron. Wilhelm I. von Württemberg. Stuttgart 1997.

Sauer 1999 ▸ Paul Sauer: Regent mit mildem Zepter. König Karl von Württemberg. Stuttgart 1999.

Sauer 2004 ▸ Paul Sauer: Wenn Liebe meinem Herzen fehlt, fehlt mir die ganze Welt. Herzogin Wera von Württemberg, Großfürstin von Russland (1854–1912). Filderstadt 2004.

Sauer 2008 ▸ Paul Sauer: Die Frauen der württembergischen Könige. In: Norbert Haag (Hg.): Tradition und Fortschritt. Württembergische Kirchengeschichte im Wandel. Festschrift Hermann Ehmer. Epfendorf 2008, S. 223–238.

Scharf 1995 ▸ Claus Scharf: Katharina II., Deutschland und die Deutschen. Mainz 1995.

Schefold 1934 ▸ Max Schefold: Ein Bildnis König Wilhelms I. In: Besondere Beilage des Staatsanzeigers für Württemberg 1 (1934), S. 6–10.

Schippan 2001 ▸ Michael Schippan: Die Moskauer Universität und deutsche Gelehrte in der zweiten Hälfte des 18. Jahrhunderts. In: Gabriela Lehmann-Carli (Hg.): Russische Aufklärungsrezeption im Kontext offizieller Bildungskonzepte (1700–1825). Berlin 2001, S. 207–233.

Schlögel 2002 ▸ Karl Schlögel: Petersburg. Das Laboratorium der Moderne, 1909–1921. München 2002.

Schlögel/Ackeret/Schenk 2007 ▸ Karl Schlögel/Markus Ackeret/Frithjof Benjmamin Schenk (Hg.): Sankt Petersburg. Schauplätze einer Stadtgeschichte. Frankfurt a. M. 2007.

Schloßberger 1888a ▸ August von Schloßberger: Der Allianzvertrag des Kurfürsten Friedrich von Württemberg im Jahre 1805 mit dem Kaiser Napoleon. In: Literarische Beilage des Staatsanzeigers für Württemberg 1888, S. 1–11.

Schloßberger 1888b ▸ August von Schloßberger: Die Entzweiung Kaiser Alexanders von Russland mit König Friedrich von Württemberg im Januar 1806 und die Versöhnung der beiden Herrscher auf dem Kongreß von Erfurt im September 1808. In: Literarische Beilage des Staatsanzeigers für Württemberg 1888, S. 169–184.

Schloßberger 1891 ▸ August von Schloßberger: Kaiser Alexander I. von Russland söhnt sich zu Frankfurt a. M. im November 1813 mit König Friedrich von Württemberg wieder aus und spendet bald darauf den während des französischen Feldzugs vom Jahr 1814 vollbrachten ruhmvollen militärischen Leistungen der württembergischen Truppen und ihres erlauchten Führers, des Kronprinzen Wilhelm, das glänzendste Lob. In: Literarische Beilage des Staatsanzeigers für Württemberg 1891, S. 129–138.

Schlözer 1802 ▸ August Ludwig Schlözer: Vorbericht. In: Handbuch der Geschichte des Kaisertums Rußland vom Anfange des Stats, bis zum Tode Katharina der II., aus dem Russischen übersetzt. Göttingen 1802.

Schneider 1887 ▸ Eugen Schneider: Normann, Karl Friedrich Lebrecht. In: Allgemeine Deutsche Biographie, Bd. 24 (1887), S. 18f.

Schuhkraft 2004 ▸ Harald Schuhkraft: Repräsentation – Bildung – Aufklärung. Die Europareise des Großfürstenpaares und ihr Besuch in Württemberg 1782. In: Röder 2004, S. 38–47.

Schuhladen-Krämer 2000 ▸ Jürgen Schuhladen-Krämer: Akkreditiert in Paris, Wien, Berlin, Darmstadt … Badische Gesandte zwischen 1771 und 1945. Karlsruhe 2000.

Schümann 1973 ▸ Carl-Wolfgang Schümann: „Olga wohnt himmlisch". Studien zur Ville Berg in Stuttgart. In: Jahrbuch der Staatlichen Kunstsammlungen in Baden-Württemberg 10 (1973), S. 49–87.

Schumann 1999 ▸ Hans Schumann: Königin Katharina von Württemberg 1788–1819. In: Elisabeth Noelle-Neumann (Hg.): Baden-Württembergische Porträts. Frauengestalten aus fünf Jahrhunderten. Stuttgart 1999, S. 75–89.

Schumigorski 1892 ▸ Jewgeni S. Schumigorski: Imperatriza Maria Fedorowna. Eja biografija, Bd. 1. Sankt Petersburg 1892.

Seeger 1937 ▸ Karl von Seeger: Zweitausend Jahre schwäbisches Soldatentum. Stuttgart u. a. 1937.

Semewski 1877 ▸ M. I. Semewski: Pawlowsk. Otscherk istorii i opisanije 1777–1877. Sankt Petersburg 1877.

Shicharjow 1955 ▸ Stepan Petrowitsch Shicharjow: Sapiski sowremennika. Moskau/Leningrad 1955.

Sidorowa 2008a ▸ Anna Sidorowa: Kindheit und Jugend der Großfürstin Olga Nikolaevna. In: Röder/Raible 2008, S. 4–13.

Sidorowa 2008b ▸ Marina Sidorowna: Die Korrespondenz der Großfürstin Olga Nikolajewna mit ihren Brüdern. In: Röder/Raible 2008, S. 95–107.

Simin 2011 ▸ Igor Simin: Zarskije denjgi. Dochody i rashody Doma Romanowych. Moskau 2011.

Smith 2001 ▸ Digby Smith: 1813. Leipzig, Napoleon and the Battle of the Nations. London 2001.

Sokolow 2001 ▸ B. M. Sokolow: Albom grafa Sewernogo, ili sady Pawla I. In: Nasche nasledije 57 (2001), S. 2–23.

Solowjew 1910 ▸ Nikolaj Solowjew: Redkije knigi 1910. In: Illjustrirowannaja kniga XVI-XIX wekow is sobranija Pawlowskogo dworza. Ausstellung des Staatlichen Museum-Reservats „Pawlowsk". Sankt Petersburg 2011.

Sorin 1995/1996 ▸ A. L. Sorin: U istokow slawjanofilstwa. In: Nowyje bezdelki. Sbornik statej k 60-letiju W. E. Wazuro. Moskau 1995/1996, S. 7–35.

Stadelmann 2008 ▸ Matthias Stadelmann: Die Romanovs. Stuttgart 2008.

Stadelmann 2012 ▸ Matthias Stadelmann: Großfürst Konstantin Nikolaevic. Der persönliche Faktor und die Kultur des Wandels in der russischen Autokratie. Wiesbaden 2012.

Stadlinger 1856 ▸ Leo Ignaz von Stadlinger: Geschichte des Württembergischen Kriegswesens von der frühesten bis zur neuesten Zeit. Stuttgart 1856.

Stadnitschuk 2003 ▸ Nina I. Stadnitschuk: Rimski shurnal grafa i grafini Sewernych. In: Pamjatniki kultury, nautschnyje otkrytija. Almanach 2002, Moskau 2003, S. 25–85.

Stadnitschuk/Vassilieva 2004 ▸ Nina I. Stadnitschuk/Alnina A. Vassilieva: Die Künstlerin Maria Fjodorowna. In: Weimar 2004, 2. Teil (CD), S. 41–56.

Starklof 1867 ▸ Richard Starklof: Geschichte des Königlich Württembergischen vierten Reiterregiments Königin Olga 1805–1866. Mit besonderer Berücksichtigung der Brigade Normann im Feldzuge 1813. Stuttgart 1867.

Steinemann 2012 ▸ Elena Steinemann: Russkije brillianty w nemezkoi korone. In: Nasche nasledije 104 (2012), S. 18–35.

Stellner 2012 ▸ František Stellner: Katharina die Große und die dynastischen Beziehungen zwischen Russland und Württemberg. In: Zeitschrift für württembergische Landesgeschichte 71 (2012), S. 289–303.

Steudle 2008 ▸ Andrea Steudle, Der Brautschatz einer Zarentochter. In: Röder/Raible 2008, S. 33–41.

Stoyanoff-Odoy 1991 ▸ Martina Stoyanoff-Odoy: Die Großfürstin Helene von Russland und August Freiherr von Haxthausen. Zwei konservative Reformer im Zeitalter der russischen Bauernbefreiung. Wiesbaden 1991.

Stumpp 1991 ▸ Karl Stumpp: Die Auswanderung aus Deutschland nach Rußland in den Jahren 1763 bis 1862. Stuttgart ⁵1991.

Stuttgart 1958 ▸ Schwäbische Plastik im Württembergischen Landesmuseum Stuttgart. Stuttgart 1958.

Stuttgart 1976 ▸ Die Zeichnungen und Aquarelle des 19. Jahrhunderts in der Graphischen Sammlung der Staatsgalerie Stuttgart, bearbeitet von Ulrike Gauß. Stuttgart 1976.

Stuttgart 1987 ▸ Baden und Württemberg im Zeitalter Napoleons. Ausstellung des Württembergischen Landesmuseums, Stuttgart, 2 Bde. Stuttgart 1987.

Stuttgart 1993 ▸ Schwäbischer Klassizismus zwischen Ideal und Wirklichkeit, 1770–1830. Ausstellung der Staatsgalerie Stuttgart. Stuttgart 1993.

Stuttgart 1995 ▸ Giovanni Salucci. 1769–1845. Hofbaumeister König Wilhelms I. von Württemberg 1817–1839. Ausstellung der Staatlichen Schlösser und Gärten. Stuttgart 1995.

Stuttgart 1997 ▸ Kunst des Klassizismus. Schloßmuseum Aulendorf, Zweigmuseum des Württembergischen Landesmuseums Stuttgart. Stuttgart 1997.

Stuttgart 1998 ▸ Kunst im Alten Schloß. Württembergisches Landesmuseum, Stuttgart. Stuttgart 1998.

Stuttgart 2004 ▸ Das Glück Württembergs. Zeichnungen und Druckgraphik europäischer Künstler des 18. Jahrhunderts. Ausstellung der Staatsgalerie Stuttgart. Stuttgart 2004.

Stuttgart 2005 ▸ Schiller in Stuttgart. Ausstellung des Württembergischen Landesmuseums, Stuttgart. Stuttgart 2005.

Stuttgart 2006 ▸ Das Königreich Württemberg 1806–1918. Monarchie und Moderne. Ausstellung des Landesmuseums Württemberg, Stuttgart. Stuttgart 2006.

Stuttgart 2006a ▸ Zar Alexander I. von Russland und das Königreich Württemberg. Familienbande, Staatspolitik und Auswanderung vor 200 Jahren, hg. vom Haus der Heimat des Landes Baden-Württemberg. Stuttgart 2006.

Stuttgart 2006b ▸ Grüß Gott Herr König! Erinnerungen an das Württembergische Königshaus, hg. vom Landesmuseum Württemberg im Rahmen der großen Landesausstellung „Das Königreich Württemberg 1806–1918, Monarchie und Moderne". Stuttgart 2006.

Stuttgart 2009 ▸ Das „Olga-Album". Ausstellung der Staatsgalerie Stuttgart. Ostfildern 2009.

Stuttgart 2012 ▸ Lebens-Wandel – Wera Konstantinowna Großfürstin von Russland, Herzogin von Württemberg (1854–1912). Ausstellung des Hauptstaatsarchivs Stuttgart. Stuttgart 2012.

Sudbury 2009 ▸ Geoffrey Walden Sudbury: Evgueni Alexanderovitch Lanceray, le sculpteur russe du cheval, 1848–1886. Paris 2009.

Swinjin 1827 ▸ Pawel Swinjin: Istoritscheskoje opisanie swjaschtschennogo koronowanija i miropomazanija ich Imperatorskich welitschestw Nikolaja Pawlowitscha i Gosudaryni Imperatrizy Aleksandry Fjodorowny. In: Otetschestwennyje sapiski. Bd. XXXII. Sankt Petersburg 1827, S. 25–59.

Tarasenko 2009 ▸ Ludmila Tarasenko: The Coronation Traditions of the Russian Monarchs. In: Monaco 2009, S. 37–50.

Tarasow 2007 ▸ Oleg Tarasow: Rama i obras. Ritorika obramlenija w russkom iskusstwe. Moskau 2007.

Thomsen 2006 ▸ Sabine Thomsen: Die württembergischen Königinnen. Charlotte Mathilde, Katharina, Pauline, Olga, Charlotte – ihr Leben und Wirken. Tübingen 2006.

Thornton 1985 ▸ Peter Thornton: Innenarchitektur in drei Jahrhunderten. Die Wohnungseinrichtung nach zeitgenössischen Zeugnissen von 1620–1920. Herford 1985.

Timoschtschuk 1890 ▸ W. W. Timoschtschuk: Imperatriza Maria Fjodorowna w eja sabotach o Smolnom monastyre, 1797–1802. In: Russkaja starina 1 (1890), S. 809–832.

Torke 1995 ▸ Hans-Joachim Torke (Hg.): Die russischen Zaren 1547–1917. München 1995.

Tretjakow 2001 ▸ Nikolai Tretjakow (Red.): Pawel Petrowitsch: weliki knjas, imperator. Sankt Petersburg 2001.

Tuchtenhagen 1999 ▸ Ralph Tuchtenhagen: Religiöser Dissens, Staat und Auswanderung nach Osteuropa im 18. und frühen 19. Jahrhundert. In: Beer/Dahlmann 1999, S. 145–162.

Uhland 1985 ▸ Robert Uhland (Hg.): 900 Jahre Haus Württemberg. Leben und Leistung für Land und Volk. Stuttgart u. a. ³1985.

Uhland 1987 ▸ Robert Uhland (Hg.): Das Tagebuch der Baronin Eveline von Massenbach. Stuttgart 1987.

Vierhaus 1960 ▸ Rudolf Vierhaus (Hg.): Das Tagebuch der Baronin Spitzemberg geb. Freiin v. Varnbüler. Aufzeichnungen aus der Hofgesellschaft des Hohenzollernreiches. Göttingen 1960.

von Aretin 1986 ▸ Karl Otmar Freiherr von Aretin: Russia as a Guarantor Power of Imperial Constitution under Catherine II. In: The Journal of Modern History 58 (1986), S. 141–160 ‹www.jstor.org/stable/1880013› (03.03.2013).

von Holst 1987 ▸ Christian von Holst: Johann Heinrich Dannecker. Der Bildhauer. Stuttgart 1987.

von Reiche 2000 ▸ Antonia von Reiche: Der Weg des russischen Zarentums zur Anerkennung in der Zeit von 1547 bis 1722. Eine völkerrechtlich–historische Studie. Diss. Hamburg 2000 ‹epub.ub.uni-muenchen.de/555/1/reiche-zarentum.pdf› (30.06.2013).

Washington 2003 ▸ An Imperial Collection: Women Artists from the State Hermitage Museum. Ausstellung des National Museum of Women in the Arts, Washington. London 2003.

Wege 2007 ▸ Erich Wege (Hg.): Das Stammbuch des Friedrich von Matthissons. Faksimile, Transkription und Kommentar, 2 Bde. Göttingen 2007.

Weimar 2004 ▸ „Ihre Kaiserliche Hoheit". Maria Pawlowna am Weimarer Hof. Ausstellung des Schloßmuseums Weimar. München/Berlin 2004.

Wenger 2008 ▸ Michael Wenger: Von Sankt Petersburg nach Stuttgart – Prachtentfaltung Königin Olgas in Württemberg. In: Röder/Raible 2008, S. 42–64.

Wernowa 1999 ▸ Nina Wernowa: Gosudarswenny musej-sapowednik Petergof: nowyje postuplenija 1997–1999. Sankt Petersburg 1999.

Wernowa 2004 ▸ Nina Wernowa: Petergof. Nowyje postuplenija. Sankt Petersburg 2004.

Wernowa 2008 ▸ Nina Wernowa: Zarizin i Olgin pawiljony. Sankt Petersburg 2008.

Wiese 1989 ▸ Wolfgang Wiese: Johannes Klinckerfuß. Ein württembergischer Ebenist (1770–1831). Sigmaringen 1989.

Wortman 1995/2000 ▸ Richard S. Wortman: Scenarios of Power. Myth and Ceremony in Russian Monarchy, 2 Bde. Princeton 1995/2000.

Zenkovsky 1968 ▸ Serge A. Zenkovsky (Hg.): Aus dem Alten Rußland. Epen, Chroniken und Geschichten. Ins Deutsche übersetzt von H. Baumann, E. Kottmeier und E. G. Kostetzky. München 1968.

Zick 2001 ▸ Gisela Zick: Erloschenes Andenken? Bildnisse und Bildzeugnisse zu Maria Feodorowna (1759–1828) in württembergischen Sammlungen. Zur Ausstellung im Haus der Kunst. In: Weltkunst 71 (2001), S. 1720–1723.

Zick 2004 ▸ Gisela Zick: „Geschaffen, um gemalt zu werden". Bildnisse von Maria Fjodorowna in: württembergischen Sammlungen. In: Röder 2004, S. 88–95.

Bildnachweis

Doppelseitige Abbildungen aus dem Album mit 44 Ansichten von Sankt Petersburg, 1820–1826, kolorierte Lithografien, Landesmuseum Württemberg, Stuttgart

Deutsch-russischer wissenschaftlicher Beirat

Vorsitzender: Jan Kusber, Universität Mainz

Wera Bokowa, Staatliches Historisches
  Museum, Moskau
Iraida Bott, Staatliches Museum-Reservat
  "Zarskoje Selo", Sankt Petersburg
Nicole Bickhoff, Hauptstaatsarchiv Stutt-
  gart, Landesarchiv Baden-Württemberg
Albrecht Ernst, Hauptstaatsarchiv Stuttgart,
  Landesarchiv Baden-Württemberg
Eberhard Fritz, Archiv des Hauses Württem-
  berg, Altshausen
Elena Gerasimenko, Russisches Ethno-
  graphisches Museum, Sankt Petersburg
Grigori Goldowski, Staatliches Russisches
  Museum, Sankt Petersburg
Elena Gorochowa, Staatliches Historisches
  Museum, Moskau
Alexei Gusanow, Staatliches Museum-
  Reservat "Pawlowsk", Sankt Petersburg
Sabine Holtz, Universität Stuttgart
Boris Jegorow, Zeitschrift „Nasche
  nasledije", Moskau
Ljudmila Kanajewa, Staatliches Museum-
  Reservat "Zarskoje Selo", Sankt Peters-
  burg
Wera Kholodnaja, Russisches Ethnographi-
  sches Museum, Sankt Petersburg
Anna Lugowaja, Staatliches Museum-
  Reservat "Peterhof", Sankt Petersburg
Jelena Morschakowa, Staatliches Kultur-
  historisches Museum-Reservat "Moskauer
  Kreml", Moskau
Tamara Nosowitsch, Staatliches Museum-
  Reservat "Peterhof", Sankt Petersburg

Ada Raev, Universität Bamberg
Claus Scharf, Universität Mainz
Ingrid Schierle, Deutsches Historisches
  Institut, Moskau
Marina Sidorowa, Staatsarchiv der Russi-
  schen Föderation, Moskau
Boris Sokolow, Russische Staatsuniversität
  für Humanwissenschaften (RGGU), Moskau
Milena Tretjakowa, Sankt Petersburg
Nikolaj Tretjakow, Sankt Petersburg

Autoren

Swetlana Ameljochina, Staatliches Kultur-historisches Museum-Reservat "Moskauer Kreml", Moskau

Irina Aleksejewa, Staatliches Museum-Reservat "Pawlowsk", Sankt Petersburg

Larisa Bardowskaja, Staatliches Museum-Reservat "Zarskoje Selo", Sankt Petersburg

Nicole Bickhoff, Landesarchiv Baden-Württemberg, Stuttgart [NB]

Wera Bokowa, Staatliches Historisches Museum, Moskau

Nina Bulanaja, Staatliches Museum-Reservat "Peterhof", Sankt Petersburg

Natalja Chadejewa, Staatliches Museum-Reservat "Peterhof", Sankt Petersburg

Albrecht Ernst, Landesarchiv Baden-Württemberg, Stuttgart

Fritz Fischer, Landesmuseum Württemberg, Stuttgart [FF]

Eberhard Fritz, Archiv des Hauses Württemberg, Altshausen [EF]

L. M. Gawrilowa, Staatliches Kulturhistorisches Museum-Reservat "Moskauer Kreml", Moskau

Elena Gumenjuk, Staatliches Museum-Reservat "Pawlowsk", Sankt Petersburg

Alexej Guzanow, Staatliches Museum-Reservat "Pawlowsk", Sankt Petersburg [AG]

Nadeshda Jaroschuk, Staatliches Museum-Reservat "Peterhof", Sankt Petersburg

Corinna Höper, Staatsgalerie Stuttgart

Sabine Holtz, Universität Stuttgart

Juri Jepatko, Staatliches Russisches Museum, Sankt Petersburg

Wil Jumangulow, Staatliches Museum-Reservat "Peterhof", Sankt Petersburg

Oksana Kajander, Staatliches Museum-Reservat "Peterhof", Sankt Petersburg

Elena Kalnizkaja, Staatliches Museum-Reservat "Peterhof", Sankt Petersburg [EK]

Regina Keyler, Landesarchiv Baden-Württemberg

S. J. Kowarskaja, Staatliches Kulturhistorisches Museum-Reservat "Moskauer Kreml", Moskau

Julia Kustaschewa, Staatliches Museum-Reservat "Zarskoje Selo", Sankt Petersburg

Katharina Küster-Heise, Landesmuseum Württemberg, Stuttgart [KKH]

Jan Kusber, Universität Mainz

Olga Lameko, Staatliches Museum-Reservat "Pawlowsk", Sankt Petersburg

Wolfgang Mährle, Hauptstaatsarchiv Stuttgart, Landesarchiv Baden-Württemberg

Anna Nikiforowa, Staatliches Museum-Reservat "Pawlowsk", Sankt Petersburg

Tamara Nosowitsch, Staatliches Museum-Reservat "Peterhof", Sankt Petersburg

Natalia Pfau, Universität Stuttgart

Maria Platonowa, Staatliches Museum-Reservat "Peterhof", Sankt Petersburg

Viktoria Plaude, Staatliches Museum-Reservat "Zarskoje Selo", Sankt Petersburg

Ada Raev, Universität Bamberg

Claus Scharf, Universität Mainz

Ljudmila Fuchs-Schamanskaja, Neukirchen

Ingrid Schierle, Deutsches Historisches Institut, Moskau

Franz Xaver Schmidt, Staatliches Museum für Naturkunde, Stuttgart

Helene Seewald, Landesmuseum Württemberg, Stuttgart [HS]

Anna Sidorowa, Staatsarchiv der Russischen Föderation, GARF, Moskau

Marina Sidorowa, Staatsarchiv der Russischen Föderation, GARF, Moskau

Boris Sokolow, Russische Staatsuniversität für Humanwissenschaften [RGGU], Moskau

Nina Stadnitschuk, Staatliches Museum-Reservat "Pawlowsk", Sankt Petersburg

Elena Steinemann, Landesmuseum Württemberg, Stuttgart [ES]

Elena Stolbowa, Staatliches Russisches Museum, Sankt Petersburg

Elena Tschirkowa, Staatsarchiv der Russischen Föderation, GARF, Moskau

W. G. Tschubinskaja, Staatliches Kulturhistorisches Museum-Reservat "Moskauer Kreml", Moskau

Maaike van Rijn, Landesmuseum Württemberg, Stuttgart

Natalja Werschinina, Staatliches Museum-Reservat "Pawlowsk", Sankt Petersburg

Übersetzung aus dem Russischen:
Boris Raev

Dank

Vera Anapolskaja, Stuttgart

Tatiana Andrejewa, Staatliches Museum-Reservat „Zarskoje Selo", Sankt Petersburg

Sergei Balan, Staatsarchiv der Russischen Föderation, Moskau

Ramona Bebion, Stuttgart

Bettina Gräfin Bernstorff, Hamburg

Karl-Wolfgang Biehusen, Vorwerk-Dipshorn

Claudia Braun, Mannheim

Ljudmila Budrina, Kunstmuseum, Jekaterinburg

Christofer Conrad, Staatsgalerie Stuttgart

Sergei von Cube, Stuttgart

Friedrich Dahlhaus, Goethe-Institut, Sankt Petersburg

Andrea Gräfin von Degenfeld, Schomburg

Wera Dementjewa, Staatliches Museum-Reservat „Pawlowsk", Sankt Petersburg

Gerd Dethlefs, LWL Museum für Kunst und Kultur, Münster

Susanne Dieterich, Stuttgart

Andreas Dobler, Kulturstiftung des Hauses Hessen, Museum Schloss Fasanerie, Eichenzell

Otto-Heinrich Elias, Vaihingen

Mike Foster, München

Ljudmila Fuchs-Schamanskaja, Neukirchen

Elena Gagarina, Staatliches Kulturhistorisches Museum-Reservat „Moskauer Kreml", Moskau

Irina Gamula, Theatermuseum A. A. Bachruschin, Moskau

Ljudmila Gawrilowa, Staatliches Kulturhistorisches Museum-Reservat „Moskauer Kreml", Moskau

Helmut Gerber, Stuttgart

Nadja Geissler, Stiftung Preußische Schlösser und Gärten Berlin-Brandenburg

Burkhardt Göres, Potsdam

Bernhard Goetz, Musée du Château des ducs de Wurtemberg, Montbéliard

Wladimir Gusew, Staatliches Russisches Museum, Sankt Petersburg

Fritz-Eberhard Griesinger, Schwäbischer Heimatbund, Stuttgart

Wladimir Grusman, Russisches Ethnographisches Museum, Sankt Petersburg

Klaus Haupt, München

Anna-Lena Heimerdinger, Stuttgart

Jens Heise, Stuttgart

Patrick Hezel, Bamberg

Volker Himmelein, Karlsruhe

Susanne Himmelheber, Heidelberg

Corinna Höper, Staatsgalerie Stuttgart

Swetlana Hünerfaut, Nationalmuseum der heroischen Verteidigung und Befreiung von Sewastopol, Sewastopol

Christian von Holst, Stuttgart

Tamara Igumnowa, Staatliches Historisches Museum, Moskau

Detlef Jena, Schkölen

Wladimir Jernischerlow, Zeitschrift „Nasche Nasledije", Moskau

Jelena Kaljnizkaja, Staatliches Museum-Reservat „Peterhof", Sankt Petersburg

Katrin Kalveram, Stuttgart

Markus Kamps, Münster

Johannes Kaßberger, Stuttgart

Hans-Martin Kaulbach, Staatsgalerie Stuttgart

Dina Khasjanowa, Staatliches Kulturhistorisches Museum-Reservat „Moskauer Kreml", Moskau

Wera Kessenich, Staatliches Russisches Museum, Sankt Petersburg

Nadeschda Kipnis, Nationale Bibliothek der Republik Karelien, Petrozawodsk

Christine Klössel, Archiv der Kulturstiftung des Hauses Hessen, Eichenzell

Laura Koch, Tübingen

Petra Koch, Nassau an der Lahn

Natalia Kolomiez, Staatliche Eremitage, Sank Petersburg

Tatiana Kostrowa, Staatliches Museum-Reservat „Peterhof", Sankt Petersburg

Swetlana Kostjutschenko, Nationalmuseum der heroischen Verteidigung und Befreiung von Sewastopol, Sewastopol

Igor Kosyrin, Militärmedizinisches Museum, Sankt-Petersburg

Ludmila Kowal, Staatliches Museum-Reservat „Pawlowsk", Sankt Petersburg

Hans-Jürgen Krüger, Neuwied

Viktor Lapin, Kunsthistorisches Institut der Europäischen Universität, Sankt Petersburg

Iris Lauterbach, Zentralinstitut für Kunstgeschichte, München

Alexej Lewykin, Staatliches Historisches Museum, Moskau

Ilya Limberger, Sankt Nikolaus Kathedrale Stuttgart

Alexandr Lopuschinski, Botschaft der
  Russischen Föderation, Berlin
Jürgen Lotterer, Stadtarchiv Stuttgart
Andreas Lotz, Staatsbibliothek zu Berlin –
  Stiftung Preußischer Kulturbesitz, Berlin
Jürgen Luh, Stiftung Preußische Schlösser
  und Gärten Berlin-Brandenburg
Paula Lutum-Lenger, Haus der Geschichte
  Baden-Württemberg, Stuttgart
Matthias Mayerhofer, Museum der Brot-
  kultur, Ulm
Klaus Merten, Stuttgart
Irina Michailowa, Staatliches Museum-
  Reservat „Pawlowsk", Sankt Petersburg
Anette Michels, Kunsthistorisches Institut
  der Eberhard Karls Universität Tübingen
Markus Miller, Kulturstiftung des Hauses
  Hessen, Museum Schloss Fasanerie,
  Eichenzell
Sergei Mironenko, Staatsarchiv der
  Russischen Föderation, Moskau
Barbara Mundt, Berlin
Wasilissa Pachomova Göres, Potsdam
Irina Paschtschinskaja, Staatliches Muse-
  um-Reservat „Peterhof", Sankt Petersburg
Timofei Peschanenko, Staatliches
  Historisches Museum, Moskau
Patricia Peschel, Staatliche Schlösser und
  Gärtner Baden-Württemberg, Bruchsal
Irene Prinz, Bonn
Susanne Quitmann, Heidelberg
Catharina Raible, Stadtmuseum Gerlingen
Julia Reckziegel, Radolfzell
Annette Rein, Frankfurt am Main

Nikolai Riedel, Deutsches Literaturarchiv
  Marbach
Annemarie Röder, Haus der Heimat, S
  tuttgart
Dmitri Rodionow, Theatermuseum
  A. A. Bachruschin, Moskau
Siegfried Roth, Schwäbischer Heimatbund,
  Stuttgart
Peter Schaller, Ulan Bator
Eva Susanne Schweizer, Stuttgart
Wolfgang Seidel, München
Marianne Seidig, Tübingen
Hans-Ulrich Seidt, Berlin
Alexander Sokolow, Russisches Staatliches
  Historisches Archiv, Sankt Petersbug
Reiner Specht, Würth-Gruppe, Rorschach
Jekaterina Stadler, Staatliches Museum-
  Reservat „Pawlowsk", Sankt Petersburg
Fabian Stein, London
Holger Steinemann, Stuttgart
Gerhard Taddey, Neuenstein
Olga Taratynowa, Staatliches Museum-
  Reservat „Zarskoje Selo", Sankt Peters-
  burg
Marie-Pierre Tiffert, Stuttgart
Roberta Toscano, Calw
Maria Temkina, Tübingen
Elena Tjun, Staatliches Russisches
  Museum, Sankt Petersburg
Zelfira Tregulowa, Staatliches Kultur-
  historisches Museum-Reservat
  „Moskauer Kreml", Moskau
Jens Tremmel, Deutsches Literaturarchiv
  Marbach

Marina Tschernitschenko, Medizinmuseum
  der Setschenow-Akademie, Moskau
Aminat Tutowa, Staatliches Museum-
  Reservat „Zarskoje Selo", Sankt Peters-
  burg
Lilia Uschakowa, Berlin
Galina Wasiljewa, Würth-Gruppe,
  Sankt Petersburg
Walter Wannenwetsch, Urbach
Sylvia Weber, Kunsthalle Würth,
  Schwäbisch Hall
Jörg Wedegärtner, Wald- und Schlosshotel
  Friedrichsruhe, Zweiflingen-Friedrichsruhe
Carolin Weller, Wald- und Schlosshotel
  Friedrichsruhe, Zweiflingen-Friedrichsruhe
Stefanie von Welser, München
Wolfgang Wiese, Staatliche Schlösser und
  Gärten Baden-Württemberg
Franziska Windt, Stiftung Preußische
  Schlösser und Gärten Berlin-Brandenburg
Wilko Graf von Wintzingerode,
  Kirchohmfeld
Heinrich Jobst Graf von Wintzingerode,
  Hannover
Gisela Zick, Köln
Brigitte Ziehl, DHI Moskau
Eteri Zuladze, Staatliches Historisches
  Museum, Moskau

Ausstellungsprojekt

Gesamtleitung
Cornelia Ewigleben

Kaufmännische Geschäftsführung
Axel Winkler

Direktionsassistenz
Kristina Röderer

Konzeption und wissenschaftliche Leitung
Fritz Fischer, Katharina Küster-Heise
unter Mitarbeit von
Helene Seewald, Elena Steinemann,
Maaike van Rijn

Projektsteuerung
Jan-Christian Warnecke, Leitung
Georg Schnepper

Restaurierung
Andrea Funck, Leitung und Organisation
Martin Raithelhuber
Bettina Beisenkötter
Stefanie Göltz
Roland Hahn
Bernadette Henke
Solveig Katharina Hoffmann
Elisabeth Krebs
Michael Kriebel
Tabea Leonhardt
Moritz Paysan
Petra Schäfer
Eva Sulzer

Astrid Wollmann
Verena Wollnik

Redaktion Ausstellungstexte
Matthias Ohm
Maaike van Rijn

Kommunikation und Kulturvermittlung
Heike Scholz, Leitung
Nina Baier
Anne-Franziska Bossack
Monika Haug
Marie Hassel
Tanja Karrer
Ann-Catrin Köder
Stefanie Krämer
Ragnhild Langenfeld
Ulrike Reimann
Susanne Reinhardt
Maria Rothhaupt-Kaiser

Marketing
Carmen Fischer

Drittmittel, Gremien und Ausstellungsveranstaltungen
Markus Wener, Leitung
Anne Eichmann
Silke Röttgers
Ina Marie Welling
Sabine Werner

Verwaltung
Axel Winkler, Leitung
Gudrun Riedesser-Gerecke
Elmar Feitscher
Sylvia Noske
Christine Reiber
Marcel Schmitz
Helene Schnell
Christa Schönwald
Wolfgang Schönwald
Bertold Schreiner
Ingrid Ziefle

Fotoatelier und Bildbearbeitung
Hendrik Zwietasch, Leitung
Dominik Drasdow

Leihverkehr
Chris Gebel
Helene Seewald
Elena Steinemann

Audioguide
Maaike van Rijn

Internetauftritt
Nina Baier

Bibliothek
Birgit Diehl
Fachabteilungssekretariat
Ute Krabel

Ausstellungssekretariat
Elena Steinemann
Maaike van Rijn

Gebäudemanagement
Karola Richter, Leitung
Manfred Bock
Peter Döring
Steffen Glatzle
Oleg Kulmann
Frank Schaub
Alexander Schnell
Franz Werle

Werkstatt
Peter Wolf
Dieter Wolf
Thomas Peter

Aufsichten
Anna Piusinska, Leitung
Marica Arnold
Wolfgang Balser
Jose Calero Molina
Grazia Ciavarrella
Isolde Götter
Margarethe Grau
Thomas Heinrich
Rolf Heudorfer
Karin Jordan
Erika Kreiser
Günter Kroll
Marion Meinikheim
Jurate Milardovic
Maciej Piatkowski

Elies Rovira Colomer
Edith Schäffler
Sigrid Schuster
Anita Speth
Bernhard Uhl
Irmgard Weeth
Katharina Weichel

Firmen

Ausstellungsgestaltung
Szenografie Valentine Koppenhöfer, Friedrichroda
Valentine Koppenhöfer
Elena Okuntsova

Audioguide Umsetzung
tonwelt professional media GmbH, Berlin

Ausstellungsaufbau
AMF Theaterbauten GmbH, Erdmannhausen

**Ausstellungsbeleuchtung
und -medienplanung**
Sein & Schein GmbH, Höchstadt

Ausstellungsgrafik
Kommunikationsdesign Sabine Koch,
Stuttgart
merkledesign, Yvonne Merkle, Stuttgart

Ausstellungsgrafik Produktion
Büro für Werber OHG, Stuttgart

Ausstellungs- und Katalogtexte Lektorat
Thomas Vogel Kommunikation/Publikation,
Senden
Birgit Wüller, Stuttgart

Ausstellungsreproduktionen
Staatsbibliothek zu Berlin
Archiv der Heilandskirche, Stuttgart
Haus der Geschichte Baden-Württemberg,
Stuttgart
Musée des Beaux-Arts, Tournai
Museum der heroischen Verteidigung und
Befreiung von Sewastopol
Staatliche Eremitage Sankt Petersburg
Staatliches Museums der politischen
Geschichte Russlands, Sankt Petersburg

Ausstellungstexte Übersetzung
BR Sprachenservice, Beate Rademacher,
Mannheim
Nicole Gentz, Berlin
Boris Raev, Berlin

Gestaltung des Internetauftritts
FUF Frank und Freunde, Stuttgart

Malerarbeiten
maler göschel, Stuttgart

Medien
Storz Medienfabrik GmbH, Esslingen a.N.

Medieninstallationen
ultramar labs., Berlin

Modelle und Repliken
Undine Jahnz Modedesign, Stuttgart

Musikbeitrag in der Ausstellung
Silke Aichhorn, Hörmusik, Traunstein

Objektdatenbank
Webment, Trier/Mainz

Objekttransport
hasenkamp Holding GmbH, Köln-Frechen
ArteInVia, Jung und Sohn Kunstspedition,
Esslingen a.N.
DART Stuttgart/Paul von Maur GmbH,
Stuttgart

Restaurierung und Objektmontage
Wolff-Hartwig Lipinski, Stuttgart
Lena Knecht, Stuttgart
Katja von Rohrscheidt, Stuttgart

Sicherheitstechnik
Siemens Deutschland Industry Sector,
Stuttgart

Vitrinenbau
Walther Expointerieur GmbH & Co. KG,
Coswig
Böhm GmbH, Waiblingen

Werbegrafik
i_dbuero GmbH für grafik und design,
Stuttgart

**Märchenhaftes Russland. Das Junge
Schloss auf Entdeckungstour
Mitmachausstellung im Jungen Schloss,
dem Kindermuseum in Stuttgart**

Konzeption
Christoph Fricker

Ausstellungsgestaltung
von Jacobs Ausstellungsarchitektur
und -gestaltung

Ausstellungsgrafik und Wandmalerei
Elen Doka

Textgrafik
Sabine Koch

Katalog

Koordination, Lektorat und Redaktion
Maaike van Rijn
Matthias Ohm

Bildredaktion
Chris Gebel
Helene Seewald

Verlagslektorat
Thomas Vogel Kommunikation/Publikation,
Senden

Übersetzung Katalogtexte
Boris Raev, Berlin

Katalog- und Umschlaggestaltung
lahaye tiedemann gestalten, Ulm

Satzproduktion
lahaye tiedemann gestalten, Ulm

Gesamtherstellung
Süddeutsche Verlagsgesellschaft, Ulm

Verlag
Süddeutsche Verlagsgesellschaft im
Jan Thorbecke Verlag, Ulm

Haus Württemberg

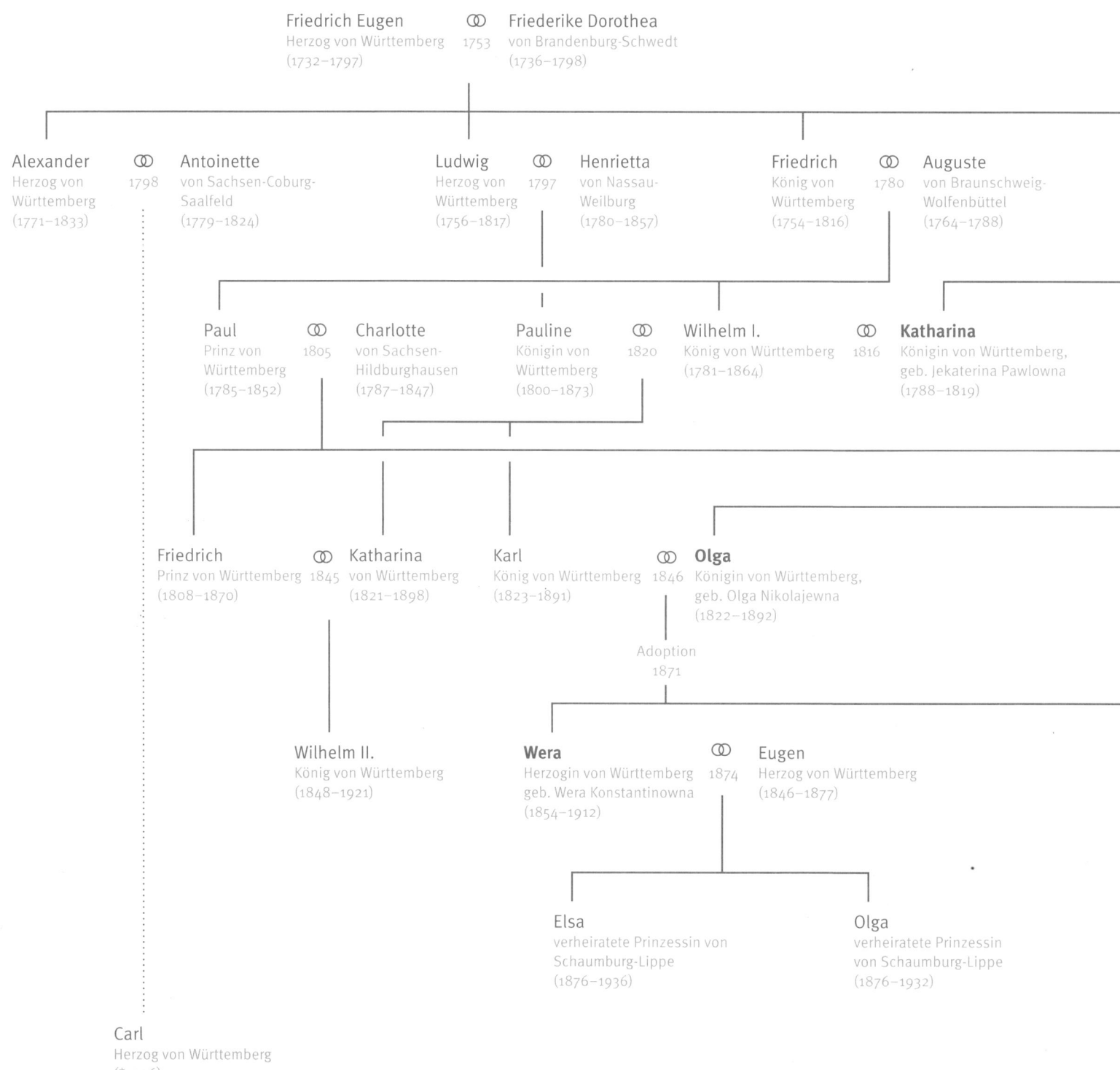

Friedrich Eugen
Herzog von Württemberg
(1732–1797)
⊗ 1753
Friederike Dorothea
von Brandenburg-Schwedt
(1736–1798)

Alexander
Herzog von
Württemberg
(1771–1833)
⊗ 1798
Antoinette
von Sachsen-Coburg-
Saalfeld
(1779–1824)

Ludwig
Herzog von
Württemberg
(1756–1817)
⊗ 1797
Henrietta
von Nassau-
Weilburg
(1780–1857)

Friedrich
König von
Württemberg
(1754–1816)
⊗ 1780
Auguste
von Braunschweig-
Wolfenbüttel
(1764–1788)

Paul
Prinz von
Württemberg
(1785–1852)
⊗ 1805
Charlotte
von Sachsen-
Hildburghausen
(1787–1847)

Pauline
Königin von
Württemberg
(1800–1873)
⊗ 1820
Wilhelm I.
König von Württemberg
(1781–1864)
⊗ 1816
Katharina
Königin von Württemberg,
geb. Jekaterina Pawlowna
(1788–1819)

Friedrich
Prinz von Württemberg
(1808–1870)
⊗ 1845
Katharina
von Württemberg
(1821–1898)

Karl
König von Württemberg
(1823–1891)
⊗ 1846
Olga
Königin von Württemberg,
geb. Olga Nikolajewna
(1822–1892)

Adoption
1871

Wilhelm II.
König von Württemberg
(1848–1921)

Wera
Herzogin von Württemberg
geb. Wera Konstantinowna
(1854–1912)
⊗ 1874
Eugen
Herzog von Württemberg
(1846–1877)

Elsa
verheiratete Prinzessin von
Schaumburg-Lippe
(1876–1936)

Olga
verheiratete Prinzessin
von Schaumburg-Lippe
(1876–1932)

Carl
Herzog von Württemberg
(*1936)

Die Tafel stellt die dynastischen Beziehungen zwischen dem Haus Württemberg und dem Haus Romanow dar,
bildet jedoch den Stammbaum beider Familien nicht vollständig ab.